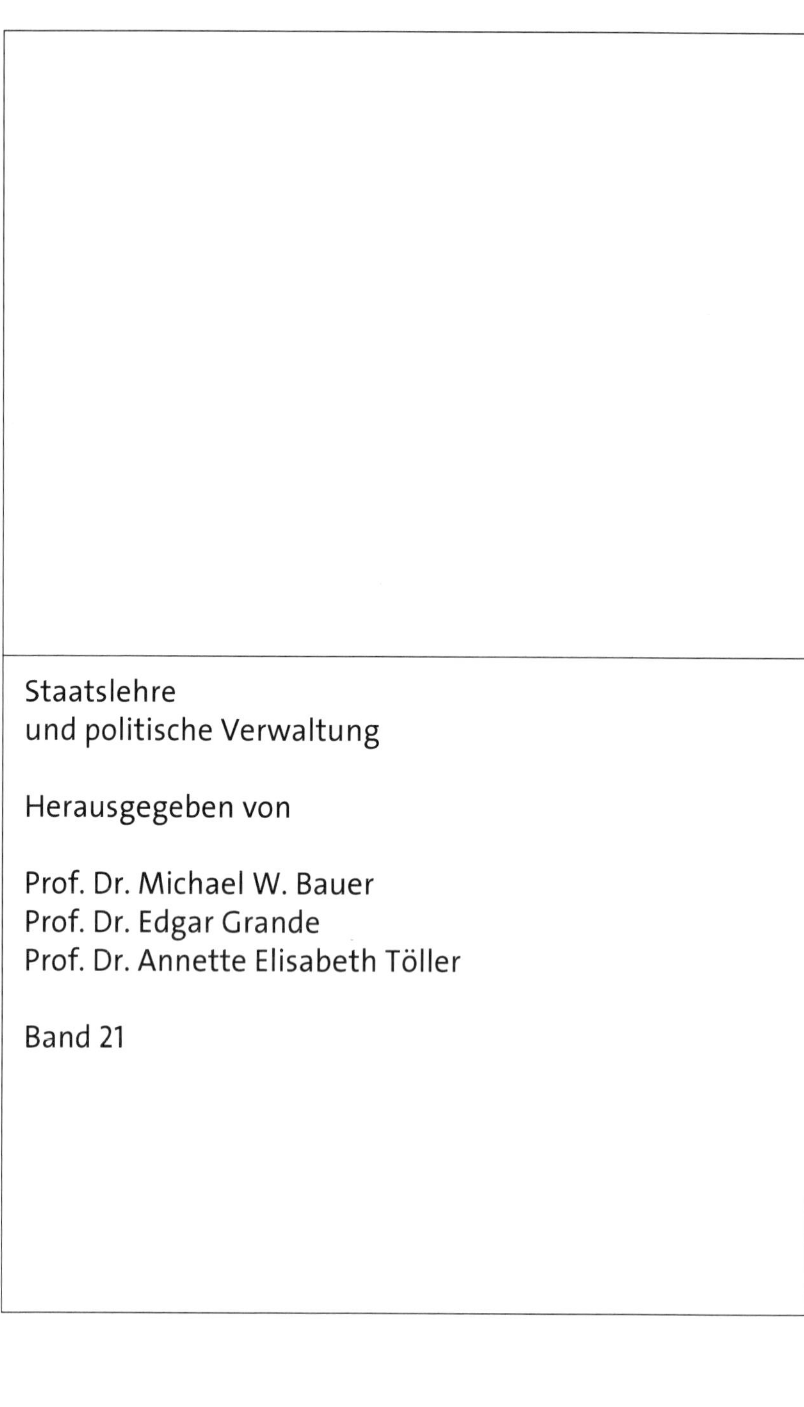

Staatslehre
und politische Verwaltung

Herausgegeben von

Prof. Dr. Michael W. Bauer
Prof. Dr. Edgar Grande
Prof. Dr. Annette Elisabeth Töller

Band 21

Michael W. Bauer/Edgar Grande (Hrsg.)

Perspektiven der Verwaltungswissenschaft

Nomos

Die Deutsche Nationalbibliothek verzeichnet diese Publikation in der Deutschen Nationalbibliografie; detaillierte bibliografische Daten sind im Internet über http://dnb.d-nb.de abrufbar.

ISBN 978-3-8487-4625-5 (Print)
ISBN 978-3-8452-8856-7 (ePDF)

1. Auflage 2018

Vorwort

Der vorliegende Band will einen Beitrag zur aktuellen Diskussion über den Status und die Forschungsperspektiven der Verwaltungswissenschaft in Deutschland leisten. Er basiert auf Beiträgen, die aus Anlass der Tagung »Perspektiven der Verwaltungswissenschaft« entstanden sind, die von den Herausgebern im November 2016 in München organisiert wurde.

Den Anstoß für die Tagung bildete der Wechsel im Herausgebergremium der Schriftenreihe »Staatslehre und politische Verwaltung«, die von *Arthur Benz*, *Edgar Grande* und *Rainer Prätorius* 1997 begründet wurde und seither beim NOMOS-Verlag erscheint. Zum 1. Januar 2016 sind Arthur Benz und Rainer Prätorius als Herausgeber dieser Reihe ausgeschieden. Ihnen folgten *Annette Elisabeth Töller* und *Michael W. Bauer* nach, die in den kommenden Jahren gemeinsam mit Edgar Grande die Reihe betreuen werden.

Die »Stabübergabe« im Herausgeberkreis wollten wir zuallererst zum Anlass nehmen, den beiden ausgeschiedenen Herausgebern im Kreis der »Familie« der politikwissenschaftlichen Verwaltungsforschung unseren Dank auszusprechen. Arthur Benz und Rainer Prätorius haben nicht nur mit ihren eigenen Arbeiten, sondern auch mit ihrem untrüglichen Blick für besonders vielversprechende neue Autoren ganz entscheidenden Anteil daran, dass sich die Reihe »Staatslehre und politische Verwaltung« als einer der wichtigsten Publikationsorte der politikwissenschaftlichen Verwaltungslehre in Deutschland etablieren konnte, in der zahlreiche neuere Schlüsselwerke des Faches erschienen sind.

Gleichzeitig wollten wir dieses »Familientreffen«, wie *Werner Jann* das so treffend nannte, aber auch nutzen, um eine Standortbestimmung der politikwissenschaftlichen Verwaltungsforschung vorzunehmen und neue Forschungsperspektiven für das Fach zu diskutieren. Für eine solche Standortbestimmung gab und gibt es gute Gründe, die in der Einleitung zu diesem Band ausführlich erläutert werden. Der vorliegende Band erhebt allerdings nicht den Anspruch, die Beiträge und Diskussionen der Münchener Tagung vollständig zu dokumentieren. Einige wenige Vorträge konnten aus unterschiedlichen, aber jeweils verständlichen Gründen nicht für eine

Veröffentlichung ausgearbeitet werden. Gleichzeitig haben sich aber, inspiriert durch die anregenden Diskussionen, mehrere Kollegen und Kolleginnen bereit erklärt, zusätzliche Beiträge für diesen Band zu erstellen.

Der vorliegende Band zeigt, wie wichtig gerade im Zeitalter der peer reviewed journals solche »Familientreffen« sind und wir möchten uns bei allen bedanken, die daran teilgenommen haben. Unser besonderer Dank gilt dabei *Fritz W. Scharpf*, einem der »Familienväter« der politikwissenschaftlichen Verwaltungslehre in Deutschland, für seine anregenden Diskussionsbeiträge.

Die Münchener Tagung und der vorliegende Band wären ohne die Hilfe vieler Kolleginnen und Kollegen nicht möglich gewesen. Wir möchten uns insbesondere bei unseren Mitarbeiterinnen *Andrea Arendt*, *Julia Renner* und *Jana Pöhler* bedanken, die sich um die Tagungsorganisation und die Gestaltung des Manuskripts verdient gemacht haben. Unser Dank gilt schließlich dem NOMOS-Verlag und seinen Mitarbeitern und Mitarbeiterinnen für die kompetente und engagierte Betreuung dieser Schriftenreihe. Wir freuen uns gemeinsam mit Annette Elisabeth Töller auf die weitere Zusammenarbeit mit ihnen.

Speyer und Berlin *Michael W. Bauer und Edgar Grande*

Inhaltsverzeichnis

Status und Perspektiven der politikwissenschaftlichen Verwaltungsforschung in Deutschland 9
Michael W. Bauer und *Edgar Grande*

Die heterogene Selbstwahrnehmung der deutschen Verwaltungswissenschaft: Ergebnisse einer Befragung unter Fachvertreterinnen und Fachvertretern 39
Michael W. Bauer und *Stefan Becker*

Zur Legitimation administrativer Entscheidungen 73
Arthur Benz

Politisierungsrisiken der Normalverwaltung 101
Wolfgang Seibel

Verwaltungsreformen in der Bundesverwaltung: Eine kritische Bestandsaufnahme 121
Sylvia Veit

Die Logik der Politikberatung. Analysen am Beispiel der Verwaltungspolitik der Länder 153
Jörg Bogumil

Politikwissenschaftliche Verwaltungswissenschaft und Policyanalyse in Deutschland. Überlegungen zu einer komplizierten Beziehung 183
Annette Elisabeth Töller

Plädoyer für eine epidemiologische Neuausrichtung der Implementationsforschung: Skizze einer Forschungsagenda 223
Christian Adam und *Christoph Knill*

Die Analyse von Koordination: Wo empirische Verwaltungsforschung und Governance-Ansatz voneinander lernen können 257
Nathalie Behnke

Verfahren und Mechanismen. Theoriebildung und Kausalitätsverständnis in der politikwissenschaftlichen Verwaltungsforschung 279
Frank Nullmeier

Verwaltung im globalen Wandel – Neue Perspektiven für die Verwaltungswissenschaft 303
Edgar Grande

Kurzbiografien der Autoren 335

Status und Perspektiven der politikwissenschaftlichen Verwaltungsforschung in Deutschland

Michael W. Bauer und Edgar Grande

1. Die aktuelle Debatte um den Zustand und die Zukunftsperspektiven der Verwaltungswissenschaft

Derzeit besteht in der deutschen Verwaltungswissenschaft offensichtlich ein großes Bedürfnis, den Zustand und die Zukunftsperspektiven des Faches zu diskutieren. In den Jahren 2015 und 2016 wurde auf drei unabhängig voneinander organisierten Fachtagungen über die Zukunft der deutschen Verwaltungswissenschaft debattiert.[1] Diese Diskussion geht einher mit wiederholten Klagen über den geringen – und in der Wahrnehmung der Fachvertreter[2]: immer geringer werdenden – Stellenwert des Faches.[3] Die deutsche Verwaltungswissenschaft, so Bohne (2014: 159) »fristet hierzulande ein Schattendasein in juristischen und sozialwissenschaftlichen Fakultäten«. Beklagt wird auch, dass die Verwaltungswissenschaft in »eigentümlichem Kontrast zu vielen europäischen Ländern [...] an deutschen Universitäten in den letzten Jahren nicht ausgebaut, sondern zurückgefahren worden [ist]« (Lenk 2015a: 282). Diese Einschätzung wird gestützt durch die Befragung von Bauer und Becker (in diesem Band), die ein erstaunlich schwach ausgeprägtes Selbstbewusstsein der Verwaltungswissenschaftler zu Tage fördert. Aus all dem ergibt sich das Bild eines wachsenden verwaltungswissenschaftlichen Orientierungsbedarfs.

Vor diesem Hintergrund sind in jüngerer Zeit mehrere programmatische Beiträge vorgelegt worden, die alle das Ziel verfolgen, die Verwaltungswissenschaft in Deutschland zu stärken. In ihnen werden Fragen nach den als

1 Dies waren die Tagungen »Verwaltungswissenschaft – eine neue Eröffnungsbilanz« an der Helmut-Schmidt-Universität Hamburg (Juli 2015), »Perspektiven der Verwaltungswissenschaft« an der Ludwig-Maximilians-Universität München (November 2016) sowie die deutsche Sektionstagung des International Institute of Administrative Sciences zu »Verwaltungspraxis und Verwaltungswissenschaft« am Deutschen Forschungsinstitut für öffentliche Verwaltung in Speyer (November 2016).

2 Aus Gründen der Lesbarkeit wird im Folgenden die männliche Form genutzt.

3 Siehe aber Jann (2009), der in seiner Bestandsaufnahme noch zu dem Ergebnis gekommen ist, dass sich die Verwaltungswissenschaft in Deutschland in einem sehr guten Zustand befindet.

vordringlich anzusehenden Themen, den interdisziplinären Verbindungen und dem aktuellen Potenzial der Verwaltungswissenschaft als inter-, multi- oder transdisziplinärer Unternehmung aufgeworfen (Lenk 2015b; Bull 2015; Mehde 2015; Bauer 2015; Bauer/ Becker 2017). Am ambitioniertesten sind die konzeptionellen Vorschläge, die Verwaltungsforschung als »Integrationswissenschaft« zur Untersuchung der Verwaltungspraxis und als Handlungsanleitung für modernes Regieren wiederzubeleben (Bohne 2014; König 2015). In diesen Zusammenhang gehören aber auch stärker disziplinär orientierte Bemühungen wie die Erneuerungsdiskussion, die seit einigen Jahren unter der Sammelbezeichnung »neue Verwaltungsrechtswissenschaft« (Voßkuhle 2006) in der Rechtswissenschaft geführt wird und die insbesondere in ihren entscheidungstheoretischen Aspekten sozialwissenschaftliche Anleihen macht und dezidiert für eine interdisziplinäre Offenheit votiert (siehe auch Burgi 2017).

Dieses wiedererwachte Interesse an einer Reflexion über die Rolle und Zukunft der Verwaltungswissenschaft in Deutschland bildet den Ausgangspunkt für diesen Band. Er erhebt nicht den Anspruch, die Verwaltungswissenschaft in ihrer ganzen Breite zu thematisieren; und er verfolgt auch nicht das Ziel, ein eigenes Programm oder Konzept für einen Neustart der Verwaltungswissenschaft vorzulegen. Wir möchten auch die Debatte, ob ein monodisziplinäres Modell einem multidisziplinären vorzuziehen sei, die die Herausbildung der modernen Verwaltungswissenschaft schon seit Jahrzehnten begleitet (vgl. Siedentopf 1976; Ellwein 1982), hier nicht weiterführen. Stattdessen soll in diesem Band die *politikwissenschaftliche* Verwaltungsforschung in Deutschland in den Mittelpunkt gestellt und einer Standortbestimmung unterzogen werden.

Für eine solche Schwerpunktsetzung gibt es gute Gründe. Zunächst lassen sich, wie die Beiträge dieses Bandes deutlich machen, die derzeitigen Probleme des Faches anhand der politikwissenschaftlichen Verwaltungsforschung exemplarisch aufzeigen. Denn die Heterogenität der thematischen Schwerpunkte und methodischen Orientierungen kennzeichnet nicht nur das Fach im Allgemeinen, sondern auch die politikwissenschaftliche Verwaltungsforschung im Besonderen. Dem kommt eine besondere Bedeutung zu, da – wie die Ergebnisse der Umfrage von Bauer und Becker (in diesem Band) zeigen – von der Politikwissenschaft am ehesten erwartet wird, dass sie künftig eine Leitfunktion in der Verwaltungswissenschaft wahrnimmt. Kann sie dieser Erwartung gerecht werden? Wie gut ist die politikwissenschaftliche Verwaltungswissenschaft in ihr eigenes Fach integriert? Welchen Status hat sie in diesem Fach? Welche Entwicklungsperspektiven bieten sich in den zentralen Arbeitsgebieten der politikwissenschaftlichen Verwaltungsforschung?

Die Beiträge in diesem Band zeigen, dass Antworten auf diese Fragen alles andere als einfach und eindeutig zu finden sind. Sie lassen zum einen die große Heterogenität der politikwissenschaftlichen Verwaltungsforschung und die starken Spannungen innerhalb des Faches erkennen. Gleichzeitig bringen sie die Bemühungen der verschiedenen Fachvertreter zum Ausdruck, neue Klammern zur stärkeren Integration des Faches zu entwickeln; und nicht zuletzt dokumentieren sie das nach wie vor große Innovationspotential der politikwissenschaftlichen Verwaltungsforschung. Um dies zu verdeutlichen, werden wir in diesem Einleitungskapitel die Grundprobleme der politikwissenschaftlichen Verwaltungsforschung in der deutschen Verwaltungswissenschaft in drei Schritten herausarbeiten. Im ersten Schritt beschreiben wir den prekären Status der Verwaltungswissenschaft als wissenschaftlicher Disziplin; im zweiten Schritt skizzieren wir die unklare Stellung der Verwaltungswissenschaft innerhalb der Politikwissenschaft; und im dritten Schritt arbeiten wir die zentralen Spannungslinien heraus, die die jüngste Entwicklung der politikwissenschaftliche Verwaltungsforschung geprägt haben und – so unsere These – auch künftig prägen werden. Abschließend verorten wir die Beiträge des Bandes in diesem Kontext und gehen auf Desiderata ein.

2. Das Ausgangsproblem: Der prekäre Status der Verwaltungswissenschaft als wissenschaftlicher Disziplin

Die aktuelle Debatte über die Zukunft der Verwaltungswissenschaft ist nicht auf Deutschland begrenzt. Auch im europäischen Kontext findet derzeit eine Suche nach Perspektiven der Verwaltungswissenschaft statt; und auch dort herrscht der Eindruck vor, dass »the field is under pressure and needs to reorganise and reassert itself« (Bertels/ Bouckaert/ Jann 2016; vgl. Bouckaert 2015: 71). Hierfür gibt es eine Reihe von Gründen: die derzeitigen Umbrüche in der Organisation von Wissenschaft, in deren Folge Grenzen zwischen wissenschaftlichen Disziplinen neu gezogen werden und sich innerhalb von Disziplinen neue Teilgebiete ausdifferenzieren; eine stärkere Internationalisierung von Wissenschaft und Wissenschaftsförderung; ein intensiverer Wettbewerb um Ressourcen sowohl innerhalb als auch zwischen Universitäten; größere gesellschaftliche, wirtschaftliche und politische Leistungserwartungen an die Wissenschaft; die Neustrukturierung von Studiengängen, etc. Diese Liste dürfte allseits bekannt sein und sie könnte sicherlich noch verlängert werden. Zugespitzt formuliert: Die Erwartungen an die Wissenschaft werden immer vielschichtiger und anspruchsvoller und die Bedingungen, unter denen die Wissenschaft diesen Anforderungen gerecht werden muss, werden immer prekärer (vgl. Grande et al. 2013). All dies hat zur Folge, dass etablierte wissenschaftliche Disziplinen unter Druck geraten. Das muss umso mehr für ein multidisziplinäres Fachgebiet wie die Verwaltungswissenschaft gelten, die in Deutschland (anders als in den USA oder in den skandinavischen Ländern) immer schon einen unsicheren Stand und einen unklaren Status hatte.[4]

Unsicher ist ihr Stand, weil sich die moderne »Verwaltungswissenschaft« in Deutschland nur als Verwaltungswissenschaft*en* – also im Plural verschiedener Fachdisziplinen – wissenschaftlich etablieren konnte. Der Grad der akademischen Institutionalisierung der Verwaltungswissenschaft in Deutschland ist zudem vergleichsweise schwach – und daran hat sich in den vergangenen Jahrzehnten nur wenig geändert (vgl. Benz 2003). Das gilt für die Forschung wie für die Lehre. Einschlägige Studiengänge an Universitäten mit einem dezidiert verwaltungswissenschaftlichen Schwerpunkt – wie zuerst in Konstanz und später in Potsdam – blieben die seltene Ausnahme. Und auch in diesen verwaltungswissenschaftlichen »Hochburgen« in Deutschland gibt es nur wenige Professuren mit einer eindeutigen Denomination in diesem Fachgebiet. Daraus ergeben sich zunächst typische Probleme der »kritischen Masse« (vgl. Bogumil 2005: 637). Die relativ überschaubare Gruppe von einschlägigen Wissenschaftlern in diesem Gebiet ist schwerlich in der Lage, die verwaltungswissenschaftliche Themenpalette, wie sie in anderen Ländern bearbeitet wird[5], in ihrer gesamten Breite abzudecken. Damit einhergehen unbefriedigende Karriereperspek-

4 Es ist müßig, darüber zu streiten, ob eine präzise Definition von Verwaltungswissenschaft als einer wissenschaftlichen Disziplin möglich bzw. sinnvoll ist. Gängige Definitionen wie die von Ellwein gehen strikt vom Gegenstand aus. Verwaltungswissenschaft wird bei ihm »als Zusammenfassung durch ihren Gegenstand definiert, auch wenn dieser sich [...] in der Realität kaum abgrenzen lässt« (Ellwein 1982: 35). Ähnlich definiert Pollitt (2015: 32) Verwaltungswissenschaft (public administration) als »an interdisciplinary field unified mainly by its real-world ‚object of study' – government«. Als Teilgebiet der Politikwissenschaft beschäftigt sie sich mit Politikinhalten, ihrer Formulierung, Umsetzung und Wirkung; und mit der Rolle des Staatsapparates, seinen formalen und informellen Strukturen, Prozessen und Funktionen (vgl. Jann 2009: 478).

5 Gemeint sind hier insbesondere die USA, wo es mehrere regionale Fachverbände der Verwaltungswissenschaft gibt, sowie die Niederlande und Belgien (vgl. Bauer 2018 mit weiteren Referenzen).

tiven für den wissenschaftlichen Nachwuchs und eine begrenzte Beratungskapazität bei aktuellen Problemen der Regierungs- und Verwaltungspraxis.

Die geringe Institutionalisierung führt schließlich auch zu einer bemerkenswerten Diskrepanz im Selbstverständnis der Fachvertreter. Einerseits lässt sich eine erstaunlich große Zahl von Wissenschaftlern in verschiedenen Disziplinen (wie der Politikwissenschaft, der Rechtswissenschaft, der Betriebswirtschaftslehre oder der Soziologie) aufgrund ihrer Arbeitsgebiete der Verwaltungswissenschaft zuordnen. Andererseits gibt es nur wenige Fachvertreter, die sich selbst primär oder gar ausschließlich als Verwaltungswissenschaftler begreifen (vgl. Bauer/ Becker in diesem Band).

Hierbei ist allerdings zu bedenken, dass Wissenschaftsdisziplinen weder fixe Größen noch geschlossene »Container« sind. Gerade in den Sozialwissenschaften, zu denen der Großteil der verwaltungswissenschaftlichen Disziplinen gehört, sind die Übergänge fließend. So werden die Arbeiten von Ökonomen und Soziologen wie Herbert Simon, Elinor Ostrom, Niklas Luhmann und Renate Mayntz von Verwaltungswissenschaftlern als konstitutiv für die eigene Arbeit und das »eigene« Fach angesehen, auch wenn die genannten Wissenschaftler sich selbst wohl kaum primär als Verwaltungswissenschaftler begriffen haben bzw. begreifen. Blickt man auf die politikwissenschaftliche Verwaltungsforschung in Deutschland, dann sind deren Vertreter zumeist auch nicht *nur* als Verwaltungsforscher aktiv, sondern verfolgen häufig darüber hinaus noch Forschungsinteressen, die anderen politikwissenschaftlichen Teildisziplinen wie der Vergleichenden Politikwissenschaft, der Policy-Analyse oder der Europaforschung zuzuordnen sind.

Damit steht die Verwaltungswissenschaft aufgrund ihres multidisziplinären Charakters nicht nur in Deutschland vor einem *doppelten Integrationsproblem*. Das gilt zunächst für das Verhältnis der Verwaltungswissenschaft zu all jenen Disziplinen, die sich in Forschung und Lehre mit der öffentlichen Verwaltung beschäftigen, von der Soziologie über die Politikwissenschaft, die Rechtswissenschaft, die Betriebswirtschaftslehre bis hin zur Informatik. Wenn Verwaltungswissenschaft tatsachlich im Singular neben anderen wissenschaftlichen Disziplinen bestehen will, dann muss sie in der Lage sein, diese verschiedenen Fachgebiete zu integrieren. Auf welche Weise diese Integration erfolgen könnte und wie stark sie sein sollte, ist freilich unklar. Auf der einen Seite versuchen ambitionierte Vorschläge, die Verwaltungswissenschaft als eine selbständige Disziplin – als »Integrationswissenschaft«, die verschiedene wissenschaftliche Perspektiven mit ihren je spezifischen Fragestellungen und Erkenntnisinteressen verbindet (zuletzt: Bohne 2014) – zu konstituieren. Auf der anderen Seite finden sich pragmatische Umschreibungen, in denen die Verwaltungswissenschaft lediglich als »Forschungsplattform« begriffen wird, »auf der ein ,Dialog' interdisziplinär füreinander geöffneter, aber je eigenständiger Wissenschaften (...) über ihren gemeinsamen Teilgegenstand ,Verwaltung' stattfindet« (Krönke 2017: 277). Auch solche interdisziplinären Dialoge müssen freilich organisiert und institutionalisiert werden, beispielsweise durch gemeinsame Fachvereinigungen, Studiengänge, Fachzeitschriften, Forschungsverbünde oder Forschungseinrichtungen. Wenn dies nicht gelingt, dann droht der Verwaltungswissenschaft die *Fragmentierung.*

Die Verwaltungswissenschaft ist jedoch noch mit einem zweiten Integrationsproblem konfrontiert, die Integration in die jeweiligen Fächer. Je weniger es gelingt, sie als eigenständige »Integrationswissenschaft« zu etablieren, desto wichtiger ist es, dass die Verwaltungswissenschaft in die verschiedenen »Mutterdisziplinen« eingebunden bleibt. Die Verwaltungswissenschaft muss in diesen Fächern anerkannt sein; und das heißt nicht zuletzt, dass sich verwaltungswissenschaftliche Themen und Fragestellungen in den einzelnen Fachwissenschaften im intra-disziplinären Diskurs bewähren und durchsetzen, dass sie in den fachspezifischen Forschungsprogrammen und Studiengängen angemessen repräsentiert sind, dass ausreichend Stellen zugewiesen werden, etc. Gelingt ihr das nicht, dann droht ihr die *Marginalisierung* innerhalb des jeweiligen Faches.

Da es also keine kohärente verwaltungswissenschaftliche Disziplin im wissenschaftssoziologischen Sinne gibt, stehen auch die einzelnen Verwaltungswissenschaftler in einer zweifachen Wettbewerbssituation. Sie müssen einerseits »ihre« verwaltungswissenschaftliche Schwerpunktsetzung mit Blick auf die theoretischen und methodologischen Standards ihrer jeweiligen Disziplin begründen; darüber hinaus müssen sie aber auch den Mehrwert ihrer jeweiligen disziplinären Herangehensweise im »Dialog« der unterschiedlichen Verwaltungswissenschaften demonstrieren – nicht zuletzt unter dem Gesichtspunkt der Praxisrelevanz (Lenk 2015b: 302).

Diese Einsichten sind keineswegs neu. Sie tauchen als Problemdiagnosen so oder so ähnlich bereits in den programmatischen Schriften der späten 1960er und frühen 1970er Jahre auf – und das nicht nur in Bezug auf die im Entstehen begriffene deutsche Verwaltungswissenschaft.[6] Fritz W. Scharpf konstatierte bereits zu jener Zeit für die US-amerikanische Public Administration, diese habe »offenbar ihren Mittelpunkt verloren« und sei »zur ,Interdisziplin' geworden, die in Lehre und Forschung über ein Nebeneinander höchst disparater Ansätze, Methoden und Ergebnisse anderer Disziplinen nicht mehr hinausgekommen« (Scharpf 1973b: 11) sei. In den

6 Siehe etwa König 1970 oder Scharpf 1973c.

späten 1980er und in den 1990er Jahren hatte sich in Deutschland dann die »Interdisziplin«, d.h. die Koexistenz disziplinärer Perspektiven, weitgehend eingespielt und neue Themenkonjunkturen – insbesondere die Verarbeitung internationaler Reformimpulse wie das New Public Management sowie die Bewältigung der Verwaltungstransformation der ostdeutschen Länder nach der Wiedervereinigung (König 1991; Naschold/ Bogumil 1998; Wollmann/ König 2002) – verringerten das Bedürfnis nach programmatischer Selbstreflexion und fachlicher Integration. Bisweilen wurde zwar ein Auseinanderdriften der disziplinären Diskurse und die unzureichende Rezeption verwaltungswissenschaftlicher Forschungsergebnisse aus den jeweiligen Teildisziplinen moniert, im Grunde blieb es aber über viele Jahre bei vereinzelten Defizitdiagnosen und den entsprechenden Aufrufen, theoretisch wie konzeptionell möglichst über die Disziplingrenzen hinweg integrativ aufzurüsten (König 1985; Derlien 2002; Snellen 2006).[7]

3. *Politikwissenschaft und Verwaltungswissenschaft in Deutschland*

Was bedeutet all das für die politikwissenschaftliche Verwaltungsforschung? In welchem Verhältnis stehen Politikwissenschaft und Verwaltungswissenschaft in Deutschland? Auch wenn es sich bei den hier skizzierten Integrationsproblemen um eine Grundproblematik der Verwaltungswissenschaft handelt, so stellt sich diese in Deutschland doch auf eigentümliche und besonders ausgeprägte Weise dar. Vergleicht man die Ausgestaltung nationaler Verwaltungswissenschaften, dann fällt nicht nur auf, dass diese ganz unterschiedlich stark institutionalisiert sind, es zeigt sich auch, dass sie auf ganz unterschiedliche Weise von bestimmten verwaltungswissenschaftlichen »Mutterdisziplinen« (also der Rechtswissenschaft, der Managementwissenschaft und der Politikwissenschaft; vgl. Hajnal 2003, 2015) geprägt sind. Dies scheint eine Folge von bestimmten institutionellen Konfigurationen in ihrer Entstehungszeit zu sein (Bauer 2005). Ob eine nationale Verwaltungswissenschaft eine eher rechts-, wirtschafts- oder politikwissenschaftliche Ausrichtung entwickelt, hängt zum einen damit zusammen, aus welcher dominierenden Fachdisziplin sich die verwaltungswissenschaftliche akademische Disziplin herausgebildet hat und zum anderen, welche Qualifikation von künftigen Staatsdienern im jeweiligen Staatsver-

7 Auch das ist kein rein deutsches Phänomen. Der Bedeutungs- oder Prestigeverlust der Verwaltungswissenschaft oder Public Administration ist in den USA seit Jahren ein immer wiederkehrendes Thema (vgl. Ostrom 2008).

band erwartet wurde (Bauer 2018). Bei der Bestimmung des Verhältnisses zwischen den verschiedenen verwaltungswissenschaftlichen Disziplinen ist deshalb zu bedenken, dass sich darin immer auch institutionelle Pfadabhängigkeiten, Verwaltungskulturen, Rechtstraditionen, etc. ihrer jeweiligen nationalen Gesellschaften und Verwaltungssysteme spiegeln.

Für die deutsche Verwaltungswissenschaft charakteristisch ist, dass sie sich in einer rechtswissenschaftlich dominierten Konfiguration etablieren und entfalten musste und sich nicht, wie in den USA, als Teilgebiet der Politikwissenschaft aus dieser herausentwickelte (vgl. u.a. Peters 2003). Diese Konstitutionalisierungsbedingungen haben nicht zuletzt die politikwissenschaftliche Verwaltungsforschung entscheidend geprägt; und sie prägen teilweise nach wie vor die Art und Weise, wie verwaltungswissenschaftliche Debatten in Deutschland geführt werden.[8] Sie haben aber auch erhebliche Auswirkungen auf die Nachfrageseite. Die deutschen Ministerien und Behörden rekrutieren nicht überproportional, geschweige denn systematisch verwaltungswissenschaftliche Absolventinnen und Absolventen. Damit fehlt der deutschen Verwaltungswissenschaft ein andernorts stabilisierend wirkendes Nachfrageelement.

Die öffentliche Verwaltung blieb zudem innerhalb der Politikwissenschaft in Deutschland bis in die 1960er Jahre ein randständiges Thema (Benz 2003: 361).[9] Etablieren konnte sich die politikwissenschaftliche Verwaltungsforschung erst als »Neo-Verwaltungswissenschaft« (Seibel 1996) im Kontext der sozialwissenschaftlichen Begleitforschung zur Expansion des Wohlfahrtsstaates, die in Deutschland in den späten 1960er Jahren intensiviert wurde. Konstitutiv für das Selbstverständnis der neuen politikwissenschaftlichen Verwaltungsforschung war die Frage nach »den Möglichkeiten problemadäquater politisch-administrativer Strukturen und Prozesse unter den modernen Bedingungen« (Scharpf 1973b: 32). Aufgrund dieser »Spätzündung« in einer sich seit den 1950er Jahren etablierenden und lange Zeit durch die Bedarfe der Lehrerbildung geprägten universitären Politikwissenschaft hat sich die Verwaltungswissenschaft schwer getan, als eigenständiges Teilgebiet der Politikwissenschaft Anerkennung zu finden. Das wird allein schon daran erkennbar, dass sich die Verwaltungsforschung

8 Wie der Survey von Bertels/ Bouckaert/ Jann (2016: 16) zeigt, spielt die Rechtswissenschaft in der Verwaltungswissenschaft im europäischen Vergleich eine weit geringere und künftig in ihrer Bedeutung weiter abnehmende Rolle. Dies impliziert, dass eine Verwaltungswissenschaft, die sich zu stark auf die Rechtswissenschaft stützt, Gefahr läuft, sich von internationalen Entwicklungen des Faches abzukoppeln.

9 Zu ihrer Rolle in Vorläufern wie der »Policey-Wissenschaft« siehe Maier (1980) oder Bogumil/ Jann (2009).

nicht flächendeckend an den großen politikwissenschaftlichen Instituten in Form von Professuren und Studienschwerpunkten etablieren konnte (Benz 2003; Bogumil/ Jann 2009; König 2008), von einer großangelegten Umverteilung von Ressourcen zugunsten des neuen Schwerpunkts gar nicht zu reden. Die relative Schwäche der politikwissenschaftlichen Verwaltungsforschung wird besonders deutlich, wenn man ihre Entwicklung mit der von anderen neuen Teilgebieten wie der Policy-Forschung und der Europapolitik vergleicht.

Der Status der Verwaltungswissenschaft in der Politikwissenschaft wird im Fach widersprüchlich wahrgenommen. Bogumil, Jann und Nullmeier (2006: 19) sprechen in ihrer Bestandsaufnahme von einer »Normalisierung der Verwaltungsforschung« und konstatieren, dass sich die »Verwaltungswissenschaft in die politikwissenschaftliche Forschung nahtlos eingefädelt« habe. Benz (2003: 382) dagegen beklagt, dass sie nicht wirklich als Teil der Politikwissenschaft akzeptiert sei, und Bogumil moniert, dass die Verwaltungswissenschaft in der Politikwissenschaft ein »Schattendasein« (Bogumil 2002: 15) führe. Man kann sich sogar fragen, ob sie dort überhaupt den Status einer eigenständigen Subdisziplin besitzt. Zu den vom European Consortium of Political Research (ECPR), der Vereinigung der politikwissenschaftlichen Institute in Europa identifizierten Kernbereiche der Politikwissenschaft, die durch eigenständige Professuren vertreten sein sollen, zählt die Verwaltungswissenschaft zumindest nicht.

Wie Döhler (2014) feststellte, ist die Gesamtzahl der Politikwissenschaftler, die sich eindeutig der Verwaltungswissenschaft zuordnen lassen, sehr gering. In einem Survey unter deutschen Verwaltungswissenschaftlern aller Disziplinen stellt sich die politikwissenschaftliche Gruppe allerdings als zahlenmäßig stärkste dar, knapp vor den Rechtswissenschaftlern und weit vor der Betriebswirtschaftslehre und anderen Disziplinen (Bauer/ Becker 2018). Die Stellung der Verwaltungswissenschaft als solche wird in diesem Survey von den aktiven Wissenschaftlern zwar sehr kritisch gesehen. Aber die politikwissenschaftliche Verwaltungsforschung wird als diejenige Gruppierung wahrgenommen, die die größte disziplinenübergreifende Integrationskraft besitzt. Zudem stammen acht der zehn nach Meinung der Befragten einflussreichsten deutschen Verwaltungswissenschaftler aus der Politikwissenschaft (Bauer/ Becker 2017). Die Politikwissenschaft wird denn auch als immer bedeutsamer für die Verwaltungswissenschaft wahrgenommen.

4. Spannungslinien in der politikwissenschaftlichen Verwaltungsforschung in Deutschland

Die politikwissenschaftliche Verwaltungsforschung selbst ist sehr heterogen. Was für die Verwaltungswissenschaft als »Interdisziplin« im Ganzen gilt, gilt auch für ihren politikwissenschaftlichen Teil. Das mag auch daher rühren, dass die Politikwissenschaft eine in sich heterogene Disziplin ist, die zahlreiche Anleihen bei Nachbardisziplinen wie der Soziologie, der Philosophie und der Ökonomie macht. Dennoch lässt sich dort ein Kernbestand an gemeinsamen Fragestellungen (insbesondere Machtbeziehungen im Hinblick auf Kollektiventscheidungen vermittelt über politische Institutionen) identifizieren; und bei aller Vielfalt der erkenntnistheoretischen Positionen existiert inzwischen ein breiter empirisch-analytischer Grundkonsens, der als milder Positivismus beschrieben wird (Gschwend/ Schimmelfennig 2007).[10]

Vor diesem Hintergrund ist die politikwissenschaftliche Verwaltungsforschung in Deutschland von Beginn an durch *zwei Spannungslinien* geprägt worden. Diese Spannungslinien beziehen sich zum einen auf den Gegenstandsbereich einer politikwissenschaftlichen Verwaltungsforschung (»Was?«) und zum anderen auf ihre Zielsetzung (»Worum?«). Im einen Fall geht es um die Frage, wo der Schwerpunkt der Forschung liegen soll: Auf der Verwaltung als Organisation oder auf ihrer Tätigkeit? Als Organisationsanalyse geht es der Verwaltungswissenschaft zugespitzt formuliert um den »gut organisierten Staat« (Döhler/ Franzke/ Wegrich 2015); im Mittelpunkt der verwaltungswissenschaftlichen Policy-Analyse steht demgegenüber die Problemlösungsfähigkeit des »arbeitenden Staates« (Hesse 1987). Quer dazu liegt eine zweite Spannungslinie, bei der es um den Konflikt zwischen Theorieorientierung und Praxisorientierung geht. Soll das Ziel verwaltungswissenschaftlicher Forschung »science for knowledge« sein oder »science for action« (Jann 1983)?

In diesem Spannungsfeld widerstreitender Leitorientierungen und Anforderungen kann sich die politikwissenschaftliche Verwaltungsforschung auf ganz unterschiedliche Weise positionieren. Idealtypisch lassen sich die folgenden vier Möglichkeiten identifizieren:

10 Die »behaviouristische Wende«, die die Politikwissenschaft in den 1950er Jahren genommen hat, gilt übrigens als einer der Gründe dafür, dass sich die Kluft zwischen Politikwissenschaft und Verwaltungswissenschaft in den USA in der zweiten Hälfte des 20. Jahrhunderts vertiefte (vgl. Peters 2003).

- Die erste Möglichkeit liegt in der *theorieorientierten Analyse der Verwaltungsorganisation*, ihrer Binnenstrukturen und ihrer Umwelt. Als Inspirationsquellen können dabei insbesondere das breite Spektrum von Organisationstheorien und neueren Institutionentheorien dienen (vgl. Seibel 2016). Beispielhaft hierfür sind die Arbeiten der »skandinavischen Schule« der Verwaltungswissenschaft (Jann 2006).
- Die zweite Möglichkeit theorieorientierter Verwaltungsforschung besteht darin, den *Schwerpunkt auf die Verwaltungstätigkeit*, ihre Programme, deren Implementation und deren Ergebnisse zu richten. Sie kann hierzu zahlreiche »prozess- bzw. interaktionsorientierte« Policy-Theorien nutzen (Sabatier 2007; vgl. Schubert/ Bandelow 2014). In Deutschland beispielhaft für eine solche theorieorientierte Policy-Analyse sind die Arbeiten, die auf der Grundlage des »akteurzentrierten Institutionalismus« (Mayntz/ Scharpf 1995; Scharpf 2000) entstanden sind.
- Davon zu unterscheiden sind zum einen *praxisorientierte Organisationsanalysen*, wie sie in den vergangenen zwanzig Jahren insbesondere im Zuge der verschiedenen Bestrebungen zur Reform der öffentlichen Verwaltung vorgenommen wurden. Auch hier steht im Mittelpunkt die Verwaltungsorganisation in ihren funktionalen und territorialen Aspekten. Ziel der Forschung ist es aber, Anwendungswissen zur Optimierung von Verwaltungsstrukturen zu genieren, das nicht zuletzt in die Organisationsberatung einfließt.[11]
- Schließlich kann die politikwissenschaftliche Verwaltungsforschung ihren Schwerpunkt auf die *praxisorientierte Policy-Analyse* legen. Typisch dafür sind die US-amerikanischen Public Policy Schools mit ihrer starken Ausrichtung auf Praxisorientierung in Lehre und Forschung. In diesen Kontext gehört aber auch die in ihrem Umfang stark angewachsene »Begleitforschung« zu staatlichen Programmen, die in der praxisorientierten Policy Evaluation eine eigene Spezialisierung ausgebildet hat (Wollmann 2003).

Die unterschiedlichen Leitorientierungen und Anforderungen müssen sich nicht zwangsläufig gegenseitig ausschließen. Die Entwicklung und das Selbstverständnis der politikwissenschaftlichen Verwaltungsforschung in Deutschland waren lange Zeit geprägt von dem Bemühen, eine »ideale Mitte« auf beiden Spannungslinien zu finden, also zum einen Organisa-

11 Einen guten Einblick in diese Forschungsrichtung bietet die in der Edition Sigma publizierte Schriftenreihe »Modernisierung des öffentlichen Sektors«.

tionsanalyse und Policy-Analyse zu verbinden und zugleich Theorie- und Praxisorientierung zu verknüpfen. Am ambitioniertesten dürfte dies Fritz W. Scharpf in den frühen 1970er Jahren zum Ausdruck gebracht haben, der im Vorwort zu seiner 1973 erschienen Aufsatzsammlung »Planung als politischer Prozess« den programmatischen Anspruch formuliert, »daß eine erst zu entwerfende Theorie der planenden Demokratie im entwickelten Kapitalismus eine komplexe Theorie sein müsse, die sowohl die polit-ökonomischen wie die politisch prozessualen wie die organisatorischen und die informationell-technologischen Dimensionen ihres Gegenstandes für sich und in ihrer systemischen Interdependenz zu erfassen habe« (Scharpf 1973a: 7). Und eine solche Politikwissenschaft müsse »auf die politische Praxis bezogen und sie reflektierend« sein (Scharpf 1973b: 32). Dieser Anspruch, theorieorientierte Organisations- und Policy-Forschung mit praktischer Relevanz zu betreiben, ist auch noch für die Potsdamer Verwaltungswissenschaft grundlegend (vgl. Döhler/ Franzke/ Wegrich 2015).

Insgesamt kann aber festgestellt werden, dass sich in diesem Spannungsfeld bislang kein eindeutiges Profil, keine »German School« der politikwissenschaftlichen Verwaltungswissenschaft, durchgesetzt hat. Ganz im Gegenteil, die Entwicklung des Faches ist dadurch gekennzeichnet, dass aus verschiedenen Richtungen starke zentrifugale Kräfte wirken, so dass es immer schwieriger geworden ist, die Balance zwischen diesen unterschiedlichen Anforderungen zu halten. Dazu zählen theoretische und methodische Entwicklungen in der Politikwissenschaft, veränderte Anforderungen an das Publikationsverhalten, aber auch Veränderungen im Beratungsbedarf von Politik und Verwaltung. Das ist nicht nur in Deutschland der Fall, aber eine schwach institutionalisierte politikwissenschaftliche Verwaltungsforschung dürfte davon besonders stark betroffen sein. In der aktuellen Debatte werden in diesem Zusammenhang vor allem zwei Entwicklungen thematisiert: Erstens die tendenzielle Entkopplung von verwaltungswissenschaftlicher Organisationsforschung und Policy-Analyse, die Annette Elisabeth Töller in ihrem Beitrag differenziert analysiert; und zum anderen der Rückzug der politikwissenschaftlichen Verwaltungslehre aus der Politikberatung, wie dies von Bogumil in diesem Band kritisiert wird.

Für die Entwicklung der politikwissenschaftlichen Verwaltungsforschung in Deutschland charakteristisch war lange Zeit die enge Anbindung an die empirische Politikfeldanalyse. In Fritz W. Scharpfs Konzept einer »Verwaltungswissenschaft als Teil der Politikwissenschaft« wurde der Rückgriff auf die sich seinerzeit in den USA entwickelnde Policy-Analyse zum Programm für eine in Deutschland neu zu etablierende politikwissenschaftliche Verwaltungslehre erhoben (vgl. Scharpf 1973b). Dafür schien es gute Gründe zu geben. Mit der Ausweitung der Staatstätigkeit, so die Annahme, stoßen Parlament und Regierung (also die »eigentlichen politischen Prozesse«) an die Grenzen ihrer Leistungsfähigkeit. Deshalb erfolge zwangsläufig eine Verlagerung der politischen Entscheidungstätigkeit auf die Verwaltung; und deren Informationsverarbeitungs-, Interessenberücksichtigungs- und Entscheidungsfähigkeit werde zur entscheidenden Stellgröße für eine »aktive Politik«. Ihre Rolle im »Policy-Making« lasse sich jedoch nur dann adäquat erfassen, wenn die Analyse neben den (organisations)strukturellen Aspekten der Verwaltung auch die prozessualen und inhaltlichen Aspekte von Entscheidungen systematisch mitberücksichtigt. Kurz gesagt: Eine enge Kopplung von Verwaltungswissenschaft und Policy-Analyse schien für eine politikwissenschaftliche Verwaltungsforschung, die sich für die »Grundlagen künftiger politischer Handlungsfähigkeit« (Scharpf 1973b: 32) interessiert, unverzichtbar zu sein.

Die Entwicklung der beiden Teildisziplinen zeigt freilich auch, dass die Gemeinsamkeiten und funktionalen Interdependenzen nicht überbetont werden sollten. Die Policy-Analyse hat sich in Deutschland auch unabhängig von der Verwaltungswissenschaft entwickelt, wie exemplarisch die Arbeiten der »Heidelberger Schule« der vergleichenden Staatstätigkeitsforschung um Manfred-G. Schmidt zeigen; und es folgten auch nicht alle Verwaltungswissenschaftler dem neuen Trend, wie man nicht zuletzt an den historisch orientierten Arbeiten von Thomas Ellwein erkennen kann. Wichtiger für die weitere Entwicklung dürfte aber gewesen sein, dass die Ursachen für die begrenzte Problemlösungsfähigkeit des »arbeitenden Staates« immer weniger in seiner organisatorischen Binnenstruktur gesehen wurden. »State capacities« sind zwar, wie die neo-Weberianischen Staatsanalyse (Evans/ Rueschemeyer/ Skocpol 1985) in den 1980er Jahren zu Recht betonte, eine notwendige Bedingung für einen erfolgreich intervenierenden Staat, ausreichend sind sie aber nicht. Die empirische Analyse der Erfolgsbedingungen staatlicher Programme richtete folglich ihre Aufmerksamkeit zunehmend auf die institutionelle Beschaffenheit gesellschaftlicher Regelungsfelder einerseits, auf die Beziehungen des politisch-administrativen Systems zu den Adressaten politischer Programme andererseits. Dies führte unter anderem zum Aufstieg der Steuerungstheorie sowie von Netzwerkkonzepten und -methoden in der Policy-Analyse (vgl. Mayntz 1996). Mit der Ausdifferenzierung der Fragestellungen und des Analyseinstrumentariums der Policy-Analyse wurden dann aber jene Struktur- und Organisationsfragen, die für die Verwaltungswissenschaft zentral waren, bestenfalls zu einer Erklärungsdimension neben anderen (Jann 2009; Töller in diesem Band).

Als Folge dieser Entwicklung, die von Mayntz (2009) als kumulativer innerwissenschaftlicher Lernprozess interpretiert wird, haben sich politikwissenschaftliche Verwaltungsforschung und Policy-Analyse in Deutschland weitgehend entkoppelt.[12] Bogumil (2005) kritisierte Mitte der 2000er Jahre in seiner Bestandsaufnahme des Verhältnisses von Politik- und Verwaltungswissenschaft in Deutschland, dass die Frage der internen Organisation von Regierung und Verwaltung in der deutschen Politikwissenschaft zunehmend als irrelevant angesehen werde (ähnlich Janning 2006). Dabei sollte allerdings nicht unterschlagen werden, dass die verwaltungswissenschaftliche Organisationsforschung selbst eine eigene zentrifugale Dynamik entwickelt hat. Mit der empirischen Analyse von Verwaltungsreformen und dem Wandel von Verwaltungsstrukturen im Zuge der Europäisierung und Internationalisierung erhielt die politikwissenschaftliche Verwaltungsforschung eine neue Agenda, zu deren Bearbeitung nicht mehr Konzepte der Policy-Analyse den Schlüssel lieferten, sondern eher neue Managementansätze aus der Ökonomie. Beispielhaft für diese Entwicklung dürften die Arbeiten von Naschold (1993, 1995; auch Naschold/ Bogumil 1998) aus den 1990er Jahren sein. Durch eine effizienzorientierte »Modernisierung« sollte der Staat »neu erfunden« und so eine Alternative zur »neoliberalen Entstaatlichung« eröffnet werden (Naschold 1993; Osborne/ Gabler 1993). Im weiteren Verlauf koppelte sich die verwaltungswissenschaftliche Untersuchung von Verwaltungsreformen weitgehend von der Analyse gesellschaftlicher Wandlungsprozesse und der staatstheoretischen Diskussion ab, was von Mayntz (1997) früh – aber folgenlos – kritisiert wurde.

Diese Entwicklung wird überlagert und akzentuiert durch eine zweite Spannungslinie, den Konflikt zwischen Theorie- und Praxisorientierung. Die Frage, ob die politikwissenschaftliche Verwaltungsforschung eher als Anwendungsforschung oder als Beitrag zur Grundlagenforschung betrieben wird, war bei der Bestimmung des Verhältnisses zwischen Politik- und Verwaltungswissenschaft von Beginn an konstitutiv. Die Verwaltungswissenschaft gilt als Disziplin »with a distinctive relationship to practice and practitioners. This relationship has always been – and remains – very close« (Pollitt 2015: 33; Bauer 2018: 1060ff.). Dies galt lange Zeit auch für die deutsche Verwaltungswissenschaft. Den Ausgangspunkt für eine »Ver-

---

12 Damit bestätigte sich eine schon früh geäußerte Warnung von Thomas Ellwein vor einer zu starken policy-analytischen Spezialisierung der politikwissenschaftlichen Verwaltungsforschung. Ellwein hielt es für relativ schwer, »von policy-bezogenen Analysen zurück zur Verwaltung als solcher zu kommen« (Ellwein 1982: 43) und befürchtete, dass dadurch die Fragmentierung der Verwaltungswissenschaft befördert werde.

waltungswissenschaft als Teil der Politikwissenschaft« bildeten die praktischen Anforderungen an »problemgerechtes politisches Handeln« und die Annahme, dass dieses unter den gegebenen Bedingungen »immer weniger möglich« sei (Scharpf 1973b). Dic Verwaltungswissenschaft gilt deshalb vielfach als angewandte Wissenschaft, deren Ziel letztendlich Anwendungswissen und nicht Theoriewissen sei (Schneider 2004; Benz 2003: 367) – und außerhalb Deutschlands wird sie von ihren eigenen Fachvertretern auch überwiegend so gesehen (vgl. Pollitt 2013: 33).[13]

Daraus resultieren eigentümliche Spannungen, die in der jüngsten Vergangenheit wohl zugenommen haben und durch die die Integrationsprobleme der Verwaltungswissenschaft intensiviert werden. Auf der einen Seite gilt: Je höher der Anspruch ist, mit der eigenen Verwaltungsforschung zur Theoriebildung beizutragen, desto schwieriger dürfte es politikwissenschaftlichen Verwaltungsforschern fallen, sich in eine heterogene Verwaltungswissenschaft zu integrieren und desto größer dürfte die Sogwirkung hin zum theoretischen und methodischen Kernbestand der Politikwissenschaft sein. Auf der anderen Seite läuft eine anwendungsorientierte Verwaltungswissenschaft Gefahr, sich ihre Forschungsagenda von den praktischen Bedarfen von Politik und Verwaltung diktieren zu lassen und den Anschluss an die Entwicklung des eigenen Faches zu verlieren.

Die derzeitige Positionierung der politikwissenschaftlichen Verwaltungsforschung in Deutschland in diesem Kontext ist unklar und umstritten. Auf der einen Seite betont Lenk (2015a: 282) die Praxisorientierung der Verwaltungswissenschaft. Ihr Merkmal sei, »dass sie auf Praxis gerichtet sei«. Und Bull (2015: 283) kritisiert, dass die in Staatstheorie und Politikwissenschaft vorherrschenden Theorien zu abstrakt seien, um sich mit den »Niederungen des alltäglichen Verwaltungshandelns« zu befassen. Aber im Vergleich mit anderen politikwissenschaftlichen Subdisziplinen gilt die Verwaltungswissenschaft eher als deskriptiv denn als empirisch-analytisch, eher als anwendungsorientiert denn als grundlagentheoretisch und im Publikationsverhalten eher als national denn als international (Bauer 2018; Bauer/ Becker 2018). Allerdings zeigt der bereits erwähnte Survey unter Verwaltungswissenschaftlern aller Disziplinen, dass gerade politikwissenschaftlichen Verwaltungsforschern die Grundlagenforschung äußert wichtig ist, wenngleich innerhalb der politikwissenschaftlichen Verwaltungswissenschaft das Spektrum an unterschiedlichen wissenschaftstheoretischen Positionen besonders breit zu sein scheint. Und Bogumil (in diesem

13 In einem Survey unter europäischen Verwaltungswissenschaftlern aus dem Jahr 2010 antworteten auf die Frage nach ihrer primären Zielsetzung nur 31 Prozent, sie würden rein akademische Ziele verfolgen (Pollitt 2015: 33).

Band) beklagt, dass die politikwissenschaftliche Verwaltungsforschung ihre Aufgabe der Politik- und Verwaltungsberatung vernachlässige, obwohl der Beratungsbedarf nach wie vor sehr groß sei.

Im Fall der deutschen Verwaltungswissenschaft scheint das Problem also nicht ihre »Unterordnung unter die Welt der Praxis« (Pollitt 2015: 34) zu sein, sondern, ganz im Gegenteil, deren Vernachlässigung. Im internationalen Vergleich nimmt sie damit eine eigentümliche Sonderstellung ein, was auch daher rühren dürfte, dass es in Deutschland lange Zeit nicht gelungen ist, praxisorientierte Schools of Public Policy zu etablieren und die an Fachhochschulen angesiedelte Verwaltungswissenschaft im Fach nur eine untergeordnete Rolle spielt. Die universitäre politikwissenschaftliche Verwaltungsforschung scheint in ihrem Bemühen, sich an den neuen Standards des eigenen Faches zu orientieren, nun Gefahr zu laufen, zwischen alle Stühle zu geraten und gleich doppelt marginalisiert zu werden, wie dies Benz (2003: 384) bereits zu Beginn der 2000er Jahre befürchtete: Innerhalb des eigenen Faches als zu wenig theorie- und methodenorientiert, gegenüber den anderen verwaltungswissenschaftlichen Disziplinen als zu abstrakt und praxisfern.

5. Perspektiven auf die politikwissenschaftliche Verwaltungsforschung

Dieses Spannungsfeld der widerstreitenden Anforderungen von Organisations- und Policy-Analyse sowie von Theorie- und Praxisorientierung wird auch künftig konstitutiv für die politikwissenschaftliche Verwaltungsforschung in Deutschland sein. Die Beiträge in diesem Band lassen weder erkennen, dass sie sich auf dem Weg in eine neue monodisziplinäre »Integrationswissenschaft« befindet; noch finden sich Hinweise darauf, dass sie bereit sein könnte, ihre eigene Identität innerhalb der Politikwissenschaft aufzugeben. Für die weitere Entwicklung zeichnen sich drei thematische Schwerpunkte und Entwicklungslinien ab.

Den ersten Schwerpunkt bildet die – mehr oder weniger theorieorientierte – *Analyse der Verwaltungsorganisation* im weitesten Sinn, die im Mittelpunkt der Beiträge von Arthur Benz, Jörg Bogumil, Wolfgang Seibel und Sylvia Veit steht. In diesen Beiträgen werden neue Perspektiven für die verwaltungswissenschaftliche Organisationsanalyse aufgezeigt.

Arthur Benz beschäftigt sich mit der Legitimation der Verwaltung und greift damit eines der zentralen Themengebiete auf, denen sich die deutsche politikwissenschaftliche Verwaltungswissenschaft bisher gewidmet hat. Ausgehend von der Annahme, dass Verwaltungen als Organisationen und als Teilbereich des politischen Systems Kollektiventscheidungen mitbestimmen – und dass daher die Rolle der Verwaltung immer auch eine politische ist (vgl. auch Benz 2003: 384) – wurden in diesem Forschungsstrang die Legitimität von Verwaltung und Verwaltungshandeln im demokratischen Rechtsstaat problematisiert und vornehmlich die Beziehungen von Verwaltung und Verwaltungsakteuren zu Parlament, Regierung, Verbänden und Zivilgesellschaft analysiert. Vor diesem Hintergrund argumentiert Benz, dass sich der Legitimationsbedarf einer solchen »politischen« Verwaltung durch die verfügbaren parlamentarisch-demokratischen Legitimationskanäle nicht ausreichend decken lässt, die Verwaltung aber eigene Legitimationsquellen besitzt. Dabei kann sie verschiedene Funktionsmechanismen des Verwaltungsverfahrens wie die Aufsicht, Widerspruchsrechte, Klagemöglichkeiten und anderes mehr nutzen, die aus der Interaktion unterschiedlicher Verwaltungsorganisationen und -ebenen resultieren. Im Mittelpunkt seiner Analyse steht die »Mehrebenen-Verwaltung«. Mehrebenenstrukturen, wie sie aus dem deutschen Föderalismus bekannt sind und sich inzwischen in der EU und in internationalen Organisationen herausgebildet haben, weisen einerseits besondere Legitimationsdefizite auf, sie besitzen andererseits aber auch spezifische Potenziale, um diese Probleme zu lösen. Erst die differenzierte empirische Analyse, so das Fazit von Benz, sei in der Lage zu ermitteln, wie groß die eigene Legitimationskraft der Verwaltung im konkreten Fall ist.

In diesem Zusammenhang wurde der politischen beziehungsweise politik-nahen Verwaltung die größte Aufmerksamkeit geschenkt (Ellwein 1983: 374) und es mag sein, dass die politikwissenschaftliche Verwaltungsforschung diesem Teil der öffentlichen Verwaltung bislang zu große Aufmerksamkeit widmete und die »gesetzesgebundene, unpolitische Normalverwaltung« eher vernachlässigt wurde, wie *Wolfgang Seibel* in seinem Beitrag moniert. Seibel zeigt, dass auch die Normalverwaltung »Politisierungsrisiken« ausgesetzt ist, und dass daraus gravierende Funktionsprobleme entstehen können. Die Politisierung ist in diesem Fall aber nicht wie bei Benz die unvermeidliche Folge des eigenen Ermessensspielraums bei der Abwägung widerstreitender Interessen, sie resultiert aus externen (politischen) Zwängen und Pressionen. Dies hat zur – prinzipiell vermeidbaren – Folge, dass die »Normalverwaltung« auch dort zu politischen Erwägungen gezwungen wird, wo dies für ihre Aufgabenerfüllung nicht zielführend ist. Das Ergebnis sind dann verschiedenste Formen des »Verwaltungsversagens«, die Seibel an zwei Beispielen, dem Genehmigungsverfahren der Love-Parade in Duisburg und dem Versagen von Polizei und Verfassungsschutz bei der Aufklärung der »NSU-Morde«, untersucht. Diese Beispiele lassen nicht nur erkennen, dass auch die »Normalverwaltung« in Deutschland gravierende Funktionsprobleme aufweisen kann; sie machen vor allem deutlich, dass zum Verständnis dieser Funktionsprobleme nicht betriebswirtschaftliche, sondern politikwissenschaftliche Konzepte benötigt werden. Damit zeigt der Beitrag auf exemplarische Weise, wie Schlüsselprobleme der Verwaltungswissenschaft in die Politikwissenschaft integriert werden können.

Während die Beiträge von Benz und Seibel neue Perspektiven zur Analyse der Legitimations- und Funktionsprobleme der öffentlichen Verwaltung im demokratischen Verfassungsstaat aufzeigen, sind die Beiträge von Bogumil und Veit dem Thema der Verwaltungsreform gewidmet, das in den vergangenen zwanzig Jahren eines der Hauptgebiete der empirischen Verwaltungsforschung darstellte. Im Mittelpunkt des Interesses standen dabei, anders als noch in den 1970er Jahren, die Kommunal- und Landesverwaltungen, während die Verwaltungsreformen in der Bundesverwaltung eher stiefmütterlich behandelt wurden. Das mag auch daran liegen, dass die deutsche Ministerialverwaltung durch ein hohes Maß an Strukturkonservatismus gekennzeichnet ist. Wie *Sylvia Veit* in ihrer Bestandsaufnahme der Verwaltungsreformen in der deutschen Ministerialverwaltung zeigt, fällt bei der formalen Organisationsstruktur der Ministerien vor allem die hohe Kontinuität auf. Gerade daraus können sich jedoch höchst interessante Forschungsperspektiven für eine – auch vergleichend angelegte – politikwissenschaftliche Verwaltungsforschung ergeben. Zunächst wäre die Frage nach Output und Outcomes von Verwaltungsreformen zu erweitern um die Frage nach den Folgen ausgebliebener Reformen für die Performanz der Verwaltung. Ist der Strukturkonservatismus der deutschen Ministerialverwaltung tatsächlich ein Problem? Bekanntlich entspricht die deutsche Ministerialverwaltung dem Modell der dezentralen »workflow bureaucracy« (Pugh/ Hickson/ Hinings 1969) und verfügt über erhebliche Flexibilitätsreserven. Die Kontinuität formaler Organisationsstrukturen muss deshalb nicht zwangsläufig Funktionsprobleme aufwerfen. Denkbar wäre auch, dass dort inkrementelle Anpassungsreaktionen stattgefunden haben, wie sie die Verwaltungswissenschaft vielfach identifizierte (vgl. Knill 1999). Wie beispielsweise McCowan (2015) in ihrer Untersuchung der Auswirkungen der Transnationalisierung auf das deutsche Finanzministerium zeigen konnte, fanden die wichtigsten Veränderungen nicht in den Strukturen der Organisation statt, sondern in den Köpfen ihrer Mitarbeiter. Vor diesem Hintergrund plädiert Veit in ihrem Beitrag dafür, die Aktivitätsstruktur von Organisationen, ihre informellen Regelsysteme und die vorherrschenden Vorstellungen angemessenen Verhaltens stärker zu beachten.

Im Unterschied zu diesen eher theorieorientierten Beiträgen nimmt *Jörg Bogumil* in seiner Analyse der Verwaltungsreformpolitik der Bundesländer eine dezidiert praxisorientierte Perspektive ein. In seinem Beitrag liefert er einen Überblick über die große Zahl von Verwaltungsreformen in den Bundesländern und zeigt, dass dadurch der Beratungsbedarf der Politik erheblich zugenommen hat. Er nutzt eigene Erfahrungen, um über Möglichkeiten und Grenzen einer verwaltungswissenschaftlichen Politikberatung im Spannungsfeld von politischer Vereinnahmung und Verwissenschaftlichung zu reflektieren. Seine Befunde sind in zweierlei Hinsicht instruktiv. Zum einen macht er deutlich, dass verwaltungswissenschaftliches Wissen von Politikwissenschaftlern gefragt ist und auch Wirkung erzielen kann. Dieses Wissen könne auch nicht umstandslos durch Beratungsagenturen ersetzt werden, so dass ein Rückzug der politikwissenschaftlichen Verwaltungsforschung aus der Politikberatung negative Folgen für die Qualität von Verwaltungsreformen haben müsste. Zum anderen stellt er aber auch fest, dass innerwissenschaftliche Zwänge (Publikationserfordernisse, methodische Anforderungen, etc.) es zunehmend erschweren, den praxisorientierten Beratungsaufgaben nachzukommen. In der Folge entferne sich die politikwissenschaftliche Verwaltungsforschung immer weiter von ihrem Gegenstand.

Der zweite Schwerpunkt dieses Bandes liegt auf der *stärkeren Integration der politikwissenschaftlichen Verwaltungsforschung,* insbesondere der Re-Integration der Policy-Analyse in die Verwaltungsforschung. Plädoyers zur Re-Integration von Politik- und Verwaltungswissenschaft reichen in Deutschland bis in die 1990er Jahre zurück (vgl. Jann 1998; Bogumil 2005; Bogumil/ Jann 2009), sind bislang aber weitgehend folgenlos geblieben. Die Beiträge von Christian Adam und Christoph Knill, Nathalie Behnke, Frank Nullmeier und Annette Elisabeth Töller versuchen nun aus ganz unterschiedlichen Perspektiven, neue theoretische Brücken zwischen verschiedenen Forschungsschwerpunkten und Teilgebieten von Politik- und Verwaltungswissenschaft zu schlagen.

Annette Elisabeth Töller beschäftigt sich mit dem Verhältnis von Verwaltungswissenschaft und Policy-Analyse. Sie bestätigt zunächst die wiederholt geäußerte Wahrnehmung einer Entkopplung der beiden Forschungsrichtungen (vgl. Janning 2006; Bauer 2008; Döhler 2014). Die Unterschiede seien inzwischen so groß, dass es sich um klar getrennte Teilgebiete der Politikwissenschaft handelt, zwischen denen es weder eine »Symbiose« noch eine »special relationship« gebe. Allerdings seien prozessorientierte Ansätze der Policy-Analyse durchaus in der Lage, Verwaltungen angemessen zu berücksichtigen. Auf dieser Grundlage eröffnen sich dann, so Töller, zahlreiche Möglichkeiten zur kooperativen Bearbeitung von Forschungsproblemen, in denen sowohl eine verwaltungswissenschaftliche als auch eine policy-analytische Perspektive erforderlich ist. Sie nennt mehrere Beispiele, wie bei der Erklärung des Zustandekommens von Policies die Rolle von Verwaltungen stärker berücksichtigt und Erklärungsangebote aus beiden Teilgebieten besser integriert werden können.

Christian Adam und *Christoph Knill* werfen in ihrem Beitrag einen neuen Blick auf das Grundproblem der politikwissenschaftlichen Verwaltungsforschung, die Handlungsfähigkeit des »arbeitenden Staates«. Sie argumentieren, dass sich dieses Grundproblem mit der Expansion der Staatstätigkeit verschoben hat. Den Engpass bildet nicht mehr die Entscheidungsfähigkeit der Verwaltung, sondern ihre Implementationskapazität. Die Verwaltung muss nicht nur immer mehr entscheiden, sie muss auch immer mehr Entscheidungen implementieren und dabei werden zunehmend die eigenen administrativen Kapazitäten und weniger – wie noch von der Implementationsforschung der 1970er und 1980er Jahre behauptet – die Widerspenstigkeit der Adressaten von Entscheidungen zum Problem. Mit der Expansion der Staatstätigkeit drohe, so ihre These, eine strukturelle Überforderung der Verwaltung. Dies führt bei ihnen aber nicht zur gängigen Forderung nach einem »Bürokratieabbau«. Sie argumentieren, dass eine Rücknahme von Gesetzen und Normen diese Überforderung nicht verringere, sondern sogar noch vergrößern würde, denn auch die Rücknahme müsste implementiert werden. Zugespitzt formuliert: Der »arbeitende Staat« droht in die *Implementationsfalle* zu geraten. Um diese Problematik angemessen empirisch erfassen zu können, plädieren sie für eine »epidemiologische Neuausrichtung der verwaltungswissenschaftlichen Implementationsforschung«. Ihr epidemiologischer Ansatz setzt nicht wie die übliche Implementationsforschung am einzelnen Programm an, sondern nimmt die Gesamtheit der Regeln, Normen und Programme in einem Politikfeld in den Blick. Eine solche epidemiologische Perspektive eröffnet höchst innovative Forschungsperspektiven und besitzt zudem erhebliche Integrationspotenziale für eine politikwissenschaftliche Verwaltungsforschung. Auf diese Weise könnten neue Brücken zwischen verwaltungswissenschaftlicher Organisationsanalyse und Policy-Analyse gebaut werden und außerdem könnte die universitäre Implementationsforschung wieder größere Praxisrelevanz gewinnen.

Auch der Beitrag von *Nathalie Behnke* setzt an einem Schlüsselproblem der Verwaltungswissenschaft an, dem Koordinationsbedarf, den Kooperationsproblemen und den Koordinationsmechanismen der Verwaltung in einer arbeitsteilig spezialisierten Verwaltung. Sie schlägt vor, den Governance-Ansatz systematisch in der Verwaltungsforschung zu nutzen, um Koordination in der öffentlichen Verwaltung empirisch zu untersuchen. Die Verwaltungswissenschaft ist bekanntlich eine der Wurzeln der Governance-Forschung (vgl. Grande 2012); das Governance-Konzept wurde dort aber zumeist auf eine eigentümlich selektive Weise genutzt. Den Ausgangspunkt bildete zunächst die Kritik am hierarchisch-bürokratischen, »weberianischen Staat« (vgl. Osborne/ Gabler 1993) und die zunehmende Bedeutung privater Akteure bei der Erbringung öffentlicher Leistungen im »kooperativen Staat« (Ritter 1979). Im Weiteren wurde der Governance-Ansatz in der Verwaltungswissenschaft dann aber vielfach mit Konzepten des New Public Management gleichgesetzt (vgl. Bevir 2009), oder es wurde versucht, Governance als neues Leitbild der partizipativen Netzwerksteuerung hiervon abzugrenzen (Jann/ Wegrich 2010). Das hat zur Folge, dass die deutsche Verwaltungswissenschaft der Governance-Forschung tendenziell kritisch gegenüber steht (beispielhaft Bohne 2014; Bull 2015: 287 und Seibel 2016: 162f.). Vor diesem Hintergrund zeigt Behnke, wie unter Nutzung der gesamten Bandbreite von Koordinationsmechanismen (oder: Interaktionsformen; vgl. Scharpf 2000) das große Potenzial des Governance-Konzepts für die empirische Verwaltungswissenschaft erschlossen und genutzt werden kann. Auf diese Weise eröffnet sich der Verwaltungswissenschaft ein neuer Blick auf bekannte (Koordinations-)Probleme. Aber auch die Governance-Forschung kann hiervon profitieren. Denn wie Behnke deutlich macht, spielt im Bereich des Verwaltungshandels die Hierarchie (oder zumindest ihr Schatten) als Koordinationsmechanismus nach wie vor eine große Rolle.

Auch der Beitrag von *Frank Nullmeier* zielt auf die Re-Integration der Verwaltungswissenschaft. Er schlägt den *Verfahrensbegriff* als neuen »Ankerbegriff« vor, um für die Verwaltungswissenschaft eine neue Theorieperspektive jenseits von Organisationstheorien und Institutionentheorien zu eröffnen. Sein Verfahrensbegriff fungiert gleichsam als »Brückenkonzept«, mit dessen Hilfe sich Fragestellungen der Policy-Forschung, des Institutionenvergleichs und der Demokratieforschung verbinden lassen. Die Bearbeitung einer solchen Forschungsagenda habe, wie Nullmeier weiter argumentiert, auch weitreichende methodologische und methodische Konsequenzen. Sie gehe einher mit einem anderen Kausalitätsverständnis und einer Aufwertung qualitativer Verfahren in der empirischen Verwaltungsforschung. Er schlägt insbesondere vor, das Konzept der (Kausal)»Mechanismen«, das in der Politikwissenschaft inzwischen eine zentrale Rolle spielt (vgl. Tilly 2001), zur empirischen Analyse von Kausalitäten in qualitativen Fallstudien zu nutzen. Auf diese Weise könnte auch die qualitativ arbeitende empirische Verwaltungswissenschaft eine stärkere methodische Fundierung erhalten.

In einigen Beiträgen deutet sich eine neue Spannungslinie in der politikwissenschaftlichen Verwaltungsforschung an, die *Edgar Grande* in das Zentrum seiner Überlegungen stellt, die *Spannung zwischen einer nationalen und einer transnationalen Ausrichtung der Verwaltungswissenschaft.* Die politischen Systeme der modernen Gegenwartsdemokratien machen bereits seit längerem einen Transformationsprozess durch, der in der Politikwissenschaft unter den Begriffen der Globalisierung, Internationalisierung, Europäisierung und Transnationalisierung intensiv und kontrovers untersucht wird. Verwaltungswissenschaftliche Analysen mit Fokus auf die öffentliche Verwaltung und den »Verwaltungsstaat« (Schuppert 2000) im Allgemeinen sowie auf die Ministerialverwaltung im Besonderen sind erstaunlicherweise in diesen Diskussionen nur spärlich präsent. Wie Bauer (2015) gezeigt hat, wurden bislang weder übergeordnete genuin verwaltungswissenschaftliche Fragestellungen zur Denationalisierung der öffentlichen Verwaltung entwickelt, noch ist ein kohärentes auf Theorieentwicklung abzielendes Forschungsprogramm zur Analyse der Internationalisierungsbedingungen oder den Internationalisierungseffekten der nationalen Verwaltungen sichtbar – jedenfalls dann, wenn man unter »Denationalisierung« Prozesse versteht, deren Ursprung »jenseits des Nationalstaats« (Zürn 1998) liegt.

Damit ist nicht gesagt, dass Teilaspekte der politisch-administrativen Denationalisierung nicht Gegenstand einschlägiger verwaltungswissenschaftlicher Analysen waren. Beispielhaft hierfür sind die zahlreichen Arbeiten zu den Effekten der europäischen Integration auf die nationalen Verwaltungssysteme (vgl. Knill 2001). Dennoch scheint in der Verwaltungswissenschaft die Auffassung vorzuherrschen, dass, wie Behnke in ihrem Beitrag resümiert, »Verwaltungshandeln immer noch in den meisten Fällen innerhalb der politischen Legitimationskette eines Nationalstaates statt (finde)«. Das impliziert, dass die »Normalverwaltung«, wie Seibel sie im Blick hat, von Prozessen der Denationalisierung weitgehend unberührt geblieben ist – und auch künftig bleiben wird. Vor diesem Hintergrund formuliert er den Vorwurf, die führenden Fachvertreter hätten sich mit ihrer Schwerpunktsetzung, beispielsweise auf die Verwaltung im Mehrebenensystem der EU, mit eher »untypischen Erscheinungsformen der Verwaltung beschäftigt« und die »ganz normale nationale Verwaltung in ihren hierarchischen und rechtsförmigen Steuerungsformen« (Seibel 2016: 152) vernachlässigt.

Dagegen argumentiert *Edgar Grande* in seinem Beitrag, dass die Prozesse der Denationalisierung das Verwaltungshandeln in allen Formen und in allen relevanten Aspekten tangieren. Die »Dentionalisierung« (Zürn 1998) führt nicht nur zu neuen bürokratischen Strukturen jenseits des Nationalstaates, sondern auch zur Intensivierung der Beziehungen zwischen nationalen und internationalen Verwaltungen – was nicht ohne Auswirkungen auf die nationalen Bürokratien selbst bleibt. Diese »Rückwirkungen« werden als »innere Transnationalisierung« konzeptualisiert und Grande zeigt, dass das Verwaltungshandeln potenziell in allen Formen und in allen relevanten Aspekten von diesen Prozessen tangiert wird.

Transnationalisierung bewirkt demnach eine neue räumliche Strukturierung bürokratischen Handelns, in deren Folge sich neuartige Organisationsformen, Verfahren und Dispositionen der Mitarbeiter herausbilden. Das Ergebnis sei zwar keine vollständige »Entgrenzung« der Verwaltungsorganisation und des Verwaltungshandelns, so Grande. Aber Grenzen verlören ihren ein- und ausschließenden Charakter und würden damit letztendlich selbst zum Gegenstand politischer Entscheidung – mit entsprechenden Auswirkungen auf die extra-territoriale Wirkmächtigkeit und heimatliche Porosität administrativer Problemlösungskapazitäten. Mit der inneren Transnationalisierung entsteht somit ein neues Differenzial, das die Aufgaben von Verwaltungen, ihre formellen und informellen Strukturen und Verfahren und die Handlungsorientierungen ihrer Mitarbeiter je nach Politikbereich und gebietskörperlichen Standort unterschiedlich berührt. Handlungsoptionen und Kontrollpotenziale im nationalen Verwaltungsgefüge verändern sich – und damit stellt sich die klassische Machtfrage zwischen Politik- und Verwaltung sowie innerhalb der Behördenlandschaft neu. Wie stark der Einfluss der Transnationalisierung auf die nationale Verwaltung ist, muss angesichts mangelnder empirisch-systematischer Einblicke allerdings offen bleiben. Die Verwaltungswissenschaft wäre dennoch gut beraten, so Grande, sich intensiver als bisher diesen Prozessen zu widmen.

Grande plädiert vor diesem Hintergrund für einen neuen »kosmopolitischen Blick« (Beck 2004) in der Verwaltungswissenschaft. Um die mit der Transnationalisierung ausgelösten Wandlungsprozesse in der Verwaltung vollständig erfassen und angemessen verstehen zu können, müsse sie ihren »methodologischen Nationalismus« überwinden und eine neue Forschungsperspektive einnehmen, die sich an den neueren sozialwissenschaftlichen Globalisierungstheorien orientiert (vgl. Beck/ Grande 2010). Das würde nicht nur die Chance zu zusätzlichem verwaltungswissenschaftlichem Erkenntnisgewinn bieten, sondern könnte die politikwissenschaftliche Verwaltungsforschung auch wieder stärker mit den relevanten Gegenwartsdebatten in den Sozialwissenschaften verbinden – und ihr damit (wieder) zu größerer gesellschaftlicher und politischer Relevanz verhelfen.

Die hier versammelten Beiträge fügen sich nicht zu einem konsistenten Programm, sondern bringen die Pluralität der theoretisch-konzeptionellen Zugänge und die Vielgestaltigkeit des Gegenstandsbereichs der politikwissenschaftlichen Verwaltungsforschung in Deutschland zum Ausdruck. Es ist zu erwarten, dass der Pluralismus der Theorien, Methoden und Themen auch künftig eines ihrer wichtigsten Merkmale sein wird. Bei allem Pluralismus eint die Beiträge jedoch das Bemühen, das Integrationspotenzial des Faches aufzuzeigen. Sie wollen Brücken schlagen und den Dialog innerhalb der Politikwissenschaft und zwischen den verschiedenen verwaltungswissenschaftlichen Disziplinen stärken.

Es gilt also eine schwierige Balance zu halten, um die Integration in die Politikwissenschaft zu bewahren und die Anschlussfähigkeit in die anderen verwaltungswissenschaftlichen Fächer zu verbessern. Beides gleichzeitig kann nur gelingen, wenn die unvermeidlichen Spannungen zwischen Theorie- und Praxisorientierung sowie zwischen Organisations- und Prozessfokus akzeptiert werden. Eine der oben ausgeführten vier Leitorientierungen als Ideal zu forcieren, würde hingegen bestenfalls zu unergiebigen Debatten, schlimmstenfalls zur Verfestigung von Fragmentierungsdynamiken führen.

Abschließend gilt es (durchaus auch selbstkritisch) einige Defizite anzusprechen, aus denen für die politikwissenschaftliche Verwaltungswissenschaft neue Risiken erwachsen könnten und auf die es daher gilt, künftig mehr Aufmerksamkeit zu richten. Zunächst ist auffällig, dass die historische Dimension in der verwaltungswissenschaftlichen Analyse einen immer geringeren Stellenwert besitzt. Mit wenigen Ausnahmen[14] vermitteln die neueren Arbeiten (und eben auch die Beiträge unseres Bandes) den Eindruck, als ob die politikwissenschaftliche Verwaltungsforschung den Bezug zur historischen Verwaltungsforschung verloren hat. Wenn die Ergebnisse der eigenen Forschung nicht mehr in größere historische Zusammenhänge eingebettet werden oder Forschungsprobleme in größeren Zeiträumen bearbeitet werden, dann dürfte die Entwicklung gehaltvoller neuer theoretischer Positionen erschwert werden. Eine solche Forschung läuft Gefahr, in eine Abhängigkeit von abstrakten theoretischen Modellen und (kurzatmigen) internationalen Forschungstrends zu geraten und für die politische Praxis noch mehr an Bedeutung zu verlieren.

14 Lesenswerte Ausnahmen bilden die Arbeiten von Seibel (1998) und in jüngerer Zeit Seckelmann (2017) sowie Rosser (2010), Hegewisch (2016) und von Krosigk (2016).

Damit einher geht der gegenwärtig nur geringe Bezug zu den großen gesellschafts- und staatstheoretischen Debatten, der für die politikwissenschaftliche Verwaltungsforschung der 1970er und 1980er Jahre in Deutschland so wichtig war – und letztendlich eine Voraussetzung für die wissenschaftliche Leistungsfähigkeit und für den steuerungspolitischen Einfluss der damaligen Verwaltungswissenschaft darstellte. Dies hat zur Folge, dass der aktuellen politikwissenschaftlichen Verwaltungsforschung eine einheitliche Problemperspektive fehlt, mit deren Hilfe eine stärkere Integration fragmentierter Teildebatten und Teilgebiete möglich würde. Die geringe Verknüpfung verwaltungswissenschaftlicher Diskurse mit den aktuellen gesellschaftlichen Debatten erstaunt, weil mit Migration, Integration, demographischem Wandel, Europäisierung, Globalisierung und Digitalisierung gesellschaftliche Probleme auf die politische Agenda drängen, die ohne Zweifel die Verwaltung als Organisation betreffen, und deren Lösung ohne administrative Steuerungsfähigkeit unmöglich erscheint.

Forschungsprobleme, bei denen die Verwaltungswissenschaft Praxisrelevanz und Steuerungsanalyse verbinden kann, gibt es offensichtlich genügend. Bei der Bearbeitung dieser Schlüsselthemen wäre die Verwaltungswissenschaft gut beraten, sich an der nach wie vor unbeantworteten, aber noch immer höchst aktuellen Frage zu orientieren, »wie denn Politik als Verarbeitung gesellschaftlicher Probleme und als aktive Gestaltung gesellschaftlicher Verhältnisse überhaupt noch möglich sei« (Scharpf 1973b: 31). Diese Frage muss nicht nur radikal gestellt, sondern vor allem auch systematisch beantwortet werden.

6. Literaturverzeichnis

Bauer, Michael W. (2005): Damit ist ein Staat zu machen. Verwaltungsstudium in Ostmitteleuropa. In: Osteuropa, 55, 55-66.

Bauer, Michael W. (2008): Der Throughput-Output-Nexus in der empirischen Verwaltungswissenschaft. In: Die Verwaltung, 41 (1), 63-76.

Bauer, Michael W. (2015): Die Verwaltungswissenschaft und die Herausforderungen der Denationalisierung. In: Politische Vierteljahresschrift, 56 (4), 648–71.

Bauer, Michael W. (2018): Public Administration and Political Science. In: Edoardo Ongaro, Sandra van Thiel (Hrsg.): The Palgrave Handbook of Public Administration and Public Management in Europe. Basingstoke: Palgrave Macmillan, 1049-1065.

Bauer, Michael W., Becker, Stefan (2017): Verwaltungswissenschaft in Deutschland. Relevanz und Reputation im Urteil der Fachvertreterinnen und Fachvertreter. In: Der moderne Staat, 10 (1), 31-48.

Beck, Ulrich (2004): Der kosmopolitische Blick oder Krieg ist Frieden. Frankfurt am Main: Suhrkamp.

Benz, Arthur (2003): Status und Perspektiven der politikwissenschaftlichen Verwaltungsforschung. In: Die Verwaltung, 36 (3), 361–88.

Bertels, Jana, Bouckaert, Geert, Jann, Werner (2016): European Perspectives for Public Administration (EPPA). Utrecht: Paper presented at EGPA Annual Conference.

Bevir, Mark (2009): Key Concepts in Governance. Los Angeles: Sage.

Bogumil, Jörg (2002): Zum Verhältnis von Politik-und Verwaltungswissenschaft in Deutschland. Hagen: Fernuniversität Hagen FB Erziehungs-, Sozial- und Geisteswissenschaften.

Bogumil, Jörg (2005): On the Relationship between Political Science and Administrative Science in Germany. In: Public Administration, 83 (3), 669–84.

Bogumil, Jörg, Jann, Werner, Nullmeier, Frank (2006): Perspektiven der politikwissenschaftlichen Verwaltungsforschung. In: dies. (Hrsg.): Politik und Verwaltung. Wiesbaden: VS Verlag, 9-26.

Bogumil, Jörg, Jann, Werner (2009): Verwaltung und Verwaltungswissenschaft in Deutschland. Einführung in die Verwaltungswissenschaft. Wiesbaden: VS Verlag.

Bohne, Eberhard (2014): Gegenstand, methodische Grundlagen und theoretischer Bezugsrahmen der Verwaltungswissenschaft. In: Die Verwaltung, 47 (2), 159–95.

Bouckaert, Geert (2015): The Future of the Field of Public Administration. In: Marian Döhler, Jochen Franzke, Kai Wegrich (Hrsg.): Der gut organisierte Staat. Festschrift für Werner Jann zum 65. Geburtstag. Baden-Baden: Nomos, 71-90.

Bull, Hans Peter (2015): Aufgabenwandel der Verwaltung und Verwaltungswissenschaft. In: Verwaltung und Management, 21 (6), 283-93.

Burgi, Martin (2017): Intradisziplinarität und Interdisziplinarität als Perspektiven der Verwaltungsrechtswissenschaft. In: Die Verwaltung, Beiheft 12. Zur Lage der Verwaltungsrechtswissenschaft, 33-62.

Derlien, Hans-Ulrich (2002): Entwicklung und Stand der empirischen Verwaltungsforschung. In: Klaus König (Hrsg.): Deutsche Verwaltung an der Wende zum 21. Jahrhundert. Baden-Baden: Nomos, 365-92.

Döhler, Marian (2014): Verwaltungswissenschaftliche Problemperspektiven in der Politikfeldanalyse. In: Klaus Schubert, Nils Bandelow (Hrsg.): Lehrbuch der Politikfeldanalyse. 3. Auflage. München: Oldenburg, 75-93.

Döhler, Marian, Franzke, Jochen, Wegrich, Kai (Hrsg.) (2015): Der gut organisierte Staat. Festschrift für Werner Jann zum 65. Geburtstag. Baden-Baden: Nomos.

Ellwein, Thomas (1982): Verwaltungswissenschaft. Die Herausbildung einer Disziplin. In: Joachim Jens Hesse (Hrsg.): Politikwissenschaft und Verwaltungswissenschaft. Opladen: Westdeutscher Verlag, 34-54.

Ellwein, Thomas (1983): Das Regierungssystem der Bundesrepublik Deutschland. 5. Auflage. Opladen: Westdeutscher Verlag.

Evans, Peter, Rueschemeyer, Dietrich, Skopcpol, Theda (Hrsg.) (1985): Bringing the State Back In. Cambridge: Cambridge University Press.

Grande, Edgar (2012): Governance-Forschung in der Governance-Falle. Eine kritische Bestandsaufnahme. In: Politische Vierteljahresschrift, 53 (4), 565-592.

Grande, Edgar, Jansen, Dorothea, Jarren, Otfried, Rip, Arie, Schimank, Uwe, Weingart, Peter (Hrsg.) (2013): Neue Governance der Wissenschaft. Reorganisation – externe Anforderungen – Medialisierung. Bielefeld: Transcript.

Gschwend, Thomas, Schimmelfennig, Frank (Hrsg.) (2007): Forschungsdesign in der Politikwissenschaft. Probleme-Strategien-Anwendungen. Frankfurt am Main: Campus.

Hajnal, György (2003): Diversity and Convergence. A Quantitative Analysis of European Public Administration Education Programs. In: Journal of Public Affairs Education, 9 (4), 245-58.

Hajnal, György (2015): Public Administration Education in Europe. Continuity or Reorientation. In: Teaching Public Administration, 33 (2), 95–114.

Hesse, Joachim Jens (1987): Aufgaben einer Staatslehre heute. In: Thomas Ellwein, Joachim Jens Hesse, Renate Mayntz, Fritz W. Scharpf (Hrsg.): Jahrbuch zur Staats- und Verwaltungswissenschaft. Band 1. Baden-Baden: Nomos, 55-80.

Jann, Werner (1983): Policy-Forschung. Ein sinnvoller Schwerpunkt der Politikwissenschaft. In: Aus Politik und Zeitgeschichte. Band 47 (83), 26-38.

Jann, Werner (1998): Politik und Verwaltung im funktionalen Staat. Baden-Baden: Nomos.

Jann, Werner (2006): Die skandinavische Schule der Verwaltungswissenschaft. Neo-Institutionalismus und die Renaissance der Bürokratie. In: Politik und Verwaltung. PVS-Sonderheft 37, 121-148.

Jann, Werner (2009): Praktische Fragen und theoretische Antworten. 50 Jahre Policy-Analyse und Verwaltungsforschung. In: Politische Vierteljahresschrift, 50 (3), 476-505.

Jann, Werner, Wegrich, Kai (2010): Governance und Verwaltungspolitik. Leitbilder und Reformkonzepte. In: Arthur Benz, Nicolai Dose (Hrsg.): Governance – Regieren in komplexen Regelsystemen. Wiesbaden: VS Verlag, 175-200.

Janning, Frank (2006): Koexistenz ohne Synergieeffekte. Über das Verhältnis zwischen Policy-Forschung und Verwaltungswissenschaft. In: Jörg Bogumil, Werner Jann, Frank Nullmeier (Hrsg.): Politik und Verwaltung, 77-96.

Knill, Christoph (2001): The Europeanisation of national administrations. Patterns of institutional change and persistence. Cambridge: Cambridge University Press.

König, Herbert (1985): Policy-Analysis und Verwaltungswissenschaft. In: Hans-Hermann Hartwich (Hrsg.): Policy-Forschung in der Bundesrepublik Deutschland. Ihr Selbstverständnis und ihr Verhältnis zu den Grundlagen der Politikwissenschaft. Wiesbaden: VS Verlag, 116-121.

König, Klaus (1970): Erkenntnisinteressen der Verwaltungswissenschaft. Berlin: Duncker & Humblot.

König, Klaus (1991): Zur Transformation einer real-sozialistischen Verwaltung in eine klassisch-europäische Verwaltung. Speyer: Forschungsinstitut für öffentliche Verwaltung bei der Hochschule für Verwaltungswissenschaften.

König, Klaus (2008): Moderne öffentliche Verwaltung. Studium der Verwaltungswissenschaft. Berlin: Duncker & Humblot.

König, Klaus (2015): Operative Regierung. Tübingen: Mohr Siebeck.

Krönke, Christoph (2017): Perspektiven der Verwaltungswissenschaft. Politik- und rechtswissenschaftliche Verwaltungsforschung im Dialog. In: Die Verwaltung, 50 (2), 277-289.

Lenk, Klaus (2015a): Eine neue Eröffnungsbilanz. In: Verwaltung und Management, 21 (6), 282-82.

Lenk, Klaus (2015b): Verwaltungsdesign. Die Gestaltung der technikdurchdrungenen Arbeitsorganisation und des Umgangs mit Information und Wissen. Ein Alternativentwurf für eine gestaltungstaugliche Verwaltungswissenschaft. In: Verwaltung und Management, 21 (6), 294-303.

Luhmann, Niklas (1966): Theorie der Verwaltungswissenschaft. Bestandsaufnahme und Entwurf. Berlin: Grote.

Maier, Hans (1980): Die ältere deutsche Staats- und Verwaltungslehre. 2. Auflage. München: Beck.

Mayntz, Renate (1996): Politische Steuerung. Aufstieg, Niedergang und Transformation einer Theorie. In: Klaus von Beyme, Claus Offe (Hrsg.): Politische Theorien in der Ära der Transformation. Opladen: Westdeutscher Verlag, 33-57.

Mayntz, Renate (1997): Verwaltungsreform und gesellschaftlicher Wandel. In: Edgar Grande, Rainer Prätorius (Hrsg.): Modernisierung des Staates? Baden-Baden: Nomos, 65-74.

Mayntz, Renate (2009): New Challenges to Governance Theory. In: dies.: Über Governance. Frankfurt am Main: Campus, 13-27.

Mayntz, Renate, Scharpf, Fritz W. (1995): Der Ansatz des akteurzentrierten Institutionalismus. In: dies. (Hrsg.): Gesellschaftliche Selbstregelung und politische Steuerung. Frankfurt am Main: Campus, 39-72.

McCowan, Martina (2015): Transnationalisation, Crisis and Organisational Change in Ministerial Bureaucracies. A Comparative Analysis of the German and Danish Ministries of Finance. Diss., LMU: München.

Mehde, Veith (2015): Elemente einer verwaltungswissenschaftlichen Entscheidungslehre. In: Verwaltung und Management, 21 (6), 310-16.

Naschold, Frieder (1993): Modernisierung des Staates. Zur Ordnungs- und Innovationspolitik des öffentlichen Sektors. Berlin: Edition Sigma.

Naschold, Frieder, Bogumil, Jörg (1998): Modernisierung des Staates. New Public Management und Verwaltungsreform. Opladen: Leske + Budrich.

Osborne, David, Gaebler, Ted (1992): Reinventing Government. How to Entrepreneurial Spirit is Transforming the Public Sector. New York: Addison Wesley.

Ostrom, Vincent (2008): The Intellectual Crisis in American Public Administration. Alabama: University of Alabama Press.

Peters, Guy B. (2003): Ties that Bind. The Link between Public Administration and Political Science. In: Journal of Politics, 65 (3), 641–55.

Pollitt, Christopher (2015): The Seven Secular Sins of Academic Public Administration. In: Marian Döhler, Jochen Franzke, Kai Wegrich (Hrsg.): Der gut organisierte Staat. Festschrift für Werner Jann zum 65. Geburtstag. Baden-Baden: Nomos, 31-52.

Pugh, Derek S., Hickson, David J., Hinings, Christopher R. (1969): An Empirical Taxonomy of Structures of Work Organizations. In: Administrative Science Quarterly, 14 (1), 115-126.

Ritter, Ernst-Hasso (1979): Der kooperative Staat. Bemerkungen zum Verhältnis von Staat und Wirtschaft. In: Archiv des Öffentlichen Rechts, 104, 389-413.

Rosser, Christian (2010): Woodrow Wilson's administrative thought and German political theory. In: Public Administration Review, 70 (4), 547-556.

Sabatier, Paul A. (Hrsg.) (2007): Theories of the Policy Process. 2. Auflage. Boulder, CO: Westview Press.

Scharpf, Fritz W. (1973a): Vorwort. In: ders.: Planung als Politischer Prozess. Aufsätze zur Theorie der planenden Demokratie. Frankfurt am Main: Suhrkamp, 7.

Scharpf, Fritz W. (1973b): Verwaltungswissenschaft als Teil der Politikwissenschaft. In: ders.: Planung als Politischer Prozess. Aufsätze zur Theorie der planenden Demokratie. Frankfurt am Main: Suhrkamp, 9-32.

Scharpf, Fritz W. (1973c): Planung als Politischer Prozess. Aufsätze zur Theorie der planenden Demokratie. Frankfurt am Main: Suhrkamp.

Scharpf, Fritz. W. (2000): Interaktionsformen. Opladen: Leske + Budrich.

Schneider, Volker (2004): Verwaltungswissenschaft zwischen Pluri- und Transdisziplinarität sowie sozialwissenschaftliche Grundlagen- und Anwendungsorientierung. Konstanz: Universität Konstanz, Fachbereich Politik- und Verwaltungswissenschaften.

Schuppert, Gunnar Folke (2000): Verwaltungswissenschaft. Verwaltung, Verwaltungsrecht, Verwaltungslehre. Baden-Baden: Nomos.

Schubert, Klaus, Bandelow, Nils C. (Hrsg.) (2014): Lehrbuch der Politikfeldanalyse. 3. Auflage. München: Oldenbourg.

Seckelmann, Margrit (2017): Fritz Morstein Marx (1900–1969). Der Inspirator einer »Vergleichenden Verwaltungswissenschaft«. In: Recht und Politik, 53 (2), 207-215.

Seibel, Wolfgang (1996): Administrative Science as Reform. German Public Administration. In: Public Administration Review, 56 (1), S. 74–81.

Seibel, Wolfgang (1998): Staatsstruktur und Massenmord. Was kann eine historisch-vergleichende Institutionenanalyse zur Erforschung des Holocaust beitragen. In: Geschichte und Gesellschaft, 24 (4), 539-569.

Seibel, Wolfgang (2016): Verwaltung verstehen. Eine theoriegeschichtliche Einführung. Berlin: Suhrkamp.

Siedentopf, Heinrich R. (1976): Verwaltungswissenschaft. In: Heinrich R. Siedentopf (Hrsg.): Verwaltungswissenschaft. Wege der Forschung. Band XLI. Darmstadt: Wissenschaftliche Buchgesellschaft Darmstadt, 3-17.

Snellen, Ignace (2006): Grundlagen der Verwaltungswissenschaft. Ein Essay über ihre Paradigmen. Wiesbaden: VS Verlag.

Tilly, Charles (2001): Mechanisms in Political Processes. In: Annual Review of Political Science, 4, 21-41.

von Krosigk, Rüdiger (2016): Thomas Ellweins Der Staat als Zufall und als Notwendigkeit. In: Administory. Zeitschrift für Verwaltungsgeschichte, 1, 222-237.

Voßkuhle, Andreas (2006): Neue Verwaltungsrechtswissenschaft. In: Wolfgang Hoffmann-Riem, Eberhard Schmidt-Aßmann, Andreas Voßkuhle (Hrsg.): Grundlagen des Verwaltungsrechts I. München: Beck, 1-61.

Wollmann, Hellmut (2002): Verwaltung in der deutschen Vereinigung. In: Klaus König (Hrsg.): Deutsche Verwaltung in der Wende zum 21. Jahrhundert. Baden-Baden: Nomos, 33-58.

Wollmann, Hellmut (2014): Kontrolle in Politik und Verwaltung. Evaluation, Controlling und Wissensnutzung. In: Klaus Schubert, Nils C. Bandelow (Hrsg.): Lehrbuch der Politikfeldanalyse 2.0. Oldenbourg: De Gruyter, 379-400.

Zürn, Michael (1998): Regieren jenseits des Nationalstaats. Frankfurt am Main: Suhrkamp.

Die heterogene Selbstwahrnehmung der deutschen Verwaltungswissenschaft: Ergebnisse einer Befragung unter Fachvertreterinnen und Fachvertretern

Michael W. Bauer und Stefan Becker

1. Einleitung[1]

Was Verwaltungswissenschaft ist und welchem Zweck sie dient, wird immer wieder neu diskutiert (Scharpf 1973; Hesse 1982; Ellwein 1982, 1997; Mayntz 1985; Schuppert 2000; Benz 2005; Bogumil et al. 2006; Bogumil und Jann 2009; Jann 2009; Bauer 2008; 2015; Seibel 2016). Dieser Beitrag beleuchtet auf Grundlage einer umfangreichen Befragung zum ersten Mal die Selbstwahrnehmung der verwaltungswissenschaftlichen Fachgemeinschaft Deutschlands. Den Ausgangspunkt bildet eine Kongruenzthese, nach der es der Ausstrahlung eines Faches nach innen und außen förderlich ist, wenn seine Vertreterinnen und Vertreter[2] trotz aller Themen- und Methodenvielfalt ein homogenes Bild der eigenen Disziplin haben und in der Definition von Grenzen sowie der Zuschreibung von Forschungsinhalten übereinstimmen. Im alltäglichen Ringen um die inneruniversitäre Stellung und um externe Ressourcen sollte nämlich die Eigensicht kongruent und gleichermaßen positiv sein, will eine Fachgemeinschaft nicht ständig um ihre intellektuelle und materielle Basis fürchten müssen (Perry 2016; Ostrom 2008). Voraussetzung dafür ist aber eine möglichst konforme Sicht auf wesentliche programmatische, theoretische und praxisrelevante Positionen. Aus dieser Perspektive kann die Beschäftigung mit der verwaltungswissenschaftlichen Selbstwahrnehmung womöglich helfen, Optionen auszuloten,

1 Wir danken Andrea Arendt, Mark Berges, Johanna Dietrich, Jörn Ege, Cristina Fraenkel-Haeberle, Jana Pöhler, Daniel Rölle, Veronika Ruf und Rahel Schomaker für ihre Unterstützung bei der Vorbereitung, Durchführung und Auswertung der Befragung, die diesem Beitrag zugrunde liegt. Den Teilnehmern der Münchner Tagung zu den »Perspektiven der Verwaltungswissenschaft« und insbesondere Edgar Grande danken wir für viele konstruktive Kommentare zu dem vorliegenden Text.

2 Im Folgenden wird bei Pluralbildungen wie Verwaltungswissenschaftlerinnen und Verwaltungswissenschaftler, Rechtswissenschaftlerinnen und Rechtswissenschaftler die männliche Pluralform genutzt.

wie mit dem diagnostizierten »Schattendasein« der deutschen Verwaltungswissenschaft (Bogumil 2002: 15; Bohne 2014) am besten umzugehen ist.

Diese Überlegungen leiten die folgende Darstellung der Ergebnisse einer Befragung verwaltungswissenschaftlicher Fachvertreter aller einschlägigen verwaltungswissenschaftlichen Disziplinen in Deutschland. Diese wurden um ihre Einschätzungen zu einer Vielzahl von Themengebieten gebeten, vom akademischen Selbstverständnis und Arbeitsschwerpunkten über Publikationsgewohnheiten und Forschungsthemen bis hin zu Perspektiven, Herausforderungen und Relevanz des Faches Verwaltungswissenschaft. Durch die Analyse von Standpunkten zu wissenschaftstheoretischen Grundpositionen, zum Praxisbezug, zur Internationalisierung von Publikationsgewohnheiten sowie zu Möglichkeiten und Grenzen disziplinärer Eigenständigkeit werden Spannungsfelder aktueller Diskussionen über die Rolle und Aufgaben der Verwaltungswissenschaft deutlich. Aufgrund des multidisziplinären Charakters der deutschen Verwaltungswissenschaft wird der Blick auf diese Gegenstandsbereiche primär aus disziplinärer Perspektive eröffnet.

Die Ergebnisse deuten auf ein äußerst heterogenes Selbstverständnis der deutschen Verwaltungswissenschaft hin.[3] Dieses betrifft weniger die thematischen Fragen, in denen aktuelle Arbeitsgebiete und zukünftige Forschungsfelder augenfällige Schwerpunktbildungen aufweisen, sowie die Einschätzungen zur gegenwärtigen Relevanz des Faches, die eine große Mehrheit der Befragten als gering empfinden. Die Heterogenität zeigt sich dafür aber umso mehr bei den Einschätzungen zur Rolle und den Aufgaben der Verwaltungswissenschaft. Die deutsche Verwaltungswissenschaft ist demnach nicht allein durch die Vielfalt unterschiedlicher disziplinärer Zugänge geprägt, sondern in besonderem Maße auch durch heterogene Einstellungen innerhalb der einzelnen verwaltungswissenschaftlichen Disziplinen. Die politikwissenschaftliche Verwaltungsgemeinschaft stellt dabei

3 Terminologisch folgen wir dem üblichen Sprachgebrauch in der Debatte. Verwaltungswissenschaft kann dabei eine (in Deutschland nicht vorhandene) universitäre Disziplin bezeichnen. In der Regel aber, wie auch hier, wird der Begriff in einem absichtsvoll offenen Sinne benutzt, der also Verwaltungswissenschaft als lockere Fachgemeinschaft und als Studiengebiet sieht. Die Unschärfe ist gewollt, denn es geht insbesondere darum, die Wahrnehmungen der Fachkollegen, die in diesem Punkt nachweislich auseinanderfallen, zu eruieren. Die »Verwaltungswissenschaften« bezeichnen – ebenfalls wie üblich – vornehmlich, aber nicht ausschließlich, die entsprechenden Gemeinschaften der Politikwissenschaft, Rechtswissenschaft und der Betriebswirtschaftslehre, die ihren jeweiligen Fokus auf disziplinspezifische Verwaltungsthemen legen. Wenn von Verwaltungswissenschaft als einer universitär institutionalisierten oder intellektuell selbständigen Disziplin gesprochen wird, wird dies explizit im Kontext kenntlich gemacht.

keine Ausnahme dar, sondern weist in vielen Fällen sogar die größte Einstellungsvielfalt auf. Mit Blick auf diese Resultate sollen abschließend Fragen nach der *inner*disziplinären Relevanz sowie nach der *inter*disziplinären Integrationsfähigkeit der politikwissenschaftlichen Verwaltungswissenschaft diskutiert werden.

2. *Die Befragung*

Die Daten, die als Grundlage für die folgenden Auswertungen dienen, entstammen einer Online-Befragung des Lehrstuhls für vergleichende Verwaltungswissenschaft und Policy-Analyse der Deutschen Universität für Verwaltungswissenschaften mit dem Titel »Perspektiven auf die Verwaltungswissenschaft in Deutschland«. Die Befragung, durchgeführt zwischen dem 15. März und 15. Mai 2016, richtete sich an Verwaltungswissenschaftler aller Disziplinen sowie jene Verwaltungspraktiker, die in den einschlägigen Fachnetzwerken vertreten sind.[4] Die 45 Fragen umfassten Themengebiete wie akademisches Selbstverständnis, Arbeitsschwerpunkte, Publikationsgewohnheiten und aktuelle Forschungsthemen sowie Einschätzungen über Perspektiven, Herausforderungen und die praktische Relevanz des Faches Verwaltungswissenschaft in Deutschland. Auch Angaben zum Berufsumfeld, der aktuellen Tätigkeit und den üblichen demografischen Variablen wurden abgefragt.

An der Befragung konnte nur auf Einladung teilgenommen werden. In umfangreichen Recherchen wurde zur Aussendung von individuellen Einladungen eine Datenbank erstellt, in der erstens die E-Mail-Adressen der an verwaltungswissenschaftlich einschlägigen deutschen Instituten und Fachbereichen (etwa Lorenz-von-Stein-Institut für Verwaltungswissenschaften Kiel, Deutsche Universität für Verwaltungswissenschaften Speyer, Hertie School of Governance, Konstanz und Potsdam) tätigen Wissenschaftler aufgenommen wurden. Zweitens wurden all jene Wissenschaftler berücksichtigt, die im Frühjahr 2016 an den zwanzig – gemessen an den Studierendenzahlen – größten deutschen Universitäten affiliiert waren und einem rechts-, politik- oder betriebswirtschaftlichen Lehrstuhl oder Lehrbereich zugeordnet werden konnten, der in seiner Denomination einen klaren Bezug zur öffentlichen Verwaltung bzw. zu Management- oder Organisationsfragestellungen hat. Drittens wurden all jene Professuren an den Verwaltungs-

4 Die Einteilung in Wissenschaftler und Praktiker erfolgte durch die Befragten selbst. Jene, die sich als Verwaltungspraktiker sehen, erhielten Zugang zu einer gekürzten Version des Online-Fragenbogens.

fachhochschulen eruiert, deren Denomination der Verwaltungswissenschaft zugeordnet werden konnte. Viertens wurden jene Individuen recherchiert, die zu diesem Zeitpunkt auf den einschlägigen Mailinglisten bzw. Mitgliederverzeichnissen der Deutschen Sektion des Internationalen Instituts für öffentliche Verwaltung, des Forschungsinstituts für öffentliche Verwaltung Speyer, der Sektion »Policy-Analyse und Verwaltungswissenschaft« der Deutschen Vereinigung für Politische Wissenschaft sowie der Vereinigung deutscher Staatsrechtslehrer gelistet waren, sofern der entsprechende Eintrag einen Bezug zum Verwaltungsrecht hatte. Fünftens bestand während des Befragungszeitraums die Möglichkeit, weitere Personen für die Teilnahme vorzuschlagen bzw. sich selbst für die Teilnahme anzumelden. Auf diesem Wege gelangten elf zusätzliche Personen in die Datenbank.

Insgesamt wurden 1425 Einladungen verschickt. Daraufhin meldeten sich lediglich 18 Angeschriebene explizit ab, weil sie sich als nicht einschlägig ansahen. Nach drei Erinnerungswellen haben 634 Personen teilgenommen, von denen jedoch 215 die Befragung nicht beendeten.[5] Mit 419 abgeschlossenen Fragebögen beträgt die Ausschöpfungsquote 29,4 Prozent. Unseres Wissens stellt diese Befragung damit sowohl die Anzahl der Fragen betreffend als auch im Hinblick auf die Teilnehmerzahl die umfassendste Befragung der verwaltungswissenschaftlichen Fachgemeinschaft in Deutschland dar, die bislang durchgeführt wurde.[6]

5 Es besteht allerdings kein signifikanter Zusammenhang zwischen der Abbruchwahrscheinlichkeit und der Selbsteinteilung als Wissenschaftler bzw. Wissenschaftlerin oder Praktiker bzw. Praktikerin sowie der Verortung in den einzelnen Fachdisziplinen, sodass eine allzu große Verzerrung an dieser Stelle wohl ausgeschlossen werden kann.

6 Vgl. das Projekt von Geert Bouckaert, Werner Jann und Jana Bertels zu »European Perspektives for Public Administration« (http://europeanperspectivespa.eu/) sowie Bertels et al. 2016. Hier komplettierten 68 von 500 Teilnehmern der EGPA-Tagung von 2015 einen Survey zu den künftigen Perspektiven einer europäischen Verwaltungswissenschaft. Andere Surveys (Böhret 1984; Falter/ Klingemann 1998; Faas/ Schmitt-Beck 2009) widmen sich der Politikwissenschaft als Disziplin bzw. den Publikationsgewohnheiten von Politikwissenschaftlern und berühren nur am Rande Fragen, die für die vorliegende Analyse einschlägig sind.

3. Demographische und philosophische Konturen der Stichprobe

Die Stichprobe teilt sich in 326 Wissenschaftler und 93 Praktiker. Davon sind 24 Prozent weiblich und 67 Prozent männlich; die weiteren 9 Prozent wollten keine Angaben machen. Die Befragten sind im Durchschnitt 47 Jahre alt, wobei alle Altersklassen repräsentiert sind. Gleiches gilt für den jeweils höchsten akademischen Grad bzw. die Dienstbezeichnungen der Befragten. Hier stellen die Professoren die größte Gruppe dar, gefolgt von den Personen mit Abschlüssen auf Master-Ebene und den Promovierten. Hinsichtlich der Disziplin, die für die akademische Ausbildung der Befragten prägend gewesen ist, sind die Politikwissenschaft (34 Prozent) und die Rechtswissenschaft (30 Prozent) am stärksten vertreten. Mit einigem Abstand folgt die Verwaltungswissenschaft (12 Prozent) auf dem dritten Platz.[7]

Dieser Beitrag blickt aus multidisziplinärer Perspektive auf Themen und Spannungsfelder der deutschen Verwaltungswissenschaft. Neben den drei genannten Gruppen werden die Betriebswirtschaftslehre, die Soziologie und die Volkswirtschaftslehre berücksichtigt. Damit sind all jene Disziplinen erfasst, die in der Befragung mit mindestens zwanzig Teilnehmern vertreten waren. Unterhalb dieser Größenordnung sind Aussagen über kollektive Einstellungen wohl kaum verlässlich zu treffen. Doch auch oberhalb dieser Kennziffer ist bei der Interpretation der Ergebnisse Behutsamkeit angezeigt. Für die Politik-, Rechts- und Verwaltungswissenschaft sind aufgrund der Teilnehmerzahlen jedoch wesentlich aussagekräftigere Schlüsse als für die Betriebswirtschaftslehre, die Soziologie und die Volkswirtschaftslehre möglich. Außerdem findet sich in allen Gruppen eine ähnliche Verteilung hinsichtlich des Alters, des Geschlechts, des Dienstgrades sowie des Selbstverständnisses als Wissenschaftler oder Praktiker, was deren Einfluss als Drittvariablen verringert. Dennoch wird an fraglichen Stellen zusätzlich für diese Faktoren kontrolliert.

---

7 Angesichts der hier vorgestellten Konzeption der Verwaltungswissenschaft als multidisziplinäres Feld mag die Zahl jener, die *die* Verwaltungswissenschaft als prägend für ihre Ausbildung bezeichnen, auf den ersten Blick verwundern. Es wird jedoch gezeigt werden, dass diese Gruppe in vielen Fragen eine starke Affinität zu den Politikwissenschaftlern ausweist; die Unterschiede liegen vornehmlich in den Ansichten zur (Notwendigkeit der) Eigenständigkeit der Verwaltungswissenschaft.

Tabelle 3-1:

Zusammensetzung der Stichprobe

		Politik-wissenschaft	Rechts-wissenschaft	Verwaltungs-wissenschaft	Betriebswirt-schaftslehre	Soziologie	Volkswirt-schaftslehre	Sonstige	Gesamt
N		144	126	48	30	24	21	26	419
Alter									
	20-30	10%	10%	8%	10%	8%	5%	4%	9%
	30-40	29%	16%	35%	30%	25%	24%	12%	24%
	40-50	27%	25%	19%	23%	13%	29%	19%	24%
	50-60	14%	19%	17%	17%	8%	29%	31%	17%
	60-70	8%	12%	10%	10%	25%	5%	12%	11%
	70-80	3%	9%	2%	7%	4%	10%	7%	6%
	80-90	1%	2%	2%	0%	8%	0%	4%	2%
	Keine Angabe	8%	8%	6%	3%	8%	0%	12%	7%
Geschlecht									
	Weiblich	26%	22%	19%	27%	29%	24%	30%	24%
	Männlich	66%	70%	71%	67%	58%	71%	65%	67%
	Keine Angabe	8%	8%	10%	7%	13%	5%	4%	9%

Anmerkungen: Gerundete Prozentzahlen. *Magister, Diplom, Staatsexamen, Master-Abschluss. **Akademische Ratsstelle, Privatdozent/in, Bachelor-Abschluss.

Quelle: Eigene Berechnung auf Grundlage des Fragebogens

Tabelle 3-2:

Zusammensetzung der Stichprobe

	Politik-wissenschaft	Rechts-wissenschaft	Verwaltungs-wissenschaft	Betriebswirt-schaftslehre	Soziologie	Volkswirt-schaftslehre	Sonstige	Gesamt
N	144	126	48	30	24	21	26	419
Höchster akad. Grad / Dienstbezeichnung								
Master-Level*	17%	33%	29%	40%	38%	29%	23%	27%
Doktor/in	26%	15%	23%	7%	17%	10%	15%	19%
Professor/in	43%	43%	42%	43%	21%	48%	54%	42%
Emeritus	4%	5%	2%	10%	17%	10%	0%	5%
Sonstige** / Keine Angabe	9%	5%	4%	0%	8%	5%	8%	6%
Selbstverständnis								
Wissenschaftler/in	89%	67%	71%	83%	79%	86%	69%	78%
Praktiker/in	11%	33%	29%	17%	21%	14%	31%	22%

Anmerkungen: Gerundete Prozentzahlen. *Magister, Diplom, Staatsexamen, Master-Abschluss. **Akademische Ratsstelle, Privatdozent/in, Bachelor-Abschluss.

Quelle: Eigene Berechnung auf Grundlage des Fragebogens

Auch das Beschäftigungsverhältnis der Befragten wurde dokumentiert. Zum Zeitpunkt der Erhebung arbeiteten 60 Prozent der Befragten an Universitäten, entweder auf Planstellen oder drittmittelfinanziert. Weitere 28 Prozent waren an Fachhochschulen, Hochschulen anderer Art und außeruniversitären Forschungseinrichtungen aktiv. Die Praktiker rekrutierten sich vornehmlich aus der unmittelbaren öffentlichen Verwaltung sowie verwaltungsnahen Bereichen wie etwa der Politikberatung. Das Selbstverständnis als Wissenschaftler oder Praktiker ist jedoch nicht zwangsläufig aus der Arbeitsstätte abzulesen. Eine klare Verortung der Wissenschaftler im Hochschul- und Forschungsbereich sowie der Praktiker in der Verwaltung sowie verwaltungsnahen Einrichtungen ist nicht möglich. So verstanden sich einerseits immerhin 32 Prozent der Befragten an Fachhochschulen sowie 6 Prozent der Befragten an Universitäten als Praktiker. Andererseits verstehen sich in der Kategorie »öffentliche Verwaltung« 29 Prozent der Befragten als Wissenschaftler (siehe auch Tabelle 3-1).

Hinsichtlich der philosophischen und politischen Einstellungen ist die Stichprobe schließlich als vornehmlich »mitte-links« zu bezeichnen. In Fragen der Wirtschaftsphilosophie plädiert nur eine kleine Minderheit (4 Prozent) für eine größere Bedeutung des Marktes in Relation zum Staat, in sozialen und kulturellen Belangen versteht sich eine große Mehrheit als liberal (67 Prozent). Dem entspricht auch die Parteinähe, zu der sich etwa 40 Prozent der Befragten bekannten. Hier folgen auf die SPD (17 Prozent) zunächst die Grünen (12 Prozent), die CDU/CSU steht auf dem dritten Platz (7 Prozent), die FDP auf dem vierten (4 Prozent).

4. Schwerpunkte und Stand der deutschen Verwaltungswissenschaft

Um inhaltliche Schwerpunkte der gegenwärtigen Verwaltungswissenschaft zu ermitteln, wurden die Wissenschaftler in der Stichprobe zu ihren vornehmlichen Tätigkeitsfeldern befragt. Hierfür wurden ihnen 16 Kategorien vorgelegt, die aus gängigen Einführungswerken der Verwaltungswissenschaft extrahiert wurden. Zusätzlich bestand die Möglichkeit, weitere Tätigkeitsfelder in einem offenen Textfeld zu vermerken; diese wurde jedoch in lediglich 23 Fällen genutzt, wobei diese Angaben in der Mehrheit einer Spezifizierung der vorgegebenen Kategorien entsprachen (z. B. bestimmte Rechtsgebiete). Daher scheint die Verteilung über die vorgegebenen Kategorien ein valides, wenn auch abstraktes, Bild der gegenwärtigen Schwerpunkte der deutschen Verwaltungswissenschaft zu zeichnen.

Hier zeigt sich zunächst, dass die absolute Zahl der Nennungen einzelner Tätigkeitsfelder von der Zusammensetzung der Stichprobe geprägt ist (siehe Tabelle 4-1). Die eher sozialwissenschaftlich ausgerichteten Gebiete sind auf den vorderen Plätzen der Rangliste. Darauf folgen die rechts- und wirtschaftswissenschaftlichen Themen auf den mittleren Plätzen. Am Ende finden sich Verwaltungsgeschichte, -informatik und -psychologie. Aus deren »Mutterdisziplinen« finden sich in der Stichprobe denn auch nur wenige Teilnehmer.

Auffällig ist jedoch, dass die eher sozialwissenschaftlichen Tätigkeitsfelder häufiger genannt wurden, als mit Blick auf die Zusammensetzung der Stichprobe zu erwarten gewesen ist. Tatsächlich sind die Rechtswissenschaftler mit durchschnittlich 4,4 angegebenen Themengebieten am breitesten aufgestellt; und ihre Tätigkeiten finden sich dabei häufig auch in eher sozialwissenschaftlich orientierten Bereichen. Die Politikwissenschaftler sind hingegen mit durchschnittlich 3,1 angegebenen Themengebieten die »fokussierteste« Disziplin in der Stichprobe. Die Verwaltungswissenschaftler belegen mit durchschnittlich 3,6 angegebenen Tätigkeitsfeldern einen mittleren Platz. Diese Muster können einerseits in den Formulierungen der Schwerpunkte begründet liegen. Die eher sozialwissenschaftlichen Themenbereiche sind abstrakter formuliert als etwa jene, die rechtswissenschaftliche Gebiete betreffen. Beispielsweise liegt es nahe, bei der primären Beschäftigung mit Verfassungsrecht auch das politische System als Schwerpunkt anzugeben. Umgekehrte Szenarien sind schwerer vorstellbar. Andererseits könnte die größere Breite an Themengebieten unter den Rechtswissenschaftlern auch ein Indiz für den »selbstbewussten« Umgang mit Erkenntnissen anderer Disziplinen sein.[8]

Neben der Ermittlung der aktuellen Arbeitsschwerpunkte eruierte die Befragung auch Einschätzungen über die zukünftigen Forschungsfelder der Verwaltungswissenschaft. Hierzu wurden auch die Praktiker in der Stichprobe befragt. Alle Teilnehmer konnten in einem offenen Textfeld die ihrer Meinung nach relevanten Themenbereiche vermerken. Während der Auswertung wurden ihre Antworten in thematische Cluster subsumiert (siehe Tabelle 4-2). Hierbei zeigt sich, dass die Befragten die Bereiche »E-

---

8 Roland Czada (2002: 25) merkt zum Multidisziplinaritätsverständnis der Rechtswissenschaft an: »Multidisziplinarität kann Disziplinen anreichern, ohne ihren Gegenstand oder ihren paradigmatischen Fokus zu verändern. Die andere Disziplin erscheint hier vorzugsweise als Hilfswissenschaft, die der eigenen einen Dienst leistet. Dies ist der herkömmliche Umgang etwa der Rechtswissenschaft mit der forensischen Medizin, der forensischen Psychologie oder insgesamt den Natur-, Geistes-, Sozial- und Wirtschaftswissenschaften.«

Government, Digitalisierung und Big Data« und »Europäisierung und Internationalisierung von Verwaltung sowie Mehrebenenverwaltung« als die mit Abstand relevantesten verwaltungswissenschaftlichen Themen der Zukunft sehen. Es folgen – allerdings mit wesentlich weniger Nennungen – die Themenbereiche »Open Government und Öffentlichkeits- bzw. Bürgerbeteiligung« sowie »Flüchtlinge, Integration und Migration«.

Tabelle 4-1:
Schwerpunkte der verwaltungswissenschaftlichen Tätigkeit

Schwerpunkt	*Nennungen*
Politische Systeme und Policy-Analyse	151
Organisation und Organisationsumfeld	135
Bürokratie-Analyse, Verhältnis Verwaltung und Politik	117
Verhältnis Bürger und Verwaltung	97
Implementation und Evaluation	94
Öffentliches Management	83
Verfassungs- und Verwaltungsrecht	81
Besonderes Verwaltungsrecht	65
Öffentliche Wirtschaft	58
Öffentliche Finanzen, Haushalte	56
Führung und Personal	52
Europarecht	46
Internationales und transnationales Verwaltungsrecht	27
Verwaltungsgeschichte	21
Verwaltungsinformatik	20
Verwaltungspsychologie	16
Andere Schwerpunkte	23

Anmerkung: Mehrfachnennungen möglich. Nur Wissenschaftler befragt.
Quelle: Eigene Erhebung

Klassische Fragen der Verwaltungswissenschaft, die Strukturen, Prozesse und Personal betreffen, sind also in expliziter Form nur begrenzt vertreten. Stattdessen stehen policy-orientierte Forschungsfelder im Vordergrund. Selbstredend beinhalten auch diese Themen etliche Bezüge zu Strukturen, Prozessen und Personal. Allerdings stehen die von außen an die Verwaltungen herangetragenen Herausforderungen – Digitalisierung, Internationalisierung, Öffnung gegenüber den Bürgerinnen und Bürgern – und damit die Frage, wie sich Verwaltungsspezifika als eine Variable unter mehreren auswirken, im Zentrum des Interesses.

Den Teilnehmern wurden überdies Fragen zum Stand der Verwaltungswissenschaft in Deutschland gestellt. Hier zeigt sich eine gemeinhin pessimistische Wahrnehmung. So verneinten 63 Prozent der Befragten die Aussage, die Leistungen der Verwaltungswissenschaft in Forschung und Lehre haben in Deutschland »einen hohen gesellschaftlichen Stellenwert«. Ein ähnliches Ergebnis liefern die Ansichten zur Aussage, im Vergleich zu früheren Jahrzehnten sei das öffentliche Interesse an verwaltungswissenschaftlichen Themen in Deutschland derzeit gering (Fach 1982). Hier stimmten 48 Prozent der Befragten zu; lediglich 15 Prozent lehnten die Aussage explizit ab. Allerdings war in dieser Frage die Zahl derer, die sich keine Einschätzung zutrauten, mit 21 Prozent recht hoch.[9]

Neben der öffentlichen Wirkung wurden auch die Einstellungen zur Attraktivität der Verwaltungswissenschaft auf die Studierenden abgefragt – in diesem Fall nur bei den Wissenschaftlern. Hier stimmten 61 Prozent der Aussage zu, die Attraktivität verwaltungswissenschaftlicher Themen auf die Studierenden sei gering. Ferner wurden die Teilnehmer um eine Einschätzung zum sachpolitischen Einfluss der deutschen Verwaltungswissenschaft im Vergleich zu den entsprechenden Fachgemeinschaften im westlichen Ausland gebeten.

Als Beispiele wurden die USA, das Vereinigte Königreich und die Niederlande angeführt. Zwar trauten sich nahezu 40 Prozent der Befragten keine Einschätzung in dieser Frage zu; weitere 44 Prozent bewerteten den sachpolitischen Einfluss der deutschen Verwaltungswissenschaft im Vergleich zum Ausland aber als schlecht.

9 Ob hier eine Angabe gemacht wurde, war weniger fachspezifisch bedingt als dem Alter geschuldet. Es waren vornehmlich die jüngeren Teilnehmer, die keinen Vergleich mit früheren Jahrzehnten anstrengten.

Tabelle 4-2:
Relevante verwaltungswissenschaftliche Forschungsfelder in der Zukunft

Forschungsfeld	*Nennungen*
E-Government, Digitalisierung und Big Data	110
Europäisierung und Internationalisierung von Verwaltung sowie Mehrebenenverwaltung	94
Open Government und Öffentlichkeits- bzw. Bürgerbeteiligung	48
Flüchtlinge, Integration und Migration	37
Personalmanagement und -gewinnung	34
Demographischer Wandel in Gesellschaft und Verwaltung	30
Evaluation	26
Verwaltungszusammenarbeit und Kommunikation	23
Verwaltungsorganisation	22
Führung	19
Steuerungs- und Entscheidungstheorie	19
Verwaltungsmodernisierung und -reformen	17
Internationale vergleichende Verwaltungsforschung	17
Wissensmanagement, Wissenstransfer und Wissensgenerierung	16
Legitimation von Politik und Verwaltung	16
Verhältnis Politik und Verwaltung	14
Implementationsforschung	14
Governance	14
Korruption und Transparenz	14
Effizienz von Verwaltung	14
Koordination in verschiedenen Dimensionen	12
Privatisierung vs. Verstaatlichung	12
Datenschutz und -sicherheit	11
Kommunalwesen	11
Öffentliche Finanzen	10
Verwaltungskultur	10
Verwaltung von Sicherheit	10

Anmerkung: Nur Themenfelder mit zehn oder mehr Nennungen.
Wissenschaftler und Praktiker befragt.
Quelle: Eigene Erhebung

In diesen Zustandsbeschreibungen sind sich die Vertreter der einzelnen Fachdisziplinen weitestgehend einig. Zwar gibt es mitunter geringe Gruppenunterschiede. So weisen etwa jene Vertreter, die sich explizit als Verwaltungswissenschaftler verstehen, im Durchschnitt optimistischere Einschätzungen auf als etwa die Politikwissenschaftler. Zwischen diesen Gruppen sowie der Rechtwissenschaft, also den drei größeren Gruppen in der Stichprobe, bestehen allerdings keine signifikanten Gruppenunterschiede. Der Pessimismus durchzieht somit die gesamte verwaltungswissenschaftliche Fachgemeinschaft und wirkt etwa durch einen Vergleich mit den positiven Selbsteinschätzungen der Ökonomen besonders drastisch (Fourcade et al. 2015).

Schließlich wurden die Teilnehmer zu jüngeren Dynamiken innerhalb der deutschen Verwaltungswissenschaft befragt. Im Mittelpunkt stand dabei der Einfluss der empirischen Sozialwissenschaften und der Rechtswissenschaft. So wurde den Teilnehmern einerseits die Aussage vorgelegt, in der deutschen Verwaltungswissenschaft hätten empirische Fragestellungen und Forschungsanstrengungen in den vergangenen Jahren an Bedeutung gewonnen und demnach erlange die sozialwissenschaftliche Verwaltungswissenschaft in Deutschland immer größere Geltung. Dieser These stimmte mit 48 Prozent die relative Mehrheit der Befragten zu, lediglich 14 Prozent lehnten sie ab. Dabei gab es keine nennenswerten Unterschiede im Antwortverhalten innerhalb der Disziplinen; auch die befragten Rechtswissenschaftler pflichteten dieser These mehrheitlich bei. Andererseits wurden die Teilnehmer mit der Aussage konfrontiert, in der deutschen Verwaltungswissenschaft dominiere der rechtswissenschaftliche Ansatz und dadurch würde ein Fokus auf nationale Problemstellungen und Sichtweisen gefördert, der die internationale Sichtbarkeit und Austauschfähigkeit der deutschen Verwaltungswissenschaft verringere. Erwartungsgemäß ergibt sich in dieser Frage ein weniger einhelliges Urteil. Hier stehen die Rechtswissenschaftler im Widersprich zu allen anderen Disziplinen. In den letzteren stimmte eine klare Mehrheit von 68 Prozent der Aussage zu, während es bei den Rechtwissenschaftlern lediglich 30 Prozent waren. Diese Zahlen lassen sich unterschiedlich interpretieren. Auf der einen Seite sind die Unterschiede dieser Gruppe zu den Politikwissenschaftlern, Betriebs- und Volkswirten sowie Verwaltungswissenschaftler die einzigen statistisch signifikanten in dieser Fragekategorie. Hinsichtlich der Rolle der Rechtswissenschaft in der deutschen Verwaltungsforschung scheint also eine disziplinäre Konfliktlinie zu bestehen. Auf der anderen Seite sind die Positionen keineswegs trennscharf. So scheint auch unter den deutschen Rechtswissenschaftlern ein kritisches Bewusstsein für die fortdauernde Dominanz des eigenen Faches und den Begleiteffekten zu bestehen (Burgi 2011, 2017).

5. *Spannungsfelder des verwaltungswissenschaftlichen Selbstverständnisses*

Was die Verwaltungswissenschaft im Kern ausmacht, wird verschieden wahrgenommen beziehungsweise in programmatischer Absicht unterschiedlich gewichtet. Dieser Beitrag rückt vier Aspekte in den Mittelpunkt, die einerseits unstrittig relevante Charakteristika der Verwaltungswissenschaft verkörpern, andererseits aber auch potentielle Spannungsfelder darstellen. Innerhalb dieser Spannungsfelder nehmen Wissenschaftler unterschiedliche Positionen ein. Die Aggregation dieser Positionen lässt dann Rückschlüsse auf Konturen der deutschen Verwaltungswissenschaft als Summe der Wahrnehmung und Einschätzungen der gegenwärtig Aktiven zu.[10]

Die vier Spannungsfelder sind die präferierte wissenschaftstheoretische Grundposition, die Internationalisierung der Publikationsgewohnheiten, die Ausrichtung des Wissenstransfers zwischen Grundlagen- und Anwendungsorientierung sowie die Frage nach der disziplinären Eigenständigkeit des Faches Verwaltungswissenschaft. Die Verortung der Befragten innerhalb dieser Spannungsfelder wurde mithilfe von vier Skalen gemessen, die sich aus je drei Items zusammensetzen und mit einem Mittelwertindex abgebildet werden.

5.1. Wissenschaftstheoretische Grundposition

Heute wird anerkannt, dass verschiedene Disziplinfamilien – Naturwissenschaften im Gegensatz zu Sozialwissenschaften und diese abgegrenzt von Geisteswissenschaften – existieren, die sich in ihren jeweiligen methodischen Idealen insbesondere im Hinblick auf den Stellenwert von Experimenten, Quasi-Experimenten und ganzheitlichen Verfahren unterscheiden

10 Selbstverständlich kann die Verwaltungswissenschaft auch aus anderen Perspektiven betrachtet und analysiert werden. Wir reklamieren für unsere Vorgehensweise nur, dass die hier ausgewählten Aspekte in jeder denkbaren Auseinandersetzung um Trends und Perspektiven der deutschen Verwaltungswissenschaft als akademisches Unternehmen eine Rolle spielen werden.

(Kagan 2009). In der Verwaltungswissenschaft als Studienfach im Grenzgebiet unterschiedlicher Disziplinen treffen entsprechend auch zwangsläufig verschiedene Fachkulturen aufeinander. Hinsichtlich der unterschiedlichen wissenschaftstheoretischen Grundorientierungen dieser Fächer besteht daher gerade hier der Bedarf an einer Standortbestimmung (Gerring 2005). Die Frage nach der wissenschaftstheoretischen Grundposition lässt sich dahingehend zuspitzen, ob im Mittelpunkt des angestrebten Wissenschaftsideals die Methoden der empirischen Sozialforschung im Sinne der empirisch-analytischen Ausrichtung als zentrales Qualitätsmerkmal der Wissenschaftlichkeit stehen.

Vor diesem Hintergrund wurden den Teilnehmern bestimmte Fragen gestellt bzw. Einstellungen zu Aussagen abgefragt, um sie hinsichtlich ihres wissenschaftstheoretischen Standpunktes einordnen zu können. Konkret setzt sich die Skala der »empirisch-analytischen Orientierung« aus drei Items zusammen. Die Teilnehmer wurden um ihre Einschätzungen gebeten, an welchen Aspekten sich die verwaltungswissenschaftliche Lehre und Forschung »zu wenig« bzw. »zu viel« orientiert. Mittels fünf abgestufter Antwortmöglichkeiten konnten die Befragten den gegenwärtigen Stellenwert des empirisch-analytischen Vorgehens, der Methoden der empirischen Sozialforschung sowie der quantitativen Analyse in der deutschen Verwaltungswissenschaft bewerten. Je größer das wahrgenommene Defizit dieser drei Aspekte, desto größer die Identifikation mit einer empirisch-analytischen Orientierung.[11] Die Skala erreicht eine akzeptable interne Konsistenz (Cronbach's Alpha = .740).

Hinsichtlich der empirisch-analytischen Orientierung ist zunächst einmal festzuhalten, dass die Skalenwerte (im Vergleich zu den weiter unten folgenden) die kleinste Standardabweichung aufweisen, die Einstellungen in

---

11 Diese Vorgehensweise, die sich bei den folgenden Skalen teilweise wiederfindet, ist insofern erklärungsbedürftig, als die Einschätzung zum Fach nicht ohne weiteres mit der individuellen Orientierung gleichgesetzt werden kann. So kann prinzipiell auch ein empirisch-analytisch arbeitender Wissenschaftler der Meinung sein, es gebe gegenwärtig zu viel Methodenorientierung und quantitative Analysen in der Verwaltungswissenschaft. Eine Eigenzuschreibung (»ich arbeite eher empirisch-analytisch, praxisorientiert etc.«) birgt jedoch ähnliche Fallstricke. Jemand, der nicht empirisch-analytisch arbeitet, kann diese Herangehensweise in der Verwaltungswissenschaft trotzdem begrüßen. Die empirisch-analytische Orientierung geht unserer Meinung nach über die eigene Arbeit hinaus. Weil sich alle Teilnehmer der Befragung offensichtlich der Fachgemeinschaft zugehörig fühlen und in ihren grundlegenden Einschätzungen zum Stand des Faches nicht unterschieden (siehe vorheriger Abschnitt), liefert die hier gewählte Vorgehensweise daher ein geeignetes Maß, diese zu dokumentieren.

dieser Frage also weniger stark auseinander gehen als in den anderen Spannungsfeldern. Die Befragten neigen im Durschnitt überwiegend einer empirisch-analytischen Orientierung zu. Dabei liegen 61 Prozent über, 23 Prozent auf und 16 Prozent unter dem Mittelpunkt der Skala. Gleichwohl unterschieden sich die Vertreter der Disziplinen in ihren Ansichten (siehe Abbildung 5-1).[12] Wenig überraschend weisen die Vertreter der Volkswirtschaftslehre die im Durchschnitt stärkste empirisch-analytische Orientierung auf. Bei den darauffolgenden Politikwissenschaftlern besteht eine etwas größere interne Heterogenität, insbesondere die Hinwendung zur quantitativen Analyse ist dort eindeutig schwächer verankert. Die Gruppe der Verwaltungswissenschaftler ist wiederum wesentlich homogener, allerdings im Durschnitt knapp unter den Politikwissenschaftlern zu verorten. Am unteren Ende der Skala rangieren die Rechtswissenschaftler, wobei auch hier der Durchschnittswert knapp über dem Mittelpunkt liegt.

Vor dem Hintergrund, dass disziplinübergreifend in den letzten Jahren eine größere Bedeutung der Sozialwissenschaften in der Verwaltungsforschung konstatiert wurde, können diese Ergebnisse auch dahingehend gedeutet werden, dass die Gruppen unterschiedliche Einstellungen zum Status Quo aufweisen: Die Rechtswissenschaft scheint mit dem erreichten empirisch-analytischen Niveau durchaus zufrieden, den anderen Disziplinen erscheint eine Stärkung der empirisch-analytische Orientierung wünschenswert.

12 Statistisch signifikant sind die Gruppenunterschiede – mit jeweils mittlerem Effekt – beim Rangsummentest zwischen den Rechtswissenschaftlern und Politikwissenschaftlern ($p < .001$), den Rechtswissenschaftslern und Volkswirten ($p = .002$) sowie den Rechtswissenschaftlern und Verwaltungswissenschaftlern ($p = .006$). Diese Unterschiede bleiben auch bestehen, wenn für die Variablen Alter, Geschlecht und Institution (Universität vs. sonstige Einrichtungen) kontrolliert wird.

Abbildung 5-1:
Empirisch-analytische Orientierung nach Disziplinen

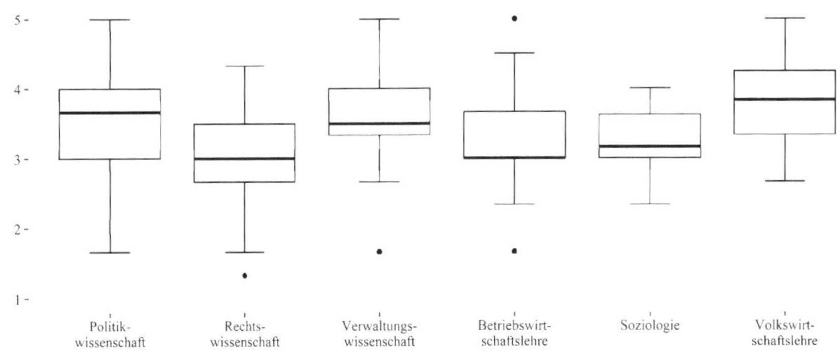

Anmerkung: Ein höherer Wert entspricht einer höheren empirisch-analytischen Orientierung.

Quelle: Eigene Zusammenstellung

5.2. Internationalisierung der Publikationsgewohnheiten

Auch die Verwaltungswissenschaft bleibt vom allgemeinen Trend der Internationalisierung des Wissenschaftssystems nicht unberührt. Gerade aber in der Verwaltungswissenschaft wird die Analyse *nationaler* Systeme, Institutionen, Organisationen, Prozesse, Kulturen und Eliten traditionell als besondere Kompetenz angesehen.[13] Der Trend zur Internationalisierung, wie er hier verstanden wird, birgt daher erheblichen Konfliktstoff. Denn Fähigkeiten, Gewohnheiten und traditionelle Privilegien der Fachvertreter werden einer Umwertung unterzogen. Benchmarking, Impact-Faktoren, Publikationsrankings usw. verändern Aufmerksamkeits- und Anerkennungsroutinen. Wer international nicht sichtbar ist, weil er oder sie nicht in entsprechenden hochrangigen Zeitschriften publiziert, wird – so die Annahme – auch national bei nachrückenden Forschergenerationen an Einfluss und Ansehen verlieren. Es gibt Verwaltungswissenschaftler, die die so verstandene Internationalisierung als Ideal verstehen und diese zum Vorbild machen wollen. Es gibt aber auch Verwaltungswissenschaftler, die den »Messbarkeitswahn« als Fanal eines Trends sehen, der den Raum für spezifisch nationale verwaltungswissenschaftliche Fragestellungen und Problemanalysen immer weiter einengt, und damit die Verwaltungswissenschaft

13 Möglicherweise liegt darin ein Hinweis, wieso sich die Verwaltungswissenschaft bezüglich inhaltlicher Fragestellungen und Reputationskultur bislang weltweit weniger internationalisiert hat als andere Disziplinen (Farazmand 1999; Benz 2003: 372; Bauer 2015).

der Gefahr aussetzt, ihr spezifisch nationales intellektuelles Terrain aufzugeben – und damit langfristig ihre eigene Daseinsberechtigung zu verlieren. Die polemischen Schlagworte der beiden Pole dieser Debatte könnten mit »Professionalisierung« und »Selbstaufgabe« wiedergegeben werden.

Die so verstandene Internationalisierung der Publikationsgewohnheiten wurde im Rahmen der Befragung mit einer Skala bestehend aus drei Items erhoben. Erstens wurden die Teilnehmer um ihre Einstellung zum Peer Review-Verfahren gebeten; sie wurden gefragt, ob sie dieses als notwendig und wünschenswert für die Qualitätssicherung verwaltungswissenschaftlicher Publikationen erachten. Zweitens wurde die individuelle Publikationshäufigkeit in eben jenen Zeitschriften, die Peer Review anwenden, erhoben. Drittens wurde die vornehmliche Publikationssprache abgefragt, von ausschließlich in deutscher Sprache bis ausschließlich in anderen Sprachen. Auch diese Skala zeigt akzeptable interne Konsistenz (Cronbach's Alpha = .736).

Im Vergleich zur empirisch-analytischen Orientierung weist die Internationalisierung zwar einen Durchschnittswert nahe des Skalenmittelpunkts auf, besitzt aber dafür eine höhere Standardabweichung. Dabei finden sich unter den Befragten 44 Prozent über, 11 Prozent auf und 45 Prozent unter dem Mittelpunkt. Es weisen also weniger als die Hälfte der Befragten eine ausgeprägte Internationalisierung der Publikationsgewohnheiten auf. Ebenfalls bestehen in dieser Frage Unterschiede zwischen den Disziplinen (siehe Abbildung 5-2).[14] Bemerkenswert ist aber zunächst, dass die Internationalisierung der Publikationsgewohnheiten innerhalb der Disziplinen wesentlich höhere Standardabweichungen aufweist als es bei der bereits diskutierten empirisch-analytischen Orientierung oder der folgenden Anwendungsorientierung der Fall ist. Eine entscheidende Variable ist hier das Alter der Befragten: Je jünger die Wissenschaftler, desto internationaler sind ihre Publikationsgewohnheiten.[15]

Gleichwohl bleiben die Gruppenunterschiede zwischen den Disziplinen auch bei Kontrolle dieser Variable in akzentuierter Form bestehen. Im Vergleich der Disziplinen weisen die Verwaltungswissenschaftler und die Politikwissenschaftler die am stärksten internationalisierten Publikations-

---

14 Statistisch signifikant sind die Gruppenunterschiede mit jeweils starkem Effekt beim Rangsummentest zwischen den Rechtswissenschaftlern und Politikwissenschaftlern ($p < .001$) und den Rechtswissenschaftslern und Verwaltungswissenschaftlern ($p < .001$) sowie mit mittlerem Effekt zwischen den Rechtswissenschaftlern und Betriebswirten ($p < .001$).

15 Ebenso bleiben die Unterschiede bestehen, wenn für die Variablen Geschlecht und Institution (Universität vs. sonstige Einrichtungen) kontrolliert wird.

gewohnheiten auf. Die Gruppen der Wirtschaftswissenschaftler und Soziologen haben ähnliche Werte in ihren Einstellungen zum Peer Review-Verfahren, sind aber in ihrer tatsächlichen Publikationstätigkeit weniger auf diese Journale ausgerichtet und auch in ihrer Publikationssprache weniger internationalisiert. Am schwächsten internationalisiert sind erwartungsgemäß die Publikationsgewohnheiten der Rechtswissenschaftler.

Abbildung 5-2:
Internationalisierung der Publikationsgewohnheiten nach Disziplinen

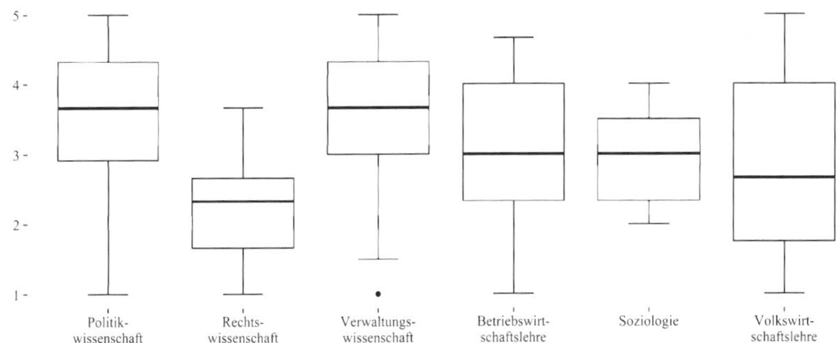

Anmerkung: Ein höherer Wert entspricht einer höheren Internationalisierung.

Quelle: Eigene Zusammenstellung

Dass sich die rechtswissenschaftliche Verwaltungsforschung vornehmlich mit nationalstaatlichen Rechtsfragen beschäftige und daher in der Tendenz weniger vergleichend sein könne und mit ihren spezifischen Fragestellungen auch weniger internationale Aufmerksamkeit zu erhalten in der Lage sei, sind bekannte Argumente.[16] Die Wertschätzung des Internationalisierungstrends ist in unseren Daten jedenfalls unter Verwaltungs*rechts*wissenschaftlern am geringsten ausgeprägt. Dass diejenigen, die sich gemäß ihrer Selbstzuschreibung in ihrer Ausbildung als vornehmlich von der Verwaltungswissenschaft geprägt sehen, die größte Affinität zu Internationalisierung aufweisen, erscheint jedoch erklärungsbedürftig. Wie weiter unten gezeigt werden wird, ist diese Gruppe sehr stark mit der Politikwissenschaft verbunden. Die Vermutung liegt daher nahe, dass viele Teilnehmer dieser Gruppe die vergleichend-empirisch orientierten verwaltungswissenschaftlichen Studiengänge in Konstanz oder Potsdam durchlaufen haben.

16 Die Stichhaltigkeit dieser Argumente wird aber immer mehr angezweifelt. Siehe beispielsweise die Empfehlungen des Wissenschaftsrats (2012) zu den »Perspektiven der Rechtswissenschaft in Deutschland«.

5.3. Wissenstransfer

Eine Wissenschaft, die nicht dem Zweck verpflichtet ist, die Lebenspraxis des Menschen zu verbessern, ist schwer legitimierbar. Dennoch gibt es Unterschiede in der unmittelbaren Praxisrelevanz wissenschaftlicher Analysen und Erkenntnissen. Das gilt für die theoretische Physik im Vergleich mit der Ingenieurswissenschaft ebenso wie etwa für die Biochemie im Hinblick auf die Medizin oder die allgemeine Linguistik im Vergleich zur Sinologie. Auch die Verwaltungswissenschaft ist von dieser unterschiedlichen Prioritätensetzung geprägt. Im Hinblick auf die Bedeutung von disziplinärem Wissenstransfer gibt es jene, die den Fokus eher auf Theorie- und Grundlagenorientierung legen, und jene, die die eigentliche Zweckerfüllung vor allem in einem auf konkrete Beratung von Politik- und Verwaltungseliten ausgerichteten Praxisbezug sehen. In diesem Sinne wird in der Verwaltungswissenschaft – zu Recht oder Unrecht kann an der Stelle dahingestellt bleiben – Wissenstransfer mitunter als Zielkonflikt zwischen Theorie- und Grundlagenorientierung sowie Praxisrelevanz beschrieben.

Vor diesem Hintergrund wurden die Teilnehmer der Befragung ebenfalls um eine Positionierung zwischen den beiden Polen von Wissenstransfer gebeten. Die Skala »Grundlagen- und Theorieorientierung« setzt sich aus drei Items zusammen. Einerseits wurden die Teilnehmer um ihre Einschätzung gebeten, ob sich die verwaltungswissenschaftliche Lehre und Forschung gegenwärtig »zu wenig« oder »zu viel« an Praxisbedürfnissen und Theorieentwicklung orientiert. Andererseits wurden die Teilnehmer gefragt, worin sie die wichtigste Aufgabe der Verwaltungswissenschaft sehen, in problembezogener Anwendungsforschung oder theoretischer Grundlagenforschung. Auch diese Skala erreicht eine akzeptable interne Konsistenz (Cronbach's Alpha = .717).

Hier zeigt sich zunächst, dass die Skalenwerte näher am Mittelpunkt sind als im Falle der empirisch-analytischen Orientierung, allerdings mit einer ähnlichen Standardabweichung. Dem entspricht, dass 47 Prozent über, 19 Prozent auf und 34 Prozent der Befragten unter dem Skalenmittelpunkt liegen. Es weisen also weniger als die Hälfte eine ausgeprägte Grundlagen- und Theorieorientierung auf. Auch in diesem Spannungsfeld zeigen sich Unterschiede zwischen den Disziplinen (siehe Abbildung 5-3).[17] Die Ver-

17 Statistisch signifikant sind die Gruppenunterschiede mit jeweils mittlerem Effekt beim Rangsummentest zwischen den Rechtswissenschaftlern und Politikwissenschaftlern ($p < .001$) und den Rechtswissenschaftslern und Soziologen ($p = .015$). Diese Unterschiede bleiben auch bestehen, wenn für die Variablen Alter, Geschlecht und Institution (Universität vs. sonstige Einrichtungen) kontrolliert wird.

treter der Soziologie sind dabei am stärksten theorie- und grundlagenorientiert. Es folgt erneut die Gruppe der Politikwissenschaftler, auch hier aber mit einer recht hohen internen Heterogenität. Eine solche weisen in dieser Frage auch die Verwaltungswissenschaftler auf, die im Durchschnitt die dritthöchste Theorie- und Grundlagenorientierung aufweisen. Die geringsten Skalenwerte besitzen erneut die Rechtswissenschaftler, die ebenso wie die Betriebswirte einen Durchschnittswert unter dem Mittelpunkt aufweisen.

Abbildung 5-3:
Grundlagen- und Theorieorientierung nach Disziplinen

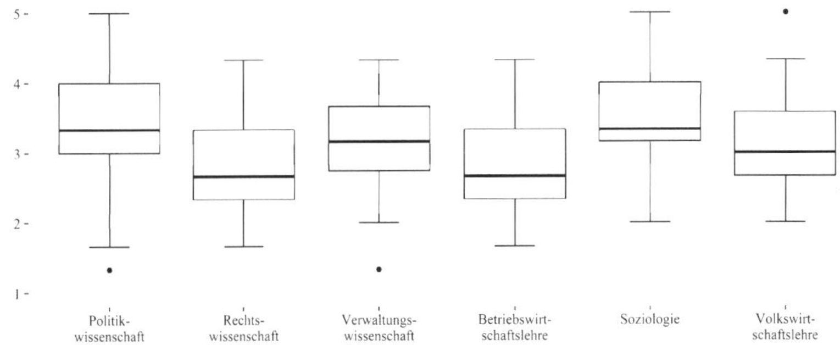

Anmerkung: Ein höherer Wert entspricht einer höheren Grundlagen- und Theorieorientierung.

Quelle: Eigene Zusammenstellung

Es war wohl zu erwarten, dass die präskriptiv orientierten Disziplinen Betriebswirtschaftslehre und Rechtswissenschaft einen stärkeren Praxisbezug im Wissenstransfer befürworten. Dies mag auch darin begründet liegen, dass in der Ausbildung beider Gruppen die Beschäftigungsbefähigung der Studierenden seit jeher in höherem Maße betont wird, als es in den Sozialwissenschaften der Fall ist. Es sind jedenfalls stärker auf die spätere Berufstätigkeit ausgerichtete Ausbildungswege, in denen die Studierenden früh an die Praxisnähe herangeführt werden. In den Sozialwissenschaften stehen hingegen Grundlagen- und Theoriebildung an erster Stelle; Praxistransfer findet nur langsam Eingang in die Curricula. Wer also aus beiden Gruppen letztlich als Wissenschaftler hervorgeht, hat wohl bereits eine entsprechende Vorprägung erhalten.

5.4. Disziplinäre Eigenständigkeit

Die Analyse des Staats- und Verwaltungsapparates mit Blick auf dessen Optimierung kann als eine Hauptaufgabe der Verwaltungswissenschaft angesehen werden (König 1978: 1). Allerdings hat die Verwaltungswissenschaft keine einheitliche Frageperspektive entwickelt; Effizienz, Effektivität, demokratische Legitimation und rechtsstaatliche Legitimität von Verwaltungshandeln und Verwaltungsstrukturen bilden gleichberechtigte Fluchtpunkte verwaltungswissenschaftlicher Ansätze (Schuppert 2000: 44ff.; Schneider 2004). Ganz unabhängig vom vorherrschenden nationalen Institutionalisierungsgrad einer disziplinären Verwaltungswissenschaft als einem akademischen Projekt ist also ein ausgeprägter Pluralismus der verwaltungswissenschaftlichen Erkenntnisinteressen zu konstatieren (König 1970). Die nicht zu leugnende Konkurrenz, die das Verhältnis zwischen verwaltungswissenschaftlicher Forschung und der Wissensproduktion in verwandten Fächern prägt, wirft daher Fragen der relativen Eigenständigkeit einerseits und nach der Integrationsfähigkeit der Verwaltungswissenschaft andererseits auf. Ob es tatsächlich eine eigenständige – und letztendlich auch hinreichend selbständige – Disziplin Verwaltungswissenschaft gibt oder geben muss, ist umstritten. Unbestritten ist allerdings, dass für die Verwaltungswissenschaft die Frage der Abgrenzung zu ihren Partnerdisziplinen eine beständige Herausforderung darstellt.

Um die Ansichten zur Notwendigkeit disziplinärer Eigenständigkeit unter den Teilnehmern zu ermitteln, wurden sie um ihre Einschätzung der gegenwärtig vorherrschenden Multidisziplinarität des Faches gebeten. Sie wurden gefragt, ob es der deutschen Verwaltungswissenschaft aufgrund ihrer »multidisziplinären Auffächerung« nicht gelinge, neue Paradigmen zu entwickeln und damit Reformen anzustoßen oder die internationale Debatte zu befruchten, ob die unterschiedliche »disziplinäre Anbindung« verwaltungswissenschaftlicher Forschung und Lehre negative Auswirkungen habe, und ob die »fehlende disziplinäre Eigenständigkeit« der deutschen Verwaltungswissenschaft zur Marginalisierung verwaltungswissenschaftlicher Themen führe. Die aus den Antworten zu diesen Aussagen entstehende Skala »multidisziplinäre Orientierung« hat ebenfalls akzeptable interne Konsistenz (Cronbach's Alpha = .723).

Ähnlich zur Internationalisierung der Publikationsgewohnheiten sind die Werte für die multidisziplinäre Orientierung im Durchschnitt nahe dem Skalenmittepunkt. Sie besitzen eine höhere Standardabweichung als die Skalen der empirisch-analytischen Orientierung sowie der Grundlagen- und Theorieorientierung. So befinden sich unter den Befragten 43 Prozent über,

12 Prozent auf und 44 Prozent unter dem Mittelpunkt. Im Durchschnitt befürworten die Teilnehmer ein multidisziplinäres Modell der Verwaltungswissenschaft – oder lehnen es jedenfalls nicht explizit ab. Aber auch in dieser Frage gibt es Unterschiede zwischen den disziplinären Gruppen; sie fallen allerdings weniger stark aus als bei den anderen Skalen (siehe Abbildung 5-4).[18] Aufschlussreich ist erneut die Heterogenität innerhalb der Disziplinen. Rechtswissenschaftler und Politikwissenschaftler sind als Gruppen intern zu einem ähnlichen Grad unentschieden. Wie vielleicht zu erwarten war, sind die Verwaltungswissenschaftler gegenüber der Multidisziplinarität zudem eher kritisch eingestellt.

Abbildung 5-4:
Multidisziplinäre Orientierung nach Disziplinen

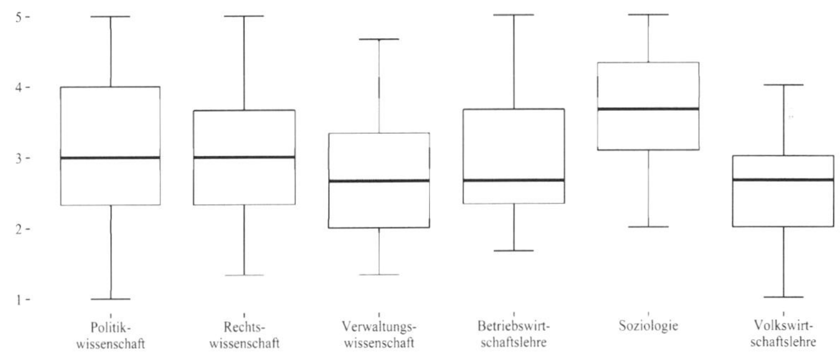

Anmerkung: Ein höherer Wert entspricht einer höheren multidisziplinären Orientierung.

Quelle: Eigene Zusammenstellung

Zusammengenommen ergibt die Analyse der vier Spannungsfelder also ein ausgesprochen heterogenes Bild der deutschen Verwaltungswissenschaft. Häufig, aber nicht immer, finden sich disziplinäre Muster; diese müssen allerdings als »schwach« angesehen werden, weil auch innerhalb der einzelnen Disziplinen letztendlich relativ uneinheitlich über die Positionierung im Rahmen der herausgearbeiteten Spannungsfelder gedacht wird. Angesichts dieses Befundes kann abschließend gefragt werden, wie denn die deutschen Verwaltungswissenschaftler den Austausch zwischen den verschiedenen Disziplinen bewerten und ob sie einer einzelnen Verwaltungswissenschaft überhaupt eine disziplinübergreifende Integrationsfähigkeit zutrauen.

18 Dementsprechend gibt es auch keine statistisch signifikanten Gruppenunterschiede.

6. Integrations- und Verflechtungspotenzial zwischen den Subdisziplinen

Um die Wahrnehmung von Verflechtungen zwischen den einschlägigen Verwaltungswissenschaften zu eruieren, haben wir die Teilnehmer erstens gefragt, welche Disziplinen – abgesehen von ihrer eigenen – für ihre verwaltungswissenschaftliche Forschung wichtig sind. Grundsätzlich zeigen die Befragten eine hohe Aufgeschlossenheit gegenüber den anderen Fachgebieten. Dabei bezeichneten sie im Durchschnitt deutlich mehr als zwei andere Disziplinen als wichtig für die eigene Forschung. Die Rechtwissenschaftler in der Stichprobe gaben durchschnittlich 2,8 Fachgebiete an, die Politikwissenschaftler 2,6 und die Verwaltungswissenschaftler sogar 3,4.[19] Was die Bedeutung der bislang diskutierten Disziplinen untereinander betrifft, sind drei Muster zu erkennen (siehe auch Tabelle 6-1).[20] Erstens ist die Politikwissenschaft bei den Vertretern aller anderen Disziplinen das wichtigste Fachgebiet neben dem eigenen. Zweitens sind die Affinitäten zwischen den Fachgebieten selten gleichverteilt. So geben beispielsweise 74 Prozent der Rechtswissenschaftler an, die Politikwissenschaft sei für die eigene Forschung wichtig; umgekehrt sind es nur 58 Prozent. Drittens zeigen die Verwaltungswissenschaftler in der Stichprobe eine sehr hohe Affinität zur Politikwissenschaft.

Die Teilnehmer wurden ebenfalls gefragt, welche Disziplin ihrer Meinung nach am besten geeignet wäre, für die Verwaltungswissenschaft eine Leit- oder Integrationsfunktion einzunehmen.

---

19 Diese Werte sind aber wohl auch dem Umstand geschuldet, dass *die* Verwaltungswissenschaft zwar als prägende Disziplin angegeben werden konnte, allerdings sonst im Fragebogen nicht als eigenständige Kategorie aufgeführt ist. Die Politikwissenschaftler konnten also beispielsweise nicht *die* Verwaltungswissenschaft als wichtig für die eigene Forschung angeben.

20 Diese Disziplinen haben auch die (relativ) meisten Nennungen. Weitere wichtige Fachgebiete, die genannt wurden, sind die Psychologie (73 Nennungen), die Geschichtswissenschaft (68) und die Informatik (46). Hier gibt es bei der Informatik insofern nennenswerte Gruppenunterschiede, als die Rechtswissenschaftler stärker damit befasst sind als andere Disziplinen.

Tabelle 6-1:
Bedeutung anderer Disziplinen für eigene Forschung

Wichtig für eigene Forschung	*Disziplin der akademischen Ausbildung*					
	Politikwissenschaft	Rechtswissenschaft	Verwaltungswissenschaft	Betriebswirtschaftslehre	Soziologie	Volkswirtschaftslehre
Politikwissenschaft		74 %	94 %	68 %	95 %	67 %
Rechtswissenschaft	58 %		53 %	56 %	58 %	50 %
Betriebswirtschaftslehre	22 %	23 %	35 %		47 %	50 %
Soziologie	73 %	50 %	68 %	56 %		28 %
Volkswirtschaftslehre	30 %	29 %	32 %	44 %	16 %	

Anmerkung: Nur Wissenschaftler befragt. Mehrfachnennungen möglich. Gerundete Prozentzahlen.

Quelle: Eigene Erhebung und Berechnung

Hier ist zunächst auffällig, dass zwischen 19 Prozent (Politikwissenschaft) und 47 Prozent (Betriebswirtschaft) der Befragten je Subdisziplin angaben, die Verwaltungswissenschaft brauche überhaupt keine Leitdisziplin (siehe auch Tabelle 6-2). Neben den Betriebswirten waren vor allem die Verwaltungswissenschaftler dieser Meinung, was in Anbetracht ihrer tendenziellen Befürwortung einer Verwaltungswissenschaft als *eigener* Disziplin wenig überraschen dürfte.

Welche Disziplin für eine Leit- und Integrationsfunktion geeignet sei, darüber herrschte allerdings kein Konsens. Bemerkenswert sind hier die Anteile jener Personen, die ihre eigene Disziplin für am besten geeignet hielten. Bei nahezu allen Fachgebieten sind es zwar klare relative Mehrheiten, aber jeweils deutlich unter 50 Prozent der eigenen Vertreter. Die Ausnahme hierzu stellt allein die Politikwissenschaft dar, deren Vertreter zu 65 Prozent das eigene Fachgebiet als geeignet ansahen, eine Leit- und Integrationsfunktion für die Verwaltungswissenschaft auszuüben. Mit ihrem Vertrauen in die Integrationskraft ihrer eigenen Disziplin sind die Politikwissenschaftler zudem nicht ganz alleine; die Politikwissenschaft ist bei den anderen Fachgruppen immerhin jeweils die zweite Wahl (nach ihrer eigenen Fachdisziplin).

Tabelle 6-2:
Einschätzungen zu möglicher Leit- und Integrationsfunktion für die Verwaltungswissenschaft

		Disziplin der akademischen Ausbildung					
		Politik-wissenschaft	Rechts-wissenschaft	Verwaltungs-wissenschaft	Betriebswirt-schaftslehre	Sozio-logie	Volkswirt-schaftslehre
Eignung als Leitdisziplin	Politik-wissenschaft	65 %	13 %	38 %	13 %	17 %	14 %
	Rechts-wissenschaft	1 %	41 %	6 %	3 %	4 %	5 %
	Betriebswirt-schaftslehre	1 %	0 %	6 %	30 %	0 %	5 %
	Soziologie	7 %	5 %	2 %	0 %	46 %	0 %
	Volkswirt-schaftslehre	0 %	0 %	0 %	3 %	0 %	38 %
	Verwaltungs-wissenschaft braucht keine Leitdisziplin	19 %	35 %	46 %	47 %	29 %	24 %

Anmerkung: Praktiker und Wissenschaftler gefragt. Gerundete Prozentzahlen.

Quelle: Eigene Erhebung und Berechnung

Damit eine stärkere Integration der Verwaltungswissenschaften gelingen kann, bedarf es allerdings auch eines gemeinsamen Theoriekanons. Zwar muss sich hierfür keine dominante Strömung in möglichst vielen Subdisziplinen entwickeln; eine gewisse Offenheit gegenüber einigen etablierten Theorien erleichtert jedoch die gegenseitige Anschlussfähigkeit. Hier zeigt sich, dass die Entscheidungs- und Handlungstheorie in nahezu allen Disziplinen eine hohe Relevanz besitzt (siehe Tabelle 6-3) – auch und gerade in der Rechtswissenschaft (Mehde 2015). In schwächerer Form gilt dies auch für den Neo-Institutionalismus bzw. die Neue Institutionenökonomie, deren Relevanz jedoch wesentlich stärker in den Sozialwissenschaften ausgeprägt ist. Dennoch könnten diese beiden Strömungen die theoretische Grundlage für den disziplinären Austausch bilden.

Tabelle 6-3: Einschätzungen zur Relevanz theoretischer Ansätze für die eigene Forschung

	Disziplin der akademischen Ausbildung					
	Politikwissen-schaft	Rechtswis-senschaft	Verwaltungs-wissenschaft	Betriebs-wirtschafts-lehre	Soziologie	Volks-wirt-schafts-lehre
Entscheidungs- und Handlungs-theorie	60%	60%	59%	72%	53%	56%
Neo-Institutiona-lismus	82%	20%	82%	44%	68%	28%
Neue Institutio-nen-ökonomie	34%	32%	47%	72%	21%	94%
Systemtheorie	23%	40%	29%	40%	79%	28%
Spieltheorie	29%	17%	15%	20%	16%	50%
Konstruktivismus	28%	15%	18%	16%	42%	0%
Behavorismus	18%	14%	21%	44%	0%	28%
Hermeneutik	12%	21%	9%	4%	37%	0%

Anmerkung: Nur theoretische Ansätze mit mindestens 30 % innerhalb einer Disziplin. Nur Wissenschaftler gefragt. Gerundete Prozentzahlen.

Quelle: Eigene Erhebung und Berechnung

7. *Abschließende Bemerkungen*

Dieser Beitrag hat versucht, die Konturen des Selbstverständnisses der deutschen Verwaltungswissenschaft freizulegen. Hierfür wurden Ergebnisse einer Befragung präsentiert, an der mehr als 400 Verwaltungswissenschaftler teilnahmen. Es bieten sich Erkenntnisse auf wenigstens drei Ebenen an. Diese betreffen die inhaltliche wie personelle Beschaffenheit der deutschen Verwaltungswissenschaft, ihre methodische wie programmatische Integrationsfähigkeit sowie die Rolle der politikwissenschaftlichen Verwaltungsforschung.

Erstens konvergieren die gegenwärtigen und anvisierten Themengebiete der Verwaltungswissenschaft. So werden etwa die Bereiche Digitalisierung, Europäisierung, Internationalisierung, Bürgerbeteiligung und Migration von vielen Befragten als für die Zukunft bedeutsame Forschungsschwerpunkte identifiziert. Selbst wenn unterstellt wird, dass innerhalb dieser Themenpalette der Blick auf den staatlich-administrativen Apparat gerichtet wird, fällt doch auf, dass diese Schwerpunkte jenseits traditioneller Struktur-, Organisations- und Personalfragen liegen. Klassische verwaltungswissenschaftliche Zugänge scheinen also von einer Politikfeldperspektive umfassend ergänzt, um nicht zu sagen »verdrängt« zu werden. Die Frage nach dem Potenzial des policy-analytischen Ansatzes für die Verwaltungswissenschaft (Benz 2003; Döhler 2014; Bauer 2008; kritisch Bogumil/ Jann/ Nullmeier 2006 sowie Töller und Behnke in diesem Band) bleibt somit aktuell.

Ferner deutet der Umstand, dass bei den Vorarbeiten zu diesem Projekt problemlos ein großes Sample »Verwaltungswissenschaftler« recherchiert werden konnte und der Rücklauf als durchaus ergiebig betrachtet werden darf, darauf hin, dass die verwaltungswissenschaftliche Gemeinschaft in Deutschland größer ist, als dies innerhalb der eigenen (wahrscheinlich überwiegend monodisziplinären) Netzwerke wahrgenommen wird. Das zum Ausdruck gebrachte Interesse der Teilnehmer an den Resultaten der Befragung erstaunt ebenfalls. Offensichtlich ist die verwaltungswissenschaftliche Gemeinschaft in Deutschland nicht nur umfangreicher als gedacht, sondern eventuell haben in dieser Gruppe Fragen der disziplinären Selbstreflexion derzeit Konjunktur.[21]

Zweitens lassen sich aus den Ergebnissen auch Rückschlüsse auf die Integrationsfähigkeit der Verwaltungswissenschaft als Fachgemeinschaft ziehen. So deutet sich grundsätzlich eine Zweiteilung an. Es gibt eine Gruppe Verwaltungswissenschaftler, die der empirisch-analytischen Herangehensweise ein größeres Gewicht zuerkennt. Im Hinblick auf wissenschaftstheoretische Grundposition, Publikationskultur und Wissenstransfer werden einerseits die Konturen einer Verwaltungswissenschaft deutlich, die eine empirisch-analytische Herangehensweise, Internationalisierung der Publikationskultur und Grundlagenfokus in den Vordergrund rückt. Andererseits wird Verwaltungswissenschaft mit einem normativ-präskriptiven Ansatz, nationalen Kommunikationsvorlieben und einem Primat auf die angewandte Forschung betrieben. Bedeutsam ist allerdings, dass sich diese beiden Typen oder Positionierungen eben nicht als ein Muster manifestieren, das im Wesentlichen die Disziplingrenzen abbildet. Vielmehr verlaufen die Spannungslinien auch innerhalb aller verwaltungswissenschaftlichen Subdisziplinen. Zugespitzt formuliert ist die verwaltungswissenschaftliche

21 Drei Tagungen, die zu dem Themenkomplex Perspektiven bzw. Zukunft der Verwaltungswissenschaft 2015 und 2016 in Hamburg, München und Speyer stattfanden, deuten ebenfalls auf einen solchen Trend hin. Siehe auch die Überlegungen im Einleitungskapitel dieses Bandes.

Fachgemeinschaft geprägt von diffuser Selbstwahrnehmung und ausgeprägter Heterogenität in den Standpunkten zu wesentlichen Fragen der Disziplin. Die Aussicht auf Kongruenz in der fachlichen Selbstwahrnehmung und damit auf ein homogenes Selbstbild als Voraussetzung für eine interdisziplinäre Konsolidierung aller verwaltungswissenschaftlichen Teildisziplinen ist daher alles andere als realistisch.

Eine Beobachtung sticht bei der Analyse hervor. Mit Blick auf die bevorzugten Herangehensweisen vollzieht sich ein Bedeutungszuwachs der empirischen Sozialwissenschaften für die deutsche Verwaltungswissenschaft. Da die Befragten den Zustand der Verwaltungswissenschaft in Deutschland allerdings durchweg pessimistisch einschätzen, lässt sich ein aus politikwissenschaftlicher Perspektive ironischer Aspekt dieser Entwicklung nicht ausblenden: die gestiegene Bedeutung ihrer sozialwissenschaftlichen Ausrichtung geht offenbar einher mit dem fortschreitenden Verlust gesellschaftlicher Relevanz des Faches insgesamt – ohne dass hier aber eine Kausalbeziehung unterstellt werden sollte. Jedenfalls stoßen die konkreten Forschungsergebnisse der Verwaltungswissenschaft nach übereinstimmender Wahrnehmung ihrer Fachvertreter in Deutschland auf wenig öffentliches Interesse. Ferner haben Verwaltungswissenschaftler in ihrer vorherrschenden Selbstwahrnehmung wenig Einfluss auf die politische Bearbeitung gesellschaftlicher Problemen, während ihr Fach nur geringe Attraktivität auf Studierende und auf Nachwuchswissenschaftler ausübt.

Die Deutlichkeit, mit der diese Positionen vertreten werden, ist als besorgniserregend einzustufen. In Anbetracht des intellektuellen Diasporadaseins der verwaltungswissenschaftlichen Teildisziplinen gibt es nämlich kaum Aussichten auf schnelle Abhilfe. Hierzu müssten wohl mindestens zwei Entwicklungen zusammentreffen. Zum einen müsste – in Anlehnung an die Hochzeiten der deutschen Verwaltungswissenschaft zwischen Mitte der 60er und Ende der 70er Jahre – staatlicherseits eine neue Nachfrage nach administrativem Steuerungswissen und nach der Analyse der Möglichkeiten problemadäquater Strukturen und Prozesse unter den gegenwärtigen Bedingungen einsetzen (Fach 1982). Zum anderen müsste eine »Reintegration der Verwaltungswissenschaften zur übergreifenden Verwaltungswissenschaft mit einer zentralen Fragestellung und einem fassungskräftigen theoretischen Ansatz« (Scharpf 1973: 11) erfolgreich ins Werk gesetzt werden. Die Chancen auf Verwirklichung einer solchen intellektuellen »Reintegration« sind aber gerade angesichts des heterogenen Selbstverständnis, das nach Ergebnissen der vorliegenden Befragung die verwaltungswissenschaftlichen Subdisziplinen in Deutschland kennzeichnet, heute wohl eher geringer als noch Anfang der 1970er Jahre.

Drittens lassen sich aus den Ergebnissen auch spezifische Lehren für die politikwissenschaftliche Verwaltungswissenschaft ziehen. Zunächst einmal zeigt sich, dass die Politikwissenschaft wohl diejenige Disziplin ist, von der in den Augen der Fachvertreter aller anderen verwaltungswissenschaftlichen Teildisziplinen das größte Integrationspotenzial ausgeht. Jedenfalls trauen diejenigen, die dem Konzept einer Leit- oder Integrationsdisziplin aufgeschlossen gegenüber stehen, es der Politikwissenschaft noch am ehesten zu, diese Rolle auszuüben – selbstredend erst nach ihrer jeweils eigenen Disziplin. Eine solche Rolle muss natürlich auch ausgefüllt werden *wollen*. Der politikwissenschaftlichen Verwaltungsforschung kommt damit eine besondere Verantwortung für die Weiterentwicklung der Fachgemeinschaft als Ganzes zu.

Allerdings hat die Befragung ebenfalls zu Tage gefördert, dass auch die politikwissenschaftliche Verwaltungsforschung in Bezug auf die wesentlichen Spannungsfelder keine homogene Gruppe darstellt. Eine hohe innerdisziplinäre Kongruenz der theoretischen wie wissenschaftspraktischen Präferenzen wäre aber die Voraussetzung, um nicht nur im Hinblick auf andere verwaltungswissenschaftliche Teildisziplinen, sondern gerade auch innerhalb der Politikwissenschaft selbst eine größere Rolle zu spielen. Letztendlich beleuchten die Ergebnisse somit den Hintergrund, warum die Subdisziplin Verwaltungswissenschaft in der Politikwissenschaft bislang kein stärkeres Gewicht erlangen konnte. Zu diffus erscheinen die Einstellungen, als dass sich in naher Zukunft eine größere innerdisziplinäre Einflussdynamik entwickeln könnte. Eine kohärente und sprechfähige verwaltungswissenschaftliche Politikwissenschaft wäre aber die Voraussetzung für beides: für eine *inner*disziplinäre Einflusssteigerung sowie für die Erhöhung der Erfolgsaussichten für eine *inter*disziplinäre Konsolidierung des Fachgebietes Verwaltungswissenschaft (Bauer 2018). Beides scheint aber bis auf weiteres außer Reichweite. Solange die politikwissenschaftliche Verwaltungsforschung weder auf dem Gebiet der Theoriebildung anschlussfähige Forschungsagenden entwickelt noch Antworten auf die praktische Frage findet, wie sich die Verwaltungswissenschaft als Konglomerat lose gekoppelter Disziplinen organisatorisch weiterentwickeln ließe, dürfte ihr Einfluss denn auch weiterhin gering bleiben.

8. Literaturverzeichnis

Bauer, Michael W. (2008): Der Throughput-Output-Nexus in der empirischen Verwaltungswissenschaft. In: Die Verwaltung, 41 (1), 63-76.

Bauer, Michael W. (2015): Die Verwaltungswissenschaft und die Herausforderungen der Denationalisierung. In: Politische Vierteljahresschrift, 56 (4), 648–671.

Bauer, Michael W. (2018): Public Administration and Political Science. In: Edoardo Ongaro, Sandra van Thiel (Hrsg.): The Palgrave Handbook of Public Administration and Public Management in Europe. Basingstoke: Palgrave Macmillan, 1049-1065.

Bauer, Michael W., Becker, Stefan (2017): Verwaltungswissenschaft in Deutschland. Relevanz und Reputation im Urteil der Fachvertreterinnen und Fachvertreter. In: Der moderne Staat, 1, 31-48.

Benz, Arthur (2003): Status und Perspektiven der politikwissenschaftlichen Verwaltungsforschung. In: Die Verwaltung, 36 (3), 361–388.

Benz, Arthur (2005): Public Administrative Science in Germany. Problems and Prospects of a Composite Discipline. In: Public Administration, 83 (3), 659–668.

Bertels, Jana, Bouckaert, Geert, Jann, Werner (2016): European Perspectives for Public Administration (EPPA), unveröffentlichtes Manuskript präsentiert bei der EGPA Annual Conference. Utrecht.

Bogumil, Jörg (2002): Zum Verhältnis von Politik- und Verwaltungswissenschaft in Deutschland. In: Arthur Benz, Roland Czada, Georg Simonis (Hrsg.): polis Nr. 54. Hagen: Institut für Politikwissenschaft Fern Universität Hagen.

Bogumil Jörg, Jann, Werner (2009): Verwaltung und Verwaltungswissenschaft in Deutschland. Einführung in die Verwaltungswissenschaft. Wiesbaden: VS Verlag.

Bogumil, Jörg, Jann, Werner, Nullmeier, Frank (2006): Perspektiven der politikwissenschaftlichen Verwaltungsforschung. In: dies. (Hrsg.): Politik und Verwaltung. Wiesbaden: VS Verlag, 9-26.

Bohne, Eberhard (2014): Gegenstand, methodische Grundlagen und theoretischer Bezugsrahmen der Verwaltungswissenschaft. In: Die Verwaltung, 47 (2), 159–195.

Böhret, Carl (1984): Ein Bericht für das 1. Wissenschaftliche Symposium der Deutschen Vereinigung für Politische Wissenschaft in Hannover. In: Hans-Hermann Hartwich (Hrsg.): Policy-Forschung in der Bundesrepublik. Ihr Selbstverständnis und ihr Verhältnis zu den Grundfragen der Politikwissenschaft. Opladen: Westdeutscher Verlag, 216-230.

Burgi, Martin (2011): Governance und Verwaltungsrechtsdogmatik – Skizze mit Fallstudie. In: Veith Mehde, Ulrich Ramsauer, Margit Seckelmann (Hrsg.): Staat, Verwaltung, Information. Festschrift für Hans Peter Bull zum 75. Geburtstag. Duncker & Humblot: Berlin, 497-510.

Burgi, Martin (2017): Intradisziplinarität und Interdisziplinarität als Perspektiven der Verwaltungsrechtswissenschaft. In: Die Verwaltung, Beiheft 12. Zur Lage der Verwaltungsrechtswissenschaft, 33-62.

Döhler, Marian (2014): Verwaltungswissenschaftliche Problemperspektiven in der Politikfeldanalyse. In: Klaus Schubert, Nils Bandelow (Hrsg.): Lehrbuch der Politikfeldanalyse. 3. Auflage. Oldenburg: De Gruyter, 75-93.

Ellwein, Thomas (1982): Verwaltungswissenschaft. Die Herausbildung einer Disziplin. In: Joachim Jens Hesse (Hrsg.): Politikwissenschaft und Verwaltungswissenschaft. Opladen: Westdeutscher Verlag, 34-54.

Ellwein, Thomas (1997): Verwaltung und Verwaltungswissenschaft. In: Staatswissenschaft und Staatspraxis, 8, 5–18.

Faas, Thorsten, Schmitt-Beck, Rüdiger (2009): Die Politische Vierteljahresschrift im Urteil der Profession. Ergebnisse einer Umfrage unter den Mitgliedern der DVPW. In: Politische Vierteljahresschrift, 50 (3), 627-645.

Fach, Wolfgang (1982): Verwaltungswissenschaft - ein Paradigma und seine Karriere. In: Joachim Jens Hesse (Hrsg.): Politikwissenschaft und Verwaltungswissenschaft. Opladen: Westdeutscher Verlag, 55-73.

Falter, Jürgen W., Klingemann, Hans-Dieter (1998): Die deutsche Politikwissenschaft im Urteil der Fachvertreter. In: Michael T. Greven (Hrsg.): Demokratie – Eine Kultur des Westens. 20. Wissenschaftlicher Kongress der Deutschen Vereinigung für Politische Wissenschaft. Opladen: Leske + Budrich, 305-341.

Fourcade, Marion, Ollion, Etienne, Algan, Yann (2015): The Superiority of Economists. In: Journal of Economic Perspectives, 29 (1), 89-114.

Gerring, John (2005): Causation. A Unified Framework for the Social Sciences. In: Journal of Theoretical Politics, 17 (2), 163-198.

Hesse, Joachim Jens (Hrsg.) (1982): Politikwissenschaft und Verwaltungswissenschaft. PVS-Sonderheft 13. Berlin: VS Verlag.

Jann, Werner (2009): Policy-Analyse und Verwaltungsforschung. 50 Jahre praktische Fragen und theoretische Antworten. In: Politische Vierteljahresschrift, 50 (3), 474–503.

König, Klaus (1970): Erkenntnisinteressen der Verwaltungswissenschaft. Berlin: Duncker & Humblot.

König, Klaus (1978): Integrative Tendenzen in der Verwaltungswissenschaft. Speyerer Forschungsberichte 3. Speyer: Forschungsinstitut für öffentliche Verwaltung.

Mayntz, Renate (1985). Soziologie der öffentlichen Verwaltung. Heidelberg: UTB.

Mehde, Veith (2015): Elemente einer verwaltungswissenschaftlichen Entscheidungslehre. In: Verwaltung und Management, 21 (6), 310-316.

Ostrom, Vincent (2008): The Intellectual Crisis in American Public Administration. Alabama: University of Alabama Press.

Perry, James L. (2016): Is Public Administration Vanishing?. In: Public Administration Review, 76 (2), 211–212.

Scharpf, Fritz W. (1973): Verwaltungswissenschaft als Teil der Politikwissenschaft. In: ders.: Planung als politischer Prozess. Aufsätze zur Theorie der planenden Demokratie. Frankfurt: Suhrkamp, 9-32.

Schneider, Volker (2004): Verwaltungswissenschaft zwischen Pluri- und Transdisziplinarität sowie sozialwissenschaftliche Grundlagen- und Anwendungsorientierung. Konstanz: Universität Konstanz, Fachbereich Politik- und Verwaltungswissenschaften.

Schuppert, Gunnar Folke (2000): Verwaltungswissenschaft. Verwaltung, Verwaltungsrecht, Verwaltungslehre. Baden-Baden: Nomos.

Seibel, Wolfgang (2016): Verwaltung verstehen. Eine theoriegeschichtliche Einführung. Frankfurt: Suhrkamp Verlag.

Zur Legitimation administrativer Entscheidungen

Arthur Benz

1. Einleitung

Zur Geschichte der Verwaltungswissenschaft gehört die Uneinigkeit über den Begriff »Verwaltung«. Dies liegt einerseits daran, dass der Gegenstandsbereich, der mit Verwaltung bezeichnet wird, sehr heterogen ist. Andererseits ist die Suche nach einer einzig gültigen Definition der Verwaltung vergeblich, weil sozialwissenschaftliche Begriffe einen Gegenstand mittels einer theoretischen Perspektive erfassen. Insofern ist es wichtig, sich dieser Implikationen des jeweiligen Verwaltungsbegriffs bewusst zu werden, den man anwendet, wenn man über Verwaltung wissenschaftlich forscht oder diskutiert (König 1971).

Der Begriff, der den folgenden Überlegungen zugrunde liegt, orientiert sich an dem, was Wolfgang Seibel als Prämisse seiner theoriegeschichtlichen Einführung formuliert hat: »Verwaltung verstehen bedeutet in groben Zügen das System der Verwaltung zu begreifen« (Seibel 2016: 16), und mit »System« meint Seibel zum einen den Funktionszusammenhang, in dem Akteure oder Organisationen der Verwaltung interagieren, zum anderen aber die Funktionsmechanismen, die den Verlauf und die Ergebnisse des Verwaltungshandelns bewirken. Mit Funktionszusammenhang soll im Folgenden erfasst werden, dass Verwaltungsbedienstete oder -behörden zum einen in der Regel unter Beteiligung von Antragstellern und Betroffenen entscheiden, zum anderen generell in Strukturen arbeiten, die in mehrere Ebenen untergliedert sind. Funktionsmechanismen lassen sich zunächst allgemein durch die Feststellung bestimmen, dass Verwaltungen bei der Erfüllung ihrer Aufgaben Konflikte zwischen verschiedenen Interessen regeln und Entscheidungen oder Maßnahmen verschiedener Akteure koordinieren. Verwalten bedeutet, über Alternativen zu entscheiden, wobei am Entscheidungsprozess verschiedene Akteure beteiligt sind, die wegen ihrer divergierenden Interessen unterschiedliche Alternativen präferieren und dabei Macht einsetzen, um ihre Interessen gegen andere durchzusetzen. Konfliktregelung, Koordination und Entscheidungen ergeben sich aus unterschiedlichen Prozessen, die man als Mechanismen des administrativen policy-making verstehen kann.

Mit ihren Entscheidungen übt Verwaltung Herrschaft aus, und sie macht damit politische Herrschaft wirklich, indem sie Entscheidungen des Gesetzgebers und der Regierenden durch Maßnahmen vorbereitet oder in Maßnahmen umsetzt. Da Maßnahmen der Verwaltung nicht nur Politik effektiv machen, sondern selbst auch auf Entscheidungen beruhen, ist Verwaltung nicht nur Teil des politischen Systems, das Verwalten ist vielmehr selbst politisch. Dass Politikwissenschaftler Verwaltung als policy-making betrachten sollten, hat Fritz Scharpf schon 1971 hinreichend begründet, und damit allen Versuchen einer Trennung von Politik und Verwaltung eine Absage erteilt (Scharpf 1971). Die Frage bleibt aber, in welcher Hinsicht Verwaltung politisch ist. Ist policy-making der Verwaltung einfach Teil des policy-making im politisch-administrativen System? Oder können wir nicht besondere Merkmale des administrativen policy-making bestimmen? Sollten wir die Verwaltung einfach als korporativen Akteur im politischen Prozess betrachten, der wie Regierungen und Parlamente am policy-making mitwirkt? Oder wäre es nicht angemessen, die politischen Prozesse innerhalb der Verwaltung genauer zu charakterisieren und von politischen Prozessen in Regierung und Gesetzgebung zu unterscheiden?

Wenn man das genuin Politische der Verwaltung hervorhebt, betrachtet man nicht unbedingt eine politische oder politisierte Verwaltung. Gemeint ist administratives policy-making, das konkrete öffentliche Angelegenheiten betrifft und letztlich mit einer Entscheidung der dazu befugten Amtsinhaber endet. Diese verfügen über Macht, die ihnen zur eigenständigen Ausübung übertragen ist. Damit stellt sich die Frage, wie diese Machtausübung bzw. die Entscheidungen der Verwaltung legitimiert sind. Je nachdem, wie man den Charakter des Politischen in der Verwaltung bestimmt, lassen sich unterschiedliche Antworten auf diese Frage finden. In der »legalistischen Verwaltungskultur« versuchte man, Legitimation in der Beziehung zwischen Parlament, Regierung und Verwaltung zu verorten, wobei man forderte, dass Verwaltung nur übertragene Macht ausübt, aber keine Machtverhältnisse erzeugen darf (kritisch dazu König 2008: 13-15). Da diese normative Prämisse völlig unrealistische Anforderungen stellt, begründete man eine Legitimation durch Verfahren (Luhmann 1993), die »richtige« Entscheidungen gewährleisten sollten, oder Legitimation durch Bürgerbeteiligung oder Partizipation der Betroffenen, die für einen Interessen- und Machtausgleich sorgen sollten (kritisch dazu Holtkamp 2009). Während die Verfahrenslegitimation einen formalen, gleichsam unpolitischen Mechanismus unterstellt, wirft die Partizipation im Verwaltungshandeln die Frage auf, wer mit welchen Befugnissen berechtigt ist, sich zu beteiligen, was nur eine Verschiebung und keine Beantwortung der Legitimationsfrage bedeutet.

Im Folgenden will ich den politischen Charakter des Verwaltens näher bestimmen und auf dieser Grundlage klären, wodurch Entscheidungen der Verwaltung legitimiert werden können. Dabei gehe ich von einer staatswissenschaftlichen Fundierung der Verwaltungsforschung aus. Das Verwalten stellt demnach eine Funktion des modernen Staates dar, den ich als demokratischen Rechtsstaat betrachte (Benz 2008). Somit bestimme ich das administrative policy-making im Kontext der Gewaltenteilung (zur Diskussion Hegewisch 2016: 75-136), die Herrschaft zugleich effektiv macht und begrenzt. Allerdings geht es mir weder um eine Legitimation der Verwaltung als Institution noch um eine trennscharfe Abgrenzung des Verwaltens von den Funktionen der Gesetzgebung, Regierung und Gerichtsbarkeit, sondern um eine genauere Beschreibung der erwarteten Leistungen und der Funktionsmechanismen der Verwaltung im Rahmen der funktional differenzierten Herrschaftsordnung des demokratischen Staates. Hieraus werde ich ableiten, dass die Tätigkeit der Verwaltung, jedenfalls in Aufgabenbereichen, die nicht nur technische oder standardisierte Verrichtungen erfordern, in Interessenabwägung besteht und dass hierauf bezogene kollektive Entscheidungsprozesse das Politische der Verwaltung ausmachen. Es ist dieses Politische der von der Parteipolitik getrennten (und in diesem Sinne unpolitischen), autonomen Verwaltung, die die von Wolfgang Seibel beschriebenen Risiken einer »Politisierung der Normalverwaltung« in sich birgt (Seibel, in diesem Band, vgl. auch Seibel 2016: 125), eine Politisierung, die nicht legitimierbar ist. Legitimation gewinnt Verwaltungshandeln, wie ich im Weiteren begründen werde, im Rahmen des Systems der Verwaltung, konkret im Kontext einer internen Ebenendifferenzierung. Der hier vorgeschlagene Ansatz lässt sich auf die Mehrebenen-Verwaltung im deutschen Bundesstaat, in der EU und in der internationalen Ordnung anwenden. Sie weist besondere Legitimationsdefizite auf, aber die Mehrebenenstrukturen beinhalten auch Potentiale, diese Probleme zu lösen. Um sie zu erkennen, muss man aber Legitimationsquellen in der Verwaltung selbst statt in Formen der »Demokratisierung« suchen.

2. Verwaltung in der Gewaltenteilung des Staates

Öffentliche Verwaltung ist als Staatsfunktion von der Gesetzgebung, Regierung und Gerichtsbarkeit zu unterscheiden. Letztere dient der Anwendung von Recht auf konkrete Einzelfälle. Darin ähnelt sie der Verwaltung, gleicht ihr aber nicht, weil Gerichte nur über die Rechtsanwendung entscheiden, das Recht aber nicht durch eigene Maßnahmen vollziehen. Rechtsprechung ist klar von politischen Institutionen und Prozessen getrennt, und dies ist Voraussetzung ihrer Legitimität. Verwaltungen dagegen üben Herrschaft im Alltag aus, wie Max Weber (1976 [1921]: 126) betonte. Webers Idealtypus der Bürokratie scheint eine unpolitische Umsetzung (oder besser: Durchsetzung) des Rechts oder politischer Entscheidungen zu implizieren. Diese Reduktion der Verwaltung auf Vollzug und auf ein Instrument der Herrschaft kann heute auch in Deutschland als überholt gelten, weil anerkannt ist, dass sich Verwaltungsherrschaft in Entscheidungen zeigt, die durch Gesetze oder Anordnungen von Regierungen nie vollständig determiniert sind.

Im demokratischen Rechtsstaat liegt der Unterschied zwischen Gesetzgebung, Regierung und Verwaltung nicht in einer Zweck-Mittel-Beziehung, sondern ist anders zu markieren. Gesetzgebung und Regierung erfüllen die Funktion, das Gemeinwohl zu bestimmen, die Verwaltung hingegen soll Gemeinwohl und private Belange (oder allgemeine und besondere bzw. individuelle Interessen) in Einklang bringen. Das Gemeinwohl besteht in der Verwirklichung generalisierbarer Interessen, die im Idealfall durch Zustimmung aller, in der Realität demokratischer Staaten meistens durch Mehrheitsentscheidung – sei es in Volksabstimmungen oder Abstimmungen von verantwortlichen und abwählbaren Repräsentanten – bestimmt werden. Solche demokratischen Verfahren dienen der Ermittlung des Gemeinwohls und stellen zugleich sicher, dass Entscheidungen auch als gemeinwohlverträglich akzeptiert werden können. Die Tatsache, dass die Verwaltung ihre Entscheidungen nicht in demokratischen Verfahren trifft, deutet bereits darauf hin, dass sie eine andere Funktion erfüllt.

Natürlich trägt Verwaltung zur Verwirklichung des Gemeinwohls bei, indem sie Recht und Gesetz anwendet sowie den Programmen von Regierungen folgt. Aber sie leitet ihre Entscheidungen nicht einfach aus Gesetzen ab. Auch die weithin verbreitete Ansicht, die Tätigkeit der Verwaltung sei allein am Maßstab des Gemeinwohls zu messen[1], erweist sich als problematisch, da sie impliziert, dass Verwaltung – Webers Bürokratiemodell entsprechend – ein Mittel der Herrschaft sei. Genuine Aufgabe der Verwaltung ist dagegen, allgemeine Interessen und besondere Interessen in Einklang zu bringen mit dem Ziel, »im Einzelfall das bestmögliche Ergebnis zu finden, geleitet vom Gemeinwohl und den Rechten der Betroffenen« (Püttner 2008: 258), wobei diese »abzuwägen« sind.

Der Begriff der »Abwägung« wurde in der Verwaltungsrechtslehre zunächst für Fälle entwickelt, in denen Gesetze ein »Ermessen« vorsehen (so Püttner 2008). Eine viel zitierte Studie, in der Karlheinz Ladeur Abwägung zu einem neuen Paradigma der Verwaltungsrechtslehre erklärte (Ladeur 1984), änderte nichts daran, dass diese Sicht noch verbreitet ist. Damit wird Abwägung zu einer – wenn auch häufig vorkommenden – Ausnahme vom Prinzip erklärt, das einen strikten Vorrang der im Gesetz definierten allgemeinen Interessen vorsieht. Ich halte diese Sicht für verfehlt, weil es einen strikten Regelvollzug, wie ihn selbst Max Weber vermutlich nicht vor Augen hatte, nicht gibt. Selbst eine Routineverwaltung muss bei ihren Entscheidungen gelegentlich die Besonderheiten ihrer Adressaten berücksichtigen. So kann die Steuerbehörde, die nach sehr detaillierten Regeln arbeitet, zwar die Höhe der Einkommensteuer eines individuellen Steuerzahlers nicht nach dessen persönlichen Verhältnissen festlegen, aber doch besondere Belastungen berücksichtigen, etwa wenn Nachzahlungen eingefordert werden. Besonderheiten des Einzelfalls können Anlass geben, allgemeine Regeln des Gesetzes zu präzisieren, aber eine »Vergesetzlichung« ist nicht unbeschränkt möglich. Deshalb werden im Verwalten ständig Abwägungsentscheidungen getroffen, und diese Tätigkeit, nicht ein routinemäßiges Ausführen von Gesetzen, machen Verwaltung zum Teil der staatlichen Herrschaftsordnung.

Das Verständnis von Verwalten als Abwägung und Ausgleich allgemeiner und besonderer Interessen, ist nicht neu. Es lässt sich schon bei Hegel finden, der in seiner Rechtsphilosophie die Verwaltung als Ort des Widerstreits von Privatinteressen, besonderen Angelegenheiten von Gruppen und Anordnungen des Staates beschreibt (Hegel 1970 [1821]: § 289). Lorenz von Stein hat diesen Gedanken aufgegriffen und Verwaltung als »Tätigkeit

1 Bohne (2014: 167) hebt in seinem Versuch, den Begriff der Verwaltung zu bestimmen, das Merkmal der »Gemeinwohlorientierung« hervor. Damit scheint er nicht das Gemeinwohl als Merkmal oder Funktionsbestimmung zu verstehen, aber die Aussage bleibt doch etwas unscharf.

des Staats« definiert, die in der sozialen Demokratie »das Leben aller Staatsbürger zu ihrer einzigen Aufgabe« macht und jedem »die Mittel zur höchsten persönlichen Entwicklung« verschafft (von Stein 1959 [1850]: 37-38). Er hob damit nicht nur die Gleichheit »aller« Bürger, sondern auch die besondere Bedürfnisse und Interessen von »jedem« der faktisch ungleichen Bürger hervor, um die es in der Verwaltung geht.[2]

Wenn Politik als Regelung gesellschaftlicher Konflikte durch verbindliche Entscheidungen verstanden wird, dann ist auch die Tätigkeit der Verwaltung politisch, weil sie Konflikte zwischen allgemeinen und besonderen Interessen regelt. Das Politische des Verwaltens lässt sich aber, in einer analytischen und idealtypischen Betrachtung, von der Politik im Bereich der Regierung und Gesetzgebung unterscheiden. Diese ist im Kern Parteipolitik, weil konkurrierende Parteien für die Willensbildung und Entscheidungsfindung über das Gemeinwohl essentiell sind. Zwar spiegelt die Konkurrenz der Parteien Konflikte in der Gesellschaft wider, jede einzelne Partei beansprucht aber, für das Gemeinwohl einzutreten, und formuliert dementsprechend Gemeinwohlvorstellungen zu unterschiedlichen Themen. Jede versucht, diesen Anspruch im Wettbewerb um Macht, in öffentlichen Debatten oder auch in Verhandlungen mit anderen Parteien durchzusetzen. In der Verwaltung zeigt sich das Politische dagegen meistens als »Interessenpolitik«, wobei die Verwaltungsbehörde auch (aber nicht nur) für das allgemeine Interesse eintritt, während besondere oder individuelle Interessen von Antragstellern oder Betroffenen vorgebracht werden. Dementsprechend findet in der Verwaltung »administrative Interessenvermittlung« (Lehmbruch 1991) statt, die hinsichtlich der triadischen Konfliktstruktur häufig der korporatistischen Form entspricht, aber nicht zwingend organisierte Interessen einschließt. Aufgabe des Verwaltens ist es nicht, die allgemeinen Interessen gegen die besonderen durchzusetzen, sondern diese mit jenen in Einklang zu bringen.

Die organisatorische Verankerung der diversen Interessen, die Form der Interessenvermittlung und die Prozesse der Konfliktregelung, Entscheidung und Koordination variieren zwischen Bereichen der Verwaltung. In der planenden oder Gesetze vorbereitenden Ministerialverwaltung werden besondere Interessen von den einzelnen Ressorts, Abteilungen oder Referaten

2 Sozialwissenschaftler, die in den 1980er Jahren den Begriff von Verwaltung als »arbeitender Staat« wieder aufgriffen (Hesse 1987; Pankoke 1978), haben dies vernachlässigt, weil sie sich mehr für Aufgaben und nicht für Funktionen und die Funktionsmechanismen der Verwaltung interessierten. Die an Mechanismen interessierte Policyforschung, die Politik und Verwaltung als Governance begreift (Benz 2006; Janning 2006), ist eher geeignet, an diese älteren Verwaltungsverständnisse anzuknüpfen.

direkt vertreten und private Interessen werden durch Verbände vermittelt (Mayntz 1985: 202-207; Scharpf 1973a: 73-79). In der Gesetze- bzw. regulative Programme vollziehenden Ordnungsverwaltung finden wir vielfach eine bilaterale Beziehung zwischen Verwaltungsbehörde und Adressaten des Gesetzesvollzugs, während trilaterale oder komplexere Interessenstrukturen in Genehmigungsverfahren für Anlagen oder Infrastruktureinrichtungen entstehen (Dose 1997, 2009). In der Leistungsverwaltung müssen Verwaltungsbedienstete nicht zwingend mit den Leistungsempfängern in persönliche Kontakte treten und könnten Anliegen schriftlich erledigen, wohingegen Dienstleistungen in Koproduktion zwischen den Empfängern und den »street-level bureaucrats« (Lipsky 1980) erbracht werden.

Unabhängig von strukturellen Unterschieden der einzelnen Verwaltungsbereiche leitet das Verwalten eine Abwägungsrationalität. Es besteht nicht einfach im Anwenden eines Gesetzes oder Programms, sondern in einer Entscheidung über die Art und Weise, wie ein Gesetz oder Programm auf den Einzelfall anzuwenden ist. Nicht nur bei expliziter Einräumung eines Ermessens durch Gesetz gilt, »dass Gesetzesanwendung sich nicht auf Subsumption erschöpft, administrative Gesetzesanwendung folglich nicht mit einer Vollzugsdoktrin angemessen erfasst werden kann« (Schmidt-Aßmann 1991: 364; vgl. auch König 2008: 12-17). Oder, wie Herbert Simon dies formuliert hat: »The task of 'deciding' pervades the entire administrative organization quite as much as does the task of 'doing'« (Simon 1997: 1).

3. *Koordination und Machtverhältnisse in der Verwaltung*

Entscheidungen setzen Handlungsspielräume voraus, die je nach Verwaltungsbereich mehr oder weniger weit sind und mehr oder weniger Alternativen zulassen. Politikwissenschaftlich interessant sind selbstverständlich nicht Routineentscheidungen wie das Ausstellen von Personalausweisen, sondern Abwägungsvorgänge angesichts komplexerer Sachverhalte. In diesen Bereichen trifft Verwaltungshandeln auf Widerstände anderer Akteure oder muss von anderen unterstützt werden. Verwaltungsherrschaft verwirklicht sich daher in Koordinationsprozessen. In den einzelnen Verwaltungsbereichen und Aufgabenfeldern können – in Anlehnung an vorhandene Typologien (Benz/ Dose 2010: 252-267; Scharpf 1997; Lange/ Schimank 2004: 18-22) – verschiedene Formen und Mechanismen der Koordination identifiziert werden. Unter Mechanismen sind, wie bereits erwähnt, die sozialen Prozesse zu verstehen, die eine Handlungskoordination bewirken. Mit Formen sind die institutionellen Bedingungen und Akteurskonstellationen (individuelle oder kollektive Akteure, Zahl der Akteure, Interessenkonflikte) gemeint. Sie weisen unterschiedliche Komplexitätsniveaus auf, je nachdem, ob Koordination in oder zwischen Behörden, sei es innerhalb einer staatlichen Ebene oder innerhalb von Gebietskörperschaft, oder ob sie in ebenenübergreifenden Verwaltungsstrukturen erfolgt. In ihnen zeigen sich je unterschiedliche Machtverhältnisse in der Verwaltung.

Die einfachste Koordinationsform in der Verwaltung liegt dann vor, wenn eine Behörde Anweisungen an einen unbestimmten Adressatenkreis erlässt, den die betroffen Personen in der Regel befolgen sollten. Dies gelingt, wenn die Verwaltung über genügend Macht verfügt, um die Betroffenen zu veranlassen, ihr Handeln und Verhalten einseitig an Verwaltungsentscheidungen anzupassen, oder wenn Adressaten sich aus einem aufgeklärten Eigeninteresse den Anordnungen der Verwaltung fügen. Entsprechende Beispiele finden sich in der Ordnungsverwaltung. In der Leistungsverwaltung ist die einseitige Anpassung der Adressaten dagegen oft nicht gewährleistet. Wenn eine Behörde finanzielle Unterstützung zur Förderung bestimmter Maßnahmen vergibt, ist nicht gesichert, dass die Maßnahmen tatsächlich dem Zweck entsprechend verwirklicht werden. Noch weniger sicher ist, ob der Leistungsbegünstigte seine Handlungen tatsächlich anpasst bzw. ob er eine Maßnahme nicht ohnehin, also ohne die Förderung, durchgeführt hätte (Scharpf 1983). Explizit entsteht in diesen Fällen nicht zwingend eine Interaktionsbeziehung zwischen der Verwaltung und den jeweiligen Adressaten ihrer Entscheidungen, weshalb man keinen Koordinationsprozess beobachten kann, sondern nur eine Handlungssequenz von Aktion und Anpassung. Die Beantwortung der Frage, ob Sanktionsdrohungen oder Anreize funktionieren, setzt allerdings voraus, dass Akteure und ihre Interessen sowie Informationsasymmetrien und Machtverhältnisse ermittelt werden. Diese sind entscheidend für den Erfolg einer Koordination durch Anpassung.

Selbst wenn die Verwaltung ohne Interaktion mit Adressaten entscheidet, finden Abwägungsprozesse statt. Sie verlaufen innerhalb der Verwaltung und bestehen in der Entscheidungsfindung eines zuständigen Verwaltungsbeamten. Man kann hier von »deliberation within« (Goodin 2003: 179-193) sprechen. Allerdings ist zu bedenken, dass der einsame Webersche Bürokrat, der »sine ira et studio« (Weber 1976 [1921]: 129) und autonom abwägt und entscheidet, in einem weiteren Interaktionskontext handelt, in dem Bewusstsein, dass Betroffene gegen seine Entscheidung Widerspruch erheben können und dass seine Vorgesetzten ihn kontrollieren. Interaktionen sind also in der hierarchischen Kontrollstruktur des Verwaltungssystems und des Rechtsstaats angelegt, wenngleich sie im Verwaltungshandeln bis zur Entscheidung latent bleiben. Sie können jedoch manifest werden, und deswegen entscheidet ein Verwaltungsbeamter nicht völlig isoliert, sondern agiert in einem Systemzusammenhang.

In vielen Fällen interagieren die zuständigen Bediensteten oder Behörden mit anderen Stellen oder mit privaten Akteuren. Damit wird Koordination als Prozess sichtbar. An die Stelle von Anpassung als Mechanismus tritt das Verhandeln. Koordination kommt zustande, wenn Akteure auf ihren Positionen beharren, aber zu Tauschgeschäften bereit sind (positionsorientierte Verhandlungen), wenn sie von ihren Positionen abrücken und Kompromisse schließen (kompromissorientierte Verhandlungen) oder wenn sie ihre Präferenzen ändern und Interessen neu definieren und dann einen Konsens erzielen (verständigungsorientierte Verhandlungen bzw. »arguing«; vgl. Benz 1984: 118-127). In der Realität zeigen sich diese Verhandlungsmechanismen oft in den Sequenzen des Prozesses.

Nicht nur Verhandlungsmechanismen, sondern auch Verhandlungsformen variieren. Fritz W. Scharpf hat mit negativer und positiver Koordination zwei wichtige Typen definiert (Scharpf 1973, 1993). Erstere beginnt mit einem Entscheidungsvorschlag, dem eine Anhörung der betroffenen oder interessierten Akteure folgt, die gegen den Vorschlag Einwände erheben können. Wenn die zuständige Behörde bestimmte Einwände nicht berücksichtigen will, wird bilateral zwischen den betreffenden Konfliktparteien verhandelt. Auf diese Weise können Konflikte schrittweise geregelt werden. Die federführende Behörde verfügt über die Macht, die »Agenda«, d.h. den Verhandlungsgegenstand zu bestimmen, womit sie viele Alternativen ausschließen kann. Die Beteiligten können unter Umständen Vetomacht einsetzen, entweder weil sie Widerspruchsrechte ausüben können oder weil sie über starke Verhandlungsmacht verfügen. Die dadurch ausgelösten Konflikte werden in einer Abfolge von bilateralen Verhandlungen ausgetragen.

Positive Koordination bedeutet, dass Akteure eine Entscheidung gemeinsam aushandeln. Ein Vorschlag für eine Entscheidung ist also nicht vorgegeben, sondern entwickelt sich im Verhandlungsprozess, in dem alle Beteiligten über die gleiche Vetomacht verfügen und ihre alternativen Vorstellungen über eine erwünschte Entscheidung simultan vorbringen können. Die Konfliktregelung wird damit schwieriger, weil die Komplexität der Koordination steigt (Scharpf 1973: 90-94). In der Regel funktioniert sie nur in einem kleinen Kreis von Akteuren, was aber bedeuten kann, dass Betroffene oder Vertreter tangierter Interessen ausgeschlossen sind.

In Genehmigungsverfahren verhandelt regelmäßig eine Behörde mit Antragstellern und den von Antragsgenehmigungen Belasteten. In diesem typischen Verfahren des »kooperativen Verwaltungshandelns« nimmt die Verwaltung scheinbar die Position eines neutralen Dritten ein, was aber ihre Funktion unzureichend beschreibt. Sie muss auch in diesem Fall einen Ausgleich zwischen allgemeinen und besonderen Interessen herstellen. Unabhängig davon, ob eine Entscheidung nach außen wirkt oder nach innen, verhandeln auch Mitarbeitende in Organisationseinheiten der Verwaltung miteinander, und dies ist bei komplexen Verwaltungsaufgaben die Regel. Dabei vertreten die einzelnen Verwaltungsbediensteten besondere Interessen, obgleich sie natürlich die in Gesetzen und Programmen vorgegebenen Gemeinwohlbelange beachten müssen. Das Spannungsverhältnis zwischen beiden Arten von Interessen prägt also nicht nur die Beziehung zwischen Verwaltung und Privaten, sondern ist auch innerhalb der fachlich differenzierten Verwaltungsorganisation abgebildet.

Genauso wie Koordination durch Anpassung sind auch Verhandlungen durch Machtverhältnisse beeinflusst. Dabei mag die Verwaltung gegenüber Adressaten formal überlegen sein, faktisch können sich aber Machtrelationen auch umkehren. Innerhalb der Verwaltung agieren Mitarbeiter, deren Macht einerseits von ihrer Stellung in der Organisation, andererseits aber auch von anderen Faktoren wie Erfahrung, Unterstützung durch Experten oder Vorgesetzte, oder ihre Stellung in Netzwerken bedingt ist. Machtverhältnisse beeinflussen Abwägungsentscheidungen. Diese werden dadurch nicht illegitim, aber die Frage, wie sie zu legitimieren sind, erscheint angesichts der Unvermeidbarkeit und Unkontrollierbarkeit von Machtverhältnissen noch dringlicher als der Verweis auf Entscheidungsspielräume, zumal damit der politische Charakter des Verwaltens akzentuiert wird.

4. Legitimation durch reflexive Deliberation

Wird Verwaltungshandeln als politischer Prozess betrachten, stellt sich ein grundlegendes Problem: Aus normativer Sicht gibt es hier keinen absoluten Vorrang des Gemeinwohls gegenüber besonderen oder privaten Interessen. Das ist für die gesetzesvorbereitende und planende Verwaltung unbestritten, es gilt aber auch für die sogenannte gesetzesgebundene Verwaltung. Selbstverständlich müssen Verwaltungen genauso wie Private Gesetze befolgen, weshalb man annehmen könnte, dass normalerweise Gemeinwohlinteressen überwiegen. Aber deren Anwendung auf den Einzelfall transformiert sie in individuelle Rechte, die oft in Konflikt stehen mit Rechten anderer. Es bedürfte keiner Entscheidung der Verwaltung, wenn das abstrakte Gesetz uneingeschränkt den privaten Interessen übergeordnet wäre. Dass dies nicht der Fall sein kann, ergibt sich einerseits aus den Grenzen von Gesetzesrecht, das abstrakte Regeln setzt und damit nie alle konkreten Gegebenheiten erfassen kann, andererseits aus dem Spannungsverhältnis von Recht und Freiheit, das auf der Ebene der Gesetzgebung im demokratischen Verfahren nie vollständig gelöst und deswegen auf der Stufe des Rechtsvollzugs zu bearbeiten ist. Somit sprechen nicht nur faktische Beobachtungen, sondern auch normative Gründe dafür, Verwaltung als eine autonome Institution der Konfliktregelung im demokratischen Staat zu begreifen.[3]

Wenn nun aber die Verwaltung in einer Abwägung von Interessen entscheiden muss, stellt sich die Frage, wie gesichert werden kann, dass diese Entscheidung dem jeweiligen Gewicht der Interessen entspricht. Welche gravierenden Auswirkungen eine unangemessene Gewichtung der Interessen haben kann, belegen die von Wolfgang Seibel (in diesem Band) geschilderten Fälle eindrucksvoll. Rechtswissenschaftler in Deutschland haben versucht, dieses Problem durch eine elaborierte »Abwägungslehre« zu lösen, die Entscheidungen von Verwaltungen und die Prüfung dieser Entscheidungen durch Gerichte normieren soll (z. B. Bull/ Mehde 2005: 248-269; Püttner 2008). Allerdings enthält diese Lehre, vereinfacht ausgedrückt, nur die abstrakte Forderung, die Verwaltung müsse alle Belange entsprechend ihrem Gewicht berücksichtigen. Tatsächlich liegt das Problem tiefer, da weder bestimmbar ist, was »alle« Belange sind, noch deren »richtige« Gewichtung objektivierbar ist. Der »politischen« Entscheidung, in der es immer Alternativen gibt, entkommt man damit also nicht.

Handelt damit die Verwaltung zwangsläufig willkürlich? Und reicht es aus, die Willkür durch den Rahmen der Gesetze zu beschränken? Dies würde bedeuten, dass Entscheidungen der Verwaltung jedenfalls auch durch Machtverhältnisse bestimmt würden, die je nach Koordinationsformen variieren, entsprechend den jeweiligen Kompetenzen der Akteure, den eingeräumten oder faktisch genutzten Beteiligungsmöglichkeiten, der Verteilung von Informationen und den realisierbaren exit-Optionen der Beteiligten. Machtverhältnisse sind in politischen Prozessen unvermeidbar, aber sie können Entscheidungen nicht rechtfertigen, sondern stellen ihre Rechtfertigung in Frage.

Aus der vorgeschlagenen Funktionsbestimmung der öffentlichen Verwaltung folgt, dass man die Legitimität von administrativen Entscheidun-

3 Nur Behörden mit Polizeigewalt, die für die Befolgung von Gesetzen und Verwaltungsentscheidung unter Anwendung »physischer Gewaltsamkeit« sorgen, setzen diese grundsätzlich gegen individuelle Interessen durch, wobei auch sie zum Teil Abwägungsspielräume nutzen, da die Maßnahmen verhältnismäßig sein müssen.

gen nicht mit einer Legitimationskette vom Parlament über Minister zur Verwaltung begründen kann (Böckenförde 1992: 299-310; zur Kritik: Schmidt-Aßmann 1991: 364). Diese normative Theorie mag geeignet sein, die Kompetenzen der Verwaltung (als Institution betrachtet) zu begründen, sie kann aber nicht konkrete Entscheidungen im Einzelfall rechtfertigen, mit denen Verwaltung ihre »Herrschaft im Alltag« ausübt. Man muss vielmehr nach einer eigenständigen Legitimitätsgrundlage des Verwaltungshandelns suchen. Auch die Bindung der Verwaltung an abstrakte Maßstäbe der »output-Legitimität« wie etwa Effektivität, Effizienz, oder Sparsamkeit genügen nicht, weil diese Maßstäbe ihrerseits für Einzelfälle zu konkretisieren und mit anderen abzuwägen sind. Letztlich sieht sich jede Verwaltung diversen, zum Teil widersprüchlichen Anforderungen ausgesetzt, über die sie entscheiden muss (Seibel 2016: 167-172). Deswegen ist auch Legitimität nicht durch Bürgerbeteiligung oder »repräsentative Bürokratie« erreichbar. Beide können zwar Machtverhältnisse und Informationsasymmetrien im Verhandlungs- oder Entscheidungsprozess verändern, eine Entscheidung über divergierende Interessen aber nicht rechtfertigen. Eine »Demokratisierung« der Verwaltung kann mithin das Legitimitätsproblem der Verwaltung nicht lösen, weil Demokratie und Verwaltung nach unterschiedlichen Mechanismen funktionieren und unterschiedliche Rationalitätskriterien verwirklichen.[4]

Verwaltungsentscheidungen können als legitim gelten, wenn sie auf einer rationalen Abwägung beruhen, also in einem deliberativen Prozess zustande kommen. Deliberation soll hier im Wortsinne verstanden werden als Anhören, Beraten, Bedenken, Erwägen und Abwägen. In diesem Prozess müssen alle relevanten Interessen berücksichtigt werden. Interessen müssen dazu nicht real durch Akteure, die im Verfahren beteiligt sind, vertreten werden; sie sollten lediglich denen, die entscheiden, bekannt sein und von diesen in die Abwägung einbezogen werden. Der Interessenausgleich darf nicht durch Machtungleichgewichte oder sachfremde Einflüsse gestört werden. Die Rationalität eines deliberativen Prozesses kann man nicht als gegeben unterstellen, und man kann nicht erwarten, dass Verwaltungsverfahren von selbst den genannten Merkmalen von Deliberation gerecht werden.

4 Dies betont zu Recht Czerwick (2001, insbes. 189-194), dessen systemtheoretisch inspirierte Idee einer strukturellen Kopplung zwischen Verwaltung und Demokratie fruchtbar erscheint, allerdings voraussetzt, dass die Unterscheidung der Funktionsmechanismen von Verwaltung und Demokratie dadurch nicht verwischt wird. Zudem wäre die Art der Koppelung zu präzisieren. Genauso wie das Konzept der Legitimationskette weist dieser Begriff nur darauf hin, dass die öffentliche Verwaltung in ein demokratisches System eingebettet sein soll.

Der Begriff Deliberation bezeichnet nur eine Leitidee, genauso wie der »herrschaftsfreie Diskurs« in der politischen Theorie von Jürgen Habermas nur als »regulative Idee« gemeint ist.

Deshalb bedarf es der institutionellen Bedingungen und Mechanismen, die gewährleisten, dass Verwaltungshandeln möglichst einem deliberativen Prozess entspricht. Dabei ist davon auszugehen, dass sich eine »herrschaftsfreie« Konstellation der Akteure nicht herstellen lässt, sondern immer Macht ausgeübt wird. Wenn also das deliberative Ideal im Entscheidungsprozess der zuständigen Verwaltung grundsätzlich nicht realisierbar ist, muss es durch Strukturen und Verfahren »zweiter Ordnung« angestrebt werden, wobei es auch so nur annähernd zu erreichen ist, weil Ideale per definitionem über der Wirklichkeit stehen und nie mit ihr übereinstimmen können. Zu rechtfertigen ist eine Abwägung zwischen Interessen dann, wenn Sicherungen gegen eine einseitige Gewichtung dieser Interessen wirksam werden. Dies erfordert Mechanismen, die einerseits als Korrektiv wirken, andererseits aber selbst mögliche Korrekturen von Entscheidungen auf deliberative Verfahren stützen. Somit werden Abwägungsprozesse auf Abwägungsprozesse angewandt, und diese Reflexivität sichert eine bestmögliche Deliberation.

Eine erste Sicherung liegt im Verfahren, das man in der deutschen Verwaltungssprache als Aufsicht und im Englischen als »monitoring« bezeichnet. Sie ergänzt andere Mechanismen der Steuerung des Verwaltungshandelns durch Gesetze, Programme, Budgets, deren Beachtung durch Parlamente, Regierungen, Rechnungshöfe, vorgesetzte Behörden oder Amtsträger kontrolliert wird. Diese Varianten von Steuerung und Kontrolle sind zweifellos wichtig, geben aber dem Verwaltungshandeln nur einen Rahmen vor. Zur Sicherung eines deliberativen Verwaltungsprozesses ist ein anderer Mechanismus essentiell. Steuerung bleibt immer abstrakt und setzt nur Bedingungen für das konkrete Verwaltungshandeln. Dementsprechend abstrakt bleibt auch Kontrolle. Sofern sie im Einzelfall ausgeübt wird, richtet sie sich auf Ausnahmefälle. Aufsicht ist dagegen immer vorhanden. Sie wirft dauernd ein Licht auf die Verwaltung, und hinter diesem Licht, in seinem »Schatten«, wirkt die Hierarchie in Form der Macht eines übergeordneten Akteurs oder einer Instanz, die beobachtet und in der Lage ist, ständig in das Verwaltungshandeln korrigierend einzugreifen.

Der Funktionsmechanismus, der in der Aufsicht angelegt ist, kann in Analogien zur repräsentativen Demokratie erläutert werden, wenngleich in dieser der Wettbewerb um Stimmen die Machtverteilung und Entscheidungen legitimiert, während legitime Verwaltungsentscheidungen in einem Ausgleich unterschiedlichen Interessen bestehen. Doch genauso wie gewählte Parlamentarier und Inhaber von Regierungsämtern aus eigenen Interessen am Machterhalt in »vorauseilendem Gehorsam« den Wählerwillen beachten (Friedrich 1937: 19), so orientieren sich Verwaltungsbedienstete aus eigenem Interesse an ihrem Amt am Willen der Aufsichtsinstanzen. Genauso wie Politiker den Wählerwillen nicht kennen und deswegen genötigt sind, ihr Handeln möglichst nahe am mutmaßlichen Gemeinwohl auszurichten, um Stimmen zu maximieren, genauso kennen Verwaltungsbedienstete den Willen der Aufsicht nicht oder nur unvollständig und müssen daher versuchen, ihn durch eine richtige Abwägungsentscheidung zu antizipieren. Und genauso wie Politiker die Bürgerschaft, die eigentlich keinen kollektiven Willen hat, davon zu überzeugen versuchen, dass ihre Politik dem Gemeinwohl entspricht, genauso müssen im Konfliktfall Verwaltungsbedienstete ihre Entscheidung gegenüber der Aufsichtsinstanz, die aufgrund ihrer begrenzten Information keine eigene Vorstellung über richtiges Abwägen in Einzelfall hat, rechtfertigen.

Mit anderen Worten, das Gemeinwohl in der Demokratie und die gerechtfertigte Abwägung in der Verwaltung resultieren aus aufeinander bezogenen Prozessen, aus reflexiven Willensbildungen und Entscheidungen. In beiden Prozessen herrscht unvollständige Information über Entscheidungsprämissen auf der jeweils anderen Seite. Dies bewegt Akteure dazu, sich um Entscheidungen zu bemühen, die sie rechtfertigen können, wobei sich Rechtfertigungen selbst diskursiv entwickeln. Die Reflexivität der Prozesse setzt voraus, dass beide getrennt operieren. Die Aufsichtsinstanz darf nicht die eigentliche Entscheidung übernehmen und die zuständige Verwaltungsbehörde darf nicht ihre Entscheidungsverantwortung auf die Aufsichtsinstanz abwälzen.

Es ist also nicht die ex-post-Kontrolle, sondern die fortlaufende Beaufsichtigung, welche für die Legitimität des Verwaltens entscheidend ist. Verwaltung muss deshalb zwingend mehrstufig organisiert und funktional differenziert werden. Diese Differenzierung kann mehrere Ebenen umfassen, mit der Folge, dass Aufsicht unterschiedliche Aspekte und Bedingungen des Verwaltungshandelns erfasst. Direkt auf Entscheidungen bezogen ist die Verwaltungsaufsicht, die innerhalb einer Verwaltungsorganisation etabliert ist. Die Aufsicht der Ministerien erstreckt sich auf Verfahrensweisen und generelle Entscheidungsprämissen und trägt damit etwa zur Verwirklichung des Gleichheitsgrundsatzes in der Verwaltung bei. Parlamente, ihre Ausschüsse oder ihre Hilfsorgane (wie der Rechnungshof) üben ebenfalls Aufsichtsfunktionen aus, die allerdings weniger einzelne Verwaltungsentscheidungen als vielmehr die Systemstrukturen und Funktionsweisen einer Verwaltung oder die Entwicklung und den Vollzug von Programmen und

Plänen betreffen. Die Rechts- oder Fachaufsicht des Bundes über die Länder richtet sich an die Regierungen und betrifft primär die Verwaltungsorganisation und das Verwaltungsverfahren, die letztlich das Verwaltungshandeln im Einzelfall beeinflussen (was bei einer mangelnden Personal- oder Sachmittelausstattung oder unzureichenden Verfahren offenkundig wird; vgl. Wegrich 2006). In allen diesen Strukturen wird das Verhältnis zwischen zuständiger Verwaltungsbehörde oder den zuständigen Bediensteten und den Aufsichtsinstanzen zu einem Prozess der Reflexion über konkretes Verwaltungshandeln. Dieser Prozess bleibt in der Regel latent, die Akteure müssen ihn jedoch in ihrem Handeln bedenken, weil er in kritischen Situationen auf allen Stufen in Gang kommen kann. Am Ende steht keine »richtige« Entscheidung, sondern eine reflektierte Entscheidung, die der deliberativen Rationalität näher kommt als eine nicht reflektierte.

Aufsicht ist bekanntlich ein notwendiges Merkmal einer Verwaltung im demokratischen Rechtsstaat. Diesem sind weitere Mechanismen eigen, die in Verfahren zweiter Ordnung ausgelöst werden und Deliberation reflexiv machen. Dafür sorgt das in rechtstaatlichen Verfassungen garantierte Recht der Betroffenen, gegen Verwaltungsentscheidungen Widerspruch einzulegen oder Klage vor Gerichten zu erheben. Die deutschen Bezeichnungen dieser beiden Verfahren verweisen auf das Widersprechen und das Beklagen und kennzeichnen damit den deliberativen Charakter des Prozesses, der mit diesen Interventionen ausgelöst wird. Im Unterschied zur Aufsicht wird dieser Reflexionsprozess in einer Sequenz realisiert. Widerspruch bedeutet, dass ein von einer Entscheidung betroffener Privater seine Auffassung und seine Interessen erneut vorbringt und damit die Abwägung der Verwaltung in Frage stellt und eine Überprüfung herbeiführt. Das Wort Klage drückt in der Sache das gleiche aus. In beiden Fällen findet der Reflexionsprozess in einer anderen Arena statt als der, in der die ursprüngliche administrative Entscheidung vorbereitet, gegebenenfalls verhandelt und getroffen wurde. Bei Widerspruch entscheidet eine andere (höhere) Behörde, bei Klage ein Gericht. Somit besteht auch hier eine institutionelle Differenz zwischen Entscheidung und Überprüfung, die sich auf die Qualität der Reflexion auswirkt.

Die im Kontext von Aufsicht sowie Widerspruchs- und Klagemöglichkeiten vorhandenen Legitimationspotentiale der Verwaltung fehlen jenseits des Staates. Dort kann unter Umständen auf andere Mechanismen der Reflexion von Verwaltungsentscheidungen zurückgegriffen werden, die auch innerhalb von Staaten mit der Abkehr vom bürokratischen Verwaltungsmodell eingeführt oder vorgeschlagen wurden, wenn auch nicht mit der Intention, das Legitimationsproblem zu lösen. Der eine Mechanismus findet sich in der Literatur zur Ethik in der Verwaltung und in den neueren Diskussionen über »New Public Values«. Unter Ethik werden üblicherweise Verhaltensnormen verstanden, die nicht regeln, was in einer konkreten Situation zu tun ist, sondern angeben, nach welchen Maßstäben gehandelt werden soll. Solche Normen beziehen sich also, unabhängig davon, ob sie in Rechtsvorschriften oder in Codizes niedergelegt sind, auf Personen und nicht auf Entscheidungssituationen. Sie wirken, indem die verantwortlichen Personen Normen internalisieren sowie als Signale, die öffentlichen Druck erzeugen (dazu Behnke 2004: 220-226). Gleiches wird von den »New Pubic Values« erwartet. Protagonisten dieses Konzepts wollen die einseitig ökonomische Orientierung des New Public Management überwinden, um die richtige Balance der »Werte«, die die Verwaltung verwirklichen soll, wieder herzustellen. Wie dies geschehen soll, sagen die Autoren in der Regel nicht, es sei denn sie verweisen auf Verfahren der deliberativen Demokratie und Partizipation (vgl. Bryson/ Crosby/ Bloomberg 2014). Doch der Rekurs auf ideale Verfahren löst nicht das Problem, wie Werte zu begründen und zu verwirklichen sind. Insofern scheint mir der analytische Ansatz von Nathalie Behnke relevanter zu sein. Sie betrachtet Ethik als Ergänzung von Gesetzen oder als funktionales Äquivalent des formalen Rechts, zudem verweist sie auf einen Wirkungsmechanismus in der Principal-Agent-Beziehung zwischen Gesetzgeber, Regierung und Verwaltung, in dem Normen zum Tragen kommen. Ethik kann in dieser Beziehung einen sekundären Mechanismus auslösen, der einen legitimen Vollzug des Rechts dadurch sicherstellt, dass er nicht nur Normen bereitstellt, nach denen die Abwägung der Verwaltung bewertet werden kann, sondern auch zu dieser Bewertung zwingt. Voraussetzung dafür sind Institutionen und Verfahren, in denen die Einhaltung von Ethiknormen überprüft wird. Es bedarf also einer »Ethikinfrastruktur« (Behnke 2004), die dafür sorgt, dass Ethik gleichsam reflexiv wird.

Ein weiterer Mechanismus ist in dem – von den »New Public Value«-Befürwortern als einseitig kritisierten – Verwaltungskonzept des »New Public Management« enthalten. Diese Kritik bezieht sich vor allem auf den Wettbewerb als Koordinationsverfahren. Wenn Verwaltungsleistungen als Produkte an Kunden verkauft werden, dann unterliegt Verwaltungshandeln in der Tat einer einseitigen ökonomischen Rationalität, vorausgesetzt, dass zwischen Anbietern wirklich Konkurrenz herrscht, dass Nachfrager über Leistungen und Alternativen hinreichend informiert sind und dass Kunden zahlungsfähig sind. Unter diesen Bedingungen kann der Markt individuelle und allgemeine Interessen in Einklang bringen, mit einem dem Pareto-Prinzip entsprechenden Ergebnis. Doch in den meisten Verwaltungsbereichen fehlen diese Voraussetzungen und vielfach lässt sich das Pareto-Prinzip nicht verwirklichen, weil eine Verwaltung über die Verteilung von Vorteilen und Belastungen zu befinden hat. Für solche Aufgaben bietet sich eine Variante des Wettbewerbs an, die in der Institutionenökonomie als »yardstick competition« diskutiert wird (Besley/ Case 1995; Salmon 1987).[5] Die Konkurrenz richtet sich in diesem Fall auf die Qualität der Verwaltungsleistungen, um deren Erhöhung die beteiligten Verwaltungsorganisationen oder -bedienstete wetteifern, weil sie sich als besser präsentieren wollen als andere, oder weil sie mit Wettbewerbserfolgen eine leistungsbezogene Besoldung oder andere Prämierungen erreichen können. Ein solches Verfahren setzt Vergleiche und Leistungsbewertungen voraus, die aber nie nach objektiven Maßstäben erfolgen und durch Machtverhältnisse beeinflusst werden. Vergleiche können zu einseitigen Bewertungen führen, wenn Experten oder Evaluierungsinstanzen ihre Sicht durchsetzen oder wenn Politiker und Verwaltungsleiter die Performanz einer Verwaltung nach ihren eigenen Interessen interpretieren. Deswegen können sie keine richtigen Entscheidungen begründen, sondern stellen deliberativer Prozesse zweiter Ordnung dar (Benz 2012). Vergleichsmaßstäbe, Bewertungsgrundlagen und Bewertungen sind in der Praxis immer der Kritik ausgesetzt, insbesondere wenn Einzelfälle durch besondere Bedingungen geprägt sind, die nicht in Maßstäben und Bewertungen Berücksichtigung finden. Während der Leistungsvergleich Transparenz über das Verwaltungshandeln herstellt und es bewertet, ist es diese Kritik, mit der Verwaltungen ihre Entscheidungen rechtfertigen. Wiederum stehen beide Prozesse des Verwaltungshandelns und des Leistungsvergleichs in einer Wechselbeziehung, die die Reflexivität der Deliberation erzeugt.

Alle diese Mechanismen gewährleisten noch keine »gute Verwaltung«, deren Performanz von weiteren Bedingungen abhängt (Ebinger 2013). Auch kann keiner für sich allein Legitimität sicherstellen, weil jeder auf bestimmte Aspekte von Verwaltungshandeln spezialisiert ist. Erst in ihrem Zusammenwirken können sie Legitimationslücken schließen. Jeder dieser Mechanismen bewirkt aber, dass Verwaltungen verantwortlich handeln, weil Amtsinhaber davon ausgehen müssen, für ihre Entscheidungen zur Rechenschaft gezogen zu werden. Reflexive Verfahren aktualisieren diese

5 In der Verwaltungswissenschaft bezeichnete man vergleichbare Verfahren als »benchmarking« oder »Leistungsvergleich«. Die Forschung konzentrierte sich auf die Frage, wie Verwaltungsleistungen bewertet werden können, während der damit verbundene Mechanismus des Wettbewerbs weniger Beachtung fand. Auszeichnungen durch »benchmarks« und Vergleiche wirken sich aber nur auf das Verwaltungshandeln aus, wenn sie über den Wettbewerb Verhaltensanreize auslösen.

Verantwortlichkeit, und zwar gerade dann, wenn sie selbst deliberativen Charakter haben. Akteure handeln verantwortlich, wenn sie gegenüber einem »Forum« Antworten auf Fragen nach ihrem Handeln und seinen Gründen geben (Bovens 1998: 22-38), wenn sie sich rechtfertigen. Dies können sie, weil diejenigen, die sie beaufsichtigen, bewerten oder kritisieren auch nicht behaupten können zu wissen, welche Entscheidungen richtig sind. Legitimität ergibt sich damit aus einer wechselseitigen Rechtfertigung, und genau dies sichern die Verfahren reflexiver Deliberation.

Die bisherig dargestellten Verfahren können dazu beitragen, jene Legitimitätslücke zu schließen, die das Konzept einer »legislatorisch programmierten Verwaltung« (Czerwick/ Lorig/ Treutner, 2010: 250) offenlässt, und zwar nicht weil sich die Verwaltung zunehmend verselbständigt, sondern weil Gesetze das Verwaltungshandeln nicht vollständig programmieren können und auch nicht sollen. Es geht um die Herstellung einer eigenständigen Verwaltungslegitimation, nicht um demokratische Legitimation. Sie erfordert, wie oben erläutert, eine institutionalisierte Differenzierung in Entscheidungsverfahren und Verfahren der Reflexion dieser Entscheidungen. Diese Verfahren stehen in keinem Verhältnis der Über- und Unterordnung, sie bilden allenfalls eine Hierarche im Sinne einer funktionalen Unterteilung von Aufgaben. Bei Ethikkomitees oder -beiräten und Vergleichsverfahren ist dies offenkundig, aber auch Aufsichtsinstanzen, Widerspruchsinstanzen oder Verwaltungsgerichte legitimieren sich nicht durch Korrektur von Verwaltungsentscheidungen, sondern durch Bestätigung oder Revision von Begründungen für diese Entscheidungen. Dabei sind die reflektierten Begründungen nicht die einzig richtigen, sondern rechtfertigen sich aus einem Begründungsprozess, in dem sie einerseits von der ursprünglichen Entscheidung ausgehen und andererseits auf diese zurückwirken. Verwaltungshandeln wird reflexiv, indem es in diesem Prozess des Wechsels zwischen den Ebenen eingebunden wird, einem Prozess, der Abwägung zur Deliberation macht.

Hervorzuheben ist, dass Verwaltungshandeln, das so legitimiert ist, nicht frei von Gesetzesbindungen sein kann. Gesetze bestimmen zum einen die Aufgaben, die einer Verwaltungsbehörde obliegen, zum anderen begrenzen sie deren Entscheidungsspielräume. Es gibt natürlich Fälle, in denen ein Gesetz gleichsam wie ein »Gesetzesbefehl« wirkt und der Verwaltung genau vorgibt, was sie zu tun und zu unterlassen hat. Die übliche Unterscheidung zwischen gesetzesgebundener Verwaltung und Verwaltung, die ein Ermessen ausüben kann oder frei von Gesetzesbindungen handeln kann, ist allerdings zu ungenau, um die vielfältige Realität der öffentlichen Verwaltung zu erfassen. Gesetze sollten daher generell als ermöglichende und begrenzende Bedingungen für konkrete Verwaltungsherrschaft, also für das Verwaltungshandeln im Einzelfall betrachtet werden. Für die Legitimation des Verwaltungshandelns ist die Gesetzesbindung nicht irrelevant, aber nicht ausreichend. Dazu bedarf es der Differenzierung in primäre und sekundäre Prozesse der Deliberation innerhalb der Verwaltung, die in der Regel durch eine mehrstufige Organisation erreicht wird.

5. Legitimation in einer Mehrebenenverwaltung

Diese Differenzierung von Prozessstufen ist prinzipiell auch in Mehrebenenverwaltungen angelegt, also in Strukturen, die Verwaltungen der verschiedenen Gebietseinheiten des Staates oder auch nationale und europäische oder internationale Verwaltungen verbinden. Auch in diesen Kontexten wird Verwaltungsherrschaft ausgeübt, indem Gesetzgebungs- oder Regierungsentscheidungen vorbereitet, Praktiken des Verwaltungshandelns harmonisiert oder koordiniert oder Entscheidungen mit direkter Wirkung gegenüber Adressaten ausgehandelt und beschlossen werden. Vielfach werden in solchen Mehrebenenstrukturen besondere Legitimationsdefizite festgestellt, sei es wegen der Intransparenz von Machtstrukturen, Entscheidungsprozessen und Verantwortlichkeiten oder wegen der Informationsasymmetrie zwischen interagierenden Verwaltungen und Aufsichts- oder Kontrollinstanzen. Diese Kritik muss allerdings differenziert werden. Auch Mehrebenenverwaltungen operieren mit unterschiedlichen Koordinationsmechanismen, und dementsprechend variieren die Folgen für die Legitimität des Verwaltungshandelns.

Dies lässt sich schon anhand der verschiedenen Koordinationsformen illustrieren, die die vertikalen und horizontalen Verwaltungsverflechtungen zwischen Bund, Ländern und Gemeinden im deutschen Bundesstaat prägen. Die Entscheidungen, die in diesen Mehrebenenstrukturen der Verwaltung im Bundesstaat getroffen werden, stellen keine unmittelbare administrative Herrschaftsausübung dar, weil sie in der Regel nur Wirkung innerhalb des Staates zeigen, aber sie gehören zum Verwaltungssystem und beeinflussen Verwaltungsherrschaft. Dabei dienen sie zum einen der Vereinheitlichung des Gesetzesvollzugs (Seibel 2016: 174), zum anderen der Vorbereitung von Gesetzen, etwa wenn diese an veränderte Bedingungen des Vollzugs anzupassen sind oder an Bedingungen, die bei der ursprünglichen Gesetzgebung nicht bekannt oder gegeben waren.

Verhandlungen im bundesstaatlichen Mehrebenensystem der Verwaltungen sind in Deutschland für bestimmte Aufgabenbereiche im Grundgesetz vorgesehen. Bei diesen Gemeinschaftsaufgaben sind Bund und Länder zur Zusammenarbeit verpflichtet. Darüber hinaus gibt es Aufgaben, in denen faktische Interdependenzen gemeinsame Entscheidungen unabdingbar machen. In der Regel verhandeln dabei Minister als Vertreter ihrer Regierungen und Verwaltungen unterstützen sie bei der Vorbereitung von Programmen und Entscheidungen. Während Regierungen Verteilungskonflikte um knappe Fördermittel oder Richtungskonflikte austragen, suchen Verwaltungen nach fachlichen Lösungen und orientieren sich an den Zielen ihres eigenen Aufgabenbereichs. Fachverwaltungen können weder bindende Vereinbarungen abschließen noch Paketlösungen finden, für beides verfügen nur die Regierungen über die erforderlichen Kompetenzen. Doch das Zusammenspiel der Verhandlungen der Verwaltungen und der Regierungen in einem sequentiellen oder iterativen Prozess ermöglicht Entscheidungen, deren Gehalt zum Teil über den kleinsten gemeinsamen Nenner der Interessen hinreicht (Benz/ Heinz/ Detemple 2016). Voraussetzung ist aber ein starker Einfluss der Fachverwaltung, die einer Parteipolitisierung der Verhandlungen und der Dominanz gegensätzlicher Verteilungsinteressen entgegen wirkt.

In aller Regel verhandeln Verwaltungen im Bundesstaat freiwillig, ohne institutionelle Zwänge, wobei die Akteure meistens in Netzwerken verbunden sind, die Vertrauen und Reziprozität erzeugen. Hier besteht keine Verpflichtung zu einer gemeinsamen Entscheidung oder deren Umsetzung, jedoch gilt die Regel, dass Vertreter aller Länder ihre Tätigkeit abstimmen. Dies geschieht in den zahlreichen Gremien, die Ministerkonferenzen unterstützen sollen (Zimmer 2010). Während in den Gemeinschaftsaufgaben Finanzmittel verteilt werden und in Ministerkonferenzen Aspekte der Gesetzgebung oder grundsätzliche politische Entscheidungen im Vordergrund stehen (Hegele/ Behnke 2017), beeinflussen Verhandlungen in den administrativen Netzwerken auch die Art und Weise, wie im konkreten Verwaltungshandeln das Ermessen ausgeübt wird und Interessen abgewogen werden. Es ist nicht zu verkennen, dass durch diese Koordinationsprozesse die Handlungsspielräume der Verwaltung verengt werden. Zweifellos tragen sie auch zu einer starken Verdichtung der Regelung durch Gesetze, Verordnungen und Verwaltungsvorschriften bei. All dies ändert nichts an der Tatsache, dass in der auf den Einzelfall bezogenen Verwaltungstätigkeit allgemeine und besondere Interessen auszugleichen und somit Konflikte zu regeln sind. Die Harmonisierung des Gesetzesvollzugs im Bundesstaat hat aber Folgen für die Machtverhältnisse in Verwaltungsverfahren. Sie stärkt die zuständige Behörde gegenüber Akteuren mit besonderen Interessen.[6]

Das Gewicht der Gemeinwohlbelange und die Harmonisierung von Abwägungen können im föderalen Verwaltungssystem auch ohne Abstimmung in Verwaltungsnetzwerken gestärkt werden. Dies zeigte sich jüngst im Umgang mit abgelehnten Asylbewerbern, deren Duldung oder Ausweisung eine Einzelfallentscheidung der zuständigen Landesbehörden darstellt. Die unterschiedlichen Praktiken der Länder werden inzwischen öffentlich diskutiert und miteinander hinsichtlich ihrer Ergebnisse verglichen und bewertet. Damit steigt der Druck auf Verwaltungen, Abschiebungen »konsequent durchzuführen«. Geben Verwaltungen diesem Druck nach, reagieren sie auf Machtverhältnisse, anstatt die besondernen Verhältnisse der betroffenen Menschen zu berücksichtigen.

Die gleichen Folgen zeigen sich, wenn administrative Verfahren in den Einflussbereich der Parteipolitik geraten. In Bund-Länder-Beziehungen kann eine solche Politisierung der Verwaltung schwerlich verhindert werden, weil die Länder in der Regel Bundesgesetze vollziehen und Landesverwaltungen von Bundespolitikern für vermeintliche Vollzugsdefizite verantwortlich gemacht werden, während umgekehrt Landespolitiker Regelungsdefizite des Bundes kritisieren. Die darin angelegte Mobilisierung von Parteipolitik kann die Gewaltenteilung zwischen Gesetzgebung, Regierung und Verwaltung unterminieren. Im deutschen Bundesstaat erfüllen jedoch die vielfach als intransparent und undemokratisch kritisierten Verwaltungsnetzwerke eine korrigierende Funktion. Sie erbringen Koordinationsleistungen, ohne direkt der Parteipolitik unterworfen zu sein. Zwar können die Verwaltungsvertreter Beschlüsse oder Standpunkte der Parlamente und Parteien nicht völlig ignorieren. Gleichwohl bilden sie eine Arena der Reflexion über die Bedingungen des Verwaltungshandelns in den Ländern.

Das Risiko einer Parteipolitisierung der Verwaltung mit Folgen für die Gewaltenteilung ist im deutschen Bundesstaat gleichwohl relativ hoch. Der Grund dafür liegt im integrierten Parteiensystem, in dem Auseinandersetzungen zwischen Parteien auch zwischen Bund und Ländern ausgetragen werden. Abgeordnete des Bundestags kritisieren nicht selten Verwaltungsentscheidungen, sei es um einer Landesregierung und der sie unterstützenden Partei Versagen vorzuwerfen, oder um einen Bedarf für Gesetzgebung

6 Insofern hat die Verwaltungskooperation im Bundesstaat eine dem »Paradox der Schwäche« vergleichbaren Effekt, den Edgar Grande in der Zusammenarbeit staatlicher Akteure im europäischen Mehrebenensystem erkannte (Grande 1996). Auch in der hier angesprochenen Konstellation gewinnen staatliche Akteure, hier die Verwaltung, Macht gegenüber Privaten, indem sie auf Autonomie verzichten.

des Bundes zu begründen. Im ersten Fall bewerten sie eine Verwaltungsentscheidung unabhängig von den Besonderheiten des Einzelfalls, im zweiten Fall beabsichtigen sie, den Handlungsspielraum der Verwaltung durch neue Gesetze einzuschränken. Beides kann darauf hinauslaufen, die notwendige Unterscheidung und funktionale Differenzierung zwischen Gesetzgebung und Verwaltung durch Standardisierung oder Überregulierung zu schwächen. Damit droht die eigenständige Legitimität des Verwaltens unterminiert zu werden.

Verwaltungsverflechtungen gibt es nicht nur im Bundesstaat, sondern auch im europäischen Verwaltungsraum und im internationalen Kontext. Auf die Vielfalt dieser administrativen Mehrebenenstrukturen jenseits des Nationalstaats, die erst in den letzten Jahren von der Verwaltungsforschung erkannt wurden, kann hier nicht eingegangen werden (dazu z. B. Bauer/ Knill/ Eckard 2017; Heidbreder 2011; Nedergaard 2007; Trondal/ Bauer 2017). In der Regel ist aber festzustellen, dass Verwaltungen europäischer und internationaler Organisationen über keine Macht verfügen, nationalen Verwaltungen Anweisungen zu erteilen. Schon gar nicht können sie Entscheidungen gegen Private durchsetzen. Weil dies so ist, kooperieren sie mit nationalen Verwaltungen oder versuchen, diese in kommunikativen Beziehungen zu überzeugen, in einer bestimmten Weise tätig zu werden (Benz/ Corcaci/ Doser 2016). Meistens geht es dabei um die Verwirklichung von Zielen, die in nationale Gesetze oder Programme umgesetzt werden sollen, zum Teil dienen die Interaktionen zwischen internationalen und nationalen Verwaltungen aber auch dazu, Programme internationaler Organisationen mit Hilfe nationaler Behörden umzusetzen.

In diesen Strukturen der Mehrebenenverwaltung wird Verwaltungsherrschaft interaktiv, im Zusammenwirken nationaler und internationaler bzw. europäischer Organisationen ausgeübt. Selbst wenn diese Herrschaft indirekt wirkt und durch Interaktion gemäßigt ist, bedarf sie der Legitimation, soll sie sich nicht bloß als Macht äußern. Generell ist festzustellen, dass die territorialen Mehrebenenstrukturen der nationalen und internationalen Verwaltungen eher Macht erzeugen als dass sie diese in reflexive Prozesse transformieren. Dies geschieht, wenn Verwaltungen kooperieren, um mit ihrem gebündelten und abgestimmten Sachverstand und ihrer dadurch erzeugten Fachautorität (Busch/ Liese 2017) Probleme zu definieren, Informationen zu liefern oder Politikempfehlungen für die Gesetzgebung zu formulieren. Im Extremfall wird dadurch Demokratie durch eine administrative Technokratie geschwächt, die den Anspruch erhebt, für objektiv richtige Entscheidungen zu sorgen. Verwaltungen können in intergouvernementalen Netzwerken auch ihre Abwägungspraxis abstimmen, ebenso wie dies in den Verwaltungsnetzwerken des deutschen Bundesstaats zu beobachten ist. In diesem Fall engen sie durch freiwillige Selbstbindung ihre Handlungsspielräume ein, wobei sie in der Tendenz die allgemeinen Interessen gegenüber den Interessen der konkret Betroffenen bzw. deren Gewichtung gegenüber den besonderen Bedingungen des Einzelfalls stärken. Auch dies geschieht mit der Behauptung, dadurch bessere Entscheidungen zu erreichen. Die Mehrebenenverwaltung kann somit ein doppeltes Legitimationsdefizit verursachen. In der Gesetzgebung entsteht durch Technokratie ein Problem der demokratischen Legitimation, in der Verwaltung durch Selbstbindung ein Problem der Verwaltungslegitimation.

Dies sind allerdings keine zwingenden und auch nicht die einzigen Folgen von territorialen Mehrebenenstrukturen. Diese können auch zur Legitimation beitragen, und zwar sowohl der demokratischen wie der administrativen. Ersteres trifft zu, wenn nationale oder internationale Verwaltungsnetzwerke eine weitere Stufe der Reflexivität von Herrschaft herstellen, etwa wenn in ihnen die Performanz nationaler Politik verglichen wird oder wenn die Qualität rechtsstaatlicher und demokratischer Verfahren der Mitgliedstaaten kritisch untersucht wird. Verwaltungslegitimität kann gefördert werden, wenn internationale Verwaltungen die Leistungsfähigkeit nationaler Verwaltungen evaluieren und mit nationalen Regierungen und Verwaltungen über Probleme und mögliche Lösungen beraten. Ansätze, die in diese Richtung weisen, gibt es in der internationalen Verwaltung eher als in der föderal organisierten Verwaltung von Staaten, weil jene nicht über Macht verfügt, sondern durch Einfluss wirkt. Im deutschen Bundesstaat werden vereinzelt Leistungsvergleiche organisiert, die Verwaltungsbereiche betreffen. Diese können, wie oben erläutert wurde, einen Beitrag zur Legitimation der Verwaltung leisten. Die Länder haben allerdings die Möglichkeit, die ihnen Art. 91d GG bietet, um solche Verfahren systematisch einzusetzen, bislang nicht ausgeschöpft. Damit vernachlässigen sie ein Koordinationsverfahren, das keinen Zwang erzeugt und freiwillige wechselseitige Anpassung oder Lernen der Behörden von anderen fördert, und das (anders als in den Medien verbreitete Vergleiche) zudem den Vorteil hat, Verwaltungsentscheidungen nicht einfach anzugleichen, sondern Abweichungen aufgrund besonderer Umstände zuzulassen (Benz 2012). Dieser Mechanismus der Mehrebenenkoordination beeinflusst somit zwar konkrete Verwaltungsentscheidungen, ersetzt die Abwägung im Einzelfall aber nicht.

Dabei darf nicht übersehen werden, dass diese kommunikativen Prozesse selbst wieder auf endogenen Machtstrukturen beruhen, weil sie manche Akteure einschließen und andere ausschließen und einzelne nationale Verwaltungen aufgrund ihrer Verwaltungskapazitäten eine größere Informationsmacht und Überzeugungsfähigkeit besitzen als andere. Die Qualität der reflexiven Deliberation kann darunter leiden. Gleichwohl ist in Mehrebenenverwaltungen die Prozessdifferenzierung angelegt, die eine wesentliche Bedingung für Verwaltungslegitimation bildet.

Mehrebenenverwaltungen sind gleichwohl im Hinblick auf ihre Legitimation als ambivalent zu beurteilen. Es gibt Strukturen, die Legitimität erzeugen, während andere Probleme verursachen. Nicht selten haben dieselben Strukturen beide Folgen. Daher bedarf es einer differenzierten Analyse der jeweiligen Interaktionsmuster. Zudem ist zu unterscheiden, ob Verwaltungsverflechtungen die demokratische Legitimation beeinträchtigen oder ob sie sich auf die Legitimation der konkreten Verwaltungstätigkeit auswirken. Die erste Gefahr wurde bislang in der Literatur hervorgehoben, während der zweite Aspekt weniger beachtet wurde.

6. Schlussfolgerungen

Versteht man Verwaltungshandeln als Entscheiden, das meistens aus kollektiven Prozessen resultiert, dann kommen Interessen, Konflikte und Machtverhältnisse in den Blick. Ein solches Verständnis verweist auf eine fundamentale Herausforderung der Verwaltung, die widersprüchliche Ziele und Interessen vereinbaren muss. Als legitim können Entscheidungen und Maßnahmen der Verwaltung dann gelten, wenn sie Ergebnis einer angemessenen Abwägung sind. Angesichts der unvermeidbaren Einflüsse von Interessen und Macht können Abwägungen nur als angemessen gerechtfertigt werden, wenn sie aus deliberativen Prozessen resultieren und in deliberativen Prozessen zweiter Ordnung reflektiert und revidiert werden. Diese Prozesse bzw. die Strukturen, die reflexive Deliberation ermöglichen, stellen einerseits Sicherungen dar, die unangemessene Abwägungen durch antizipierende Reaktion der zuständigen Verwaltungsbediensteten verhindern, andererseits eröffnen sie Verfahren, in denen Verwaltungsentscheidungen überprüft und gegebenenfalls korrigiert werden können. Der Begriff Deliberation im hier eingeführten Sinne steht für die normative Leitidee, auf deren Realisierung die Strukturen und Verfahren der Verwaltung hinwirken sollen.

Meine Überlegungen gingen davon aus, dass Verwaltung als eigenständige Staatsfunktion zu begreifen ist, ohne dass dadurch der politische Charakter des Verwaltens ignoriert wird. Dies hat praktische Konsequenzen für das Verhältnis von Gesetzgebung und Verwaltung. Denn hieraus folgt, dass

Gesetze nicht alles regeln können, aber auch nicht müssen. Verwaltung verfügt grundsätzlich über eigene Verfahren der Legitimition ihrer Entscheidungen, welche ihre Macht, Interessenkonflikte nach ihren besonderen Verfahren zu entscheiden, in Herrschaft transformiert.

Voraussetzung dieser Legitimition ist eine Mehrstufigkeit des Verwaltungshandelns, das konkrete Herrschaftsausübung reflexiv werden lässt. Diese Mehrstufigkeit ist in einer funktional differenzierten Mehrebenenorganisation der Verwaltung angelegt. Sie kann auch in einer föderalen oder internationalen Mehrebenenverwaltung verwirklicht werden. Aber in diesen Strukturen liegen auch Gefahren, weil die Verwaltungsmacht, die sich in ihnen konstituiert, die Funktionsdifferenzierung zwischen Gesetzgebung, Regierung und Verwaltung oder zwischen dem konkreten Verwaltungshandeln und den sekundären Prozessen der Reflexion von Verwaltungsentscheidungen gefährden kann. Angesichts dieser Ambivalenz ist die Verwaltungswissenschaft aufgefordert, die Entwicklung einer Mehrebenenverwaltung kritisch zu betrachten und ihre verschiedenen Ausprägungen näher zu erforschen.

7. Literaturverzeichnis

Bauer, Michael, Knill, Christoph, Eckhard, Steffen (Hrsg.) (2017): International Bureaucracies. Challenges and Lessons for Public Administration Research. New York: Palgrave Macmillan.

Behnke, Nathalie (2004): Ethik in Politik und Verwaltung. Entstehung und Funktion ehtischer Normen in Deutschland und den USA. Baden-Baden: Nomos.

Benz, Arthur (1994): Kooperative Verwaltung: Funktionen, Voraussetzungen und Folgen. Baden-Baden: Nomos.

Benz, Arthur (2006): Eigendynamik von Governance in der Verwaltung. In: Jörg Bogumil, Werner Jann, Frank Nullmeier (Hrsg.): Politik und Verwaltung. PVS-Sonderheft 37. Wiesbaden: VS Verlag, 29-49.

Benz, Arthur (2008): Der moderne Staat. Grundlagen der politologischen Analyse. 2. Auflage. München: Oldenbourg.

Benz, Arthur (2012): Yardstick Competition and Policy Learning in Multilevel Systems. In: Regional and Federal Studies, 22 (3), 251-267.

Benz, Arthur, Corcaci Andreas, Doser, Jan Wolfgang (2016): Unravelling multi-level administration. Patterns and dynamics of administrative co-ordination in European governance. In: Journal of European Public Policy, 23 (7), 999-1018.

Benz, Arthur, Detemple, Jessica, Heinz, Dominic (2016): Varianten und Dynamiken der Politikverflechtung. Baden-Baden: Nomos.

Benz, Arthur, Dose, Nicolai (2010): Von der Governance-Analyse zur Policy-Theorie. In: dies. (Hrsg.): Governance. Regieren in komplexen Regelsystemen. Wiesbaden: VS Verlag, 251-276.

Besley, Timothy, Case, Anne (1995): Incumbent Behavior. Vote-Seeking, Tax-Setting, and Yardstick Competition. In: American Economic Review, 85 (1), 25-45.

Böckenförde, Ernst-Wolfgang (1991): Demokratie als Verfassungsprinzip. In: ders.: Staat Verfassung, Demokratie. Studien zur Verfassungstheorie und zum Verfassungsrecht. Frankfurt am Main: Suhrkamp, 289-378.

Bohne, Eberhard (2014): Gegenstand, methodische Grundlagen und theoretischer Bezugsrahmen der Verwaltungswissenschaft. In: Die Verwaltung, 47 (2), 159-195.

Bovens, Marc (1998): The Quest for Responsibility. Accountability and Citizenship in Complex Organizations. Cambridge: Cambridge University Press.

Bryson, John M., Crosby, Barbara, Bloomberg, Laura (2014): Public Value Governance. Moving Beyond Traditional Public Administration and the New Public Management. In: Public Administration Review, 74 (4), 445-456.

Bull, Hans Peter, Mehde, Veith (2005): Allgemeines Verwaltungsrecht mit Verwaltungslehre. 7. Auflage. Heidelberg: C.F. Müller.

Busch, Per-Olof, Liese, Andrea (2017): The authority of international public administrations. In: Michael Bauer, Christoph Knill, Steffen Eckhard (Hrsg.): International Bureaucracies. New York: Palgrave Macmillan, 97-122.

Czerwick, Edwin (2001): Bürokratie und Demokratie. Grundlegung und theoretische Neustrukturierung der Vereinbarkeit von öffentlicher Verwaltung und demokratischem System. Berlin: Duncker & Humblot.

Czerwick, Edwin, Lorig, Wolfgang H., Treutner, Erhard (2009): Demokratische Verwaltung im demokratischen Staat. In: dies. (Hrsg.): Die öffentliche Verwaltung in der Demokratie der Bundesrepublik Deutschland. Wiesbaden: VS Verlag, 249-269.

Dose, Nicolai (1997): Die verhandelnde Verwaltung. Baden-Baden: Nomos.

Dose, Nicolai (2009): Kooperative Verwaltung. Ausdruck einer demokratisierten öffentlichen Verwaltung?. In: Edwin Czerwick, Wolfgang H. Lorig, Erhard Treutner (Hrsg.): Die öffentliche Verwaltung in der Demokratie der Bundesrepublik Deutschland. Wiesbaden: VS Verlag, 177-195.

Ebinger, Falk (2013): Wege zur guten Bürokratie. Erklärungsansätze und Evidenz zur Leistungsfähigkeit öffentlicher Verwaltungen. Baden-Baden: Nomos.

Friedrich, Carl Joachim (1937): Constitutional Government and Politics. Nature and Development. New York: Harper & Brothers.

Goodin, Robert E. (2003): Reflective Democracy. Oxford: Oxford University Press.

Grande, Edgar (1996): Das Paradox der Schwäche. Forschungspolitik und die Einflußlogik europäischer Politikverflechtung. In: Markus Jachtenfuchs, Beate Kohler-Koch (Hrsg.): Europäische Integration. Opladen: Leske + Budrich, 373-399.

Hegel, Georg Wilhelm Friedrich (1970 [1821]): Grundlinien der Philosophie des Rechts oder Naturrecht und Staatswissenschaft im Grundrisse. Band 7. Frankfurt am Main: Suhrkamp.

Hegele, Yvonne, Behnke, Nathalie (2017): Horizontal coordination in cooperative federalism. The purpose of ministerial conferences in Germany. In: Regional and Federal Studies 2017. Abrufbar unter http://dx.doi.org/10.1080/13597566.2017.1315716.

Hegewisch, Niels (2016): Verwaltung und Gewaltenteilung im Vormärz. Ein ideengeschichtlicher Beitrag zu einer aktuellen politikwissenschaftlichen Problematik. Baden-Baden: Nomos.

Heidbreder, Eva G. (2011): Structuring the European Administrative Space. Policy Instruments of Multilevel Administration. In: Journal of European Public Policy, 18 (5): 709–727.

Hesse, Joachim Jens (1987): Aufgaben einer Staatslehre heute. In: Thomas Ellwein, Joachim Jens Hesse, Renate Mayntz, Fritz W. Scharpf (Hrsg.): Jahrbuch zur Staats- und Verwaltungswissenschaft. Band 1. Baden-Baden: Nomos, 55-87.

Holtkamp, Lars (2009): Verwaltung und Partizipation. Von der Hierarchie zur partizipativen Governance?. In: Edwin Czerwick, Wolfgang H. Lorig, Erhard Treutner (Hrsg.): Die öffentliche Verwaltung in der Demokratie der Bundesrepublik Deutschland. Wiesbaden: VS Verlag, 65-86.

Janning Frank (2006): Über das Verhältnis zwischen Policy-Forschung und Verwaltungswissenschaft. In: Jörg Bogumil, Werner Jann, Frank Nullmeier (Hrsg.): Politik und Verwaltung. PVS-Sonderheft 37. Wiesbaden: VS Verlag, 77-96.

König, Klaus (1971): Erkenntnisinteressen der Verwaltungswissenschaft. Berlin: Duncker & Humblot.

König, Klaus (2008): Moderne öffentliche Verwaltung. Studium der Verwaltungswissenschaft. Berlin: Duncker & Humblot.

Ladeur, Karlheinz (1984): »Abwägung« - Ein neues Paradigma des Verwaltungsrechts. Von der Einheit der Rechtsordnung zum Rechtspluralismus. Frankfurt am Main/ New York: Campus.

Lange, Stefan, Schimank, Uwe (2004): Governance und gesellschaftliche Integration. In: dies. (Hrsg.): Governance und gesellschaftliche Integration. Wiesbaden: VS Verlag, 9-44.

Lehmbruch, Gerhard (1991): The organization of society, administrative strategies, and policy networks. Elements of a developmental theory of interest systems. In: Roland M. Czada, Adrienne Héritier (Hrsg.): Political Choice. Institutions. Rules, and the Limits of Rationality. Frankfurt am Main/ New York: Campus, 121-158.

Lipsky, Michael (1980): Street-level Bureaucracy. Dilemmas of the Individual in Public Services. New York: Russell Sage Foundation.

Luhmann, Niklas (1993): Legitimation durch Verfahren. 3. Auflage. Frankfurt am Main.: Suhrkamp.

Mayntz, Renate (1985): Soziologie der öffentlichen Verwaltung. Heidelberg: C.F. Müller.

Nedergaard, Peter (2007): European Union Administration. Legitimacy and Efficiency. Boston: Nijhoff .

Pankoke, Eckart (1978): Soziale Politik als Problem öffentlicher Verwaltung. Zu Lorenz von Steins gesellschaftswissenschaftlicher Programmierung des »arbeitenden Staates«. In: Roman Schnur (Hrsg.): Staat und Gesellschaft. Studien über Lorenz von Stein. Berlin: Duncker & Humblot, 405-417.

Püttner, Günther (2008): Ermessen und Ermessensausübung. Gedanken zur Weiterentwicklung der Ermessenslehre. In: Zeitschrift für Öffentliches Recht, 63 (3), 245-257.

Salmon, Pierre (1987): Decentralization as an Incentive Scheme. In: Oxford Review of Economic Policy, 3 (2), 24-43.

Scharpf, Fritz W. (1971): Verwaltungswissenschaft als Teil der Politikwissenschaft. In: Schweizerisches Jahrbuch für Politische Wissenschaft. Band 11. Bern: Haupt, 7-23.

Scharpf, Fritz W. (1973): Komplexität als Schranke der politischen Planung. In: ders.: Planung als politischer Prozeß. Frankfurt am Main: Suhrkamp, 73-113.

Scharpf, Fritz W. (1973a): Fallstudien zu Entscheidungsprozessen in der Bundesregierung. In: Renate Mayntz, Fritz W. Scharpf (Hrsg.): Planungsorganisation. München: Pieper, 68-90.

Scharpf, Fritz W. (1983): Interessenlage der Adressaten und Spielräume der Implementation bei Anreizprogrammen. In: Renate Mayntz (Hrsg.): Implementation politischer Programme II. Opladen: Westdeutscher Verlag, 99-116.

Scharpf, Fritz W. (1993): Positive und negative Koordination in Verhandlungssystemen. In: Adrienne Héritier (Hrsg.): Policy-Analyse. PVS-Sonderheft 24. Opladen: Westdeutscher Verlag, 57-83.

Scharpf, Fritz W. (1997): Games Real Actors Play. Actor-centered Institutionalism in Policy Research. Boulder, Col.: Westview Press.

Schmidt-Aßmann, Eberhard (1991): Verwaltungslegitimation als Rechtsbegriff. In: Archiv des öffentlichen Rechts, 116 (3), 329-390.

Seibel, Wolfgang (2016): Verwaltung verstehen. Frankfurt am Main: Suhrkamp.

Simon, Herbert A. (1997): Administrative Behavior. 4. Auflage. New York: The Free Press.

Stein, Lorenz von (1959 [1850]): Geschichte der sozialen Bewegung in Frankreich von 1789 bis auf unsere Tage. Darmstadt: Wissenschaftliche Buchgesellschaft.

Trondal, Jarle, Bauer, Michael W. (2017): Conceptualizing the European multilevel administrative order. Capturing variation in the European administrative system. In: European Political Science Review, 9 (1), 73-94.

Weber, Max (1976 [1921]): Wirtschaft und Gesellschaft. 5. Auflage. Studienausgabe. Tübingen: Mohr Siebeck.

Wegrich, Kai (2006): Steuerung im Mehrebenensystem der Länder. Governance-Formen zwischen Hierarchie, Kooperation und Management. Wiesbaden: VS Verlag.

Zimmer, Christina (2010): Politikkoordination im deutschen Bundesstaat. Wandel in den Arbeitsstrukturen?. In: Zeitschrift für Parlamentsfragen, 41 (3), 677-692.

Politisierungsrisiken der Normalverwaltung

Wolfgang Seibel

1. Zurück zur »Normalverwaltung« ?!

In der verwaltungswissenschaftlichen Forschung und Theoriebildung hat sich in den zurückliegenden Jahrzenten ein anti-Weberianischer Grundduktus etabliert. Johan P. Olsen hat dies vor einigen Jahren kritisiert mit dem Hinweis, der *mainstream* der Verwaltungswissenschaft lasse die klassische bürokratische Organisationsform der öffentlichen Verwaltung als eigentlich unbrauchbar und den Paradigmenwechsel in der Verwaltungswissenschaft mit dem Focus auf marktähnliche oder netzwerkförmige Organisationsformen als unvermeidlich und irreversibel erscheinen (Olsen 2006: 1-24).

Dieser Paradigmenwechsel lässt sich so skizzieren: War noch zu Beginn des Aufschwungs einer nicht-juristischen Verwaltungswissenschaft seit Mitte der 1960er Jahre die bürokratische Organisation der Verwaltung als »Restriktion politischer Planung« (Ronge/ Schmieg 1973; Mayntz/ Scharpf 1973) behandelt worden, trat bereits mit der Implementationsforschung gegen Ende der 1970er Jahre ein Perspektivwandel ein. Widerstände bei der Implementation von Gesetzen und deren Überwindung durch Aushandlungsprozesse zwischen Verwaltung und privaten Akteuren wurden nun eher als positive Beispiele von Flexibilität und Integrationskapazität der Verwaltung charakterisiert (Mayntz 1980), die »Gesetzgeberperspektive« auf die Verwaltung insofern ausdrücklich verworfen. Damit war ein grundlegender Anstoß gegeben zur intensiveren Beschäftigung mit den nicht-hierarchischen, kooperativen Handlungsformen der Verwaltung (Benz 1994), die später Bestandteil der *Governance*-Forschung wurde (Benz/ Papadopoulos 2006; Benz et al. 2007; zur Einordnung ferner Seibel 2016: 158-162). Ein weiterer wichtiger Schwerpunkt der verwaltungswissenschaftlichen Forschung wurde dann die Veränderung der Verwaltung im »Mehrebenensystem« des deutschen Föderalismus und der Europäischen Union (Bauer 2015). Auch die *New Public Management*-Bewegung seit Beginn der 1990er Jahre gewann ihr Profil offensichtlich aus der Abgrenzung gegenüber dem klassischen Weberianischen Bürokratie-Modell (Pollitt/ Bouckaert 2011). Hier ging es um die Rationalisierung öffentlicher Verwaltung mithilfe privatwirtschaftlicher Methoden. Im englischen Sprachraum hat sich *Public Management* nahezu als Synonym für die wissenschaftliche Disziplin *Public Administration* etabliert.

Insgesamt verfestigte sich damit eine Schwerpunktsetzung sowohl in der deutschen als auch in der internationalen verwaltungswissenschaftlichen Forschung, bei der die gesetzesgebundene, unpolitische Normalverwaltung eher vernachlässigt wurde. Das erzeugte eine Distanz zwischen den Schwerpunkten der verwaltungswissenschaftlichen Forschung und der Alltagspraxis der realen Verwaltung. Es sind schließlich nicht die *Governance*-Netzwerke, die Aushandlungsprozesse zwischen Verwaltungen und privaten Akteuren, die quasi-politischen Koordinationsformen der Ministerialverwaltungen des Bundes und der Länder oder die Interaktionsformen in der horizontalen und vertikalen Achse des europäischen Mehrebenensystems mit den supranationalen und nationalen Verwaltungen, die den Alltag der öffentlichen Verwaltung und ihre Beziehungen zu den Bürgerinnen und Bürgern prägen. Das kann auch gegen den Blickwinkel von Arthur Benz im vorliegenden Band eingewendet werden. Der Alltag der Verwaltung sieht vielmehr noch immer weitgehend so aus, wie Max Weber ihn als »rationale Herrschaft mit bureaucratischem Verwaltungsstab« vor mehr als hundert Jahren charakterisiert hat: eine regelgebundene, hierarchisch organisierte, mit professionellem Personal (»geschultem Fachbeamtentum«) arbeitende Verwaltung, die »ohne Ansehen der Person« arbeitet (Weber 2002: 126-128). So – und *nur* so – erfüllt die Verwaltung ihre vielfältigen Aufgaben im Bereich von Geldleistungen, Dienstleistungen und Ordnungsfunktionen auf allen gebietskörperschaftlichen Ebenen. Der Alltag der Normalverwaltung ist geprägt durch professionelle Dienstleistung und den Erlass von Verwaltungsakten, also von beruflichen und rechtsstaatlichen Routinen.

2. *Politisierung und Politisierungsrisiken*

Also hat sich auch das klassische Thema der Trennung von Politik und Verwaltung keineswegs erledigt. Nach wie vor – also ungeachtet von Aushandlungsprozessen in Mehrebenensystemen, informellen Netzwerken unter Einschluss politischer Akteure, der Vorbereitung politisch sensitiver Entscheidungen durch die Ministerialbürokratie – beruht öffentliche Verwaltung in demokratischen Rechtsstaaten auf der Trennung von Politik und Verwaltung. Fachfragen der öffentlichen Verwaltung und rechtsstaatliche Grundsätze dürfen nicht politisiert werden, wenn Professionalität und institutionelle Integrität der Verwaltung und deren willkürfreies Handeln »ohne Ansehen der Person« und unter Beachtung des allgemeinen Gleichheitssatzes von Art. 3 Abs. 1 des Grundgesetzes gewährleistet bleiben sollen.[1] Weder der Druck von Interessengruppen noch parteipolitische Einflüsse, weder Profilierungsbedürfnisse von Politikerinnen oder Politikern noch politische Rücksichtnahmen leitender Verwaltungsbeamter dürfen einen Einfluss auf Sachentscheidungen der Verwaltung haben.

Diese Grundsätze ändern nichts an den Begrenzungen und Spannungen, die eine strikte Trennung von Politik und Verwaltung mit sich bringt oder erzeugt.[2] Diese Spannungen resultieren aus widersprüchlichen Anforderungen, die der demokratische Rechtsstaat selbst an die Verwaltung stellt. Gerade in der vollziehenden, also eigentlich unpolitischen Verwaltung kann der Auftrag einer Behörde in Konflikt geraten mit der Notwendigkeit sozialer und politischer Akzeptanz und das Bemühen der Leitung einer Behörde muss mindestens so sehr auf institutionelle Stabilität gerichtet sein wie auf Effektivität der Aufgabenerledigung. Die öffentliche Verwaltung ist einerseits an das Gesetz gebunden und kann Einflüsse der Bürgerschaft auf den Gesetzesvollzug nicht hinnehmen. Andererseits muss Verwaltung unter demokratischen Verhältnissen responsiv in dem Sinne sein, dass sie lokale Umstände und Interessenartikulationen der Bürgerinnen und Bürger umso mehr berücksichtigt je stärker die Verwaltungstätigkeit in deren Lebensumstände eingreift. Verwaltung ist einerseits Vollzugsinstrument von Regierung und Parlament und darf insofern kein schwer kontrollierbares Eigenleben entwickeln. Aber gerade in einem stark fragmentierten Verwaltungssystem wie dem deutschen gehört das weitgehend autonome Mit-sich-selbst-Beschäftigen und ein kooperatives Miteinander unterschiedlicher Fachbehörden und gebietskörperschaftlicher Instanzen zu den Funktionsvoraussetzungen effektiven Verwaltens.

Dass Verwaltungen sich selbst als politische Akteure begreifen und sich entsprechend verhalten, gehört zu den Standardannahmen der einschlägigen Literatur über *bureaucratic politics* (Allison/ Halperin 1972). Gegenstand dieser Politisierung können sowohl politische Inhalte (*policy*) als auch die Institutionenordnung von Regierung und Verwaltung (*polity*) sein. Es gibt Segmente der Verwaltung, die mit diesen quasi-politischen Aktivitäten unmittelbar oder sogar ihrer Aufgabenbestimmung nach befasst sind. Das gilt insbesondere für die Ministerialverwaltung, aber auch für Stabsabteilungen, Grundsatzreferate usw. Klassische Beiträge zur Thematik »Politik und

1 Der Politisierungsbegriff hat, bemerkenswert genug, in jüngerer Zeit vor allem in der Theorie Internationaler Beziehungen und Organisationen eine Renaissance erlebt (vgl. Zürn/ Ecker-Ehrhardt 2012; Seibel 2014).

2 Vgl. aus jüngerer Zeit die grundlegenden Arbeiten von Overeem (2012, 2005).

Verwaltung« haben sich diesem Feld gewidmet. Leitende Beamte in Ministerien und den sonstigen Behörden müssen ihren *turf* verteidigen und dafür sorgen, dass Ressourcen und Einfluss ihres jeweiligen Aufgabenbereiches in Entscheidungsprozessen über Haushaltsmittel (Niskanen 1971) und politische Programme oder Maßnahmen (Allison/ Halperin 1972) gesichert bleiben oder erweitert werden. Sie müssen dafür politisch sensibel, aber nicht notwendigerweise parteipolitisch festgelegt sein (Aberbach/ Putnam/ Rockman 1981; Mayntz/ Derlien 1989).

Der Begriff der Politisierung und der speziell der von Politisierungs*risiken* ist aber nur sinnvoll, wenn man die Verwendung einschränkt auf diejenigen Bereiche der Verwaltung, die normalerweise in diese quasi-politischen Aktivitäten *nicht* involviert sind. Dies bedeutet nicht, dass eine solche Politisierung der Normalverwaltung von vornherein illegitim oder dysfunktional wäre. Sie kann, im Gegenteil, Ausdruck besonderer Sensibilität im Umgang mit den Bürgerinnen und Bürgern oder im Umgang der Verwaltung mit sich selbst und ihrem politischen Umfeld sein. So kann man auch das Plädoyer von Arthur Benz für eine stärkere Beachtung deliberativer Prozesse in der Verwaltung als wichtige Elemente der Legitimationsstärkung des Staates insgesamt verstehen.[3] Aber die Politisierung der Normalverwaltung ist tatsächlich mit besonderen Risiken verbunden, weil sie sich außerhalb der normalen Trennung von Politik und Verwaltung bewegt und diese Trennung *per definitionem* punktuell durchbricht.

Die Existenz einer solchen Politisierung der Normalverwaltung und die damit grundsätzlich verbundenen Risiken werden im Folgenden geschildert und anhand von zwei empirischen Fällen illustriert. Exemplarisch sind zwei Grundvarianten von Politisierungsrisiken:

- Verwaltung kann *hyperresponsiv* sein in dem Sinne, dass sie auf Anforderungen ihres politischen Umfelds und/ oder Erwartungshaltungen der Bürgerschaft zu Lasten der Gesetzesbindung reagiert. Dies ist ein *policy*-relevantes Politisierungsrisiko.
- Verwaltung kann *hyperkonsensual* sein in dem Sinne, dass sie interne Abstimmungen und Konfliktvermeidung zu Lasten der effektiven Erledigung einer Fachaufgabe betreibt. Dies ist ein sowohl *polity*- als auch *policy*-relevantes Politisierungsrisiko.

---

3 Vgl. außer dem Beitrag im vorliegenden Band vor allem Benz 2008.

Beide Varianten von Politisierungsrisiken sind in der Normalverwaltung allgegenwärtig, weil sie mit Grundspannungen öffentlicher Verwaltung im demokratischen Rechtsstaat verbunden sind. Verwaltungsangehörige sind immer wieder der Versuchung ausgesetzt, »Bürgernähe« zu demonstrieren und darüber Grundsätze der Gleichbehandlung oder auch der Professionalität von Fachverwaltungen zu vernachlässigen. Sie können auch Gefahr laufen, die kooperative Beziehung zu einer Nachbarbehörde oder zur Fachbehörde einer anderen gebietskörperschaftlichen Ebene höher zu bewerten als effektiven Gesetzesvollzug. Diese Handlungsimpulse sind für sich genommen weder unkalkulierbar noch unkontrollierbar, aber ihre Kontrolle und Eindämmung erfordert bewusste Führungsanstrengungen des leitenden Verwaltungspersonals, das für die institutionelle Integrität einer Behörde geradesteht.[4] Warum dies so ist und welche Folgen unkontrollierte Politisierungsrisiken in der Normalverwaltung auslösen können, wird im nächsten Abschnitt anhand von zwei Fallskizzen illustriert.

3. Hyperresponsive und hyperkonsensuale Verwaltung

Im Folgenden werden die zwei genannten Varianten von Politisierungsrisiken durch Fallskizzen illustriert, die dem Alltagsleben der Normalverwaltung entnommen sind und gleichwohl auf spektakuläre Weise verdeutlichen, dass unzureichende Leistungen des Führungspersonals bei der Abwägung von Fachverantwortung und Rechtsstaatlichkeit einerseits und grundsätzlich legitimen Anforderungen der Responsivität, des konsensualen Miteinanders innerhalb der Verwaltung und der Eigeninitiative der Verwaltung andererseits gravierende Folgen haben können. In beiden Fällen[5] bestanden diese Folgen in der Beschädigung der institutionellen Integrität von Behörden und der drastischen Verletzung von Grundrechten, namentlich des Grundrechts auf Leben und körperliche Unversehrtheit.

4 Vgl. zum Verlust und zur Wiedergewinnung institutioneller Integrität die beiden komplementären Studien von Selznick (1949, 1957: 119-133). Ein weiterer Klassiker zu den Mechanismen der Sicherung institutioneller Integrität unter widrigen Umständen ist Kaufmann 1960.

5 Die ausführlichen Fallanalysen finden sich in Seibel/ Klamann/ Treis 2017.

3.1. Hyperresponsive Verwaltung: Die Genehmigung einer nicht genehmigungsfähigen Großveranstaltung (»Loveparade«) in Duisburg 2010

Am 24. Juli 2010 endete in Duisburg die als »Loveparade« bekannte Techno-Musik-Großveranstaltung in einer Massenpanik, in deren Verlauf 21 überwiegend junge Menschen den Tod fanden und 652 Personen verletzt wurden, viele von ihnen schwer. Zum politischen Kontext der Veranstaltung gehörte, dass sich zuvor die Stadt Duisburg zusammen mit anderen Ruhrgebietsstädten im Rahmen eines EU-weiten Wettbewerbs für die Ausrichtung des Programms »Kulturhauptstadt Europas« qualifiziert hatte. Die Durchführung einer »Loveparade« gehörte zu den Eckpunkten dieses Kulturprogramms, sie war in den Jahren 2007 und 2008 bereits in Dortmund und Essen durchgeführt worden. Im Jahr 2009 allerdings hatte die Stadt Bochum die dort vorgesehene »Loveparade« aus Sicherheitsgründen abgesagt. Auch in der Stadtverwaltung Duisburg, bei der Duisburger Polizei und bei der Berufsfeuerwehr bestanden bereits in der Planungsphase, das heißt ab Herbst 2009, erhebliche Sicherheitsbedenken gegen die Durchführung der »Loveparade«. Im Unterschied zu den bisherigen »Loveparades« sollte die Veranstaltung in Duisburg nicht auf der offenen Straße, sondern auf einem abgeschlossenen Gelände, einem stillgelegten ehemaligen Güterbahnhof, durchgeführt werden. Dort waren die Zugangs- und Abgangswege beschränkt, sie führten sowohl für die auf das Veranstaltungsgelände zuströmenden als auch für die von dort wieder abwandernden Besucher über eine einzige Rampe von rund 18 Meter Breite und zudem für die zuwandernden und abwandernden Besucherströme durch einen Tunnel.

Für die Genehmigung der Veranstaltung war wegen der vorgesehenen Umnutzung des Geländes das Bauordnungsamt der Stadt Duisburg zuständig. Dort machte der zuständige Sachbearbeiter Anfang März 2010 auf die geltenden Sicherheitsbestimmungen nach der Sonderbauverordnung Nordrhein-Westfalen aufmerksam mit dem Zusatz, dass diese Bestimmungen bei der Durchführung einer Massenveranstaltung wie der »Loveparade« nicht eingehalten werden könnten und dass die Mitarbeiter des Bauordnungsamtes sich strafbar machen würden, wenn sie die Veranstaltung dennoch genehmigen sollten. Tatsächlich musste der private Veranstalter der »Loveparade« wiederholt einräumen, dass die in den gesetzlichen Sicherheitsbestimmungen geforderte Mindestbreite der Fluchtwege im Gesamtumfang von 450 Metern und die Obergrenze für die Anzahl von Veranstaltungsbesuchern pro Quadratmetern, nämlich 2 Personen pro Quadratmeter, nicht eingehalten werden könnten. Damit war mehrere Monate vor dem ins Auge gefassten Veranstaltungstag Ende Juli 2010 klar, dass die gesetzlichen Genehmigungsvoraussetzungen fehlten und auch tatsächlich nicht erfüllt werden konnten.

Dass die »Loveparade« letzten Endes doch genehmigt wurde, war auf die massive Politisierung der Genehmigungsentscheidung zurückzuführen. Diese Politisierung hatte zwei Quellen. Das war zum einen der Erwartungsdruck, der vom politischen Umfeld der Duisburger Stadtverwaltung ausging. Ein Duisburger Bundestagsabgeordneter der CDU hatte im Herbst 2009 den Rücktritt des Duisburger Polizeipräsidenten gefordert, nachdem dieser Sicherheitsbedenken gegen die Durchführung der »Loveparade« geäußert hatte. In den internen Beratungen einer Planungsgruppe wiesen leitende Verwaltungsbeamte, insbesondere der Leiter des Dezernats für Recht und Sicherheit (Dezernats II), wiederholt und nachdrücklich darauf hin, dass die »Loveparade« große politische Unterstützung bis hinauf zum Ministerpräsidenten habe. Tatsächlich machte die Tatsache, dass im Jahr 2009 die Stadt Bochum die »Loveparade« aufgrund von Sicherheitsbedenken abgesagt hatte, die Entscheidung über Durchführung oder Absage der Veranstaltung nicht nur für die Stadt Duisburg, sondern auch für die Ruhrgebietsregion insgesamt und damit wiederum auch für die Landesregierung Nordrhein-Westfalen zu einer Prestigefrage.

Es kam daher zu einer klaren und scharfen Frontstellung zwischen der eigentlichen Genehmigungsbehörde, dem Bauordnungsamt, auf der einen Seite und dem Oberbürgermeister der Stadt Duisburg und dem Leiter des Dezernats für Recht und Sicherheit (Dezernat II) auf der anderen Seite. Zur Schlüsselperson in diesem Konflikt wurde allerdings der Leiter des Dezernats für Stadtentwicklung (Dezernat V), zu dessen Geschäftsbereich das Bauordnungsamt gehörte. Er hielt in einem handschriftlichen Vermerk auf dem von der Leiterin des Bauordnungsamts angefertigten Protokoll einer Besprechung mit den Vertretern des Dezernats II fest, dass die bisherige Veranstaltungsplanung »in keinerlei Hinsicht einem ordentlichen Verwaltungshandeln und einer sachgerechten Projektsteuerung« entspreche und er deshalb »eine Zuständigkeit und Verantwortung« des Bauordnungsamts ablehne. Die »Entscheidung in allen Belangen« obliege stattdessen dem Dezernat für Sicherheit und Recht (Dezernat II) (Der Oberbürgermeister der Stadt Duisburg 2016).

Aus dieser eindeutigen Feststellung zog der Leiter des Dezernats V allerdings keine Konsequenzen. Insbesondere stellte er sich nicht vor seine Mitarbeiter im Bauordnungsamt, die sich nach wie vor dem massiven politischen Druck des Oberbürgermeisters und des Leiters des Dezernats für Sicherheit und Recht (Dezernat II) ausgesetzt sahen. Vielmehr kam es noch zu Absprachen zwischen den Leitern der Dezernate II und V über die Aufsichtführung hinsichtlich der Einhaltung von Auflagen des letztendlich erteilten Genehmigungsbescheides für die »Loveparade«, die darauf hinausliefen, Mitarbeiter der Genehmigungsbehörde, also des Bauordnungsamtes, am Veranstaltungstag auf dem Veranstaltungsgelände nicht in Erscheinung treten zu lassen (Beschluss des Landgerichts Duisburg vom 30.3.2016). Dadurch war auch noch die Überwachung von Auflagen für die Einhaltung von Mindestbreiten für die Zuwanderungs- und Abwanderungswege am Veranstaltungsgelände und die Beseitigung etwaiger Hindernisse unmöglich gemacht – mutmaßlich, weil die beiden Dezernatsleiter sehr wohl wussten, dass diese Auflagen nicht eingehalten werden konnten und ihre Durchsetzung für die Mitarbeiter des Bauordnungsamtes unmöglich sein würde. Am 24. Juli 2010 kam es dann auf der zum Veranstaltungsgelände führenden Rampe, die keine Fluchtmöglichkeit bot, zu einer Massenpanik, in der 21 Menschen starben.

De facto hatte die Stadtverwaltung Duisburg einen rechtswidrigen Genehmigungsbescheid erteilt. Die zuständige Genehmigungsbehörde, das Bauordnungsamt, hatte dies jedoch nicht aus Mutwillen oder Unfähigkeit getan, sondern unter dem massiven politischen Druck einer kleinen Gruppe kommunaler Wahlbeamter, gegen den die Behörde durch den eigenen Dezernatsleiter nicht geschützt wurde, obwohl dieser seine erheblichen Bedenken gegen das Genehmigungsverfahren selbst artikuliert und aktenkundig gemacht hatte. Der politische Druck aber war Ausdruck einer responsiven Handlungsorientierung der Verwaltung, die unter anderen Umständen – dann nämlich, wenn es nicht um die Missachtung eindeutiger Sicherheitsbestimmungen und die Gefährdung von Leib und Leben zahlloser Veranstaltungsbesucher gegangen wäre – als durchaus pragmatisch und situationsangemessen hätte gelten können.

Insbesondere der Oberbürgermeister und der Leiter des Dezernats für Sicherheit und Recht (Dezernat II) wollten dem als legitim erachteten Erwartungsdruck der Öffentlichkeit gerecht werden, der, zumal nach der Absage der »Loveparade« in Bochum im Jahr zuvor, auf die Durchführung der Veranstaltung unter nahezu allen Umständen hinwirkte. Sie gaben diesem Erwartungsdruck nicht nur nach, sondern transformierten ihn in einer Serie von Planungsbesprechungen und Teilentscheidungen in die Politisierung der Entscheidung der zuständigen Fachbehörde. Deren unmittelbarer Vorgesetzter, der Dezernent für Stadtentwicklung (Dezernat V), beugte sich diesem Druck aus nachvollziehbaren Gründen: Hätte er seinen Mitarbeitern im Bauordnungsamt den Rücken gestärkt und die Ablehnung der Genehmigung der »Loveparade« durchgesetzt, wäre er als kommunaler Wahlbeamter zum »politisch Verantwortlichen« für das Scheitern eines Prestigeprojekts der Stadt Duisburg geworden. Dies, und nicht die Abwendung unvertretbarer Risiken für Leib und Leben der Veranstaltungsbesucher, wäre ihm aller Wahrscheinlichkeit nach zugerechnet worden. Der Fall ist also signifikant für ein Entscheidungsverhalten, das in seiner Responsivität gut nachvollziehbar, in seiner verantwortungsethischen Qualität allerdings inakzeptabel ist.

3.2. Hyperkonsensuale Verwaltung: Kooperativer Polizeiföderalismus zu Lasten der Inneren Sicherheit

Im Zuge der Aufklärung eines der größten Behördenskandale der jüngeren deutschen Verwaltungsgeschichte, des Versagens von Polizei und Verfassungsschutz bei der Aufklärung der Aktivitäten einer rechtsextremistischen Gruppe in Thüringen und einer gegen Angehörige der türkischstämmigen Minderheit gerichteten Mordserie (»NSU-Morde«) ab dem Jahr 2000, traten negative Auswirkungen der föderativen Polizeiorganisation zutage, die den Verwaltungspraktikern in Deutschland geläufig und sogar Gegenstand kompensatorischer gesetzlicher Regelungen sind. Dies gilt insbesondere für die Ermessensspielräume bei der Kompetenzübertragung von Staatsanwaltschaften und Polizeibehörden der Länder auf den Generalbundesanwalt und das Bundeskriminalamt. Im Hinblick auf die »Normalverwaltung« geht es hier also im engeren Sinne um das Verhältnis von Länderpolizeien einerseits und Bundeskriminalamt andererseits.

§ 4 Abs. 2 des Bundeskriminalamtsgesetzes (BKAG) regelt eine Übertragung der Ermittlungskompetenzen von Polizeibehörden der Länder auf das Bundeskriminalamt auf dreierlei Weise. Das Bundeskriminalamt übernimmt die polizeiliche Strafverfolgung, wenn eine zuständige Landesbehörde darum ersucht oder wenn der Bundesminister des Innern dies aus »schwerwiegenden Gründen« anordnet oder wenn der Generalbundesanwalt einen entsprechenden Antrag stellt oder einen Auftrag hierzu erteilt. § 4 Abs. 2 BKAG formuliert also Auffangtatbestände für die »normale« Strafverfolgung jenseits von Fällen international organisierter Kriminalität, Straftaten gegen Verfassungsorgane oder andere politische Straftaten, in denen die Zuständigkeit von Generalbundesanwalt und Bundeskriminalamt ohnehin gegeben ist. Dadurch soll gewährleistet werden, dass Straftaten, die ihrer Natur nach die fachliche oder räumliche Kompetenz von Landes-Polizeibehörden überschreiten, wirksam verfolgt werden können. Es handelt sich insofern um einen Korrekturmechanismus, der unerwünschte Auswirkungen des Polizeiföderalismus eindämmen soll.

Die Bestimmungen des Bundeskriminalamtsgesetzes sind insofern typisch für den »kooperativen Föderalismus« deutscher Prägung. Es konstituiert ein Beispiel für die von Arthur Benz in seinem Beitrag zum vorliegenden Band hervorgehobenen Formen der Mehrebenenverwaltung. Tatsächlich illustriert dieser Fall die von ihm postulierten quasi-verhandlungsförmigen Konkretisierungen einer mit weiten Ermessensspielräumen versehenen Gesetzesbindung durch kooperative Verwaltungspraxis, insbesondere aber auch die damit verbundenen Politisierungsrisiken auf Kosten der Rechtsstaatlichkeit. Denn die Handhabung der Bestimmungen des BKA-Gesetzes bleibt ein sensibles Feld der Bund-Länder-Beziehungen, bei dem es im Einzelfall auf Fingerspitzengefühl, taktisches Geschick und insofern auch politisches Urteilsvermögen des höheren Beamtenapparates an der Schnittstelle zwischen Bund und Ländern und zwischen Verwaltung und Politik ankommt. Auch dies gehört zum Alltag der normalen föderativen Verwaltungsorganisation in Deutschland. Leitende Verwaltungsbeamte, in diesem Fall Leiterinnen und Leiter von Polizeibehörden auf Länderebene, werden »den Bund«, hier also das Bundeskriminalamt, nicht ohne Not in Anspruch nehmen. Schon deshalb nicht, weil die Wahrnehmung der originären Länderkompetenzen im Bereich der Polizei zum Kern der Staatsqualität der Länder zählt, der grundsätzlich nicht angetastet wird und in dem, jedenfalls in der alltäglichen Polizeiarbeit, die Länderpolizeien einen unbestreitbaren Kompetenzvorteil und hinreichende Ressourcenausstattung besitzen.

Der zurückhaltende Gebrauch der grundsätzlich gegebenen Möglichkeit der Übertragung von Aufgaben der Länderpolizeien auf das Bundeskriminalamt erklärt sich aber auch aus kollegialer Rücksichtnahme. Leitende Polizeibeamte auf Länderebene wollen die Ressourcen des BKA in aller Regel nur dann in Anspruch nehmen, wenn es wirklich nicht anders geht. Schon die Antragstellung auf der Grundlage von § 4 Abs. 2 Nr. 1 BKAG – also eine auf Initiative eines Bundeslandes ausgehende Übertragung von Polizeiaufgaben auf das BKA – wird daher in aller Regel nur nach vorheriger informeller Abstimmung zwischen der betreffenden Landespolizeibehörde und dem Bundeskriminalamt stattfinden. Noch größere Zurückhaltung wird sich der Bund, hier also das Bundesministerium des Innern, bei der einseitigen Anordnung der Übertragung polizeilicher Aufgaben von Landespolizeibehörden auf das BKA auferlegen, erst recht, wenn eine solche Anordnung gegen den Willen oder hinhaltenden Widerstand der betreffenden Landespolizeibehörde und ihrer politischen Leitungsinstanzen durchgesetzt werden müsste. Auch dieses Schnittstellenmanagement des Leitungspersonals gehört zum Einmaleins der föderativen Beziehungen in Deutschland in allen Verwaltungsbereichen, in denen Bund und Länder sich fachliche Aufgaben teilen (Kropp 2010).

Dies ändert allerdings nichts an den auch hier vorhandenen und potentiell schädlichen Politisierungsrisiken. Das Stichwort Schnittstellenmanagement deutet an, dass es sowohl einen zu forschen als auch einen zu zurückhaltenden Gebrauch der Möglichkeiten zur Kompetenzübertragung polizeilicher Aufgaben von Landesbehörden auf das Bundeskriminalamt geben kann. Genau darin liegt die Abwägungsaufgabe derjenigen, die die Initiative eines Verfahrens nach § 4 Abs. 2 BKAG ergreifen müssen. Im Alltag der Normalverwaltung werden leitende Polizeibeamte und die zuständigen Ministerialinstanzen aus den oben erläuterten Gründen zu einem zurückhaltenden Gebrauch neigen. Sie werden die negativen Auswirkungen der Forcierung einer Kompetenzübertragung von Landbehörden auf die Bundesbehörde BKA in Rechnung stellen, um die kooperativen Beziehungen zwischen Bund und Ländern, von denen die effektive Wahrnehmung polizeilicher Aufgaben im Alltag abhängt, nicht zu beeinträchtigen. Insofern kann es aber auch zu einer politischen Hypersensibilität kommen oder eben zu einer hyperkonsensualen Handlungsorientierung im Verhältnis von Landespolizeibehörde und Bundeskriminalamt. Dies illustriert die folgende Episode, die lediglich einen kleinen, aber signifikanten Ausschnitt aus der Serie von Unzulänglichkeiten und regelrechtem Behördenversagen im Zuge der Fahndung nach den Urhebern der Serienmorde an überwiegend türkischstämmigen kleinen Gewerbetreibenden seit September 2000 prägte[6], die später dem sogenannten NSU-Trio [Nationalsozialistischer Untergrund] zugerechnet wurde.

Seit dem 9. September 2000, als in Nürnberg der türkischstämmige Blumenhändler Enver Şimşek ermordet wurde, und dem Frühjahr 2004 hatten sich in drei Bundesländern (Bayern, Hamburg, Mecklenburg-Vorpommern) insgesamt fünf Morde an Angehörigen der türkischstämmigen Minderheit ereignet, die alle mit derselben Tatwaffe ausgeführt worden waren. Drei dieser Morde waren in Bayern erfolgt, davon wiederum zwei in Nürnberg. Ermittlungshypothese bei allen beteiligten Länderpolizeibehörden war, dass es sich um Straftaten aus dem Milieu organisierter Kriminalität handle, gegebenenfalls um fehlgeschlagene Schutzgelderpressungen oder um Morde zum Zweck der Einschüchterung anderer Erpressungsopfer.

6 Vgl. auch Seibel 2014.

Nach dem fünften Mord, dem am 25. Februar 2004 Mehmet Turgut in Rostock zum Opfer fiel, gelangten die ermittelnden Kriminalbeamten im Polizeipräsidium Mittelfranken in Nürnberg zu der Auffassung, dass aufgrund der überörtlichen und internationalen Bezüge der Morde, der für die Aufklärung erforderlichen personellen und finanziellen Ressourcen und Ermittlungsinfrastruktur, was im Hinblick auf mögliche Telefonüberwachungen, die Inanspruchnahme von Dolmetschern, Observationen und den Einsatz Verdeckter Ermittler betraf, ein Antrag auf Übernahme der Ermittlungen durch das Bundeskriminalamt auf der Grundlage von § 4 Abs. 2 Nr. 1 BKAG gestellt werden solle. Darin war man sich auch mit den Vertretern der Kriminalpolizeiinspektion Rostock und des Landeskriminalamts Hamburg einig. Rückblickend lässt sich feststellen, dass dies ein richtiger Impuls aus der fachlichen Perspektive der ermittelnden Polizeibeamten war, dessen Umsetzung die nachfolgenden fünf Morde zwar nicht notwendigerweise verhindert hätte, jedoch die Wahrscheinlichkeit einer Effektivierung der polizeilichen Ermittlung und damit auch einer kritischen Überprüfung der objektiv falschen Ermittlungshypothese (»milieubedingte« Straftat aus dem Umfeld organisierter Kriminalität) erhöht hätte. Allerdings stand man auf der »Arbeitsebene« des Bundeskriminalamts einer Übernahme der Ermittlungsführung unter Hinweis auf knappe Personalkapazitäten eher skeptisch gegenüber.[7]

Zur Schlüsselperson des weiteren Entscheidungsganges wurde der Landespolizeipräsident von Bayern, der den Bayrischen Innenminister hätte von der Notwendigkeit überzeugen müssen, einen Antrag auf Übernahme der zentralen Ermittlungsführung durch das Bundeskriminalamt beim Bundesminister des Innern zu stellen. Dem Landespolizeipräsidenten wurde von den Beamten des Polizeipräsidiums Mittelfranken korrekt berichtet, dass man im Bundeskriminalamt dieser Übernahme der Ermittlungskompetenz ungeachtet des bundesländerübergreifenden Charakters und möglicher internationalen Bezüge eher ablehnend gegenüberstehe. Damit stand der Landespolizeipräsident vor eben jener heiklen Frage, die der Natur der föderativen Beziehungen im Bereich der Polizei und der Regelungen des § 4 BKAG entsprachen: So wie die Dinge sich für ihn darstellten, hätte er seinen Minister dazu bewegen müssen, die Übernahme der zentralen Ermittlungsführung durch das BKA beim Bundesinnenminister gegen den Willen des BKA selbst durchzusetzen. Es ging insofern um die Mobilisierung und Inanspruchnahme politischen Kapitals, das auch in den Bund-Länder-

7 Vgl. hierzu und zum Folgenden Deutscher Bundestag, 17. Wahlperiode, Beschlussempfehlung und Bericht des 2. Untersuchungsausschusses nach Artikel 44 des Grundgesetzes, Drucksache 17/14600, 22.08.2013: 508-514.

Beziehungen ein endliches Gut ist. Dies sah der Landespolizeipräsident nach allem, was hierzu aus den zugänglichen Dokumenten ablesbar ist, offenbar deutlich und stellte damit eine für Spitzenbeamte unerlässliche Kompetenz unter Beweis, nämlich politisches Urteilsvermögen.

Diese Urteilskompetenz änderte aber nichts daran, dass der Landespolizeipräsident von ihr falschen Gebrauch machte, wie er honorigerweise später selbst eingestand. Er fand sich nämlich nicht bereit, dem Anliegen seiner eigenen Polizeibeamten im Polizeipräsidium Mittelfranken zu folgen und über die Innenminister des Freistaats Bayern und des Bundes die Übertragung der zentralen Ermittlungsführung auf das Bundeskriminalamt einzuleiten. Er tat dies offenbar aus verwaltungsdiplomatischen Erwägungen, eben um die Beziehungen zum BKA nicht zu belasten, dessen Vertreter, so war ihm jedenfalls berichtet worden, eine solche Kompetenzübertragung nicht wünschten.

Die Befragungen von Zeugen durch den NSU-Untersuchungsausschuss des Deutschen Bundestages ergaben später jedoch, dass diese Rücksichtnahme nicht nur aus fachlicher Sicht, sondern auch in der vom Bayrischen Landespolizeipräsidenten unterstellten politischen Hinsicht überflüssig gewesen war. Der seinerzeit zuständige Vizepräsident des Bundeskriminalamts bekundete nämlich, dass er von dem ganzen Vorgang, also auch von den Vorgesprächen zwischen den Länderpolizeibehörden und der Arbeitsebene des Bundeskriminalamts, gar keine Kenntnis gehabt habe. Wäre ihm der Vorgang vorgelegt und er selbst mit der Frage konfrontiert worden, ob das BKA die zentrale Ermittlungskompetenz übernehmen könne, wäre die Entscheidung des BKA in jedem Fall anders ausgefallen.

Wenn auch dieser Fall nicht frei ist von kuriosen Zufällen – immerhin hätte der Vorgang im Jahr 2004 doch noch auf der Leitungsebene des BKA landen und dort eine Entscheidung zu Gunsten der Übernahme der zentralen Ermittlungsführung auslösen können – so wirft er doch ein erhellendes Licht auf eine weitere Variante von Politisierungsrisiken, die hier als *hyperkonsensuales* Verhalten bezeichnet wird. Die reine, durch politische und verwaltungsdiplomatische Überlegungen unbelastete Fachlogik der mit der Ermittlungstätigkeit nach fünf Serienmorden mit derselben Tatwaffe und derselben Zielgruppe befassten Polizeibehörden hätte auf die Zentralisierung und damit Effektivierung der Ermittlungstätigkeit beim Bundeskriminalamt hinauslaufen müssen. Daraus machten im Nachhinein, nämlich vor dem Untersuchungsausschuss des Deutschen Bundestages, weder der damals zuständige Landespolizeipräsident in Bayern noch der damals zuständige Vizepräsident des Bundeskriminalamts oder die mit der Ermittlungstätigkeit in drei der bis dahin fünf Mordfällen befassten bayrischen Polizeibehörden ein Hehl. Es waren *politische* Erwägungen – das Bestreben der Konfliktvermeidung und die Pflege kooperativer und konsensualer Beziehungen zwischen den Polizeibehörden der Länder und des Bundes – die diese fachlichen Erwägungen überlagerten und letzten Endes suspendierten.

4. Zwischenfazit: Politisierung auf Kosten institutioneller Integrität und der Rechtsstaatlichkeit

Die beiden im vorangehenden Abschnitt beschriebenen Fälle illustrieren die Normalität der Politisierung der Normalverwaltung. Es geht nicht um die an der Schnittstelle von Verwaltung und Politik angesiedelte Ministerialverwaltung, es geht auch nicht um die Politisierung der Verwaltung durch Bürgerinitiativen oder andere punktuelle Formen zivilgesellschaftlicher Mobilisierung mit dem Ziel der Einflussnahme auf Verwaltungsentscheidungen oder um parteipolitische Ämterpatronage. Die hier geschilderten Phänomene beziehen sich vielmehr auf zwei Aufgabenbereiche der öffentlichen Verwaltung, deren a priori unpolitischer Charakter nicht nur in empirischer, sondern insbesondere auch in normativer Hinsicht offensichtlich und unbestritten ist. Der Vollzug des öffentlichen Baurechts durch ein Bauordnungsamt und die polizeiliche Strafverfolgung sind staatliche und kommunale Aufgaben der elementaren Grundrechtssicherung, nämlich des Schutzes gegen Risiken von physischer Sicherheit und Eigentum, die von politischen Einflussnahmen freizuhalten sind. Sicherheitsrelevante Teile einer Baugenehmigung und die Strafverfolgung bei Kapitalverbrechen gründen sich letzten Endes auf Art. 2 Abs. 2 und Art. 3 Abs. 1 des Grundgesetzes, nämlich auf das Recht auf Leben und körperliche Unversehrtheit und den allgemeinen Gleichheitssatz nach Art. 3 Abs. 1 GG. Auch in dieser Hinsicht sind Bauverwaltung und Polizei klassische Normalverwaltungen. Nicht nur, dass sie zum Kernbestand öffentlicher Aufgabenwahrnehmung zählen, sie sind auch geradezu ein Sinnbild Weberianischer Bürokratie in dem Sinne, dass sie auf der Grundlage fester Regelbindung mit »geschultem Fachpersonal« ohne Ansehen der Person tätig sind.

Zugleich machen die oben geschilderten Fälle aber auch deutlich, wie normal die Politisierung der unpolitischen Normalverwaltung ist. Sie folgte nämlich in beiden Fällen aus gut nachvollziehbaren Impulsen leitender Beamter, Grundprinzipien einer funktionsfähigen Verwaltung im demokratischen politischen System gerecht zu werden. Es ging, wie oben beschrieben, um Responsivität und Kohäsion. Die Protagonisten der »Loveparade« in der Duisburger Stadtverwaltung wollten die Sicherheitsbestimmungen des geltenden Baurechts für das Veranstaltungsgelände nicht aus Mutwillen brechen, sondern weil sie sich in der Pflicht sahen, der Erwartung politischer Entscheidungsträger und der allgemeinen Öffentlichkeit gerecht zu werden als es um die Ausrichtung einer spektakulären Großveranstaltung im Rahmen des prestigeträchtigen EU-Programms »Kulturhauptstadt Europas« ging. Verwaltung – das deckt sich wiederum mit der Perspektive von Arthur Benz im vorliegenden Band – hat eben nicht allein eine Vollzugsfunktion, sondern auch eine Integrationsfunktion (Lehmbruch 1987; Seibel 2010) und die verwaltungsinternen Protagonisten der »Loveparade« hatten zunächst allen Anlass, sich gewissermaßen im Sinne eines modernen *Public Management* als eine Art politische Unternehmer innerhalb der Verwaltung zu verstehen, die sich notfalls gegen die Vertreter eines traditionellen bürokratischen Handlungsstils im eigenen Apparat durchzusetzen hatten. Dies repräsentiert die proaktive Politisierung einer Normalverwaltung im Interesse einer bestimmten *policy*.

Das defensive Gegenstück einer auf Konsens und Kooperation ausgerichteten Politisierung der Normalverwaltung bietet der zweite oben geschilderte Fall. Der bayrische Polizeipräsident, der 2004 darauf verzichtete, der Empfehlung seiner eigenen leitenden Kriminalbeamten zu folgen und die Übertragung der Gesamtermittlung in einer Mordserie gegen türkischstämmige Gewerbetreibende von der Landespolizei auf das Bundeskriminalamt in die Wege zu leiten, um damit eine länderübergreifende und folglich effektivere Fahndung zu ermöglichen, handelte ebenfalls aus nachvollziehbaren Motiven. Wäre er der Anregung seiner Beamten gefolgt, hätte er seinen Minister zu einem Vorgehen gedrängt, mit dem dieser sein eigenes politisches Kapital für die Durchsetzung einer Maßnahme gegenüber dem Bundesinnenminister hätte einsetzen müssen, um die Aufgabenübertragung auf das Bundeskriminalamt zu erreichen, und zwar, wie man fälschlich annahm, gegen den in Vorgesprächen bekundeten Unwillen des BKA. Dies hätte schwerlich im Einklang gestanden mit den kooperativen, auf wechselseitiger Abstimmung und Konsens beruhenden Beziehungen zwischen Länderpolizeien und BKA. Jede und jeder leitende Verwaltungsangehörige muss im Verbundsystem der föderativen Verwaltungsstrukturen die Kohäsion des Gesamtsystems im Auge behalten. Dies ist also nicht eine Frage der *policy*, sondern der *polity*. Der konsensuale Handlungsstil ist typischer Ausdruck dieses Bemühens um Kohäsion (Kropp 2010; Lehmbruch 2000) und es ist vollkommen plausibel, dass ein bayrischer Polizeipräsident sich nicht dazu entschließen konnte, mit diesem Stil zu brechen und den bayrischen Willen gegenüber den Kollegen im Bundeskriminalamt über die zuständigen Minister des Landes und des Bundes und damit auf hierarchischem Wege durchzusetzen.

Die Sicherung der Responsivität der Verwaltung und der Kohäsion und damit der Effektivität des föderativen und damit fragmentierten Verwaltungssystems fällt aus dem Rahmen bürokratischer Routinen und eben hier liegt der Grund der Anfälligkeit für Politisierungen zu Lasten anderer Grundfunktionen der öffentlichen Verwaltung, namentlich ihrer institutionellen Integrität, ihrer Professionalität und ihrer Rechtsstaatlichkeit. In beiden oben geschilderten Fällen, dem des »Loveparade-Desasters« und des Behördenversagens bei der Fahndung nach den NSU-Mördern, wurde die professionelle Handlungslogik der mit der Aufgabenerledigung unmittelbar befassten Fachbehörden durch die politischen Kalküle vorgesetzter Instanzen überlagert und letzten Endes ausgehebelt. Die Sachbearbeiter des Bauordnungsamtes der Stadtverwaltung Duisburg hatten mehrfach auf die fehlenden Genehmigungsvoraussetzungen für die »Loveparade« aufmerksam gemacht. Sie wurden dann durch massiven Druck des Dezernenten für Recht und Sicherheit (Dezernat II), der das politische Prestigeprojekt »Loveparade« im Auge hatte, dazu gebracht, entgegen ihrer eigenen professionellen Logik eine materiell rechtswidrige Genehmigung zu erteilen. Die in der Mordserie gegen türkischstämmige Gewerbetreibende ermittelnden Beamten des Polizeipräsidiums Mittelfranken führten in ihrer Entscheidungsvorlage für den bayrischen Landespolizeipräsidenten alle fachlichen Gründe für die Übertragung der Gesamtermittlung auf das Bundeskriminalamt an, die der Landespolizeipräsident jedoch aus quasi-diplomatischer Rücksichtnahme gegenüber dem BKA nicht aufgriff.

In beiden Fällen ging die Politisierung der Normalverwaltung folglich auf Kosten institutioneller Integrität und Professionalität von Fachbehörden und zu Lasten der Rechtsstaatlichkeit des Verwaltungshandelns. In der Stadtverwaltung Duisburg fehlte es dem unmittelbaren Vorgesetzten der Mitarbeiter des Bauordnungsamtes, dem Leiter des Dezernats für Stadtentwicklung (Dezernat V), entweder an Urteilskraft oder an Durchsetzungsvermögen (oder an beidem), um seine eigenen Mitarbeiter gegenüber dem politischen Druck des Oberbürgermeisters und seines eigenen Dezernenten-Kollegen vom Dezernat II abzuschirmen und ihnen dadurch eine rein fachliche Entscheidung nach den Buchstaben des Gesetzes, hier der Sicherheitsbestimmungen der Sonderbauverordnung Nordrhein-Westfalen, zu ermöglichen. Der bayrische Polizeipräsident seinerseits ordnete die fachlichen Erwägungen des Polizeipräsidiums Mittelfranken den auf konsensuales Handeln im Rahmen des Polizeiföderalismus ausgerichteten Erwägungen unter. Im Fall einer Mordserie, bei der mit weiteren Opfern zu rechnen war, bedeutete dies eine Relativierung des unbedingten Schutzes von Leben und körperlicher Unversehrtheit unter dem Einfluss sachfremder, nämlich verwaltungspolitischer Motive.

5. Schlussfolgerung: Politisierungsrisiken und Führungsverhalten

Öffentliche Verwaltung ist nicht nur *per se* nicht politisch, sie darf es in einem auf Gewaltenteilung basierenden Rechtsstaat auch nicht sein. Das sollten die oben geschilderten Fälle deutlich machen; und diese Wertung unterscheidet sich deutlich von derjenigen, die Arthur Benz im Beitrag zum vorliegenden Band vornimmt. Verwaltungsfragen werden nicht dadurch zu politischen Fragen, dass sie Gegenstand informeller Deliberation sind. Im Rahmen demokratisch-rechtsstaatlicher Verhältnisse beziehen sich solche deliberativen Prozesse immer auf Rechtsfragen und Fachfragen, und wenn diese Gegenstand von Aushandlungen sind, dann nach den Grundsätzen des allgemeinen Verwaltungsrechts und der demokratischen Transparenz. Nur dadurch werden deliberative Prozesse innerhalb der Verwaltung wie Benz sie hervorhebt legitimationsstützende Prozesse. Und es gibt Rechtsgüter, Menschenrechte insbesondere, die sind in noch so deliberativen Verfahren in der Verwaltung nicht verhandelbar.[8] Dazu zählt das Grundrecht auf Leben und körperliche Unversehrtheit, das in den oben geschilderten Fällen zum Gegenstand kommunalpolitischer oder föderalpolitischer Opportunitätskalküle gemacht wurde.

Voraussetzung hierfür ist, wie schon in den klassischen Beiträgen zum Thema festgestellt wurde, verantwortungsvolles Führungsverhalten in der Verwaltung (Friedrich 1940; Selznick 1957). Leitende Verwaltungsangehörige müssen in der Lage sein, Politisierungsrisiken zu Lasten von Rechtsstaatlichkeit und fachlicher Professionalität zu erkennen und sie müssen Willens sein, diese Risiken unter Kontrolle zu halten. Auch in dieser Hinsicht sind die beiden oben geschilderten Fälle sehr aufschlussreich. In Duisburg oder der Landesverwaltung Nordrhein-Westfalen fand keinerlei parlamentarische oder sonstige amtliche Aufklärung des Behördenversagens bei der Planung und Organisation der »Loveparade« in Duisburg vom 24. Juli 2010 statt. Dieses Verwaltungsdesaster hat nicht weniger als 21 Menschen das Leben gekostet. Keiner der leitenden Verwaltungsbeamten, die mit der Planung und Organisation dieser Großveranstaltung befasst gewesen waren, wollte hierfür Verantwortung übernehmen. Demgegenüber hat

8 Vgl. Seibel/ Klamann/ Treis 2017: 275-302.

sich der ehemalige bayrische Landespolizeipräsident, der das Abblocken der Initiative seiner eigenen Beamten für die Übertragung der Gesamtermittlung in der gegen türkischstämmigen Gewerbetreibende gerichteten Mordserie auf das Bundeskriminalamt im Jahr 2004 zu vertreten hatte, nicht nur zu seiner Verantwortung bekannt, sondern seine damalige Einschätzung auch als Fehler eingestuft.

Inwieweit Politisierungsrisiken der Normalverwaltung erkannt und neutralisiert werden, ist daher, so dass hier in Anlehnung an Carl J. Friedrich favorisierte Argument, vor allem eine Frage der Führungsqualität. Leitendes Verwaltungspersonal muss, wie Paul ´t Hart deutlich gemacht hat ('t Hart 2014), klug, akzeptiert und vertrauenswürdig zugleich sein. Zur Klugheit gehört, den expliziten oder impliziten politischen Charakter einer Entscheidungssituation wahrzunehmen. Zur Vertrauenswürdigkeit gehört, auch gegen Widerstände dafür einzustehen, dass öffentliche Verwaltung ihre Aufgaben nach rein fachlichen und rechtsstaatlichen Grundsätzen wahrnimmt, also die institutionelle Integrität von Behörden und deren Professionalität zu schützen (Selznick 1957: 199-133). Im positiven Fall besteht politisiertes Handeln des leitenden Verwaltungspersonals also in der Abwehr politischer Zumutungen oder Versuchungen.

6. Literaturverzeichnis

Aberbach, Joel D., Putnam, Robert D., Rockman, Bert A. (1981): Bureaucrats and Politicians in Western Democracies. Cambridge (Mass.): Harvard University Press.

Allison, Graham T., Halperin, Morton H. (1972): Bureaucratic Politics. A Paradigm and Some Policy Implications. In: World Politics, 24 (S1), 40-79.

Bauer, Michael W. (2015): Die Verwaltungswissenschaft und die Herausforderung der Denationalisierung. In: Politische Vierteljahresschrift, 56 (4), 648-671.

Benz, Arthur (1994): Kooperative Verwaltung. Funktionen, Voraussetzungen und Folgen. Baden-Baden: Nomos.

Benz, Arthur (2008): Der moderne Staat. Grundlagen der politologischen Analyse. Lehr- und Handbücher der Politikwissenschaft. 2. Auflage. Oldenbourg: De Gruyter.

Benz, Arthur, Papadopoulos, Yannis (Hrsg.) (2006): Governance and Democracy. Comparing national, European and international experiences. London/ New York: Routledge.

Benz, Arthur, Lütz, Susanne, Schimank, Uwe, Simonis, Georg (Hrsg.) (2007): Handbuch Governance. Theoretische Grundlagen und empirische Anwendungsfelder. Wiesbaden: VS Verlag.

Der Oberbürgermeister der Stadt Duisburg. Amt für Baurecht und Bauberatung (2010): Gespräch am 18.6.2010 bei Lopavent. Abrufbar unter http://file.wikileaks.org/file/loveparade2010/loveparade-2010-anlage-25-aktenvermerk-und-ablehnung-dressler-18-06-10.pdf.

Deutscher Bundestag (2013): 17. Wahlperiode, Beschlussempfehlung und Bericht des 2. Untersuchungsausschusses nach Artikel 44 des Grundgesetzes. Drucksache 17/14600. 22.08.2013.

Friedrich, Carl J. (1940): Public Policy and the Nature of Administrative Responsibility. In: Public Policy. A Yearbook of the Graduate School of Public Administration. Harvard University, 3-24.

't Hart, Paul (2014): Understanding Public Leadership. Basingstoke: Palgrave.

Kaufmann, Herbert (1960): The Forest Ranger. A Study in Administrative Behavior. Baltimore: Johns Hopkins Press.

Kropp, Sabine (2010): Kooperativer Föderalismus und Politikverflechtung. Wiesbaden: VS Verlag.

Landgericht Duisburg (2016): Beschluss vom 30.3.2016. Gesch.Z. 35KLs-112 Js 23/11-5/14.

Lehmbruch, Gerhard (1987): Administrative Interessenvermittlung. In: Adrienne Windhoff-Héritier (Hrsg.): Verwaltung und ihre Umwelt. Festschrift für Thomas Ellwein. Opladen: Westdeutscher Verlag, 11-43.

Lehmbruch, Gerhard (2000): Parteienwettbewerb im Bundesstaat. Regelsysteme und Spannungslagen im politischen System der Bundesrepublik Deutschland. 3., aktualisierte u. erweiterte Auflage. Wiesbaden: Westdeutscher Verlag.

Mayntz, Renate (Hrsg.) (1980): Implementation politischer Programme. Empirische Forschungsberichte. Königstein: AthenäumVerlag.

Mayntz, Renate, Derlien, Hans-Ulrich (1989): Party Patronage and Politicization of the West German Administrative Elite 1970-1987 – Toward Hybridization?. In: Governance, 2 (4), 384-404.

Mayntz, Renate, Fritz W. Scharpf (Hrsg.) (1973): Planungsorganisation. Die Diskussion um die Reform von Regierung und Verwaltung des Bundes. München: Piper.

Niskanen, William A. (1971): Bureaucracy and Representative Government. Chicago: University of Chicago Press.

Olsen, Johan P. (2006): Maybe it's Time to Rediscover Bureaucracy. In: Journal of Public Administration Research and Theory, 16 (1), 1-24.

Overeem, Patrick (2005): The Value of the Dichotomy. Politics, Administration, and the Political Neutrality of Administrators. In: Administrative Theory & Praxis, 27 (2), 311–329.

Overeem, Patrick (2012): The Politics-Administration Dichotomy. Toward a Constitutional Perspective. 2. Auflage. Boca Raton (Fl.): CRC Press.

Pollitt, Christopher, Bouckaert, Geert (2011): Public Management Reform. A Comparative Analysis. New Public Management, Governance, and the Neo-Weberian State. 3. Auflage. Oxford: Oxford University Press.

Ronge, Volker, Schmieg, Günther (1973): Restriktionen politischer Planung. Frankfurt am Main: Fischer-Athenäum.

Seibel, Wolfgang, Klamann, Kevin, Treis, Hannah (2017): Verwaltungsdesaster. Von der Loveparade bis zu den NSU-Morden. Frankfurt/ New York: Campus.

Seibel, Wolfgang (2010): Beyond Bureaucracy-Public Administration as Political Integrator and Non-Weberian Thought in Germany. In: Public Administration Review, 70 (5), 719-730.

Seibel, Wolfgang (2014): Kausale Mechanismen des Behördenversagens. Eine Prozessanalyse des Fahndungsfehlschlags bei der Aufklärung der NSU-Morde. In: Der moderne Staat, 7 (2), 375-414.

Seibel, Wolfgang (2015): Politisierung internationaler Organisationen. Eine theoretische Einordnung am Beispiel der Vereinten Nationen und dem Prinzip der Schutzverantwortung. In: Conceição-Heldt, Eugénia, Koch, Martin, Liese, Andrea (Hrsg.): Internationale Organsiationen. PVS-Sonderheft 49, 244-270.

Seibel, Wolfgang (2016): Verwaltung verstehen. Eine theoriegeschichtliche Einführung. Berlin: Suhrkamp.

Selznick, Philip (1949): TVA and the Grassroots. A Study in the Sociology of Formal Organization. Berkeley: University of California Press.

Selznick, Philip (1957): Leadership in Administration. A Sociological Interpretation. Berkeley/ New York/ Evanston and London: Harper & Row.

Weber, Max (2002): Wirtschaft und Gesellschaft. 5. Auflage. Tübingen: Mohr Siebeck.

Zürn, Michael, Ecker-Ehrhardt, Matthias (Hrsg.) (2012): Die Politisierung der Weltpolitik. Berlin: Suhrkamp.

Verwaltungsreformen in der Bundesverwaltung: Eine kritische Bestandsaufnahme

Sylvia Veit

1. Einleitung

Die Analyse von Reformprozessen ist ein zentrales Thema der verwaltungswissenschaftlichen Forschung. Dabei geht es zum einen um Reformen in verschiedenen Politikfeldern, welche in der Regel nicht nur mit veränderten Aufgaben der Verwaltung im Vollzug, sondern meist auch mit umfassenderen strukturellen Änderungen verbunden sind. So führte beispielsweise die BSE-Krise im Bereich des gesundheitlichen Verbraucherschutzes zu einem Umbau des gesamten nachgeordneten Behördenapparates auf Bundesebene (Korinek/ Veit 2015) und auch die sog. Hartz-Reformen im Bereich der Arbeitsmarktpolitik waren mit Strukturreformen und Veränderungen der Steuerungsbeziehungen im Bereich der Arbeitsverwaltung verbunden (Bender et al. 2006). Zum anderen sind Verwaltungsreformen im Sinne einer Institutionenpolitik, die sich politikfeldübergreifend auf die »von der legitimierten politischen Führung (…) ausgeübte Steuerung der Inhalte, Verfahren und Stile der Verwaltungstätigkeit sowie der Organisations- und Personalstruktur der Verwaltung« (Böhret 2011: 62) beziehen, Gegenstand des Forschungsinteresses. Dabei geht es – wie Jann betont – »nicht nur um *formale* institutionelle Arrangements, sondern auch um *informelle* Regelsysteme und Interpretationsmuster sowie um Vorstellungen über ‚angemessenes Verhalten' in der öffentlichen Verwaltung« (Jann 2008: 21).

Im Mittelpunkt der Verwaltungsreformforschung in Deutschland stehen traditionell vor allem die Kommunal- und Landesverwaltungen (z. B. Bogumil/ Ebinger 2011; Bogumil et al. 2011; Kuhlmann/ Wollmann 2013; Bauer et al. 2007; Toeller/ Dittrich 2011), während Verwaltungsreformen auf Bundesebene ein vergleichsweise wenig beforschtes Gebiet darstellen (Jann 2004). Dies hat verschiedene Gründe: Erstens ist die Bundesverwaltung im Vergleich zu den beiden anderen Verwaltungsebenen eher klein und per Verfassung bürgerfern, weshalb der Reformdruck gering ist (Jann 2004; Bach et al. 2010a). Mit dem Vollzug von Gesetzen und Programmen sind vor allem die Länder und Kommunen befasst, da auch Bundesgesetze im Regelfall als »eigene Angelegenheit« der Länder umgesetzt werden. Allerdings hat es hier im Zeitverlauf durchaus Veränderungen gegeben; heute werden deutlich mehr Vollzugsaufgaben als in den ersten Jahrzehnten nach Gründung der Bundesrepublik in nachgeordneten Bundesbehörden wahrgenommen (Bach 2014: 130f.). Zweitens gilt die Bundesverwaltung in Bezug auf Reformen als eher strukturerhaltend und wenig innovativ (Jann 2004; Pollitt/ Bouckaert 2011). Drittens ist der Feldzugang bei Bundesbehörden ein noch sensibleres Thema als bei Landes- und Kommunalbehörden (Seyfried/ Veit 2016).

Übersichtsartikel zu Verwaltungsreformen auf Bundesebene sind selten und wurden zuletzt vor mehr als zehn Jahren von Jann (2004) und Schröter (2007) veröffentlicht. Danach ist – mit Ausnahme eines Bilanzbeitrags zur Verwaltungspolitik der Großen Koalition 2005-2009 (Bach et al. 2010b) – keine wissenschaftliche Bestandsaufnahme mehr erschienen. Diese Lücke möchte dieser Beitrag füllen, indem ein Überblick über die Entwicklung ausgewählter Reformbereiche in der Bundesverwaltung in den letzten drei Legislaturperioden (2005-2017) gegeben wird. Dabei erfolgt aufgrund des begrenzten Umfangs dieses Beitrags eine Einschränkung auf vier zentrale Reformbereiche: Reformen im Personalbereich, Strukturveränderungen der Bundesverwaltung, Reformen im Bereich Management und Steuerung (inklusive Benchmarking) sowie Reformen zur digitalen Transformation der Verwaltung. Nicht näher betrachtet werden Privatisierungen, da die großen Privatisierungsprojekte auf Bundesebene bereits in den 1990er Jahren eingeleitet und in den frühen 2000er Jahren weitgehend finalisiert wurden (für eine Übersicht siehe Schröter 2007). In den 2000er Jahren fanden – mit gemischten Ergebnissen – verschiedene Privatisierungen von Nicht-Kernaufgaben vor allem im Bereich der Bundeswehr statt, wobei insbesondere Public-Private-Partnerships (PPP) eine wichtige Rolle spielten (Portugall 2014; CDU/ CSU/ SPD 2005; Richter 2014; Lohmann/ Rötzel 2013). Zudem gewannen auf Bundesebene Organisationslösungen unter Einbeziehung privater Akteure für neu hinzukommende Aufgaben an Bedeutung, etwa im Rahmen der Einführung der LKW-Maut (Sack 2011).

In diesem Beitrag ebenfalls nicht näher betrachtet wird der vergleichsweise intensiv beforschte Bereich des Bürokratieabbaus und der besseren Rechtsetzung (Jantz/ Veit 2011; Veit 2010; Färber/ Zeitz 2015; Wegrich 2011; Bogumil et al. 2011; Jann/ Wegrich 2008), da es hier primär um Fragen der Meta-Regulierung und Rechtsvereinfachung und weniger um Verwaltungsreformen im engeren Sinne geht (Radaelli 2010). Zentral für dieses Themenfeld ist, dass mit dem Nationalen Normenkontrollrat (NKR) im Jahr 2006 ein Gremium eingeführt wurde, welches alle Gesetzentwürfe der

Bundesregierung mit dem Ziel der Minimierung bürokratischer Belastungen (Bürokratiekosten, seit 2011 Erfüllungsaufwand) prüft. Insgesamt wurde die Aufmerksamkeit der Entscheidungsträger für die Kostenfolgen von Gesetzen durch dieses Gremium gestärkt (Veit/ Heindl 2013). Auch werden nun – anders als früher – systematisch Daten zur Entwicklung der Gesetzesfolgekosten erhoben.

Die hier vorgelegte Bestandsaufnahme beschreibt, welche Verwaltungsreformen in den ausgewählten Bereichen programmatisch verfolgt wurden und wirft einen Blick auf die Wirkungen der Reformen. Die Struktur der Darstellung folgt dabei – soweit die Literaturlage dies zulässt – dem analytischen Konzept von Kuhlmann und Wollmann (2013), welches Reformwirkungen auf drei Ebenen differenziert: Die erste Ebene bezieht sich auf die institutionellen Veränderungen, also die Frage, wie und in welchem Umfang die Reform implementiert wurde. Die zweite Ebene betrifft die Performanzevaluation. Hier steht die Frage im Mittelpunkt, inwiefern sich die Leistungen der Verwaltung bezüglich verschiedener Analysekriterien durch die Reform verbessert und/oder verschlechtert haben. Auf einer dritten Ebene werden Outcome-Effekte adressiert. Diese beziehen sich auf »Veränderungen im Umfeld des politisch-administrativen Systems« (Kuhlmann/ Wollmann 2013: 48). Unter Rückgriff auf diese Analyseebenen werde nachfolgend für jeden der betrachteten Reformbereiche mit besonderem Fokus auf die Entwicklungen in den letzten zehn Jahren drei zentrale Fragen beantwortet: 1) Welche Reformen wurden auf Bundesebene in Angriff genommen? 2) Was ist über die Implementation der Reformen bekannt? 3) Welche Erkenntnisse liegen zu Performanz- und Outcome-Veränderungen in Folge der Reformen vor? Neben der Bestandsaufnahme arbeitet der Beitrag somit heraus, in welchem Umfang und mit welchen Erkenntniszielen die Verwaltungsreformen auf Bundesebene bis *dato* Gegenstand verwaltungswissenschaftlicher Forschung gewesen sind. Darauf basierend werden abschließend am Beispiel der Forschung zu Reformen der Bundesverwaltung Entwicklungslinien der verwaltungswissenschaftlichen Reformforschung in Deutschland herausgearbeitet und Herausforderungen für die Weiterentwicklung dieses Forschungsfeldes identifiziert.

2. Reformen im Personalbereich

Wenngleich umfassende Reformen in der Bundesverwaltung aufgrund der institutionellen Rahmenbedingungen (starkes Ressortprinzip) generell schwierig durchzusetzen sind und eher selten vorkommen, so besitzt der Bund doch im Bereich des Beamtenrechts die Kompetenz, Merkmale des Personals für den öffentlichen Dienst gesetzlich zu regeln und zu reformieren (Schröter 2007). Diese Möglichkeiten wurden mit der Föderalismusreform 2006 jedoch eingeschränkt: War der Bund vorher für den gesamten Bereich des Beamtenrechts zuständig, regeln seit der Föderalismusreform die Länder sowohl das Laufbahn-, Versorgungs- als auch das Besoldungsrecht für ihre Landesbeamten. Die Gesetzgebungskompetenz für Bundes- und Kommunalbeamte liegt weiterhin beim Bund. Die Rahmenbedingungen für Tarifbeschäftigte hingegen werden in Deutschland nicht gesetzlich geregelt, sondern von den Tarifpartnern ausgehandelt und vertraglich fixiert. Laut Personalstandstatistik des Statistischen Bundesamtes sind in der Bundesverwaltung 37 Prozent der Beschäftigten Beamte oder Richter, 29 Prozent Tarifbeschäftigte und 34 Prozent Soldaten (Stand: 30.06.2015).

Vor dem Hintergrund der Staatsverschuldung und des Personalaufwuchses bis zur Wiedervereinigung bestand seit Anfang der 1990er Jahre ein primäres Reformziel im Personalabbau. In der Bundesverwaltung fand daraufhin ein beträchtlicher Personalabbau statt, wobei das Gros der Reduzierungen auf die Bundeswehr (Bredow 2015: 146, 150) zurückging. Aufgrund des geringen Anteils der Beschäftigten der Bundesministerien am Gesamtpersonal der Bundesverwaltung in absoluten Zahlen weniger stark ins Gewicht fallend, aber dennoch beachtlich, war jedoch auch der Personalrückgang in der Ministerialverwaltung: Dort verringerte sich das Personal zwischen 1993 und 1998 um 12 Prozent auf ca. 24.000 Beschäftigte (Schröter 2007). Im neuen Jahrtausend setzte sich diese Entwicklung zunächst fort: Im Vergleich zu 2000 wurden die Vollzeitäquivalente in der Bundesverwaltung bis 2015 um knapp 19 Prozent reduziert (Bogumil/ Seuberlich 2016). Der Tiefstand war allerdings schon im Jahr 2008 erreicht, seitdem ist ein leichter Personalaufbau zu verzeichnen. Im Gegensatz zu einigen Bundesländern fand der Personalabbau in der Bundesverwaltung keineswegs nach dem »Gießkannenprinzip« statt, sondern verteilte sich auf die verschiedenen Verwaltungsbereiche sehr unterschiedlich. Während der Verteidigungssektor – hier ist mehr als die Hälfte aller Bundesbediensteten beschäftigt (Vesper 2016) – in den 2000er Jahren weiterhin sehr stark vom Abbau betroffen war und auch bei den Verkehrsunternehmen (Bundeseisenbahnvermögen) ein deutlicher Personalrückgang stattfand, war in allen anderen

Bereich eher Kontinuität zu beobachten oder es fand – wie beispielsweise in den Bereichen politische Führung und zentrale Verwaltung, Finanzverwaltung und öffentliche Sicherheit und Ordnung – sogar ein Personalaufbau statt (Bogumil/ Seuberlich 2016; Vesper 2016).

Eine weitere relevante Entwicklung ist die Zunahme der Befristungen in der Bundesverwaltung: So zeigen etwa die Daten für die Bundesministerien, dass der Anteil befristet Beschäftigter an den Neueinstellungen zwischen den Jahren 2004 und 2013 gestiegen ist. Eine zunächst befristete Einstellung ist dabei zunehmend eher die Regel als die Ausnahme: In fast allen Bundesministerien – außer Finanzministerium und Bundesministerium für wirtschaftliche Zusammenarbeit und Entwicklung – lag der Anteil der Befristungen an den Neueinstellungen 2013 bei über 50 Prozent, in einigen sogar bei mehr als 90 Prozent (Hohendanner et al. 2015: 36). Die Befristung von Arbeitsverträgen trifft dabei überwiegend Angestellte, weniger die Beamten (Hohendanner et al. 2015). Während der Umfang der Personalveränderungen systematisch und in regelmäßigen Abständen erhoben wird, liegen kaum Forschungsarbeiten zu den Wirkungen von Personalveränderungen im öffentlichen Dienst vor (Bogumil/ Seuberlich 2016).

Übergreifende Reformen im Personalbereich sind u. a. aufgrund des deutschen Systems der parallelen Existenz zweier Personalgruppen im öffentlichen Dienst und des starken Ressortprinzips, wonach Personalmanagement Angelegenheit der einzelnen Ressorts ist und nicht zentral gesteuert wird, schwierig. Für die Gruppe der Beamten war 1997 nach langem Ringen und auf Druck der Länder eine Dienstrechtsreform in Kraft getreten, welche einige moderne Elemente enthielt. Hierzu gehörten primär die Einführung der Führung auf Probe für Referats- und Unterabteilungsleiter in Ministerien und vergleichbare Ränge in nachgeordneten Behörden sowie erster Elemente einer leistungsorientierten Bezahlung (LOB). Eine weitere Stärkung der »Leistungsbezogenheit des Dienstrechts« wurde von der Großen Koalition, die 2005 die Regierungsgeschäfte übernahm, als politisches Ziel festgelegt (CDU/ CSU/ SPD 2005: 94). Nachdem mit der Föderalismusreform eine Veränderung der Gesetzgebungskompetenzen verbunden war, verabschiedete der Bundestag im Februar 2009 das Gesetz zur Neuordnung und Modernisierung des Bundesdienstrechtes. Dieses enthielt diverse Anpassungen an die Verfassungsänderung sowie an veränderte Rahmenbedingungen (z. B. Regelung der Anerkennung der Bachelor-/Master-Abschlüsse, schrittweise Erhöhung der Regelaltersgrenze auf 67 Jahre) und Entscheidungen des Europäischen Gerichtshofes (z. B. Wegfall der Altersgrenze für die Zulassung in den Vorbereitungsdienst als Reaktion auf das zum Verbot der Altersdiskriminierung). Zudem wurde das Leistungsprinzip

u. a. durch die Abschaffung des Senioritätsprinzips in der Besoldung und eine Orientierung an Leistung und Erfahrung sowie die Ermöglichung von Beförderungen während der dreijährigen Probezeit moderat gestärkt. Das Vergabebudget für Leistungsstufen, -prämien und -zulagen wurde in der Bundesleistungsbesoldungsverordnung auf mindestens 0,3 Prozent der Ausgaben für die Besoldung im jährlichen Haushalt festgelegt. Darüber hinaus wurde die Anzahl der Laufbahnen reduziert, die vier Laufbahngruppen blieben aber (anders als in einigen Bundesländern) erhalten. Für Tarifbeschäftigte wurde eine Einigung, die LOB und Führung auf Probe einführt, erstmals 2005 geschlossen und trat im Januar 2007 in Kraft.

Später wurde die Verpflichtung zur Zahlung eines Leistungsentgelts wieder abgeschafft; ob und wie Leistungsentgelte für Tarifbeschäftigte in Bundesbehörden ausgezahlt werden, können die Dienststellen nun selbst regeln. Als politisches Ziel ist das Thema LOB nach der Großen Koalition wieder von der Bildfläche verschwunden: In den Koalitionsverträgen 2009 und 2013 sind keine Bekenntnisse zur Stärkung der Leistungsorientierung im öffentlichen Dienst zu finden, stattdessen stehen Fragen der Attraktivität (etwa die Stärkung der Vereinbarkeit von Familie und Beruf) und der Anpassung an den demographischen Wandel im Vordergrund.

Mit Blick auf die Ausbildung der Beschäftigten im öffentlichen Dienst des Bundes hat sich in den vergangenen Jahren – ungeachtet der Umstellung auf das Bachelor-/Master-System – wenig verändert. Die Ausbildung für den gehobenen Dienst an der Hochschule des Bundes für öffentliche Verwaltung ist – trotz sich wandelnder Anforderungsprofile im öffentlichen Sektor – traditionell gehalten (Fokus auf Rechtsanwendung und bürokratische Praktiken) und stark juristisch orientiert (Schröter/ Röber 2015; Reichard 2014). Die Personalpolitik beim Aufstieg in den höheren Dienst ist nach wie vor restriktiv. Im höheren Dienst ist es für generalistisch ausgebildete Nicht-Juristen, also insbesondere die Absolventen sozial- und wirtschaftswissenschaftlicher Studiengänge mit Ausnahme weniger Ressorts weiterhin schwer, einen Einstieg in die Bundesverwaltung und insbesondere in ein Ministerium zu finden (Schröter/ Röber 2015; Reichard 2014). Insgesamt sehen Schröter und Röber aufgrund der Sozialisierungswirkung der Ausbildung »das beachtliche Risiko eines ‚Kulturdefizits' im öffentlichen Sektor (..), das die zunehmende Kluft zwischen Anforderungen durch neue Steuerungsformen und den etablierten Wert- und Einstellungsmustern des Personals beschreibt« (Schröter/ Röber 2015: 136).

Viele international verbreitete Ansätze modernen Personalmanagements spielen in der Bundesverwaltung keine Rolle (Reichard/ Schröter 2009): So gibt es beispielsweise kein *Fast Track*-Programm für besonders talentierte

Führungskräfte (wie etwa in den Niederlanden) und auch keine generelle Befristung und systematische leistungsbezogene Evaluation der Führungskräfte in Ministerien und Bundesbehörden (wie z. B. in Österreich) (Knassmüller/ Veit 2015). Das Personalsystem ist geschlossen, d. h. Wechsel zwischen dem öffentlichen und dem privaten Sektor sind selten (Reichard/ Schröter 2009). Generell ist Personalmanagement und –entwicklung Angelegenheit der einzelnen Ressorts und damit stark dezentralisiert (Knassmüller/ Veit 2015). Die meisten Ministerien haben kein strukturiertes und verpflichtendes Fortbildungsprogramm für (angehende) Führungskräfte, Personalentwicklung und Fortbildung werden kaum miteinander verknüpft (Knassmüller/ Veit 2015). Insbesondere leitende Beamte nehmen – im internationalen Vergleich betrachtet – selten an Fortbildungen teil. In diesem Zusammenhang kommt die spezifische Verwaltungskultur in Deutschland zum Tragen: Fortbildungen werden eher als ein Signal für Defizite denn als Chance für Kompetenzentwicklung begriffen (Jann/ Veit 2015).

Obwohl auf das Personal gerichtete Reformen in der Bundesverwaltung in der Praxis primär als Reformen des Dienstrechts und der Bedingungen für Tarifbeschäftigte gedacht werden, erhält dieser Bereich gelegentlich auch Anstöße aus anderen Politikfeldern. So verpflichtete sich die Bundesregierung im Rahmen des Nationalen Aktionsplans Integration (2012) sowie im Koalitionsvertrag für die 18. Legislaturperiode (2013) dazu, die Bundesverwaltung interkulturell zu öffnen und Maßnahmen zu ergreifen, um mehr Bewerberinnen und Bewerber mit Migrationshintergrund zu rekrutieren. Menschen mit Migrationshintergrund sind in der Bundesverwaltung – insbesondere in Führungspositionen – unterrepräsentiert, wenngleich die Werte für die gesamte öffentliche Verwaltung mit knapp sieben Prozent Beschäftigten mit Migrationshintergrund (im Vergleich zu rund 20 Prozent in der Privatwirtschaft) noch niedriger liegen (Ette et al. 2016).

Zusammenfassend lässt sich festhalten, dass Reformen des öffentlichen Dienstes in der Bundesverwaltung primär legalistisch ausgerichtet sind. Ein Wandel erfolgt nur langsam und oftmals inkrementell. Starke Beharrungstendenzen sind hinsichtlich grundlegender Merkmale des öffentlichen Dienstes (Reichard/ Schröter 2009) charakteristisch, beispielsweise bezüglich der Beibehaltung der Unterscheidung von Beamten und Tarifbeschäftigten, der legalistischen Orientierung (Hammerschmid/ Oprisor 2016) und der bürokratischen Sozialisation (Schröter/ Röber 2015) sowie hinsichtlich der hohen Geschlossenheit gegenüber dem Privatsektor (Battis 2009). Die Reformen der letzten Jahre haben diesen Entwicklungspfad fortgeschrieben; Personalmanagement ist weiterhin ein stark vernachlässigter Bereich der Verwaltungsreform (Lorse 2008; Jann/ Veit 2015).

Zu den Wirkungen der durchgeführten Reformen sind nur teilweise Erkenntnisse verfügbar: Gesetzesevaluationen sind in Deutschland selten (Veit 2010) und liegen auch für den Bereich des Dienstrechts nicht vor. Wissenschaftliche Studien wurden insbesondere zur LOB – wenngleich meist nicht mit Fokus auf die Bundesverwaltung – durchgeführt. Der Erfolg dieses Instrument hängt danach unter anderem von der Höhe des finanziellen Anreizes, der Anzahl der Profiteure des Systems sowie von der Frage ab, ob die Vergabepraxis als transparent und gerecht empfunden wird (Bull 2008; Weibel et al. 2009). Je komplexer und weniger standardisierbar die Leistungen einer Beschäftigtengruppe sind, desto schwieriger ist es, Letzterem gerecht zu werden. Stimmen die Rahmenbedingungen nicht, so besteht die Gefahr von *Crowding Out*-Effekten (Weibel et al. 2009) – LOB wirkt dann für viele Beschäftigte nicht leistungssteigernd, sondern leistungsmindernd. Leistungsbezahlung ist zudem vor allem dann erfolgreich umsetzbar, wenn zusätzliche Mittel verteilt werden. In der Bundesverwaltung versuchte man aber »Mittel auf Kosten aller Bediensteten zunächst einzusparen, um sie dann einigen von ihnen wieder zukommen zu lassen« (Battis 2009: 102). Dass LOB ein umstrittenes Instrument ist, liegt nicht nur daran, dass es keine klare Evidenz für positive Effekte auf die Motivation und Performanz des Personals im öffentlichen Dienst gibt (OECD 2005), sondern auch an den Schwierigkeiten, das System in die gewachsenen Strukturen und innerhalb der etablierten Verwaltungskultur zielführend zu implementieren (Demmke 2008). Für weite Bereiche der Bundesverwaltung muss die LOB aufgrund der geringen Verbreitung (Hammerschmid/Oprisor 2016: 69) und umstrittenen Akzeptanz als weitgehend gescheitert betrachtet werden.

3. Strukturveränderungen in der Verwaltung

Strukturreformen sind ein klassischer Ansatz zur Verwaltungsmodernisierung. Schon in der ersten Hälfte des 20. Jahrhunderts beschäftigten sich namhafte Verwaltungsforscher wie etwa Luther Gulick mit der Frage, wie Verwaltungen besonders effizient zu organisieren sind (Gulick 1976). Wenngleich heutzutage die Verwaltungsprozesse zunehmend in den Fokus von Reformbemühungen geraten, sind Überlegungen zur Gestaltung der Verwaltungsstrukturen keineswegs obsolet; häufig sind derartige Reformüberlegungen sogar zwingend an Strukturentscheidungen geknüpft. Strukturentscheidungen sind dabei meist aus zwei Perspektiven zu verstehen: Einerseits werden an Strukturen bzw. Strukturveränderungen bestimmte funktionale Erwartungen geknüpft (insbesondere verbesserte Koordination), andererseits senden – wie im Theorieansatz des soziologischen Neo-Institutionalismus betont – formale Organisationsstrukturen bestimmte Signale nach außen (z. B. Modernität, politische Prioritätensetzungen) und dienen damit dem Legitimitätserhalt (Meyer/ Rowan 1977; Brunsson 1989).

Betrachten wir zunächst den Bereich der Ministerien, so fällt hier bezüglich der Organisationsstrukturen (Mikroorganisation) vor allem die hohe Kontinuität auf. An der grundlegenden Aufbauorganisation der Ministerien hat sich im hier betrachteten Zeitraum – mit Ausnahme des Bundesministeriums der Verteidigung (BMVg) (Bundesministerium der Verteidigung 2013) – nichts Wesentliches geändert. Ministerien waren in Deutschland seit den bahnbrechenden Arbeiten der Projektgruppe Regierungs- und Verwaltungsreform in den 1970er Jahren kaum Gegenstand von Reformüberlegungen. Auch das Gelegenheitsfenster des Hauptstadtbeschlusses hatte nicht zu Reformen der Bundesministerialverwaltung, sondern zu einer aus organisationstheoretischer Sicht als problematisch bewerteten Lösung (Dienstsitze aller Ministerien in Bonn und Berlin) geführt (Schröter 2007; Hustedt 2013a). Aus verwaltungswissenschaftlicher Sicht häufig kritisierte Bereiche, wie die hohe Leitungstiefe und die starke interne Fragmentierung mit vielen Kleinstreferaten (z. B. Jann 1994), wurden kaum adressiert. Dennoch fand in der zweiten Hälfte der 1990er Jahre und in den frühen 2000er Jahren eine moderate Reduzierung der Anzahl der Unterabteilungen und Referate in Ministerien statt (Peters 1999; Schröter 2007), welche aber weniger auf systematische Reformüberlegungen gründete, sondern vor allem mit der Notwendigkeit des Personalabbaus und dem Wegfall einiger Aufgaben (z. B. Auflösung des Bundesministeriums für Post und Telekommunikation im Jahr 1997 als Folge der Privatisierung) erklärt werden kann. Heute hat die Anzahl der Untereinheiten wieder zugenommen: Gab es 2006 noch 183 Unterabteilungen, so waren es Ende 2015 bereits 216 (ohne BMVg und Bundeskanzleramt; siehe dazu Fleischer et al. 2017). Die Anzahl der Stäbe (bzw. direkt der Abteilungs- oder Hausleitung zugeordneten Gruppen) ist bereits seit Mitte der 1980er Jahre in der Tendenz gestiegen: Gab es 1985 in der gesamten Bundesministerialverwaltung nur zehn derartige Einheiten, waren es 2015 bereits 47 (Fleischer et al. 2017; Hustedt 2013b).

Während die Struktur der Bundesministerien in den letzten Legislaturperioden kaum Gegenstand von Reformen war, hat sich in der nachgeordneten Bundesverwaltung durchaus einiges verändert. Erstens gab es verschiedene sektorale Organisationsreformen (u. a. die Reform der Bundespolizei, die Strukturreform der Bundeswehr, Reform im Bereich der Finanzdienstleistungsaufsicht, beim Bundesamtes für Migration und Flüchtlinge, im Bereich der Berufsgenossenschaften oder im Bereich der gesetzlichen Rentenversicherung), die meist weitgehend entkoppelt vom Verwaltungsmodernisierungsprogramm der Bundesregierung durchgeführt wurden. Zweitens führte die Diskussion um die Reformierung der Ressortforschungseinrichtungen (RFE) mit dem Ziel der Stärkung von deren Wissenschaftlichkeit zu einigen organisatorischen Veränderungen. Drittens, darauf aufbauend und als Folge der erstgenannten Punkte, wurde die Anzahl der Behörden im nachgeordneten Bereich (wie auch schon vor 2005; siehe Schröter 2007; Jann 2004) weiter reduziert. Der internationale Reformtrend der Agenturbildung spielte dabei nur eine untergeordnete Rolle (u. a. Bach 2014), wenngleich einzelne Teilaspekte dieses Reformtrends (etwa die Autonomisierung der Aufgaben und Steuerung auf Abstand oder der Transfer von operativen Aufgaben aus den Ministerien) in verschiedene konkrete Strukturreformen einflossen, wie nachfolgend exemplarisch erläutert wird (Bach/Döhler 2012; Döhler 2007).

Einige der sektoralen Organisationsreformen in der nicht-ministeriellen Bundesverwaltung sind recht gut erforscht (z. B. die Strukturreform der Bundeswehr), während andere Reformen bisher nicht oder kaum untersucht wurden. So wurde beispielsweise die umfassende Organisationsreform im Bereich der gesetzlichen Rentenreform[1], welche 2015 nach ca. 15-jähriger Verhandlungszeit gesetzlich fixiert worden war und die als historischer Meilenstein galt, zwar im Rahmen einer Dissertation analysiert (Klenk 2008), nachfolgend aber nicht mehr bezüglich ihrer längerfristigen Wirkungen untersucht. Noch schwieriger ist die Literaturlage hinsichtlich der

---

1 Ein Bestandteil dieser Reform war die Zusammenführung der Arbeiter- und Angestelltenversicherung. Für die gelebte Praxis brachte dies jedoch kaum Änderungen mit sich, handelt es sich doch eher um eine Anpassung an die bestehende Verwaltungspraxis denn um eine Neuorientierung. Relevanter waren hingegen drei andere Elemente der Reform (Klenk 2008): die zunehmende Abkehr von der berufsständischen Gliederung sowie die Schaffung einer Spitzenorganisation mit trägerübergreifenden Steuerungskompetenzen (Deutsche Rentenversicherung Bund, DRV Bund) und eines internen Wettbewerbsmodells. Um Letzteres zu realisieren, wurde ein internes Benchmarking der Rentenversicherungsträger, koordiniert durch die DRV Bund, gesetzlich vorgeschrieben und implementiert. Hinsichtlich der Innovationseffekte dieses Benchmarkings kommt Klenk aufgrund des fehlenden Wettbewerbsdrucks zu einer skeptischen Einschätzung, da Exit-Optionen für die Versicherten fehlen, die Versichertenverteilung nach Quoten die langfristige Existenz der Träger sicherstellt und kaum Sanktionen bei schlechtem Abschneiden zu erwarten sind. Auch von der »zweiten zentralen Innovation, der Etablierung einer Spitzenkörperschaft mit Normsetzungskompetenz, [seien aufgrund der Ausgestaltung der Leistungsstrukturen der DRV Bund] nur begrenzte Veränderungsimpulse« (Klenk 2008: 201) zu erwarten.

Reformen und zahlreichen Fusionierungen im Bereich der gewerblichen Berufsgenossenschaften (seit 2005, welche bisher gar nicht aus verwaltungswissenschaftlicher Perspektive untersucht wurden.

Ein Beispiel für eine besonders umfangreich durch (interne) Forschungen begleitete Reform ist die Strukturreform der Bundeswehr. Diese ist mit Blick auf den Umfang des betroffenen Personals die größte Organisationsreform der letzten Jahre in der Bundesverwaltung. Ausgangspunkt waren die Arbeiten eines Beratungsgremiums – der sog. Strukturkommission –, die Ende 2010 Vorschläge zur neuen Organisationsstruktur der Bundeswehr vorlegte, deren übergeordnetes Ziel in einer Straffung der Führungs- und Verwaltungsstrukturen bestand (Bundesministerium der Verteidigung 2013). Die Vorschläge zielten im Verwaltungsbereich insbesondere auf eine Reduzierung des zivilen Personals auf 50.000 Vollzeitäquivalente, eine räumliche Zusammenführung des Ministeriums am Dienstsitz Berlin mit gleichzeitiger Halbierung der Dienstposten und Konzentration auf ministerielle Kernaufgaben, eine Reduzierung der Anzahl der Führungsebenen sowie den Aufbau einer Beschaffungsagentur ab (Strukturkommission 2010). Die geplanten Strukturreformen wurden 2011 im Anschluss an die Abschaffung der allgemeinen Wehrpflicht mit dem Eckpunktepapier zur Neuausrichtung der Bundeswehr durch den Bundesminister der Verteidigung im selben Jahr konkretisiert. Die folgenden zentralen Ziele der Organisationsreform wurden festgelegt: die Zusammenführung von fachlicher und organisatorischer Kompetenz auf allen Ebenen und eine »verstärkt zivil-militärische Durchmischung der Strukturen« (Bundesministerium der Verteidigung 2013: 25), die Umgliederung und Verkleinerung des BMVg (u.a. durch Ausgliederung der Stäbe der militärischen Organisationsbereiche), die organisatorische Bündelung der Beschaffung sowie die Effizienzsteigerung von Prozessen. Der »Dresdner Erlass« vom März 2012 war mit weiteren Präzisierungen der Maßnahmen insbesondere für das BMVg und die (gestärkte) Stellung des Generalinspekteurs der Bundeswehr verbunden. Die Vorgaben des Eckpunktepapiers und des »Dresdner Erlasses« zur Neustrukturierung des BMVg wurden im Laufe des Jahres 2012 umgesetzt. Im nachgeordneten Bereich der Bundeswehrverwaltung fanden ebenfalls erhebliche Umstrukturierungsmaßnahmen statt, unter anderem wurden die Kreiswehrersatzämter und Wehrbereichsverwaltungen abgeschafft und drei neue Bundesoberbehörden – das Bundesamt für das Personalmanagement der Bundeswehr, das Bundesamt für Infrastruktur, Umweltschutz und Dienstleistungen der Bundeswehr und das Bundesamt für Ausrüstung, Informationstechnik und Nutzung der Bundeswehr – geschaffen.

Zur Evaluation der Strukturreform wurden sowohl eine verwaltungsinterne Arbeitsgruppe Evaluation (ab 2014) eingesetzt als auch eine sozialwissenschaftliche Begleituntersuchung beim Zentrum für Militärgeschichte und Sozialwissenschaften der Bundeswehr beauftragt. Die Ergebnisse von Befragungen zeigen, dass die meisten Betroffenen (Führungskräfte und Soldaten/ Zivilbeschäftigte) die Reform grundsätzlich befürworten, die Implementation aber eher negativ bewertet wird, was sich darin widerspiegelt, dass sich die Einstellung gegenüber dem Dienstherren negativ entwickelt hat (Richter 2015). Erkenntnisse zu Performanz und Outcomeveränderungen in Folge der Reformen liegen bisher nicht vor. Insgesamt fällt auf, dass Fragen der Verwaltungsmodernisierung – nicht nur der Strukturreform, sondern auch der Ökonomisierung der Bundeswehrverwaltung mit Hilfe von NPM-Instrumenten – regelmäßig beforscht werden, allerdings kaum von Vertretern der politikwissenschaftlichen Verwaltungsforschung, sondern primär von Militärsoziologen an den Ressortforschungseinrichtungen (RFE) des BMVg sowie von Betriebswirten an den Universitäten der Bundeswehr.

Neben den sektoral ausgerichteten (und meist auch politikfeldspezifisch begründeten) Reformen wurden in den vergangenen Legislaturperioden auch zahlreiche Reformen im Bereich der Bundeseinrichtungen mit Forschungs- und Entwicklungsaufgaben – der RFE – durchgeführt. RFE sind keine rein wissenschaftlichen Einrichtungen: Sie sind vielmehr Teil der Verwaltung und übernehmen neben der Forschung auch Aufgaben im Bereich der Zulassung, Prüfung und Regelsetzung. Für die Bundesministerien haben sie zudem eine wichtige beratende Funktion, sie erfüllen eine »Scharnierfunktion zwischen Politik und Verwaltung einerseits und Wissenschaft andererseits« (Wissenschaftsrat 2007: 36). Auslöser für Reformen im Bereich der RFE seit Mitte der 2000er Jahre war ein Bundestagsbeschluss aus dem Jahre 2004, in dessen Folge das Bundesministerium für Bildung und Forschung den Wissenschaftsrat (WR) mit der Evaluation dieser Einrichtungen beauftragte. Ziel war u. a. die Reduzierung von Redundanzen (Doppelforschung) zwecks Kosteneinsparung (Bach/ Döhler 2012). Zwischen 2004 und 2010 führte der WR mehr als 40 Einzelbegutachtungen von RFE durch (Wissenschaftsrat 2010). Die Evaluationen offenbarten erhebliche Qualitätsunterschiede zwischen den Einrichtungen. Aus diesem Grund sprach sich der WR für Maßnahmen aus, die einen Betrag zur Sicherung der wissenschaftlichen Qualität der RFE leisten sollten (z. B. durch Einrichtung eines wissenschaftlichen Beirats für jede RFE und durch Maßnahmen im Personalbereich). Dies inkludierte eine regelmäßige Überprüfung der Forschungsbedarfe durch die Bundesregierung mit darauf basierenden Entscheidungen zur Gründung, Umstrukturierung oder Schließung von RFE. Zudem mahnte der WR eine verbesserte Zusammenarbeit der Ressorts an (Wissenschaftsrat 2010). In der Folge fanden Umstrukturierungen statt, wobei die Zahl der RFE von 53 (Bundesministerium für Bildung und Forschung 2004) im Jahr 2004 auf rund 39 im Jahr 2016 (Bundesministerium für Bildung und Forschung 2016) zurückging. Zudem wurden qualitätssichernde Maßnahmen in den RFE ergriffen. Bereits 2005 war die Arbeitsgemeinschaft Ressortforschung als Zusammenschluss der RFE des Bundes gegründet worden, 2007 hatte die Bundesregierung infolge der Arbeit des WR ein »Konzept einer modernen Ressortforschung« verabschiedet. Einige RFE – etwa diejenigen des Bundesministeriums für Ernährung und Landwirtschaft (BMEL), welche seit 2008 restrukturiert worden waren – wurden zudem nach 2010 erneut evaluiert. Den RFE des BMEL stellte der WR 2017 ein sehr gutes Zeugnis bezüglich der Entwicklung in den letzten Jahren aus und schätzte somit die Wirkungen der Reformen äußerst positiv ein (Wissenschaftsrat 2017). Insgesamt haben die Evaluationen des WR zu umfassenden Reformaktivitäten geführt, die teils auch das Ergebnis einer kritischen Auseinandersetzung mit den angelegten (am wissenschaftlichen Feld orientierten) Evaluationskriterien waren (Böcher/ Krott 2010). Von der sozialwissenschaftlichen Forschung wurden diese Prozesse begleitet, wobei neben wissenschaftssoziologischen (Barlösius 2009) und theoretisch-konzeptionellen Arbeiten aus der Verwaltungswissenschaft (Bach/ Döhler 2012) auch Analysen konkreter Reformprozesse und -wirkungen vorliegen (Korinek/ Veit 2015; Veit et al. 2016; Bach et al. 2013).

4. Reformen im Bereich Management und Steuerung

Der internationale Verwaltungsreformtrend des New Public Management (NPM) hat auch in der deutschen Bundesverwaltung – wenngleich mit einiger Verzögerung gegenüber den Ländern und vor allem den Kommunen (Jann 2004) – dazu geführt, dass Fragen der Steuerung und des Managements von Behörden verstärkt in den Fokus der Verwaltungsreform geraten sind. Der Sachverständigenrat »Schlanker Staat« hat hierzu bereits in der zweiten Hälfte der 1990er Jahre zahlreiche Vorschläge unterbreitet, die das gesamte Instrumentarium des NPM umfassten, auf dem Papier auch aufgegriffen wurden, aber in der Praxis nur vereinzelt zu nachhaltigen Veränderungen führten. Die Diagnose, dass sich im Bereich Management und Steuerung im Vergleich zu den anderen Verwaltungsebenen und auch im internationalen Vergleich in der Bundesverwaltung relativ wenig getan hat, ist bis heute gültig. Im Detail ist aber zu differenzieren und sind auch nicht alle Einschätzungen der letzten bilanzierenden Übersichten zur Verwaltungsreform auf Bundesebene aufrecht zu erhalten. Waren etwa »Experimente mit neuartigen PPPs« (Jann 2004) Anfang der 2000er Jahren noch selten, stellen diese heute auch in der Bundesverwaltung eine etablierte Praxis dar (Sack 2011). Im Folgenden soll exemplarisch der Fokus auf die Entwicklung im Bereich des Haushalts- und Rechnungswesens sowie auf die Reformanstrengungen zur Etablierung von *Shared Service Centern* in der Bundesverwaltung sowie zur Stärkung von Benchmarkings gelegt werden.

Im Bereich des Haushalts- und Rechnungswesens wirkte der Bundesrechnungshof als Reformtreiber, wenngleich mit nur geringem Erfolg: In einem Bericht aus dem Jahr 2006 zieht er eine ernüchternde Bilanz bezüglich des Haushalts- und Rechnungswesens in der Bundesverwaltung, dessen Mängel vor allem auf die Kameralistik zurückgeführt wurden. In der Folge forderte der Rechnungshof die Einführung der Doppik in der Bundesverwaltung (Bundesrechnungshof 2006). Eine anschließend eingesetzte Projektgruppe im Bundesministerium der Finanzen entwickelte bis 2009 ein Konzept für ein modernisiertes Haushalts- und Rechnungswesen des Bundes, welches die Einführung der erweiterten Kameralistik vorsah. Weiterhin beinhaltete das Konzept die Einführung eines produktorientierten Teils, die Erfassung des Ressourcenverbrauchs durch die Kosten-Leistungs-Rechnung (KLR) und den Aufbau einer Vermögensrechnung. Die bis Ende 2012 geplante Pilotphase wurde jedoch aufgrund fehlender Freigabe finanzieller Mittel bereits im Juli 2010 auf unbestimmte Zeit verschoben (Böhme 2016). Aktuell kommt Reformdruck vor allem von der Europäischen Kommission: Diese strebt einheitliche und verbindliche europäische Rechnungsführungsgrundsätze für den öffentlichen Sektor an (*European Public Sector Accounting Standards* – EPSAS), die auf der kaufmännischen doppelten Buchführung mit Periodenabgrenzung basieren (Bundesrechnungshof 2014). Insgesamt ist das Haushalts- und Rechnungswesen in der Bundesverwaltung, ungeachtet der jahrzehntelangen Reformdiskussionen, als traditionell und weiterhin eher input-orientiert zu bezeichnen.

Ein weiteres Kernprojekt der Verwaltungsmodernisierung im hier betrachteten Zeitraum war die Bündelung von Aufgaben in Dienstleistungszentren, sog. *Shared-Service-Center* (SSC), welche erstmals im Verwaltungsmodernisierungsprogramm der Bundesregierung für die 16. Legislaturperiode Erwähnung fanden. Geeignet für SSC sind vor allem standardisierte Massenverfahren, aber auch Querschnittsaufgaben, die ein spezifisches Know-How erfordern (Deimel 2008). Das Projekt, an welchem fünf Bundesministerien mit einigen Geschäftsbereichsbehörden – hier zeigt sich wieder einmal deutlich das Freiwilligkeitsprinzip als Ausfluss des Ressortprinzips als Charakteristikum vieler Verwaltungsreformvorhaben auf Bundesebene – mitwirkten, konzentrierte sich zunächst vor allem auf Bereiche mit besonders hohem Bündelungspotential (Haushalt, Personal und Beschaffung). Nach Durchführung einer Ist-Analyse und einer Machbarkeitsstudie wurden 17 Pilotprojekte festgelegt, in denen nach offizieller Darstellung überwiegend positive Erfahrungen gesammelt werden konnten (DLZ-Projekt 2010). Allerdings gab es auch in fast allen Projekten zeitliche Verzögerungen und es zeigte sich eine hohe Abhängigkeit des Projekterfolgs von der IT-Unterstützung (Schütz 2012: 23). Im Koalitionsvertrag 2009 wurde der »weitere Ausbau von Kompetenz- und Dienstleistungszentren« in der Bundesverwaltung als wichtiges Mittel zur Verwaltungsmodernisierung bestätigt, und das Projekt fand auch erneut Eingang in das Verwaltungsmodernisierungsprogramm der Bundesregierung. Ein zentraler Anker des SSC-Projektes war dabei das Bundesverwaltungsamt, welches seit 2009 verschiedene Querschnittsaufgaben (z. B. in den Bereichen Personalgewinnung und Finanzmanagement) für andere Bundesbehörden zentralisiert nach dem *Shared Service*-Prinzip wahrnimmt (Köhl et al. 2014: 48-49). Während zu den ersten Projektphasen regelmäßige Berichte publiziert wurden, erschien für die letzte Phase des Projektes, welche den Übergang der Pilotprojekte in den Echtbetrieb und die Erschließung neuer Kooperationsfelder bis 2013 beinhaltete, kein Bericht mehr.[2] Dies reflektiert, dass die Einzelprojekte in der Praxis nicht problemlos verliefen. Der »Aufbau und Betrieb eines SSC [zeigte sich als] eine Sisyphusaufgabe, die zwar in kleinen Schritten Erfolg zeigen kann, aber keineswegs ein grundsätzlich alternatives Organisationsmodell zur dezentralen Aufgabenerledigung in den einzelnen Institutionen werden wird« (Schütz 2012: 36). Auch konnten die prognostizierten Einsparungen häufig nicht erreicht werden (Schuppan 2012b).

Der ebenfalls zum NPM-Instrumentarium gehörende Ansatz des Benchmarking erhielt für die Verwaltungsmodernisierung der Bundesverwaltung (und der Landesverwaltungen) im Jahr 2009 durch die Aufnahme des Art. 91d ins Grundgesetz Auftrieb. Der Artikel besagt, dass »Bund und Länder (…) zur Feststellung und Förderung der Leistungsfähigkeit ihrer Verwaltungen Vergleichsstudien durchführen und die Ergebnisse veröffentlichen [können]«. Konkretisiert wurden die Pläne im Rahmen des Regierungsprogramms »Vernetzte und transparente Verwaltung« (2009), wo festgelegt wurde, dass jedes Ressort bis 2013 an mindestens einem Vergleichsring

2 Der letzte Projektbericht war bereits 2010 erschienen (DLZ-Projekt 2010).

teilnehmen solle. Die Realität blieb hinter diesem Vorhaben deutlich zurück (Bundesrechnungshof 2015): Bis Mitte 2015 hatten nur zwei Vergleichsringe unter Beteiligung von Bundesbehörden stattgefunden. Dies waren der Vergleichsring »Fortbildung« in der Bundesverwaltung, an welchem zwei Bundesministerien und drei nachgeordnete Behörden anderer Ressorts partizipierten und der Vergleichsring »Betriebliches Gesundheitsmanagement«, an dem nur eine Bundesbehörde zusammen mit Behörden anderer Verwaltungsebenen teilnahm. Ein weiterer Vergleichsring »Beruf und Familie« kam mangels Beteiligung der Bundesbehörden nicht zustande. Die bisherigen Vergleichsringe lieferten zudem »kaum Leistungsvergleiche, sondern stellten eher Strukturanalysen dar« (Bundesrechnungshof 2015: 4). In der Folge wurde vom Bundesrechnungshof und vom Haushaltsausschuss des Deutschen Bundestages kritisiert, dass die Bundesregierung Leistungsvergleiche bisher nicht als wirkungsvolles Instrument der Verwaltungsmodernisierung genutzt hat (Deutscher Bundestag 2016). Ursächlich hierfür ist auch die weiche Formulierung von Art. 91d als Kann-Vorschrift. Diese entspricht dem Freiwilligkeitsprinzip in der Verwaltungsmodernisierung (Kuhlmann/ Wollmann 2013: 227) und resultierte in einer schleppenden Umsetzung. Positiv hervorzuheben sind vier Projekte, die zwischen 2009 und 2011 vom Nationalen Normenkontrollrat (NKR) in Kooperation mit einigen Bundesländern und Kommunen durchgeführt wurden und wo Vollzugshandeln für die Bereiche Wohngeld, Elterngeld, BAföG und die Einreise von Fach- und Führungskräften aus Drittstaaten miteinander verglichen wurden, um Optimierungspotential zu identifizieren.

Insgesamt fällt bei der Durchsicht der zur Verwaltungsreform veröffentlichten Dokumente und Programme der Bundesregierung auf, dass die in den frühen 2000er Jahren auf Verlautbarungsebene und in Form von Handreichungen und Berichten sehr präsenten internen NPM-Instrumente (wie Kontraktmanagement, Zielvereinbarungen, Controlling, Produkthaushalte, Kosten-Leistungs-Rechnung, etc.) heute eine untergeordnete Rolle spielen. Dies bestätigt die Einschätzung, dass dies zum Teil wohl eher »symbolischer Isomorphismus [sei], der den operativen Kern des Verwaltungshandelns unberührt lässt« (Jann 2004: 104; siehe auch Hammerschmid et al. 2013). Die mangelhafte Implementation dieser Instrumente schlug sich gelegentlich auch in nicht unerheblichen Fehlinvestitionen nieder. Beispielsweise kritisierte der Haushaltsausschuss des Bundestages im Jahr 2016, dass das Bundesinstitut für Risikobewertung Ende 2009 einen Vertrag über das Liefern und Einführen einer Software zur Etablierung der Kosten-Leistungs-Rechung (KLR) für 500.000 Euro geschlossen hatte, bis Ende 2013 aber zum einen rund 1,3 Mio. Euro hierfür bezahlt wurden und zum anderen erhebliche Zweifel in Bezug auf die Nutzung dieser bestünden. So kaufte das Bundesinstitut 500 Anwenderlizenzen für ein Berichtswesen, von denen es vier Jahre lang nur eine einzige Lizenz nutzte (BT-Drs. 18/9108 vom 7.7.2016). Vor diesem Hintergrund sind die auf dem Papier hohen Einführungsraten von KLR in der nachgeordneten Bundesverwaltung (Bundesministerium der Finanzen 2007) – in den obersten Bundesbehörden ist der Einführungsstand auch auf dem Papier gering – kritisch zu hinterfragen.

Ungeachtet der insgesamt nur verhaltenen und häufig auf der symbolischen Ebene verbleibenden Einführung von NPM-Instrumenten in der Bundesverwaltung gibt es einzelne Bereiche, in denen eine umfassendere Implementierung stattfand. Hierzu gehört vor allem die Arbeitsverwaltung, welche sich durch eine vergleichsweise intensive Anwendung von Ansätzen des Performance Managements und insgesamt besonders umfassende Reformanstrengungen auszeichnet (Hammerschmid et al. 2013; Wegrich 2015). Gleichzeitig zeigte eine Befragung von Führungskräften in der Verwaltung, dass die Reformen in der Arbeitsverwaltung auch positiver bewertet wurden als in anderen Verwaltungsbereichen. Hier werden von den Führungskräften deutliche Verbesserungen in Bezug auf die Kosten, Effizienz, Qualität und Innovationsfähigkeit wahrgenommen (Hammerschmid et al. 2013).[3]

5. *Digitale Transformation der Verwaltung*

Mitte der 2000er Jahre standen – neben dem hier nicht näher betrachteten Themenkomplex der besseren Rechtsetzung und des Bürokratieabbaus –die verschiedenen NPM-Instrumente im Zentrum der Verwaltungsmodernisierungsprogramme des Bundes. Anschließend trat im zunehmenden Maße ein Thema hervor (Hammerschmid/ Oprisor 2016), welches zudem immer stärker in die allgemeine Verwaltungsreform integriert wurde: die Digitalisierung der Verwaltung. Hierzu wurde im Anschluss an die Initiative »Bund Online 2005« unter Bundeskanzler Gerhard Schröder in der 16. Legislaturperiode ein eigenes Programm der Bundesregierung (E-Government 2.0) aufgelegt (unabhängig vom Verwaltungsreformprogramm der Regierung). Dieses beschäftigte sich primär mit Fragen der Nutzung IT-gestützter Ver-

3 Die Effekte der vergleichsweise starken Performance-Orientierung in der Arbeitsverwaltung werden jedoch vor allem in den Medien auch kritisch diskutiert – problematisiert wird etwa, dass die Fixierung auf bestimmte Indikatoren Strategien zur Verbesserung der Statistik fördere, die aber nicht der Erreichung der tatsächlichen arbeitsmarktpolitischen Ziele dienen (z. B. Der SPIEGEL 28/2013: 34-35).

fahren in der Verwaltung. Zeitgleich wurde in dieser Legislaturperiode der ebenenübergreifende Aufbau der einheitlichen Behördenrufnummer D115 beschlossen, wobei der Bund hier eine tragende Rolle in der Steuerung des Vorhabens einnahm (Schuppan 2012a). In der folgenden 17. Legislaturperiode wurden E-Government-Themen in das allgemeine Verwaltungsreformprogramm der Regierung (»Vernetzte und transparente Verwaltung«) integriert. Dieses schrieb im Wesentlichen bestehende Projekte und Ansätze fort, zeichnete sich aber auch durch die bundestypische Freiwilligkeit in der Umsetzung und die Dominanz von Projekten in einem Pilot- oder sehr frühen Stadium aus (Hammerschmid et al. 2013). Mit dem Regierungsprogramm »Digitale Verwaltung 2020« der 18. Legislaturperiode geriet dann Digitalisierung endgültig ins Zentrum der Verwaltungsreform, wobei die aktuellen inhaltlichen Zielsetzungen nun deutlich über den traditionell engeren Fokus des E-Government[4] hinausgehen und angrenzende Themen wie »Open Government« (Hilgers 2012; Herzberg 2013; Hill 2013) oder »Collaborative Governance« (Wewer 2013) inkludieren. Zentrales Ziel des Programms ist es, »mit Hilfe moderner Informationstechnologien eine digitalisierte, durchgängige, medienbruchfreie und einheitliche öffentliche Leistungserbringung auf der Grundlage kollaborativer Geschäftsprozesse zu etablieren« (Die Bundesregierung 2014: 8).

Die mit E-Government verbundenen Ansprüche und Ziele sind nicht ohne eine adäquate rechtliche und organisatorische Institutionalisierung umzusetzen. Ein erster Schritt hierzu war 2009 die Aufnahme des Art. 91c in das Grundgesetz. Dieser besagt insbesondere, dass Bund und Länder bei der Planung, Errichtung und dem Betrieb der für ihre Aufgabenerfüllung benötigten informationstechnischen Systeme zusammenwirken können und der Bund ein Verbindungsnetz errichtet. Es folgten weitere Regelungen und Konkretisierungen. Als ein besonders wichtiger Meilenstein gilt das im Jahr 2013 verabschiedete E-Government-Gesetz (EGovG). Das Gesetz zielt auf die Beseitigung unterschiedlicher (rechtlicher) Hindernisse für E-Government ab (Mehde 2017) und legt u. a. die Grundlage für die Verpflichtung zur elektronischen Aktenführung in Behörden (§§ 6 bis 8 EGovG). Von zentraler Bedeutung für die Zukunft der Digitalisierung der Verwaltung ist,

4 Nach der häufig verwendeten sog. »Speyerer Definition« ist E-Government »die Abwicklung geschäftlicher Prozesse im Zusammenhang mit Regieren und Verwalten (Government) mit Hilfe von Informations- und Kommunikationstechniken über elektronische Medien« (Lucke/ Reinermann 2000: 1). In jüngerer Zeit wurde die Erweiterung des Begriffsverständnisses diskutiert. Hierzu gehört z. B. die Inklusion von E-Democracy in den E-Government-Begriff, aber auch die Diskussion von Konzepten wie E-Government 2.0 (in Anlehnung an das Web 2.0) (Büschenfeldt/ Scholl 2014).

inwiefern das derzeit im parlamentarischen Verfahren befindliche Gesetz zur Neuregelung des bundesstaatlichen Finanzausgleichssystems ab 2020 durchgesetzt werden kann. Zuletzt hatte das Bundeskabinett Ende 2016 einen entsprechenden Regelungsentwurf beschlossen, der u. a. Bund und Länder verpflichtet, ihre Verwaltungsleistungen binnen fünf Jahren auch elektronisch über Verwaltungsportale anzubieten und die Portale zu einem Portalverbund zu verknüpfen (Onlinezugangsverbesserungsgesetz). Zudem soll der Bund zukünftig Standards festlegen und auch die Verwendung bestimmter IT-Komponenten für die Ausführung von Bundesgesetzen verbindlich vorschreiben können. Eine zentrale organisatorische Maßnahme zur Umsetzung von Art. 91c war die Gründung des IT-Planungsrates als Bund-Länder-Gremium im Jahr 2010, dessen zentrale Aufgaben die Entwicklung einer nationalen IT-Strategie (Hammerschmid/ Oprisor 2016) sowie die Etablierung einer föderalen IT-Infrastruktur (Schuppan 2012a) umfassen.

Trotz der langjährigen Bemühungen in diesem Bereich werden die Reformthemen rund um Transparenz und Open Government sowie Digitalisierung/ E-Government von leitenden Beamten in Deutschland als weniger relevant eingeschätzt als dies im europäischen Durchschnitt der Fall ist (Hammerschmid/ Oprisor 2016). In E-Government-Rankings befindet sich Deutschland seit längerem im hinteren Mittelfeld, mit sinkender Tendenz und sinkenden Nutzerzahlen der Angebote (Fromm et al. 2015). Auch die Umsetzungsbilanz des 2014 verabschiedeten Regierungsprogramms »Digitale Verwaltung 2020« ist am Ende der 18. Legislaturperiode noch stark verbesserungsbedürftig. So stellte der NKR im Mai 2017 in einer Pressemitteilung fest: »Der Stand der Umsetzung des Regierungsprogramms ‚Digitale Verwaltung 2020' zeigt zwar Beispiele notwendiger Digitalisierungsmaßnahmen, dennoch ist es der Bundesregierung nicht in ausreichendem Maße gelungen, attraktive Onlineangebote für Bürger und Wirtschaft zu entwickeln. Damit bleibt die Bilanz des Regierungsprogramms deutlich hinter den Erwartungen zurück. So ist Deutschland von einer systematischen bundesweiten Digitalisierung der 100 wichtigsten Verwaltungsleistungen für Bürger und Wirtschaft immer noch genausoweit entfernt wie zu Beginn der Legislaturperiode«. Kritisiert wird deshalb, dass »E-Government in Deutschland trotz mancher Einzelerfolge insgesamt viel zu langsam vorankommt« (Nationaler Normenkontrollrat 2016: 1). Notwendig für eine Verbesserung dieser Situation ist aus Sicht des NKR eine verbindlichere und weitreichendere Zusammenarbeit von Bund, Ländern und Kommunen, »als dies im Kontext des IT-Planungsrates bisher gewollt war« (Nationaler Normenkontrollrat 2016: 1). Der NKR schlägt deshalb einen ebenenübergreifenden »E-Government-Pakt Deutschland« vor, dessen mögliche Elemente – dies sind insbesondere Maßnahmen in den Bereichen Finanzierung und Organisation, mit denen die bestehenden Probleme in der ressort- und ebenenübergreifenden Zusammenarbeit überwunden werden könnten – vom NKR in einem Gutachten vorgestellt werden (Nationaler Normenkontrollrat 2016).[5] Damit positioniert sich der NKR als Treiber der Verwaltungsreform in Deutschland und der digitalen Transformation der Verwaltung. Deutlich wird, dass insbesondere die institutionellen Voraussetzungen im föderalen System eine Herausforderung für die digitale Transformation der Verwaltung und E-Government-Reformen darstellen. Dies wird gut am Beispiel von D115 ersichtlich. Knapp zehn Jahre nach Projektstart ist die einheitliche Behördenrufnummer – trotz vieler mühsam erarbeiteter Erfolge – immer noch für die Mehrheit der Einwohnerinnen und Einwohner Deutschlands nicht vom Wohnort aus erreichbar (Bundesministerium des Innern 2015).

Die digitale Transformation der Gesellschaft zeigt sich damit als eine der zentralen Herausforderungen unserer Zeit. Auch in der Verwaltungswissenschaft wird dies repliziert: Wurde E-Government zunächst vor allem technisch betrachtet und war dies in der Forschung zunächst vor allem Thema in der Verwaltungsinformatik und (in geringerem Maße) im Public Management und Recht, so wird die Relevanz dieses Themas in jüngerer Zeit auch von anderen Teildisziplinen – etwa der politikwissenschaftlich geprägten Verwaltungsforschung – zunehmend erkannt und aufgegriffen.[6] International wurde in den letzten rund fünfzehn Jahren ein beachtlicher interdisziplinärer Korpus an Literatur zu E-Government aufgebaut (Wirtz/ Daiser 2016). Die Mehrheit der quantitativen empirischen Studien beschäftigt sich mit Fragen der Implementation und Akzeptanz von E-Government. Darüber hinaus liegen international auch einige Studien zu Performanzveränderungen in Folge von E-Government-Reformen vor, jedoch kaum zu Outcome-Veränderungen im weiteren Sinne. Zudem beschäftigt sich die Forschung bisher kaum mit Fragen des Managements und der Governance von E-Government (Wirtz/ Daiser 2016). In Deutschland beschäftigten sich in jüngerer Zeit verschiedene Tagungen – etwa die Jahrestagung der

---

5 Aufgabe des Bundes kann dabei vor allem die Koordinierung und Lenkung der IT-Standardisierung in der Verwaltung sowie die Finanzierung und der Betrieb übergreifender Komponenten sein (Fromm et al. 2015), da das Vollzugshandeln vor allem auf kommunaler Ebene stattfindet.

6 So wird zum Beispiel im 2017 startenden EU-Forschungsprojekt TROPICO (Transforming into Open, Innovative, and Collaborative Governments) in vergleichender Perspektive untersucht, wie sich Koordination und Zusammenarbeit im öffentlichen Sektor durch die Digitalisierung verändern.

Deutschen Sektion des Internationalen Instituts für Verwaltungswissenschaften (2016) – mit diesem Themenbereich. Zudem werden Förderstrukturen angepasst: So hatte beispielsweise die Hans-Böckler-Stiftung einen Ideenwettbewerb zur Digitalisierung in der Verwaltung ausgelobt und den Themenbereich als Forschungsschwerpunkt für die nächsten Jahre definiert. Auch werden zunehmend neue interdisziplinäre Forschungsstrukturen zur digitalen Transformation aufgebaut, etwa das vom Bund finanzierte Deutsche Internet-Institut in Berlin, welches 2017 seine Arbeit aufnimmt.

6. Fazit

Im Ergebnis zeigt sich ein gemischtes und teilweise auch altbekanntes Bild der Verwaltungsreform auf Bundesebene mit einigen neuen Entwicklungslinien. Einerseits zeichnen sich die Verwaltungsreformprogramme der Bundesregierung und die Reformvorhaben der Ressorts weiterhin durch eine starke Zersplitterung und Fragmentierung in Einzelprojekte aus. Die Projekte werden zwar in Programmform zusammengefasst, stehen aber in der Praxis eher lose gekoppelt nebeneinander und werden voneinander unabhängig, projektförmig gesteuert. Andererseits zeigt die Realität der durchgeführten Reformen ein vielschichtiges Bild in Bezug auf Implementation und Ergebnisse: Während in einigen Bereichen (Personal, Haushalt) Reformen nur sehr vorsichtig angegangen werden und existierende Reformversuche als weitgehend gescheitert angesehen werden müssen, sind in anderen Bereichen umfassendere Reformen umgesetzt worden, wenngleich mit unterschiedlichem Umsetzungserfolg und leider oft unklaren Wirkungen. Letzteres ist darauf zurückzuführen, dass Verwaltungsreformen des Bundes nur selektiv verwaltungswissenschaftlich untersucht und kritisch begleitet werden. Insbesondere sind Untersuchungen zu Performanz- und Outcome-Veränderungen von Verwaltungsreformen selten (Kuhlmann/ Wollmann 2013).

Darüber hinaus bestätigt die Bestandsaufnahme, was in früheren Arbeiten zu den Merkmalen der Verwaltungsreform/ institutioneller Reformen bereits herausgearbeitet wurde: Verwaltungsreformen sind trend- oder modeabhängig, sie orientieren sich oft an international verbreiteten und modernen Leitbildern. Für Politikerinnen und Politiker sind sie vielfach langfristig unattraktiv, da die Erfolgsaussichten schwierig und Umsetzungsprozesse oft konfliktbehaftet sowie langwierig sind, und damit meist über die jeweilige Legislaturperiode hinausgehen. Gleichzeitig ist die Unterstützung eines »politischen Unternehmers« wesentliche Voraussetzung für den Erfolg umfassender Reformvorhaben (Jann 2002; Scharpf 1987; Bach et al. 2011). Dies bestätigt die Empirie: Politisch geführte Reformen, wie die Strukturreform der Bundeswehr, zeigen deutlich bessere Umsetzungsresultate als das typische, administrativ gesteuerte Reformprojekt im Verwaltungsreformprogramm der Bundesregierung, welches nicht selten nach Abschluss einer »euphorischen« Pilotphase im Sande verläuft.

Auch die institutionell bedingten Grenzen offenbaren sich in der Empirie sehr deutlich: Das starke Ressortprinzip bedingt, dass typische Verwaltungsreformthemen (die Gestaltung der Aufbau- und Ablauforganisation in Ministerien und deren Geschäftsbereichen oder das Personalmanagement) Angelegenheit der Ressorts bleiben und das Bundesministerium des Innern als zentrale Koordinationsinstanz stets auf die freiwillige Mitwirkung der Ressorts angewiesen ist. Auch bleibt es den Ressorts überlassen, ob sie geplante Reformmaßnahmen überhaupt an das Reformprogramm der Bundesregierung »andocken« oder diese gegebenenfalls unabhängig verfolgen (Bach et al. 2010a; Kuhlmann 2009; Hammerschmid/ Oprisor 2016).

Die vorliegende Bestandsaufnahme hat jedoch auch einige neue Entwicklungstendenzen offenbart: Erstens erhält das Bundesministerium des Innern als Koordinator von Verwaltungsreformen auf Bundesebene in jüngerer Zeit »Schützenhilfe« von zwei weiteren Akteuren: So hat sich zum einen der NKR zu einem Treiber der Verwaltungsreform entwickelt, welcher insbesondere auf die Notwendigkeit einer ebenenübergreifenden Zusammenarbeit hinweist und beispielsweise Maßnahmen zur Digitalisierung der Verwaltung einfordert und anstößt. Zum anderen wandelt sich – ähnlich wie in einigen anderen Staaten (Schwartz 2000; Power 2005) – die Rolle des Bundesrechnungshofes, welcher durch veröffentlichte Gutachten, beispielsweise zu Reformen des Haushalts- und Rechnungswesens oder zur Verwaltungsvereinfachung in der Kranken- und Pflegeversicherung, Anstöße für Verwaltungsreformen gibt. Zweitens ist mit dem Thema Digitalisierung die Problematik des Mehrebenensystems für die Verwaltungsmodernisierung stärker in den Fokus gerückt. Der Bund rückt hier zunehmend in die Rolle einer zentralen Koordinationsinstanz für Reformen, die auch die Landes- und Kommunalverwaltungen einschließen und nur bei erfolgreicher Zusammenarbeit der Ebenen Wirksamkeit entfalten. Drittens ist die NPM-Rhetorik weitgehend aus den programmatischen Dokumenten zur Verwaltungsmodernisierung auf Bundesebene verschwunden – stattdessen wird nun die digitale Transformation der Verwaltung als zentrale Herausforderung begriffen. Viertens hat sich die Reformforschung internationalisiert: Es gibt heute mehr international vergleichende Forschungsarbeiten zu Verwaltungsreformen als in der Vergangenheit und die Forschungsergebnisse werden verstärkt in internationalen Fachzeitschriften publiziert und damit an internationale akademische Diskurse angebunden.

Das zuletzt genannte Phänomen schlägt sich aufgrund von Entwicklungen innerhalb des Wissenschaftssystems beispielsweise in einer Tendenz zur Verwendung »rigoroser« methodischer Designs – vor allem anspruchsvoller quantitativer Forschungsdesigns – nieder. Als Folge hiervon beobachtet – und kritisiert – Wegrich (2015) eine Entpolitisierung der Verwaltungsforschung und eine abnehmende Praxisrelevanz dieser Forschung. Hochwertige und international anschlussfähige Forschung und Praxisrelevanz schließen sich jedoch nicht aus, wenn entsprechende Anreize gesetzt werden. Dies zeigt das Beispiel Norwegens: Hier wird verwaltungswissenschaftliche Begleitforschung zu Reformen ebenso wie die Grundlagenforschung staatlich viel stärker gefördert (und eingefordert) als in Deutschland (Jann 2006). Die stärker internationale Orientierung der Verwaltungswissenschaft in Deutschland stellt sich aus dieser Perspektive nicht als Problem dar, sondern ist ein positiv zu bewertender Trend, welcher Impulse für eine qualitativ hochwertige und gleichzeitig relevante wie kritisch hinterfragende Reformforschung mit Blick auf nationale Reformprogramme und -maßnahmen geben kann.[7]

Welche Herausforderungen ergeben sich aus den in diesem Beitrag dargelegten Erkenntnissen für die Zukunft der verwaltungswissenschaftlichen Forschung in Deutschland? Was sind ausgehend vom Status Quo der Verwaltungsreformforschung relevante Forschungsperspektiven und Forschungsprobleme der kommenden Jahre?

Ein zentrales Zukunftsthema ist die digitale Transformation der Verwaltung. Das Thema E-Government wurde vor allem in der politikwissenschaftlichen Verwaltungsforschung lange Zeit zurückhaltend behandelt und vor allem der Verwaltungsinformatik überlassen. Noch vor wenigen Jahren stellte deshalb Schuppan fest, dass E-Government »zunehmend zum integralen Bestandteil der Verwaltungsmodernisierung [wird]; allerdings nicht im Mainstream der verwaltungswissenschaftlichen Forschung« (Schuppan 2012a: 188). Heute ändert sich dies langsam. Mit der digitalen Transformation der Verwaltung zusammenhängende zukünftige Forschungsfragen beziehen sich nicht nur darauf, wie E-Government-Vorhaben (etwa die Einführung der eAkte) erfolgreich umgesetzt werden können, sondern auch – wie oben bereits angesprochen – auf die Durch- und Umsetzung von Reformen im Mehrebenensystem. Da Implementationsprobleme von Verwal-

7 Hilfreich ist in diesem Zusammenhang die Schaffung entsprechender Forschungsförderungsstrukturen, für deren weiteren Ausbau sich die verwaltungswissenschaftliche Community in Deutschland einsetzen sollte.

tungsreformen bisher vor allem ebenenspezifisch betrachtet wurden, liegen zu wenige Erkenntnisse zu deren Umsetzung und Wirkmechanismen im Mehrebenensystem vor. Hier kann die Verwaltungsreformforschung von existierenden Arbeiten zum Exekutivföderalismus in Deutschland und zur Koordination in Mehrebenensystemen lernen. Relevante Fragestellungen sind etwa, unter welchen Bedingungen Blockaden von Vetoakteuren überwunden werden können oder welche institutionellen Mechanismen zu einer erfolgreichen Koordination beitragen. Zum anderen hat die digitale Transformation Auswirkungen auf alle Bereiche der Verwaltung – durch die veränderte Infrastruktur wandeln sich z. B. auch Arbeitsbedingungen, Koordinationsformen, Außenbeziehungen, Anforderungen an Führungskräfte und Entscheidungsstrukturen in der Verwaltung. Diese Effekte der digitalen Transformation zu untersuchen, ist eine wichtige Aufgabe für die Forschung der nächsten Jahre.

Ein weiteres bisher vernachlässigtes Forschungsthema bezieht sich auf die Rolle verwaltungsexterner Akteure in Bezug auf das Agenda-Setting, die Formulierung und Umsetzung von Verwaltungsreformen. Zu denken ist an die Judikative, etwa die Rolle des Europäischen Gerichtshofes, aber auch an die Rechnungshöfe als formal unabhängige Akteure, deren Selbstverständnis und Funktion in den letzten Jahren einem Wandlungsprozess unterworfen war und die sich deshalb zunehmend als Agenda-Setter im Bereich der Verwaltungsreform etablieren und hier auch erheblichen medialen Druck aufbauen können. Auch die Bedeutung von Beratungsanbietern – etwa Unternehmensberatungen, Think Tanks und international agierenden Organisationen wie die OECD – sollte zukünftig noch besser erforscht werden.

Zwei weitere Defizite der Verwaltungsreformforschung, welche sich in der vorliegenden Bilanzierung offenbarten, sind erstens das weitgehende Fehlen von empirischen Untersuchungen zu den Performanz- und Outcome-Effekten von Verwaltungsreformen (Kuhlmann/ Wollmann 2013) und zweitens die mangelnde verwaltungswissenschaftliche Auseinandersetzung mit vielen sektoralen Organisationsreformen. Dies gilt beispielsweise für die Strukturreform der Bundeswehr, die zwar von Vertretern der Militärsoziologie und des Public Managements umfassend begleitet, von der politikwissenschaftlichen Verwaltungsforschung aber weitgehend ignoriert wurde. Wenig verwaltungswissenschaftliche Aufmerksamkeit erhält auch – mit Ausnahme der Arbeitsverwaltung – die mittelbare Bundesverwaltung, wie im vorliegenden Beitrag am Beispiel der Berufsgenossenschaften und der gesetzlichen Rentenversicherung exemplarisch erläutert wurde. Gleichzeitig gibt es in der Policy-Forschung zahlreiche Studien, die sich mit Reformprozessen in Politikfeldern beschäftigen und dabei notwendigerweise auch Fragen der Verwaltungsreform berühren. Eine Aufgabe für die Zukunft sollte es deshalb sein, einerseits Reformen in Politikfeldern (die mit sektoralen Verwaltungsreformen verknüpft sind) nicht als verwaltungswissenschaftlichen Forschungsgegenstand zu vernachlässigen und andererseits das Potential (vergleichender) politikfeldspezifischer Studien zur Beantwortung grundlegender verwaltungswissenschaftlicher Fragestellungen – etwa nach den Handlungsrationalitäten administrativer Akteure in spezifischen institutionellen Settings oder nach der Herausbildung und Überwindung von Ressortegoismen – stärker zu nutzen.

Ausgehend von der – angesichts der erheblichen externen Dynamiken erstaunlichen – Kontinuität formaler Strukturen vor allem in der Ministerialverwaltung ergibt sich eine weitere spannende Forschungsperspektive. So wäre es lohnend zu untersuchen, welche Folgen die weitgehende Reformresistenz der Ministerialverwaltung für deren Aufgabenerfüllung und Stellung im politischen System hat und ob sich andere, eher inkrementelle Anpassungsreaktionen (Informalisierung, verändertes Rollenverständnis der Ministerialbeamten, veränderte Auswahlkritierien für Führungskräfte etc.) an die sich wandelnde Organisationsumwelt zeigen. Dahinter steht die Frage, ob und wie sich die Aktivitätsstruktur von Organisationen (Meyer/ Rowan 1977) wandelt, wenn die Formalstruktur weitgehend unverändert bleibt. Um diese Fragen zu beantworten, wären empirische Studien zum Handeln in Verwaltungen nötig, die einen eher qualitativen, gegebenenfalls auch ethnographischen methodischen Zugang erfordern. Nicht zuletzt wäre ein solcher Zugang auch hilfreich, um Verwaltungsreformen im Sinne einer Institutionenpolitik zu untersuchen, die auch informelle Regelsysteme und Interpretationsmuster sowie Vorstellungen über »angemessenes Verhalten« in der öffentlichen Verwaltung (Jann 2008) in den Blick nimmt. Gerade weil die etablierte legalistische Verwaltungskultur und die mangelnde Innovationsbereitschaft von Führungskräften immer wieder als Hemmnis für Reformen identifiziert werden, ist ein genaueres Verständnis der Bedingungen, unter denen sich derartige kulturelle Merkmale wandeln und neue informelle Regelsysteme entstehen, für die Verwaltungsreformforschung (und die Reformpraxis) von erheblicher Bedeutung.

7. Literaturverzeichnis

Bach, Tobias (2014): Autonomie und Steuerung verselbständigter Behörden. Eine empirische Analyse am Beispiel Deutschlands und Norwegens. Wiesbaden: VS Verlag.

Bach, Tobias, Döhler, Marian (2012): Mandated science and the problem of neutral expertise - The case of governmental research agencies. In: WZB Discussion Paper. SP III 2012, 602.

Bach, Tobias, Jantz, Bastian, Veit, Sylvia (2010a): Verwaltungspolitik als Politikfeld. In: Bernhard Blanke, Frank Nullmeier, Christoph Reichard, Göttrik Wewer (Hrsg.): Handbuch zur Verwaltungsreform. 4. Auflage. Wiesbaden: VS Verlag, 527–535.

Bach, Tobias, Jantz, Bastian, Veit, Sylvia (2010b): Verwaltungspolitik auf Bundesebene. Eine Bilanz der Großen Koalition. In: Reimut Zohlnhöfer, Christoph Egle (Hrsg.): Die zweite Große Koalition. Eine Bilanz der Regierung Merkel 2005 - 2009. Wiesbaden: VS Verlag, 463–486.

Bach, Tobias, Philipps, Axel, Barlösius, Eva, Döhler, Marian (2013): Governance von Ressortforschungseinrichtungen. In: Edgar Grande, Dorothea Jansen, Otfried Jarren, Arie Rip, Uwe Schimank, Peter, Weingart (Hrsg.): Neue Governance der Wissenschaft. Reorganisation - externe Anforderungen - Medialisierung. Bielefeld: Transcript, 139–162.

Barlösius, Eva (2009): Forschen mit Gespür für politische Umsetzung - Position, interne Strukturierung und Nomos der Ressortforschung. In: Der moderne Staat, 2 (2), 347–366.

Battis, Ulrich (2009): Stand und Weiterentwicklung des deutschen Öffentlichen Dienstes. In: Der moderne Staat, 2 (1), 93–107.

Bauer, Michael W., Bogumil, Jörg, Knill, Christoph, Ebinger, Falk, Krapf, Sandra, Reißig, Kristin (2007): Modernisierung der Umweltverwaltung. Reformstrategien und Effekte in den Bundesländern. Berlin: Edition Sigma.

Bender, Gerd, Bieber, Daniel, Hielscher, Volker, Marschall, Jörg, Ochs, Peter, Vaut, Simon (2006): Organisatorischer Umbau der Bundesagentur für Arbeit. Evaluation der Maßnahmen zur Umsetzung der Vorschläge der Hartz-Kommission. Handlungsempfehlungen für die weitere Reformgestaltung der BA. Saarbrücken: Institut für Sozialforschung und Sozialwirtschaft e.V. - ISO.

Böcher, Michael, Krott, Max (2010): Umsetzung des Konzepts einer modernen Ressortforschung im Geschäftsbereich des BMU. Dessau-Roßlau: Umweltbundesamt.

Bogumil, Jörg, Ebinger, Falk (2011): Verwaltungsstrukturreformen in den Bundesländern. In: Bernhard Blanke, Frank Nullmeier, Christoph Reichard, Göttrik Wewer (Hrsg.): Handbuch zur Verwaltungsreform. 4. Auflage. Wiesbaden: VS Verlag, 45–52.

Bogumil, Jörg, Grohs, Stephan, Kuhlmann, Sabine (2011): Evaluation des Neuen Steuerungsmodells. In: Bernhard Blanke, Frank Nullmeier, Christoph Reichard, Göttrik Wewer (Hrsg.): Handbuch zur Verwaltungsreform. 4. Auflage. Wiesbaden: VS Verlag, 554–562.

Bogumil, Jörg, Seuberlich, Marc (2016): Mehr Aufgaben, weniger Personal. In: Der Personalrat, 33 (12), 8–12.

Böhme, Doris (2016): Die Diffusion von Verwaltungsreformen. Eine Analyse der Rerform des kommunalen Haushalts- und Rechnungswesens aus neo-institutionalistischer Perspektive. Universität Bamberg: Unveröffentlichte Dissertation.

Böhret, Carl (2011): Aktive Verwaltungspolitik. In: Bernhard Blanke, Frank Nullmeier, Christoph Reichard, Göttrik Wewer (Hrsg.): Handbuch zur Verwaltungsreform. 4. Auflage. Wiesbaden: VS Verlag, 60–66.

Brunsson, Nils (1989): The Organization of Hypocrisy: Talk, decision and actions in organizations. Chichester: Wiley.

Bull, Hans Peter (2008): Leistungsorientierte Bezahlung im öffentlichen Dienst - Probleme und Lösungsansätze. In: Siegfried Magiera, Karl-Peter Sommermann, Jacques Ziller (Hrsg.): Verwaltungswissenschaft und Verwaltungspraxis in nationaler und transnationaler Perspektive. Festschrift für Heinrich Siedentopf zum 70. Geburtstag. Berlin: Duncker & Humblot, 531–550.

Bundesministerium für Bildung und Forschung (2004): Bundesbericht Forschung 2004.

Bundesministerium für Bildung und Forschung (2016): Bundesbericht Forschung und Innovation 2016, Ergänzungsband II: Organisationen und Einrichtungen in Forschung und Wissesnschaft.

Bundesministerium der Finanzen (2007): Einführungsstand der Kosten- und Leistungsrechnung in der Bundesverwaltung. Fortschrittsbericht an den Rechnungsprüfungsausschuss des Deutschen Bundestages. Berlin.

Bundesministerium des Innern (2015): Einheitliche Behördennummer 115. Zwischenbericht für das Jahr 2015. Berlin.

Bundesministerium der Verteidigung (2013): Bericht zum Stand der Neuausrichtung der Bundeswehr vom 8. Mai 2013.

Bundesrechnungshof (2006): Bericht nach § 99 Bundeshaushaltsordnung über die Modernisierung des staatlichen Haushalts- und Rechnungswesens. Bonn.

Bundesrechnungshof (2014): Bericht an den Haushaltsausschuss des Deutschen Bundestages nach § 88 Abs. 2 BHO über die angestrebte Umsetzung harmonisierter Rechnungsführungsgrundsätze für den öffentlichen Sektor (EPSAS) in den Mitgliedstaaten der Europäischen Union. Bonn.

Bundesrechnungshof (2015): Abschließende Mitteilung an das Bundesministerium des Innern über die Prüfung Leistungsvergleiche unter Beteiligung von Behörden und Einrichtungen des Bundes (Kontrollprüfung). Bonn.

Büschenfeldt, Maika, Scholl, Margit (2014): Die Archetypen des Web 2.0 als Referenzmodell für das E-Government 2.0. In: Dagmar Lück-Schneider (Hrsg.): Beiträge zur Verwaltungsinformatik. Berlin: Hochschule für Wirtschaft und Recht Berlin, 117–139.

CDU, CSU, SPD (2005): Gemeinsam für Deutschland - mit Mut und Menschlichkeit. Koalitionsvertrag zwischen CDU, CSU und SPD. Berlin.

Deimel, Klaus (2008): Möglichkeiten und Grenzen des Wertmanagements durch Shared-Service-Center. In: Frank Keuper, Christian Oecking (Hrsg.): Corporate Shared Services. Bereitstellung von Dienstleistungen im Konzern. 2. Auflage. Wiesbaden: Gabler, 191–219.

Demmke, Christoph (2008): Was leisten organisatorische und individuelle Leistungsbeurteilungssysteme? Eine Bilanz der Arbeiten unter deutscher und portugiesischer EU-Präsidentschaft. In: Zeitschrift für Beamtenrecht (ZBR), 56 (3), 77–90.

Deutscher Bundestag (2016): Beschlussempfehlung und Bericht des Haushaltsausschusses vom 7.7.2016 (Drucksache 18/9108).

Die Bundesregierung (2014): Digitale Verwaltung 2020. Regierungsprogramm der 18. Legislaturperiode. Berlin.

DLZ-Projekt (2010): Projektbericht 2010, Projekt 3.1.1 des Programms »Zukunftsorientierte Verwaltung durch Innovationen«, Aufbau und Ausbau von Kompetenz- und Dienstleistungszentren. Phase 3.

Döhler, Marian (2007): Die politische Steuerung der Verwaltung. Eine empirische Studie über politisch-administrative Interaktionen auf der Bundesebene. Baden-Baden: Nomos.

Ette, Andreas, Stedtfeld, Susanne, Sulak, Haran, Brückner, Gunter (2016): Erhebung des Anteils von Beschäftigten mit Migrationshintergrund in der Bundesverwaltung. Ergebnisbereicht im Auftrag des Ressortarbeitskreises der Bundesregierung. Wiesbaden: Bundesinstitut für Bevölkerungsforschung.

Färber, Gisela, Zeitz, Dirk (2015): Legitimation durch Gesetzesfolgenabschätzung? Möglichkeiten und Grenzen für die Legitimation staatlichen Handelns. In: Der moderne Staat, 8 (2), 337–359.

Fleischer, Julia, Bertels, Jana, Schulze-Gabrechten, Lena (2017): The Partisan Nature of Bureaucratic Landscapes: Explaining Structural Changes in German Ministries. Paper presented at the PSA Annual Conference 2017 Glasgow.

Fromm, Jens, Welzel, Christian, Nentwig, Lutz, Weber, Mike (2015): E-Government in Deutschland: Vom Abstieg zum Aufstieg. Gutachten des Kompetenzzentrums Öffentliche Informationstechnologie im Auftrag des Nationalen Normenkontrollrates. Berlin.

Gulick, Luther (1976): Bemerkungen zur Organisationstheorie. In: Heinrich Siedentopf (Hrsg.): Verwaltungswissenschaft. Darmstadt: Wissenschaftliche Buchgesellschaft, 153–194.

Hammerschmid, Gerhard, Görnitz, Anja, Oprisor, Anca, Stimac, Vid (2013): Public Sector Reform in Germany: Views and Experiences from Senior Executives. Country Report as part of the COCOPS Research Project.

Hammerschmid, Gerhard, Oprisor, Anca (2016): German public administration: incremental reform and a difficult terrain for management ideas and instruments. In: Gerhard Hammerschmid, Steven van den Walle, Andrew Rhys, Philippe Bezes (Hrsg.): Public Administration Reforms in Europe. The View from the Top. Cheltenham: Edward Elgar, 63–72.

Herzberg, Johann (2013): »Open Government« - Versuch einer Begriffsbestimmung. In: Verwaltung und Management, 19 (1), 40–44.

Hilgers, Dennis (2012): Open Government: Theoretische Bezüge und konzeptionelle Grundlagen einer neuen Entwicklung in Staat und öffentlichen Verwaltungen. In: Zeitschrift für Betriebswirtschaft, 82 (6), 631–660.

Hill, Hermann (2013): Veränderung von Staatskommunikation und Staatskultur durch digitale Medien. In: Edwin Czerwick (Hrsg.): Politische Kommunikation in der repräsentativen Demokratie der Bundesrepublik Deutschland. Festschrift für Ulrich Sarcinelli. Wiesbaden: VS Verlag, 67–85.

Hohendanner, Christoph, Ostmeier, Esther, Ramos Lobato, Philipp (2015): Befristete Beschäftigung im öffentlichen Dienst: Entwicklung, Motive und rechtliche Umsetzung. Nürnberg: IAB (IAB-Forschungsbericht No. 12/2015).

Hustedt, Thurid (2013a): Der Rutschbahneffekt. Ministerielle Leitungsbereiche zwischen Bonn und Berlin. In: Marian Döhler, Jochen Franzke, Kai Wegrich (Hrsg.): Der gut organisierte Staat. Berlin: Edition Sigma, 189–210.

Hustedt, Thurid (2013b): Ministerialverwaltung im Wandel. Struktur und Rolle der Leitungsbereiche im deutsch-dänischen Vergleich. Baden-Baden: Nomos.

Jann, Werner (1994): Moderner Staat und effiziente Verwaltung: Zur Reform des öffentlichen Sektors in Deutschland. Bonn: Friedrich-Ebert-Stiftung.

Jann, Werner (2002): Der Wandel verwaltungspolitischer Leitbilder: Von Management zu Governance?. In: Klaus König (Hrsg.): Deutsche Verwaltung an der Wende zum 21. Jahrhundert. Baden-Baden: Nomos, 279–303.

Jann, Werner (2004): Verwaltungsmodernisierung auf Bundesebene. In: Jan Werner, Jörg Bogumil, Geert Boukaert, Dietrich Budäus, Lars Holtkamp, Leo Kißler, Sabine Kuhlmann, Erika Mezger, Christoph Reichard, Hellmut Wollmann: Status-Report Verwaltungsreform. Eine Zwischenbilanz nach zehn Jahren. Berlin: Ed. Sigma, 100–111.

Jann, Werner (2008): Regieren als Governance-Problem: Bedeutung und Möglichkeiten institutioneller Steuerung. In: Werner Jann, Klaus König (Hrsg.): Regieren zu Beginn des 21. Jahrhunderts. Tübingen: Mohr Siebeck, 1–28.

Jann, Werner, Veit, Sylvia (2015): Germany. In: Montgomery Van Wart, Annie Hondeghem, Erwin Schwella, Paul Suino (Hrsg.): Leadership and Culture. Comparative Models of Top Civil Servant Training. Basingstoke: Palgrave Macmillan, 183–198.

Jann, Werner, Wegrich, Kai (2008): Wie bürokratisch ist Deutschland? Und warum? Generalisten und Spezialisten im Entbürokratisierungsspiel. In: Der moderne Staat, 1 (1), 49–72.

Jantz, Bastian, Veit, Sylvia (2011): Steuerung von Querschnittspolitik durch das Bundeskanzleramt. Das Beispiel Bürokratieabbau. In: Martin Florack, Timo Grunden (Hrsg.): Führung, Steuerung und Koordination zwischen Formalität und Informalität. Wiesbaden: VS Verlag, 285–310.

Klenk, Tanja (2008): Innovation und Kontinuität. Die Organisationsreform in der gesetzlichen Rentenversicherung. Wiesbaden: VS Verlag.

Knassmüller, Monika, Veit, Sylvia (2015): Culture matters - the training of senior civil servants in Austria, Germany, the Netherlands and Switzerland. In: Teaching Public Administration, 34 (2), 120–149.

Köhl, Stefanie, Lenk, Klaus, Löbel, Stephan, Schuppan, Tino, Viehstädt, Anna-Katharina (2014): Stein-Hardenberg 2.0. Architektur einer vernetzten Verwaltung mit E-Government. Baden-Baden: Nomos.

Korinek, Rebecca Lea, Veit, Sylvia (2015): Only good fences keep good neighbors! The institutionalization of ministry-agency relationships at the science-policy nexus in German food safety policy. In: Public Administration, 93 (1), 103–120.

Kuhlmann, Sabine (2009): Die Evaluation von Institutionenpolitik in Deutschland: Verwaltungsmodernisierung und Wirkungsanalyse im föderalen System. In: Thomas Widmer (Hrsg.): Evaluation. Ein systematisches Handbuch. Wiesbaden: VS Verlag, 371–380.

Kuhlmann, Sabine, Wollmann, Hellmut (2013): Verwaltung und Verwaltungsreformen in Europa. Einführung in die vergleichende Verwaltungswissenschaft. Wiesbaden: VS Verlag.

Lohmann, Christian, Rötzel, Peter (2013): Einfluss der öffentlichen Anteilseigner auf Private Public Partnerships: Eine empirische Untersuchung am Beispiel der Private Public Partnerships der Bundeswehr. In: Martin K. Welge, Peter Witt (Hrsg.): Corporate Governance in mittelständischen Unternehmen. Wiesbaden: Springer Gabler, 71–87.

Lorse, Jürgen (2008): Personalentwicklung im Abseits aktueller dienstrechtlicher Reformüberlegungen. In: Zeitschrift für Beamtenrecht 56, 145–158.

Lucke, Jörn von, Reinermann, Heinrich (2000): Speyerer Definition von Electronic Government. Speyer: Forschungsinstitut für Öffentliche Verwaltung.

Mehde, Veith (2017): E-Government durch Gesetz? In: Jörn von Lucke, Klaus Lenk (Hrsg.): Verwaltung, Informationstechnik & Management. Festschrift für Heinrich Reinermann zum 80. Geburtstag. Baden-Baden: Nomos - Edition Sigma, 263–274.

Meyer, John W., Rowan, Brian (1977): Institutional organizations: formal structure as myth and ceremony. In: American Journal of Sociology, 83 (2), 340–363.

Nationaler Normenkontrollrat (2016): E-Government in Deutschland: Wie der Aufstieg gelingen kann - ein Arbeitsprogramm. Berlin.

OECD (2005): Performance-Related Pay Policies for Government Employees. Paris: OECD.

Peters, Cornelia (1999): Verwaltungspolitik beim Bund: Zwischen Kontinuität und Neuansatz. Bilanz und Perspektiven. In: Klaus König, Natascha Füchtner (Hrsg.): Verwaltungsmodernisierung im Bund. Schwerpunkte der 13. Legislaturperiode. Speyer: Forschungsinstitut für Öffentliche Verwaltung. Speyerer Forschungsberichte, 196, 19–41.

Pollitt, Christopher, Bouckaert, Geert (2011): Public Management Reform: A Comparative Analysis. 3. Auflage. Oxford: Oxford University Press.

Portugall, Gerd (2014): Verwaltungsmodernisierung in der Bundeswehr in den letzten 20 Jahren - eine kurze Entwicklungsgeschichte aus politikwissenschaftlicher Sicht. In: Eva-Maria Kern, Gregor Richter (Hrsg.): Streitkräftemanagement. Neue Planungs- und Steuerungsinstrumente in der Bundeswehr. Wiesbaden: Springer Gabler, 153–176.

Power, Michael (2005): The Theory of the Audit Explosion. In: Ewan Ferlie, Laurence E. Lynn, Christopher Pollitt (Hrsg.): The Oxford Handbook of Public Management. Oxford: Oxford University Press, 326–344.

Radaelli, Claudio (2010): Regulating Rule-Making via Impact Assessment. In: Governance, 23 (1), 89–108.

Reichard, Christoph (2014): Das Personal der legalistischen Verwaltung. In: Klaus König, Sabine Kropp, Sabine Kuhlmann, Christoph Reichard, Karl-Peter Sommermann, Jan Ziekow (Hrsg.): Grundmuster der Verwaltungskultur. Interdisziplinäre Diskurse über kulturelle Grundformen der öffentlichen Verwaltung. Baden-Baden: Nomos, 47–66.

Reichard, Christoph, Schröter, Eckhard (2009): Der öffentliche Dienst im Wandel der Zeit: Tradierte Probleme, aktuelle Herausforderungen und künftige Reformperspektiven. In: Der moderne Staat, 2 (1), 17–36.

Richter, Gregor (2014): Agenturbildung und Verwaltungssteuerung in der Neuausrichtung der Bundeswehr. In: Eva-Maria Kern, Gregor Richter (Hrsg.): Streitkräftemanagement. Neue Planungs- und Steuerungsinstrumente in der Bundeswehr. Wiesbaden: Springer Gabler, 177–190.

Richter, Gregor (2015): Veränderungsmanagement in der Neuausrichtung der Bundeswehr. Ergebnisse der zweiten Befragungswelle 2014. Potsdam: Zentraum für Militärgeschichte und Sozialwissenschaften der Bundeswehr.

Sack, Detlef (2011): Public Private Partnership. Öffentliche-Private Partnerschaften. In: Bernhard Blanke, Frank Nullmeier, Christoph Reichard, Göttrik Wewer (Hrsg.): Handbuch zur Verwaltungsreform. 4. Auflage. Wiesbaden: VS Verlag, 161–168.

Scharpf, Fritz W. (1987): Grenzen der institutionellen Reform. In: Thomas Ellwein, Joachim Jens Hesse, Renate Mayntz, Fritz W. Scharpf (Hrsg.): Jahrbuch zur Staats- und Verwaltungsreform. Band 1. Baden-Baden: Nomos, 111–151.

Schröter, Eckhard (2007): Reforming the Machinery of Government: The Case of the German Federal Bureaucracy. In: Rainer Koch, John Dixon (Hrsg.): Public governance and leadership. Political and managerial problems in making public governance changes the driver for re-constituting leadership. Wiesbaden: Dt. Universitätsverlag, 251–271.

Schröter, Eckhard, Röber, Manfred (2015): Verwaltungsausbildung zwischen Tradition und Moderne: Ein dreidimensionales Portrait. In: Verwaltung und Management, 21 (3), 125–137.

Schuppan, Tino (2012a): E-Government in Deutschland - Entwicklungen, Naivitäten und Déjà-vus. In: Verwaltung und Management, 18 (4), 188–192.

Schuppan, Tino (2012b): Shared Service Center: Ein Modell für die öffentliche Leistungserbringung?. In: Utz Schliesky, Sönke E. Schulz (Hrsg.): Die Erneuerung des arbeitenden Staates. Baden-Baden: Nomos, 87–104.

Schütz, Giso (2012): Shared Services. Kooperative kommunale Aufgabenerfüllung. Wiesbaden: Kommunal- und Schul-Verlag (Verwaltungspraxis).

Schwartz, Robert (2000): State Audit - Panacea for the Crisis of Accountability? An Empirical Study of the Israeli Case. In: International Journal of Public Administration, 23 (4), 405–433.

Seyfried, Markus, Veit, Sylvia (2016): Methoden und Daten zur Erforschung spezieller Organisationen: Öffentliche Verwaltung. In: Stefan Liebig, Wenzel Matiaske, Sophie Rosenbohm (Hrsg.): Handbuch Empirische Organisationsforschung. Wiesbaden: VS Verlag.

Strukturkommission (2010): Bericht der Strukturkommission der Bundeswehr. Vom Einsatz her denken: Konzentration, Flexibilität, Effizienz. Berlin: Bundesministerium der Verteidigung, Presse- und Informationsstab AB 2.

Töller, Annette E., Dittrich, Marcus (2011): Die Privatisierung des Maßregelvollzugs. Die deutschen Bundesländer im Vergleich. In: Der moderne Staat, 4 (1), 191–210.

Veit, Sylvia (2010): Bessere Gesetze durch Folgenabschätzung? Deutschland und Schweden im Vergleich. Wiesbaden: VS Verlag.

Veit, Sylvia, Heindl, Markus (2013): Politikberatung im Spannungsfeld zwischen Unabhängigkeit und Relevanz. Der Nationale Normenkontrollrat. In: Zeitschrift für Politikberatung, 6 (3-4), 111–124.

Veit, Sylvia, Hustedt, Thurid, Bach, Tobias (2017): Dynamics of change in internal policy advisory systems: the hybridization of advisory capacities in Germany. In: Policy Sciences, 50 (1), 85-103.

Vesper, Dieter (2016): Aktuelle Entwicklungstendenzen und zukünftiger Personalbedarf im öffentlichen Dienst. Gutachten erstellt im Auftrag des Instituts für Makroökonomie und Konjunkturforschung der Hans-Böckler-Stiftung. Berlin: Hans-Böckler-Stiftung.

Wegrich, Kai (2011): Das Leitbild »Better Regulation«. Ziele, Instrumente, Wirkungsweise. Berlin: Edition Sigma.

Wegrich, Kai (2015): Accommodating a foreign object: federalism, coordination and performance management in the reform of German employment administration. In: Public Management Review, 17 (9), 940–959.

Weibel, Antoinette, Rost, Katja, Osterloh, Margit (2009): Pay for Performance in the Public Sector — Benefits and (Hidden) Costs. In: Journal of Public Administration Research and Theory, 20 (2), 387–482.

Wewer, Göttrik (2013): Eine Blaupause für Deutschland? Barack Obama und die kollaborative Verwaltung. In: Der moderne Staat, 6 (2), 411–424.

Wirtz, Bernd W., Daiser, Peter (2016): A meta-analysis of empirical e-government research and its future research implications. In: International Review of Administrative Sciences, 74 (3), 421-433.

Wissenschaftsrat (2007): Empfehlungen zur Rolle und künftigen Entwicklung der Bundeseinrichtungen mit FuE-Aufgaben.

Wissenschaftsrat (2010): Empfehlungen zur Profilierung der Einrichtungen mit Ressortforschungsaufgaben des Bundes.

Wissenschaftsrat (2017): Empfehlungen zur Weiterentwicklung der Ressortforschungseinrchtungen des Bundesministeriums für Ernährung und Landwirtschaft (BMEL).

Die Logik der Politikberatung. Analysen am Beispiel der Verwaltungspolitik der Länder

Jörg Bogumil

1. Problemhintergrund und Fragestellung

Für die Verwaltungswissenschaft war Politikberatung schon immer attraktiver als für große Bereiche der Politikwissenschaft, zumindest dann, wenn sie an einer problemlösungsorientierten Sichtweise interessiert ist.[1] Ein wesentlicher Grund liegt auch in ihrem Forschungsgegenstand, der Verwaltung. So ist ein wesentlicher Aufgabenbereich der Verwaltung die Beratung der Politik, insbesondere, aber nicht nur, in Ministerialverwaltungen. Verwaltungen sind im Kern sogar die wichtigsten Berater der Politik. Ohne Verwaltungszuarbeit können in den arbeitsteiligen und spezialisierten öffentlichen Organisationen die vorhandenen umfangreichen Informationen nicht gefiltert, verdichtet und entscheidungsreif gemacht werden. Insofern ist Verwaltungswissen höchst entscheidungsrelevant und eine Wissenschaft, welche sich mit diesem Gegenstand beschäftigt, eigentlich prädes-

1 In der Verwaltungswissenschaft bezeichnete man vergleichbare Verfahren als »benchmarking«. Diese steht in der Tradition der Ende der 1960er Jahre entstehenden politikwissenschaftlich ausgerichteten Verwaltungswissenschaft als Policyanalyse, die sich im Zusammenhang mit der Reform der Ministerialorganisation, dem Aufbau von Planungs- und Entscheidungssystemen und der Durchführung von Territorial- und Funktionalreformen in den 1970er Jahren mit den Möglichkeiten problemadäquater politisch-administrativer Strukturen und Prozesse beschäftigte (Scharpf 1973). Auch wenn später der Blick weg vom Staat als alleinigem Steuerungsakteur hin zum Zusammenwirken gesellschaftlicher und staatlicher Akteure ins Zentrum des Interesses geriet, wird an der besonderen Funktion des politisch-administrativen Systems als »Spezialist fürs Allgemeine« festgehalten (Mayntz 1996: 156). Steuerung bleibt dem Anspruch nach seine besondere Funktion, verändert hat sich indes die Art und Weise, wie der Staat die Aufgaben erfüllt. Diese ist durch die Kombination von gesellschaftlicher Selbstregelung und politischer Steuerung gekennzeichnet. Damit rücken dann vor allem die Probleme von Verhandlungssystemen, die Handlungs- und Entscheidungsfähigkeit der in Netzwerken gebundenen Akteure, die dort von staatlichen Akteuren wahrgenommene Rolle und die Qualität der Politikergebnisse in derartigen Strukturen in den Vordergrund. Dies ändert jedoch nichts an dem Anspruch einer Politik- und Verwaltungswissenschaft, die auch zur Problemlösung beitragen will.

tiniert, sich mit dem Prozess der Wissensaneignung und -verwendung zu beschäftigten.

Verwaltungsberatung ist somit eigentlich immer auch Politikberatung. Man könnte sogar sagen, dass der Großteil der normalerweise unter der Überschrift Politikberatung laufenden Aktivitäten in Wirklichkeit Verwaltungsberatung ist, denn die Ergebnisse von Gutachten, Expertenkommissionen, Anhörungen, Enquetekommissionen usw. sind in aller Regel so umfangreich und so speziell, dass sie wiederum nur von den Experten in den Verwaltungen im Detail gelesen und verarbeitet werden können. Diese müssen die Ergebnisse dann wiederum für die politischen Spitzen aufbereiten.

Insofern wundert es nicht, dass es viele *Expertengremien* gibt, die Politik und Verwaltung beraten sollen, wie Beiräte, Arbeitsgruppen, Projektgruppen, Expertenkommissionen oder Enquetekommissionen (Siefken 2007; vgl. auch Döhler 2012, Fleischer 2016). Beispiele für Beiräte sind z. B. der Wissenschaftliche Beirat im Finanzministerium, die Monopolkommission oder der Nationale Normenkontrollrat. Typische Arbeitskreise sind der Arbeitskreis Steuerschätzung sowie natürlich die Ausschüsse der Parlamente. Beispiele für zeitlich begrenzte Expertenkommissionen sind die Hartz- oder Rürup-Kommissionen, während die Projektgruppe Regierungs- und Verwaltungsreform, der Staatssekretärsausschuss für Bürokratieabbau oder die Kommission zur Gemeindefinanzreform Beispiele für eine Projektgruppe darstellen. Enquete-Kommissionen vereinen externe Experten und Parlamentarier, sie werden vor allem in den Bundesländern vielfach genutzt.[2]

Neben den Expertengremien haben vor allem *wissenschaftliche Gutachten*, die die Arbeit in den Expertengremien oder in der Verwaltung zusätzlich unterstützen sollen, eine wichtige Beratungsfunktion. Insgesamt ist diese Form von Politikberatung alles andere als neu, allerdings gibt es einige Indizien, die auf die *zunehmende Bedeutung von Expertenwissen für legislative und exekutive Entscheidungsprozesse* hinweisen (z. B. Zürn 2011; Bogumil/ Kuhlmann 2015).[3]

---

2 Seit Anfang der 1990er Jahre sind in den Bundesländern über 60 Enquetekommissionen eingesetzt worden, die meist über mehrere Jahre gearbeitet haben.

3 Auf die kritische Diskussion hinsichtlich des Einflusses von externer Beratung auf politische Entscheidungen, die eine demokratietheoretisch und verfassungsrechtlich problematische Auswanderung aus den Verfassungsinstitutionen konstatiert (Blumenthal 2003), wird nicht weiter eingegangen. Die These, dass durch den Einsatz von Kommissionen, Beiräten und Sachverständigen die Gestaltungsmacht von Regierung und Parlament auf externe Akteure verlagert und damit dem Gesetzgeber entzogen wird, hält der Autor jedenfalls für den von ihm untersuchten Bereich für nicht belegt.

Ein wesentliches Ziel der Einbindung wissenschaftlicher Expertise ist neben der Informationsbeschaffung (fast immer auch) ihre Legitimationsstiftung für den Entscheidungsprozess und dessen Ergebnis. Dies ist nun wenig überraschend, ist doch aus der Debatte um die Logik politischer Entscheidungsprozesse bekannt, dass politisch-administrative Entscheidungsprozesse immer Macht- und Informationsverarbeitungsprozesse zugleich sind (vgl. Bogumil 2011).[4] Wesentliche Hindernisse für eine bessere politische Steuerung liegen eben nicht nur in Zeit- und Informationsproblemen, sondern auch in Prozessen der Parteienkonkurrenz und in den spezifischen Eigeninteressen der Akteure.

Weitgehend Einigkeit herrscht über die institutionentheoretische Grundprämisse, dass die Institutionalisierung und Verwendung von Wissen in der Verwaltung durch komplexe Interaktionsprozesse von externen und internen Akteuren gekennzeichnet ist. Der Verlauf und das Ergebnis dieser Interaktionsprozesse sind auch von den gegebenen Organisationsstrukturen und Kontextfaktoren abhängig (Knill/ Tosun 2015). Es gibt jedoch kaum empirische Untersuchungen, die diesen allgemeinen Erklärungszusammenhang konkretisieren. Wie Beratungsprozesse von Politik und Verwaltung im Geflecht zwischen Parteienwettbewerb, beschränkten Planungskapazitäten, Implementationsproblemen durch vertikale und horizontale Verflechtungen sowie Eigeninteressen der Implementeure konkret ablaufen und welche Logik sich wann durchsetzt, ist vielfach unerforscht. Dies ist wenig überraschend, da es erhebliche Feldzugangsprobleme gibt und wenig Interesse existiert, Transparenz über die Realität von Beratungsprozessen herzustellen.

Der Autor hatte nun seit dem Jahr 2004 die Gelegenheit, im Feld der *Verwaltungspolitik der Länder* zahlreiche Erfahrungen hinsichtlich der Verwendung und Wirkungsweise wissenschaftlicher Expertise zu machen.[5] In den Bundesländern ist insgesamt - und in den letzten Jahren vermehrt – eine hohe Bedeutung von Expertenwissen zu beobachten. Seit Mitte der 1990er Jahre sind nach eigenen Recherchen mindestens 150 externe

---

4 Vgl. hierzu auch das das Konzept der Wissenspolitologie (Nullmeier 1993), in welchem die Deutungshoheit über Wissen und Expertise als eine zentrale Machtressource im politischen Prozess verstanden wird.

5 Auch wenn es hier im Folgenden empirisch nur um die Verwaltungspolitik der Länder geht, lassen sich die Kernaussagen zur Logik der Politikberatung auch auf die Beratung von öffentlichen Organisation übertragen, wenngleich hier der Anteil der politikwissenschaftlichen Beratung möglicherweise etwas geringer ist als im Bereich der Verwaltungspolitik der Länder, da hier stärker die öffentliche Betriebswirtschaftslehre und Unternehmensberatungen ins Spiel kommen.

verwaltungswissenschaftliche Gutachten in Auftrag gegeben worden, sowie ca. 15 Enquetekommissionen im Feld der Verwaltungspolitik der Länder eingesetzt worden. Es dominieren dabei im Übrigen politikwissenschaftliche Stellungnahmen, diese sind aber auf wenige Personen beschränkt. Ein Grund für die intensive Nutzung von Expertenwissen ist, dass die Reformmaßnahmen, vor allem Gebiets- und Funktionalreformen, häufig politisch sehr umstritten sind, und die Hinzuziehung von externem Wissen helfen soll, die Legitimation der Maßnahmen abzusichern.[6]

Zurückgegriffen wird im Folgenden zum einen auf die Literatur zur Politikberatung (vgl. hierzu vor allem Weiss 1977, 1979; Weingart 2001; Wewer 2003; Falk et al. 2006; Maytnz 2008; Voßkuhle 2007; Weingart/ Lentsch 2008; Schuppert 2008; Heidelberger Akademie der Wissenschaften)[7] und zur Verwaltungspolitik und zum anderen auf eigene Erfahrungen mit der Erstellung und Verwendung von Gutachten, Anhörungen in den Landtagen sowie der Arbeit von Enquetekommissionen in den Bundesländern Baden-Württemberg, Brandenburg, Niedersachsen, Nordrhein-Westfalen, Sachsen und Thüringen. Inhaltlich geht es dabei im Bereich der Gebiets- und Funktionalreformen insbesondere um die Rolle der staatlichen Mittelinstanzen (Regierungspräsidien, Bezirksregierungen), die Diskussion von Kommunalisierungsmöglichkeiten sowie um Kreis- und Gemeindezusammenschlüsse. Aufgabenfelder, die vertiefter betrachtet wurden, sind die Umweltverwaltung, die Straßenbauverwaltung, die Sozialverwaltung, die Schulaufsicht sowie die Regionalentwicklung und EU-Förderung. Gutachten wurden dabei sowohl im Auftrag von Staatskanzleien oder Ministerien als auch im Auftrag von Stiftungen erstellt. Einladungen zu Anhörungen kamen sowohl von der SPD, der CDU, den GRÜNEN als auch der FDP.[8]

Im Folgenden soll nun die Logik der Politikberatung im Feld der Verwaltungspolitik der Länder analysiert werden, indem danach gefragt wird, a) wie und wann die Experten ausgewählt werden, b) ob es Einflussversuche seitens der Auftraggeber der Expertise gibt und c) wie die Prozesse der Ergebnisverwendung verlaufen?

Die *zentrale These* des Beitrags lautet, dass sich die Logik wissenschaftlicher Expertise mit der Logik politischer Entscheidungsrationalität verkop-

6 Gemeint ist hier die Throughput-Legitimität, also der Prozess der Entscheidungsproduktion als mögliche Quelle von Legitimität (Zürn 2011).

7 Eine Zusammenfassung dieser allgemeinen Diskussion findet sich bei Bogumil/ Jann (2009: 181ff.), weshalb hier darauf verzichtet wird. Stattdessen wird in den einzelnen Ausführungen auf die relevante Literatur verwiesen.

8 Hieran erkennt man schon, dass in Fragen der Verwaltungspolitik rein parteipolitische Erklärungsmuster wenig erklärungskräftig sind.

peln muss, damit wissenschaftliche Erkenntnisse überhaupt eine Chance haben, die Verwaltungspraxis zu verbessern. Dies erfordert die Bereitschaft von Wissenschaftlern, sich in die Entscheidungslogiken von Verwaltung und Politik einzudenken (und z.T. in dieser zu agieren), um überhaupt in den Wahrnehmungshorizont der Praxis vorzudringen. Dann besteht eine Chance, wissenschaftliche Argumente in politische Prozesse einfließen zu lassen, wohlwissend, dass zumindest im Feld der Verwaltungspolitik sich im Zweifel die Machtlogik durchsetzt. Dennoch hat gerade die Politikwissenschaft große Einflussmöglichkeiten, allerdings nutzt sie aus unterschiedlichsten Gründen ihre Beratungschancen bisher eher unzureichend.

Bevor in Kapitel 3 auf diese Logik der Politikberatung eingegangen wird, soll zunächst ein kurzer Überblick über den Stand und Inhalt der Verwaltungsreformen auf Länderebene gegeben werden (Kapitel 2). Abschließend wird die Frage gestellt, warum es eine gewisse Zurückhaltung von Teilen der Politikwissenschaft im Bereich der Politikberatung gibt (Kapitel 4).

2. Neuere Verwaltungsreformen in den Bundesländern

Im deutschen Verwaltungsföderalismus nehmen die Bundesländer die zentrale Rolle als Vollzugsebene für Bundes- und Landesgesetze ein. Dies zeigt sich auch daran, dass sie mit einem Anteil von ca. 50 % das Gros der über 4 Mio. Beschäftigten im öffentlichen Dienst in Deutschland stellen. Der Bund kommt hier nur auf einen Anteil von knapp 10 %. Insofern ist Verwaltungspolitik, also die Modernisierung der Verwaltungsstrukturen und -verfahren, vor allem eine Angelegenheit der Länder und der – staatsrechtlich zu den Ländern zählenden – Kommunen (Ebinger/ Bogumil 2016).

Seit der Nachkriegszeit gab es immer wieder Ansätze und Vorstöße, den hergebrachten Verwaltungsaufbau zu ändern, zu optimieren und effizienter zu gestalten, allerdings lange Zeit ohne durchgreifendem Erfolg (Bogumil/ Jann 2009). Nach der deutschen Einigung mussten vor allem die ostdeutschen Bundesländer ihre Verwaltungsstrukturen an die westdeutschen Vorbilder anpassen. Seit Beginn des 21. Jahrhunderts jedoch intensivieren alle Landesregierungen ihre Reformanstrengungen mit – gemessen am Ausmaß und der Intensität der Veränderungen – überraschendem Erfolg (vor allem in Baden-Württemberg und Niedersachsen im Jahr 2005). Alle Länder bemühen sich in Zeiten zunehmender Haushaltskonsolidierung um eine Konzentration und Straffung der unmittelbaren staatlichen Verwaltung. Auch die ostdeutschen Flächenländer mussten nach der ersten Phase von Reformen in den 1990er Jahren aufgrund des demografischen Wandels und der Veränderung der Finanzausstattung (durch die Reduzierung und dann den Wegfall des Solidaritätszuschlages zum Jahr 2019) in eine zweite Verwaltungsreformphase eintreten (vgl. ausführlich Ebinger/ Bogumil 2016). Überblicksartig hat es in den folgenden Bundesländern in den letzten Jahren umfassende Verwaltungsreformen gegeben:

In *Baden-Württemberg* setzte eine Koalition von CDU und FDP zum 1.1.2005 eine umfassende Funktionalreform zur Stärkung der konzentrierten Dreistufigkeit in Kraft. Es kam zu einem Abbau, der Zusammenlegung oder Eingliederung von 350 Sonderbehörden in die Regierungspräsidien oder Landkreise, von dem ca. 20.000 Mitarbeiter betroffen waren. Eine Gebietsreform fand nicht statt, für den Landeshaushalt ergab sich eine Einsparrendite von 20 % bezogen auf das betroffene Personal (vgl. hierzu Hesse 2002; Bogumil/ Ebinger 2005; Innenministerium Baden-Württemberg 2007; Benz/ Suck 2007; Bauer u.a. 2007; Ebinger 2009; Richter 2010; Richter/ Kuhlmann 2010; Richter 2012; Bogumil et al. 2016; Bogumil et al. 2017).

In *Niedersachsen* setzte eine Koalition von CDU und FDP zum 1.1. 2015 eine umfassende Funktionalreform zur Herstellung der Zweistufigkeit in Kraft. Die vier Bezirksregierungen wurden abgeschafft. Es kam zu einer Zusammenlegung oder Verlagerung von 121 Sonderbehörden. Eingespart werden sollten 6.000 Stellen, ob dies gelungen ist, ist bis heute unklar. Eine Gebietsreform fand nicht statt (vgl. Hesse 2004; Bogumil 2007; Bogumil/ Kottmann 2007; Hesse et al. 2010; Bogumil/ Ebinger 2012b). 2014 hat die rot-grüne Landesregierung als Reaktion auf die Abschaffung der Bezirksregierung vier Ämter für regionale Landesentwicklung eingerichtet (vgl. Bogumil/ Seuberlich 2016a; Bogumil/ Seuberlich 2016b; Grohs 2016).

In *Sachsen-Anhalt* kam es unter einer großen Koalition 2007 zu einer umfassenden Gebietsreform mit einer Reduzierung der Landkreise und kreisfreien Städte (11+3 statt 21+3) und einer starken Reduzierung auf der Gemeindeebene (von 1033 auf 218). 2004 und 2009 wurden ebenfalls Funktionalreformen beschlossen, die im Bereich der Kommunalisierung eher zurückhaltend ausfielen (vgl. Gundelach 2013).

In Sachsen trat unter einer CDU/ SPD Regierung 2008 eine umfassende Gebiets- und Funktionalreform in Kraft. Nachdem schon 1998 die Gemeindeebene reformiert wurde, kam es nun zu einer Reduzierung der Landkreise und kreisfreien Städte (10+3 statt 22+7) und zu einer starken Kommunalisierung (betroffen waren ca. 8.000 Mitarbeiter). Die Regierungspräsidien wurden in Landesdirektionen umbenannt und leicht geschwächt. Erzielt werden sollte eine Effizienzrendite bei den Kommunen in Höhe von 29,4 %

bis 2014 für die übertragenen Aufgaben. Die Durchsetzung der Gebietsreform wurde erst durch die umfassende Kommunalisierung ermöglicht, da die Zustimmung zur Gebietsreform durch die kommunalen Spitzenverbände explizit mit dem Ausmaß der Kommunalisierung verkoppelt war.

In *Mecklenburg-Vorpommern* kam es 2011 unter einer großen Koalition im zweiten Anlauf, nachdem im Jahr 2006 die erste Reform unter einer rot-roten Regierung vom Landesverfassungsgericht gestoppt wurde[9], zu einer Gebietsreform auf Kreisebene. Hier wurden die flächenmäßig größten Kreise im Bundesgebiet geschaffen (häufig als Regionalkreise bezeichnet). Es kam zu einer Reduzierung der Landkreise und kreisfreien Städte (6+2 statt 12+6), allerdings nur zu einer vorsichtigen Funktionalreform (Kommunalisierung von 200 Stellen). Die Ebene der Gemeinden wurde nicht verändert (vgl. Mehde 2007; Hesse et al. 2008; Bogumil/ Ebinger 2008; Hesse 2009; Gayl 2010; Lenz 2013; Hesse 2015).

In *Brandenburg* gibt es seit 2012 eine intensive Diskussion über die Gebiets- und Funktionalreform. Die rot-rote Regierung hat 2016 ein Vorschaltgesetz erlassen und ist im Moment (Mai 2017) dabei Gesetze zur Gebiets- und Funktionalreform in den Landtag einzubringen. Vorgesehen ist eine Reduzierung der Landkreise und kreisfreien Städte (ursprünglich 9+1, neuerdings 11+1 statt 14+4) und Kommunalisierungen von Landesaufgaben im mittleren Umfang (vgl. Proeller/ Siegel 2010; Bogumil/ Ebinger 2012a; Kuhlmann et al. 2012; Bogumil/ Ebinger 2013; Landtag Brandenburg, EK5/2 2013; Gebhardt 2013; Westphal et al. 2013, Bogumil/ Kintzinger/ Mehde 2014; Kuhlmann et al. 2017). Waren zur Zeit der Enquetekommission die Oppositionsfraktionen von FDP und CDU und auch Teile der kommunalen Spitzenverbände noch reformbereit, so versuchen sie mittlerweile (mit faktischer Unterstützung der AfD) ein Volksbegehren auf Landesebene gegen die Reformpläne durchzusetzen.

In *Thüringen* hat die rot-rot-grüne Landesregierung im Jahr 2016 ein Vorschaltgesetz zur Gebiets- und Funktionalreform erlassen und ist dabei (Stand: Mai 2017) ein Gesetz zur Neugliederung der Kreisebene in den Landtag einzubringen. Vorgesehen ist eine Reduzierung der Landkreise und kreisfreien Städte (ursprünglich 8+2, neuerdings 8+4 statt 17+6) und eine deutliche Reduzierung der Zahl der Gemeinden. Im Bereich der Gemeindereform ist jedoch zunächst eine Freiwilligkeitsphase vorgeschaltet. Das Ausmaß an Funktionalreformen ist zur Zeit noch unklar (vgl. Hesse 2014; Bogumil 2016). War die CDU in der Vorgängerregierung noch für eine

9 Geplant waren 5 Regionalkreise sowie die Kommunalisierung von 1.500 Stellen. Kritisiert wurde vom Landesverfassungsgericht die »unzureichender Berücksichtigung der Belange ehrenamtlich ausgeübter kommunaler Selbstverwaltung«.

Gebietsreform so versucht sie mittlerweile mit der FDP (und mit faktischer Unterstützung der AfD) ein Volksbegehren auf Landesebene gegen die Reformpläne durchzusetzen.

Deutlich wird, dass wir es im Kern mit Funktional- und Gebietsreformen zu tun haben, wobei letztere bisher nur in Ostdeutschland zu beobachten sind. Versucht man bei aller Unübersichtlichkeit in den 13 Flächenländern die Verwaltungsstrukturen zu typisieren, so lassen sich zwei Reformmodelle unterscheiden, die *Konsequente Zweistufigkeit* und die *Konzentrierte Dreistufigkeit* (vgl. Tabelle 2-1). Nicht alle der jeweils aufgeführten Länden orientieren sich allerdings in allen Aspekten an diesen Reformmodellen.

Eine *zweistufige Verwaltung* ohne allgemeine Mittelinstanz findet sich (mit der Ausnahme von Niedersachsen) vornehmlich in den einwohnermäßig kleinen Bundesländern (unter 3 Mio. Einwohner, Ausnahmen Sachsen-Anhalt und Thüringen).[10] Hier wird versucht, die durch das Fehlen der Mittelinstanzen in stärkerem Ausmaß vorhandenen Sonderbehörden durch Zusammenführung (Konzentration) oder Umwandlung in Landesbetriebe zu reduzieren. Zudem wird eine Rückführung des Umfangs der unteren Landesverwaltung angestrebt. Dies geschieht durch ihre Integration in obere Landesbehörden oder indem Aufgaben auf Kommunen und Kreise verlagert werden.

In den meisten Bundesländern (vor allem den größeren Bundesländern mit Ausnahme Niedersachsen) dominiert dagegen eine *dreistufige Verwaltung*. Allerdings gibt es verschiedenste Formen von staatlichen Mittelinstanzen. Weder ihre Aufgaben noch ihre Einbindung in die Verwaltungsstruktur sind bundesweit einheitlich. Es lassen sich drei Modelle unterscheiden: der dreistufige Aufbau mit Landesverwaltungsämtern in Sachsen-Anhalt und Thüringen, der dreistufige Aufbau mit funktionalem Aufgabenzuschnitt in Rheinland-Pfalz und der dreistufige Aufbau mit regional ausgerichteten Mittelinstanzen in Hessen, Baden-Württemberg, Bayern, Sachsen[11] und Nordrhein-Westfalen. In allen drei Modellen wird versucht, eine weitgehende Konzentration staatlicher Aufgabenwahrnehmung auf der

10 In Deutschland existiert ein Mischsystem aus Gebiets- und Aufgabenorganisationsmodell, ursprünglich mit dem Vorrang der Gebietsorganisation, in dem Sinne, dass »nach Möglichkeit der größere Teil der öffentlichen Aufgaben vor Ort und auch noch auf der mittleren Ebene gebündelt (wird; der Verf.), es aber für bestimmte Aufgaben eine spezielle Organisation (gibt)« (Ellwein 1993: 166). Der zweistufige Verwaltungsaufbau stärkt eher die Fachverwaltung, der dreistufige eher die allgemeine Verwaltung.

11 Die drei Regierungspräsidien wurden 2008 in *Landesdirektionen* umbenannt. Diese wurden zum 1.3.2012 formal zur (weiterhin regional strukturierten) *Landesdirektion Sachsen* zusammengefasst.

Mittelebene (staatliche Bündelung) vorzunehmen, indem insbesondere die Aufgaben der unteren Landesbehörden hierhin verlagert – oder kommunalisiert werden. Durch diese Integration ist häufig sogar ein Aufgabenzuwachs auf der Mittelebene zu beobachten (z. B. in Baden-Württemberg).

Neben den Verwaltungsstrukturen auf Landesebene sind die *kommunalen Gebietsstrukturen* von großer Bedeutung im Bereich der Verwaltungspolitik, insbesondere für die Frage einer möglichen Kommunalisierung von Landesaufgaben (manchmal als Gegengeschäft für veränderte Gebietsstrukturen). Hier gibt es eine erhebliche Varianz im Bundesländervergleich (vgl. Tabelle 2-2).[12]

In Bayern gibt es mit den sieben *kommunalen Bezirken* parallel zu den sieben staatlichen Regierungspräsidien eine Sonderkonstruktion auf kommunaler Ebene. Die Bezirke erfüllen Aufgaben, die über die Zuständigkeit oder das Leistungsvermögen der Landkreise bzw. kreisfreien Städte hinausgehen (Träger von psychiatrischen Fachkliniken, Förder- und Berufsschulen, regionaler Kulturarbeit, Aufgaben im Umweltbereich). Dies erklärt zum Teil die Kleinteiligkeit der bayerischen Landkreise.

Deutlich wird die Varianz z. B. an den Landkreisen. Von den 295 Landkreisen in Deutschland haben 244 mindestens 100.000 Einwohner, daneben gibt es über 100 Kreise mit mindestens 200.000 Einwohnern, der Durchschnittswert beträgt 193.000 Einwohner in Westdeutschland und 162.000 in Ostdeutschland. Die Landkreise in Thüringen sind mit durchschnittlich 95.000 Einwohnern insgesamt bundesweit am kleinteiligsten, hier finden sich 10 Landkreise mit unter 100.000 Einwohnern. Insgesamt liegen die Einwohnerzahlen der Thüringer Landkreise ca. 40 % unter dem Durchschnitt der ostdeutschen Bundesländer. Ähnliches gilt für die Einwohnerzahlen der kreisfreien Städte. Sie liegen um 47 % unter dem Durchschnitt der neuen Bundesländer und 64 % unter dem Durchschnitt der alten Bundesländer. Dies ist ein Grund für einen dringenden Reformbedarf in Thüringen; in Thüringen selbst wird aber diese Kleinteiligkeit der Gebietsstrukturen im Bundesländervergleich z.T. nicht als Problem wahrgenommen.

12 Faktisch variiert die Spannbreite zwischen acht und 12 Ministerien einschließlich der Staatskanzlei. Dies hängt nicht nur mit Größe des Bundeslandes zusammen, bedenkt man, dass Nordrhein-Westfalen und Hamburg über jeweils 12 Ministerien und Baden-Württemberg und Berlin über jeweils 11 Ministerien verfügen. Acht Ministerien gibt es in Bremen, dem Saarland und Schleswig-Holstein.

Auch im Bereich der durchschnittlichen Größe und der Anzahl von Gemeinden gibt es eine erhebliche Varianz zwischen den Bundesländern, die zum einen historisch bedingt ist und zum anderen Ergebnis unterschiedlich stark durchgeführter Gebietsreformen. In Westdeutschland wurden *kommunale Gebietsreformen* mit dem Ziel der Schaffung leistungsfähiger Verwaltungseinheiten in den 1970er Jahren durchgeführt (vgl. hierzu Thieme/ Unruh/ Scheuner 1981; Bogumil 2016). Auch in den östlichen Bundesländern kam es nach der deutschen Vereinigung in den Jahren bis 1994 zu Gebietsreformen (vgl. Frenzel 1995), allerdings wurde die Zahl der Gemeinden nicht so drastisch reduziert wie in den westdeutschen Ländern 30 Jahre zuvor (Reduktion um 21 %, in Westdeutschland waren es 65 %). Nach dieser ersten etwas zögerlichen Phase ergab sich aufgrund der schwierigen Lage öffentlicher Haushalte vor dem Hintergrund der kommenden Schuldenbremse, des demografischen Wandels und der anhaltenden Strukturschwäche mancher Regionen eine Nachsteuerungsnotwendigkeit. In Sachsen, Sachsen-Anhalt und in Mecklenburg-Vorpommern (nur Kreisebene) ist es daher ab 2007 zu einer *zweiten Welle von Gebietsreformen* (Kreis- und Gemeindefusionen) gekommen, in Brandenburg und Thüringen befindet man sich im Gesetzgebungsprozess (Stand: Mai 2017). Auch hier ist das Ziel, kommunalpolitisches Handeln in großräumigeren Strukturen zu verankern, um dadurch Synergieeffekte zu erzeugen und Effektivitätspotenziale zu aktivieren (zur Diskussion um die Wirkungen von Gebietsreformen vgl. Bogumil 2016: 34-45; Kuhlmann et al. 2017).

Tabelle 2-1:
Reformmodelle auf Landesebene

Verwaltungsebene	Konsequente Zweistufigkeit	Konzentrierte Dreistufigkeit
Landesregierung (Staatskanzleien, Fachministerien)	acht Ministerien (in der Regel: Staatskanzlei, Innenministerium, Finanzministerium, Justizministerium, Wirtschaftsministerium, Sozial-/ Arbeitsministerium, Kultus-/ Wissenschaftsministerium; Landwirtschafts-/ Verbraucher- /Umweltministerium	
Obere Verwaltungsebene (Landesoberbehörden, Landesbetriebe)	Konzentration	Reduzierung, Verlagerung in allgemeine Mittelinstanzen
Mittlere Verwaltungsebene (Regierungspräsidien, fachliche Mittelinstanzen)	(–)	Integration von Aufgaben der oberen und unteren Verwaltungsebene
Untere Verwaltungsebene (untere Behörden und nachgeordnete Einrichtungen)	Konzentration und Reduzierung durch Kommunalisierung, jedoch weiterhin starke Präsenz	Weitestgehende Reduzierung durch Verlagerung in Mittelinstanz und Kommunalisierung
Kommunale Kreisstufe (Landkreise, kreisfreie Städte bzw. Stadtkreise)	Aufgabenübernahme staatlicher Aufgaben, ggf. Gebietsreformen	
Kreisangehörige Kommunen (Städte, Gemeinden, Ämter, Verbands-/ Samtgemeinden, Verwaltungsgemeinschaften)	Kapazitätssteigerung für Aufgabenübernahme, ggf. Gebietsreformen, Bildung von Einheitsgemeinden, Interkommunale Zusammenarbeit (IKZ)	
Länderzuordnung	Brandenburg, Mecklenburg-Vorpommern, Niedersachsen, Saarland, Schleswig-Holstein	Bayern, Baden-Württemberg, Hessen, NRW, Rheinland-Pfalz, Sachsen, Sachsen-Anhalt, Thüringen

Quelle: Überarbeitung von Ebinger/ Bogumil 2016

Tabelle 2-2:
Gebietsstrukturen in den Flächenländern

Branden- burg	Schleswig- Holstein	Rheinland- Pfalz	Sachsen	Hessen	Nieder- sachsen	Baden- Württemberg	Bayern	NRW	**Bundesland** (sortiert nach EW-Zahl)
2,46	2,83	4,01	4,06	6,09	7,83	10,72	12,69	17,64	**Einwohner** (in Mio.)
14 147.547	11 201.001	24 123.908	10 273.097	21 220.644	38 179.950	35 248.977	71 126.311	31 339.331	**Kreise** (Anzahl und ∅ EW-Zahl)
6 43 %	3 27 %	18 75 %	0	4 19 %	21 55 %	8 23 %	56 79 %	2 6 %	**Kreise** unter 150.000 EW
4 98.054	4 154.963	12 86.482	3 441.436	5 292.071	8 123.582	9 222.494	25 148.938	22 323.583	**Kreisfreie Städte** (Anzahl und ∅ EW-Zahl)
3 75 %	2 50 %	8 67 %	0	0	4 50 %	1 11 %	17 68 %	0	**Kreisfreie Städte** unter 100.000 EW
417 5.894	1.110 2.550	2.305 1.740	426 9.519	426 14.305	973 8.044	1.101 9.734	2.056 6.173	396 44.541	**Gemeinden** (Anzahl und ∅ EW-Zahl)
305 73 %	1.026 92 %	2.205 96 %	294 69 %	166 39 %	667 69 %	677 61 %	1.625 79 %	4 1 %	**Gemeinden** unter 6.000 EW
148 35 %	86 8 %	42 2 %	237 56 %	426 100 %	287 29 %	190 17 %	1.071 52 %	396 100 %	**Einheitsgemeinden** (Anzahl u. Anteil an allen)
52	85	150	75	-	122	270	312	-	Gemeindeverbände (Anzahl)

Bundesland (sortiert nach EW-Zahl)	Neue Bun- -desländer	Alte Bun- desländer	Deutsch- land	Saarland	Mecklenburg- Vorp.	Thüringen	Sachsen- Anhalt
Einwohner (in Mio.)	12,50	65,22	81,20	0,99	1,60	2,16	2,26
Kreise (Anzahl und ∅ EW-Zahl)	58 161.956	237 193.447	295 187.256	6 164.839	6 217.139	17 94.487	11 153.428
Kreise unter 150.000 EW	28 48 %	116 49 %	144 49 %	4 67 %	0 0 %	17 100 %	5 45 %
Kreisfreie Städte (Anzahl und ∅ EW-Zahl)	18 172.842	89 255.696	107 242.589	-	2 148.153	6 91.748	3 182.612
Kreisfreie Städte unter 100.000 EW	9 50 %	32 36 %	41 38 %	-	1 50 %	4 67 %	1 33 %
Gemeinden (Anzahl und ∅ EW-Zahl)	2.663 4.696	8.422 7.744	11.086 7.324	52 19.020	753 2.124	849 2.540	218 10.255
Gemeinden unter 6.000 EW	2.218 83 %	6.370 76 %	8.588 77 %	0	715 95 %	789 93 %	115 53 %
Einheitsgemeinden (Anzahl u. Anteil an allen)	640 24 %	2.553 30 %	3.194 29 %	52 100 %	40 5 %	111 13 %	104 48 %
Gemeindeverbände (Anzahl)	329	939	1.268	-	76	108	18

Quelle: Eigene Recherchen

3. Die Logik der Politikberatung

3.1. Auswahl der Experten

Die Auswahl des Experten ist abhängig von der Fragestellung, dem Angebot an Experten und den Findungsprozessen in den Ministerien. Von der Fragestellung hängt es ab, welche Fachdisziplin der Verwaltungswissenschaft ausgewählt wird. Die Juristen in diesem Feld beschäftigen sich fast ausschließlich mit Fragen der Rechtmäßigkeit von bestimmten Maßnahmen und äußerst selten mit Empfehlungen für bestimmte verwaltungspolitische Maßnahmen. Die Generierung von Vorschlägen für bestimmte Maßnahmen im Bereich der Funktionalreform oder der Gebietsreform auf der Basis von empirischen Befunden ist vor allem die Aufgabe der Politikwissenschaft und mitunter die von Ökonomen. Auch wenn das Angebot an politikwissenschaftlichen Experten in diesem Feld begrenzt ist, sind weit über die Hälfte der oben angesprochenen Gutachten von Politikwissenschaftlern erstellt worden.

Erkenntnisse über die Findungsprozesse in den Ministerien oder Staatskanzleien sind schwierig zu erheben. Mein persönlicher Eindruck ist hier, dass es sich um eine Mischung aus Zufall und Planung handelt. Mit Zufall ist gemeint, dass die Auswahl des Experten mitunter davon abhängt, wen der mit der Auswahl beauftragte Mitarbeiter gerade kennt oder von wem er über andere gehört hat. Eine systematische Analyse, wer zu dem zu untersuchenden Thema bisher wirklich gearbeitet hat, muss nicht die Regel sein. Wichtiger scheint mir stattdessen ein gewisses Grundvertrauen in die Person zu sein, worauf auch immer dieses basiert (persönliches Kennen, wobei das in ganz anderen Aufgabenfelder der Fall gewesen sein kann; Empfehlungen von Personen oder Interessenverbänden, denen man vertraut; das Ansehen der Person, etc.).

Hat man einen oder mehrere potentielle Gutachter ausgewählt, findet in der Regel ein erstes informelles Screening statt, in welchem je nach Fragestellung auch eruiert wird, ob der betreffende Experte nicht möglicherweise zu für das Ministerium schwierigen Ergebnissen kommen kann. Dieses Vorabscreening kann aber immer nur auf einer sehr allgemeinen Ebene stattfinden. Will man z. B. eine angestrebte Gebietsreform begleiten, vergewissert man sich anhand der vorhandenen Schriften oder durch das Gespräch, ob der Gutachter die Maßnahme an sich für sinnvoll hält. Damit ist noch überhaupt nicht geklärt, wie die konkrete Ausgestaltung aussieht, also welche Kreisgrenzen werden gezogen, welche Städte eingekreist werden, wer Kreisstadt wird, etc. Insofern besteht immer ein nicht unerheblicher Gestaltungsspielraum, der sich nicht vorab kontrollieren lässt. Zudem kann es im Vorfeld im Falle noch ausstehender empirischer Erhebungen (z. B. Mitarbeiterbefragungen) ohnehin keine Sicherheit über den Gutacheninhalt geben, da man diese Ergebnisse noch nicht kennen kann. Hier setzt nun das oben erwähnte »Vertrauen« in die Person des Gutachters ein, dass hier in verantwortlicher Weise mit den Ergebnissen umgegangen wird (zur Ergebnisverwendung vgl. 3.3.).

Parteipolitik spielt bei der Auswahl der Gutachter im Übrigen keinerlei Rolle. Zum einen lassen sich die wissenschaftlichen Gutachter nicht zuordnen, zum anderen und wichtiger jedoch ist, dass dieses Kriterium auch von der Praxisseite aus nicht als zentral angesehen wird. Dies liegt sicher auch daran, dass Entscheidungen im Bereich der Verwaltungspolitik nicht auf parteipolitische Vorlieben zurückführen sind[13] (vgl. Ebinger/ Bogumil 2016), wie dies z. B. in der Schulpolitik der Fall ist.

Insgesamt scheint mir die Auswahl der Experten nicht das Ergebnis eines weitgehend rationalen und gezielten Planungsprozesses in den Ministerien zu sein, sondern eher eines begrenzt rationalen Prozesses, der auf einer Mischung aus Zufall und Planung beruht.

3.2. Zeitpunkt der Expertise

Die Antwort auf die Frage, wann auf Expertenwissen zurückgegriffen wird, ist zunächst eigentlich simpel, nämlich dann, wenn es benötigt wird. Die Frage ist jedoch, was heißt »benötigt« genau. Benötigt im Sinne zusätzlicher Informationen, die bisher nicht vorlagen oder benötigt im Sinne einer externen Bestätigung dessen, was man im Ministerium im Kern ohnehin schon weiß. Zwar gibt es durchaus Fälle und fast immer auch Teilbereiche, wo wirklich neues Wissen benötigt wird, allerdings ist auch der zweite Fall nicht selten. Manchmal ist das Wissen zu den möglichen verwaltungspolitischen Neuordnungsmaßnahmen schon in den federführenden Ministerien vorhanden, wenngleich nicht immer in systematisierter Form. Benötigt wird dieses Wissen aber auch aus machtpolitischen Gründen nochmals aus der Hand eines externen Experten und dies möglichst zu einem bestimmten

13 Das prominenteste Beispiel dafür ist, dass zum Jahr 2005 zeitgleich jeweils eine schwarz-gelb regierte Landesregierung in Baden-Württemberg und in Niedersachsen große Verwaltungsstrukturreformen in völlig konträrer Ausrichtung vornahmen (einmal Abschaffung der Bezirksregierungen, das andere Mal die explizite Stärkung der Regierungspräsidien).

Zeitpunkt. Dabei geht man davon aus, dass die Glaubwürdigkeit der Argumente erhöht wird, wenn sie extern bestätigt werden, was in der Regel auch zutrifft. Auf jeden Fall müssen sich die Gegner des Vorhabens intensiver mit diesen Argumenten auseinandersetzen, da sie über das Ansehen des Wissenschaftlers eine gewisse Akzeptanz in der Öffentlichkeit haben. Es gibt zudem auch Fälle, in denen es politisch opportun ist, dass ein Wissenschaftler eine kontroverse Debatte, z. B. Kreisgebietsreformen, eröffnet.

Am Beispiel der Enquetekommission »Kommunal- und Landesverwaltung – bürgernah, effektiv und zukunftsfest – Brandenburg 2020« in Brandenburg konnte man beobachten, wie es gelang, dass sich parteipolitische Blockaden durch die Hinzuziehung wissenschaftlicher Expertise auflockern ließen (vgl. hierzu Westphal 2014). Hintergrund der Gutachtenvergabe war die Notwendigkeit aus der Sicht der Landesregierung, die in Brandenburg bestehenden Gebietsstrukturen auf der Ebene der 14 Landkreise und der vier kreisfreien Städte (50.000 bis 200.000 Einwohnern) aufgrund des starken demographischen Wandels und der veränderten Finanzensituation zu reduzieren. Die kommunalen Spitzenverbände verbanden dies mit der Diskussion von Aufgabenverlagerungen auf die kommunale Ebene.

Da diese Notwendigkeit politisch zwar einerseits von vielen prinzipiell eingesehen wird, aber dennoch politisch hochbrisant ist, war es nicht möglich, eine rationale Diskussion über die konkreten Modalitäten zu starten. Eine erste Arbeitsgruppe der Enquetekommission, in welcher faktisch nur die kommunalen Spitzenverbände vertreten waren, kam zu dem Ergebnis, dass eine überaus umfangreiche Kommunalisierung anzustreben wäre. Dieser Aufgabenkatalog stieß in den Ministerien auf Unverständnis. In dieser Situation wurde durch die Enquetekommission ein externes wissenschaftliches Gutachten zur Frage, welche Aufgaben unter welchen Gebietsbedingungen kommunalisierbar sind, vergeben. Mit der Vorlage des Gutachtens (vgl. Bogumil/ Ebinger 2012a) wurde die eher festgefahrene Situation im Rahmen der Enquetekommission neu eröffnet. Wichtig war dabei, dass das wissenschaftliche Gutachten unterschiedliche Modellvarianten präsentierte (zwischen 5 und 12 Landkreise), so dass Politik und Verwaltung noch Handlungs- und Gestaltungsspielräume blieben. Zudem wurde die Frage nach möglichen Kommunalisierungsbereichen differenziert beantwortet und mit der Frage der Gebietsstrukturen gekoppelt. Im Ergebnis beschloss die Enquetekommission weitgehend parteiübergreifend einen Korridor von 7-10 Landkreisen und ein differenziertes Vorgehen bei der Aufgabenverlagerung.

Deutlich wird hier, dass Legitimation durch Expertenwissen nur so lange hilfreich ist, wie dies nicht direkt oder indirekt die Legitimation der anderen beteiligten Akteure infrage stellt. Der Politik muss immer eine gewisse Entscheidungsfreiheit überlassen bleiben, deshalb empfiehlt es sich in der Regel, in verschiedenen Handlungsoptionen zu denken. Voraussetzung für den »Erfolg« der wissenschaftlichen Expertise war hier jedoch, dass prinzipiell eine Lösung politisch gewollt war und nachgefragt wurde. »Politisch« ungefragtes Expertenwissen schafft dagegen weder Legitimation für den Experten noch zusätzliche Legitimation für ein politisches Gremium.

3.3. Beeinflussung der Expertise

Eines der größten Vorurteile über und zugleich das oft bemühte Totschlagargument gegen wissenschaftliche Gutachten ist, dass die Ergebnisse in der Regel bestellt[14] sind, d.h. ein unmittelbarer Einfluss auf die Gutachter genommen wird (vgl. hierzu auch Voßkuhle 2007 für den Bereich der Staatsrechtlehre). Meine Erfahrungen im Bereich der Verwaltungspolitik sind gänzlich andere, direkte Einflussnahme gibt es so gut wie nie.

Dies liegt vor allem an der inhaltlichen und finanziellen Unabhängigkeit wissenschaftlicher Gutachter aus dem Hochschulbereich, die allen Seiten bekannt ist. Solange man mit derartiger Gutachtertätigkeit keine größeren Institute finanzieren muss und dadurch möglicherweise auf Folgeaufträge angewiesen ist, ist die persönliche Unabhängigkeit von Professoren eine Gewähr für das Nichteinmischen in den Inhalt des Gutachtens. Man kann sich diese Unabhängigkeit im Übrigen auch vertraglich zusichern lassen (was man eigentlich immer tun sollte). Das Schlimmste, was dann passieren kann ist, dass das Gutachten nicht veröffentlicht wird.[15] Aber auch das ist schwierig, wenn allgemein bekannt ist, dass ein Gutachten in Auftrag gegeben wurde. Man kann aber generell einen unkündbaren Universitätsprofes-

---

14 Ein gutes Beispiel hierfür aus eigenem Erleben: Bei dem Versuch der Vorstellung eines Gutachtens in einem Ausschuss eines Bundeslandes stellte ein Abgeordneter der Oppositionsfraktionen den Antrag, die Präsentation des Gutachtens von der Tagesordnung zu setzen, da zunächst zu klären sei, ob das Gutachten rechtmäßig vergeben sei. Zudem müsse man die Argumente auch gar nicht hören, da ja bekannt sei, dass der Gutachter enge Beziehungen in die Staatskanzlei habe. Die Ausschussmehrheit lehnte den Antrag ab und das Gutachten wurde vorgestellt. Die Opposition beteiligte sich aber nicht mehr an der Diskussion.

15 In den letzten Jahren gab es bei eigenen Gutachten einmal den Fall, dass vom Auftraggeber ernsthaft erwogen wurde, das fertiggestellte Gutachten nicht zu veröffentlichen, da man Angst hatte, dass dadurch ein bevorstehender Wahlkampf belastet wird. Allerdings entschied man letztlich, dass der Schaden einer Nichtveröffentlichung eines angekündigten Gutachtens größer sei als hierin enthaltene Kritikpunkte, die auf das Ministerium zurückfallen könnten.

sor mit Forschungsfreiheit nicht zwingen, etwas gegen seine inhaltliche Überzeugung zu schreiben.

Sollte das Gefühl entstehen, dass man politisch beinflussbar ist, wird die wichtigste Ressource eines Wissenschaftlers tangiert, nämlich nach bestem Wissen und Gewissen auf der Basis empirischer Erkenntnisse zu nachvollziehbaren Aussagen zu kommen. Insofern wäre es aus der Sicht des Wissenschaftlers ein großer Fehler, wenn er Anlass zu einer solchen Vermutung gäbe. Der oben erwähnte gute Ruf wäre erheblich gefährdet und würde auch die mit dem Gutachten in der Regel beabsichtige höhere Legitimation nach außen gefährden. Insofern macht es auch aus der Sicht der Auftraggeber keinen Sinn, den Eindruck zu erwecken oder zu fördern, man könne dem Gutachter die Ergebnisse vorschreiben. Insofern ist es nicht verwunderlich, dass ich es in der Praxis nie erlebt habe, dass Ministerialbeamte, Staatssekretäre oder Minister mich aufgefordert haben, etwas in ihrem Sinne umzuschreiben.[16]

Wenn es also *keine direkte Einflussnahme auf Gutachtertätigkeit* gibt, bedeutet das, dass man in den Ministerien Gefahr läuft, sich ein gegenüber den eigenen Absichten völlig konträres Gutachten einzuhandeln? Meistens nicht, wenn man die inhaltlichen Auffassungen des Gutachters vorher zumindest reflektiert hat. So ist den Eingeweihten in der Regel schon klar, welcher Wissenschaftler z. B. eher die Existenz von allgemeinen Mittelinstanzen in den größeren Flächenländern befürwortet oder wer gewisse Gebietsgrößen auf Gemeinde- oder Kreisebene als sinnvoll erachtet. Damit ist bei weitem nicht vollständig geklärt, wie die Fragestellungen in dem konkreten Fall beantwortet werden, da immer auch die Besonderheiten des Bundeslandes (z. B. Einwohnerdichte, Fläche, historische Bezüge und Traditionen) berücksichtigt werden müssen, aber es lassen sich ganz große Überraschungen vermeiden.

16 Das heißt nicht, dass man nicht im Vorfeld der Gutachtenabgabe Vorbesprechungen zu den Inhalten des Gutachtens vornimmt, damit der Auftraggeber entsprechend politisch reagieren kann. Diese Vorbesprechungen sind aber auch aus der Sicht des Wissenschaftlers wichtig, um die Argumente vor der Veröffentlichung kritisch gegenlesen zu lassen.

3.4. Logik der Ergebnisverwendung

In politischen Entscheidungsprozessen gibt es immer eine Vermischung der Logik wissenschaftlicher Expertise und der Logik politischer Entscheidungsrationalität (vgl. auch Voßkuhle 2007). Bei der Frage, welche wissenschaftlichen Erkenntnisse in den Handlungsrahmen der Akteure der Verwaltungspolitik aufgenommen werden, dominiert nach meinen Erfahrungen immer die Logik der Mehrheitsbeschaffung bzw. Mehrheitssicherung. Dies hat zweierlei Konsequenzen. Zum einen geht es dabei um die *Vermittlung der wissenschaftlichen Ergebnisse* und zum anderen um das Verständnis, dass im Zweifelsfall auch inhaltlich prinzipiell als sinnvoll erachtete Maßnahmen sich der *Machtlogik unterordnen* müssen.

Bezogen auf die *Vermittlung der wissenschaftlichen Ergebnisse* sollten Wissenschaftler erstens darauf achten, dass sie keine Handlungsvorschläge entwickeln, die nicht durchsetzbar oder unfinanzierbar sind. Beides sind absolute Totschlagkriterien für Politiker, da sie dann für ihren Handlungsrahmen irrelevant sind.

Zweitens ist es sinnvoll, politische Handlungsrestriktionen in Gutachten offen zu benennen, damit keine Missverständnisse entstehen. Wenn also der Auftrag gegeben wurde, Optimierungsmöglichkeiten im bisherigen Zuständigkeitssystem zu formulieren, obwohl bestimmte Einwohnerleitwerte für Gebietsreformen schon gesetzlich vorgegeben sind, dann muss man sich vorher überlegen, ob man dies akzeptieren kann oder ob es zu sehr einschränkt. Wenn man das Gutachten dann übernimmt, dann sollte man sich auch daranhalten.

Zum dritten ist es wichtig, Vorschläge so zu formulieren, dass sie verstanden werden und auch Nichtfachleuten in kurzer Zeit erklärbar sind. Dies erfordert eine gewisse Kürze und zwingt mitunter zur Vereinfachung, aber Entscheidungen werden in der Regel unter Reduzierung von Komplexität gefällt oder sie werden gar nicht gefällt.

Viertens schließlich ist es sinnvoll, möglichst verschiedene Handlungsoptionen mit den jeweiligen Vor- und Nachteilen zu betrachten, damit die dafür legitimierte Politik unter diesen wählen kann. Dies schließt nicht aus, dass der Gutachter eine begründete Präferenz aus seiner Sicht formuliert. Faktisch ergibt sich jedoch aus einem Gutachten nahezu nie identisch ein späterer Gesetzgebungsentwurf.

Berücksichtigt man diese Punkte, so stehen die Chancen nicht schlecht, dass es gelingt, verwaltungswissenschaftliches Wissen in die Prozesse der Verwaltungspolitik einzubringen und die Evidenzbasierung von Verwaltungsreformen zu verbessern. Denn es ist nicht egal, welche Lösungen gewählt werden. Strukturveränderungen in der öffentlichen Verwaltung bringen – im Zusammenspiel mit weiteren Kontextfaktoren – Verschiebungen in der Leistungsfähigkeit und Vollzugsqualität mit sich (vgl. Bogumil 2010). Verwaltungsstrukturen (genauer: Verwaltungskonfigurationen[17]) haben also einen maßgeblichen Anteil an der Erklärung von Vollzugs- und Leistungsunterschieden (vgl. Bogumil 2010; Ebinger 2013; Bogumil 2015).

Den Grundformen der Verwaltungsorganisation (obere/ untere staatliche Sonderbehörden, Bündelungsbehörden der allgemeinen Verwaltung, Kommunalverwaltung) werden schon seit langem spezifische Leistungsprofile zugewiesen. Sonderbehörden wird eine ausgeprägte Fähigkeit zur funktionalen Spezialisierung zugesprochen, während von der allgemeinen Verwaltung durch die territoriale Bündelung umfangreicher Zuständigkeiten Verbunderträge in der Ressourcennutzung und eine hohe Koordinationsfähigkeit erwartet wird. Schließlich soll die Organisation in größeren Verwaltungseinheiten Skalenerträge durch effiziente Ressourcennutzung und eine routiniertere Aufgabenerledigung erbringen. Neue Untersuchungen zeigen zudem (Ebinger 2013; Richter 2014), dass Vollzugsprobleme nicht allein auf strukturelle Faktoren zurückzuführen sind, sondern erst im Zusammenspiel mit weiteren Kontextfaktoren wie Politikfeld, Steuerungsmodus und Ressourcenausstattung zu systematischen Mustern führen. Insgesamt ist die Verwaltungswissenschaft also durchaus gerüstet, empirisch fundierte Gestaltungsvorschläge zu entwerfen.

Dennoch droht trotz zunehmender Erkenntnisse darüber, welche Verwaltungsreformen bei welcher Ausgangslage sinnvoll sind, immer die Gefahr, dass sich die Machtlogik durchsetzt. Ein anschauliches Beispiel für die Dominanz der Machtlogik ist die seit Jahren ausbleibende Gebietsreform in Niedersachsen. Die Kreisgebiets- und Gemeindestrukturen in Niedersachsen waren schon immer sehr kleinteilig. In den 1970er Jahren wurde die Zahl der Landkreise von 60 auf 37 und die Zahl der kreisfreien Städte von 15 auf neun verringert, aus vormals 4.062 wurden 1.017 Gemeinden. Die Zahl der hauptamtlich verwalteten kommunalen Einheiten sank auf 415 Kommunen (272 Einheits- und 143 Samtgemeinden). Diese Gebietsstrukturen haben sich bis heute kaum verändert. Mit Stand 1.1.2014 sind es 991

17 Der Begriff »Verwaltungskonfiguration« beschreibt die spezifische Ausgestaltung der Makroorganisation, d.h. des äußeren Aufbaus der Verwaltung auf der Landes- und Kommunalebene. Sie umfasst spezifische Anordnungen von (1) *funktionalen* (monofunktional bzw. multifunktional), (2) *territorialen* (großräumig, kleinräumig) und (3) *politischen* (Verwaltungsträgerschaft, Legitimation der Verwaltungsführung) Merkmalen der Verwaltungsorganisation in einem Aufgabenfeld. Es werden also nicht einzelne Merkmale von Verwaltungslösungen analysiert, sondern das ihr *spezifisches Zusammenspiel in einer Verwaltungskonfiguration* (Bogumil 2015).

Kommunen, davon 288 Einheitsgemeinden und 126 Samtgemeinden (mit insgesamt 703 Mitgliedsgemeinden) sowie acht kreisfreie Städte, 37 Landkreise und die Region Hannover. Damit gehört Niedersachsen neben Bayern und Baden-Württemberg zu den großen Bundesländern (nach Fläche und Einwohnern) mit kleinteiliger kommunaler Gebietsstruktur, allerdings mit dem zentralen Unterschied, dass in den beiden süddeutschen Bundesländern der Handlungsdruck aufgrund der wirtschaftlichen Situation, der Finanzlage der öffentlichen Haushalte und der prognostizierten demografischen Entwicklung deutlich geringer ist. Inhaltlich besteht sowohl unter wissenschaftlichen Gutachtern, den Landtagsfraktionen als auch bei den Kommunalen Spitzenverbänden seit Jahren Einigkeit, dass es zu Gebietsreformen kommen muss, wenngleich das Ausmaß umstritten ist. Es gibt aber einige Landkreise, die keinesfalls überlebensfähig sind.

Allerdings waren aufgrund knapper Landtagsmehrheiten weder die schwarz-gelbe Koalition noch die folgende rot-grüne Koalition in der Lage, zu ersten Veränderungsschritten zu kommen. In dieser Situation ist sogar der Versuch einer gemeinsam getragenen Enquetekommission zur Vorbereitung dieser Maßnahmen an wahltaktischen Manövern im Landtag gescheitert. Hätte man sich geeinigt, dieses Thema gemeinsam anzugehen, könnte keine Partei es zum Wahlkampthema machen. Dennoch war es nicht möglich, was ein deutliches Beispiel für den Vorrang der Machtlogik ist.

Dies ist letztlich nur dadurch zu erklären, dass bestimmte verwaltungspolitische Maßnahmen in der Regel politisch hoch umkämpft sind (zwischen Ministerien, kommunalen Spitzenverbänden, Bürgermeistern, Landräten und zum Teil den Bürgern) und dies auf die Parteien zurückwirkt. Dies trifft in besonderem Maße zu, wenn die Landtagsmehrheiten sehr knapp sind oder wenn Neuwahlen anstehen. Die beste Zeit für Verwaltungsreformen ist daher stets zu Beginn der Legislaturperiode.

Ein weiteres Beispiel für die Dominanz der Machtlogik ist das aktuelle Vorgehen der Landesregierungen in Brandenburg und Thüringen. In beiden Fällen wird zurzeit (Stand: Mai 2017) versucht, gegen erhebliche Widerstände der Oppositionsfraktionen CDU, F.D.P. und AfD und Teilen der kommunalen Spitzenverbände eine umfassende Gebietsreform durchzusetzen mit jeweils knappen Mehrheiten im Parlament. Nach langen kontroversen Diskussion haben die Landesregierungen jetzt jeweils Abstriche von ihren ursprünglichen Reformplänen gemacht. Dies liegt aus meiner Sicht nicht so sehr daran, dass sie inhaltlich davon überzeugt sind, sondern man versucht die Widerstände zu verringern und damit die Reform insgesamt nicht zu gefährden und macht dafür Zugeständnisse.

Wichtig ist, sich nun nicht als Wissenschaftler mit zum Teil anderen inhaltlichen Vorstellungen frustriert abzuwenden oder die Politiker zu beschimpfen. Eine Veränderung von Politik ist nur dann möglich, wenn man zumindest versucht, sich in die Logik der Entscheidungsträger und ihrer Zwänge einzudenken. Gefährdung der Wiederwahl ist in den meisten Fällen ein nicht unerheblicher Zwang, die oben erwähnte umfassende Reform in Baden-Württemberg im Jahre 2005 war nur möglich, weil der damaligen Ministerpräsident Teufel nicht mehr wiedergewählt werden wollte.

Manchmal bringt die Dominanz der Machtlogik aber auch mit sich, dass die Wissenschaftler (ungewollt) in diese Machtprozesse einbezogen werden mit mitunter unerfreulichen Folgen. Politik wird über »Gutachterkriege« (z. B. hinsichtlich der Effekte von Gebietsreformen), Verleumdungen und persönliche Diffamierungen auf den Wissenschaftler (manchmal auch durch andere Wissenschaftler) ausgedehnt. Hier sind gute Nerven und das Wissen, sich jederzeit wieder zurückziehen zu können, hilfreich.

4. Hat die Politikwissenschaft Angst vor Politikberatung?

Carol Weiss hat vor Jahren darauf aufmerksam gemacht (Weiss 1977), dass »wissenschaftliche Erkenntnis«, z. B. über die Ausgestaltung oder die Wirkung von Policies, nicht einfach von Verwaltung und Politik übernommen wird, indem z. B. Wissenschaftler befragt oder die Thesen oder Ergebnisse von Untersuchungen gelesen und dann angewendet werden. Die Bedeutung der Wissenschaft für die Praxis liegt vielmehr darin, dass sie Konzepte und Denkschemata bereitstellt, mit denen die Realität neu geordnet und interpretiert wird. Praktiker übernehmen in der Regel keine fertigen Lösungen oder abstrakten Theorien, sondern werden durch Begriffe, Konzepte und Sichtweisen der Wissenschaft beeinflusst. In diesem »diffuse process of enlightenment«, also in einem langfristigen und wenig strukturierten Prozess der »Aufklärung«, liegen daher die eigentliche Nutzung und Wirkung von Wissenschaft.

Im Feld der Verwaltungspolitik ist dieser Zusammenhang zwischen Wissenschaft und Politik nicht ganz so diffus, wie hoffentlich gezeigt werden konnte. Verwaltungswissenschaftliches Wissen von Politikwissenschaftlern ist gefragt und erzielt Wirkungen, wenngleich die Wirkungskette nicht immer gradlinig verläuft und im Prozess der Reformumsetzung »Wissensverluste« zu konstatieren sind. Es gibt einen Fundus an empirisch bewährten Lösungen, der in die Praxisberatung eingebracht werden kann. Dieser übersteigt bei allen noch vorhandenen empirischen Unsicherheiten das

Beratungsniveau vieler Unternehmensberatungen im Bereich des öffentlichen Sektors bei weitem. Und diese sind die erste Alternative, verweigert sich die Politikwissenschaft der Beratungsnachfrage.

Deshalb stellt sich die Frage, warum die vorhandene Nachfrage nach politikwissenschaftlichem Wissen nur von so wenigen Personen »befriedigt« wird. Mir scheinen hier zwei Barrieren zu bestehen. Zum einen gibt es – trotz der zunehmenden Tendenzen, Universitäten die Rolle einer third mission[18] zuzuweisen – insbesondere in Teilen der Sozialwissenschaften immer noch Bedenken, dass Politik- oder Praxisberatung »unwissenschaftlich« sei. Möglicherweise ist dies auch dadurch inspiriert, dass man Angst hat, in Machtprozesse involviert zu werden.

Eine zweite Barriere könnte in der internen Logik des Wissenschaftssystems liegen, welches sich stärker an den jeweiligen disziplinären Communities orientiert. Damit ist es heute in vielen Fächern möglich, eine erfolgreiche wissenschaftliche Karriere mit wissenschaftlichen Arbeiten zu machen, die von nur wenigen »Peers« der eigenen Fach-Community rezipiert, aber für methodisch gut befunden werden, selbst wenn diese Forschung keinerlei gesellschaftliche Relevanz erkennen oder erwarten lässt (vgl. Schneidewind 2016: 14). Die zunehmende Orientierung der Politikwissenschaft an begutachteten, möglichst englischsprachigen Journals mit ihrer Betonung vor allem von methodischen Designs als nahezu alleinigem Qualitätsmerkmal wissenschaftlichen Wirkens geht in die gleiche (falsche) Richtung.[19]

Es wäre jedoch bedauerlich, wenn die Politikwissenschaft sich immer weiter von ihrem Forschungsgegenstand entfernen würde und sich nicht mehr darum bemühte, auf der Basis ihrer Erkenntnisse zu gesellschaftlichen Verbesserungen beizutragen. Auch wenn das Verhältnis von Wissenschaft und Politik nicht immer spannungsfrei ist und durchaus einer kritischen Reflexion bedarf, scheint mir gerade für Politikwissenschaftler Politikberatung eine sinnvolle, notwendige und hoch spannende Aufgabe zu sein. Außerdem ist es eine einmalige Chance, politisch-administrative Entschei-

18 Gemeint ist damit, die Hochschulen neben ihren beiden ersten »Missionen«, Forschung und Lehre, stärker auf ihre gesellschaftliche Verpflichtung zu orientieren und ihre gesellschaftliche Orientierung zu verstärken.

19 Es ist daran zu erinnern, dass es bei der Analyse politischer Prozesse in der Regel nicht um die Untersuchung leicht isolierbarer und klar umrissener Gegenstände geht, deren Veränderung sich mit Hilfe weniger Variablen umschreiben lässt. Die zu untersuchenden Phänomene sind nicht einfacher, sondern komplexer Natur, sie sind nicht gut strukturiert und lassen sich nicht auf wenige Parameter beschränken. All dies spricht dafür, sich weniger um die Feststellung von Korrelationenn zu kümmern, sondern um solche über die Art des Zusammenspiels von Variablen.

dungsprozesse und ihre Logiken kennenzulernen und zu reflektieren, auch wenn dies manchmal frustrierend ist. Und zu guter Letzt wird es erst durch solche Gutachtertätigkeiten möglich, empirische Daten zur Implementation politischer Maßnahmen (z. B. zum mangelhaften Vollzug von Umweltaufgaben oder zu den fehlenden Konsequenzen von Lernstandserhebungen) zu generieren, die sonst kaum erfassbar sind aufgrund von Feldzugangsproblemen. Insgesamt spricht also immer noch sehr viel dafür, sich (auch) im Bereich der Politikberatung zu engagieren.

5. Literaturverzeichnis

Bauer, Michael, Bogumil, Jörg, Knill, Christoph, Ebinger, Falk, Krapf, Sandra, Reißig, Kristin (2007): Modernisierung der Umweltverwaltung. Reformstrategien und Effekte in den Bundesländern. Berlin: Edition Sigma.

Benz, Arthur, Suck, André (2007): Auswirkungen der Verwaltungsmodernisierung auf den Naturschutz. In: Natur und Landschaft, 82 (8), 353-357.

Bogumil, Jörg (2007): Verwaltungsstrukturreformen in den Bundesländern. Abschaffung oder Reorganisation der Bezirksregierungen? In: Zeitschrift für Gesetzgebung, 22 (3), 246-259.

Bogumil, Jörg (2010): Die Ebenen der Verwaltung, die Verteilung der Aufgaben und die Realität der Verwaltungspolitik. In: Dieter Schimanke (Hrsg.): Verwaltung und Raum. Zur Diskussion um Leistungsfähigkeit und Integrationsfunktion von Verwaltungseinheiten. Baden-Baden: Nomos, 77-88.

Bogumil, Jörg (2011): Die politische Führung öffentlicher Dienste – Möglichkeiten und Grenzen der Reorganisation. In: Rainer Koch, Peter Conrad, Wolfgang H. Lorig (Hrsg.): New Public Service. Öffentlicher Dienst als Motor der Staats- und Verwaltungsmodernisierung. 2 Auflage. Wiesbaden: VS Verlag, 111-129.

Bogumil, Jörg (2015): Verwaltungsreformen auf Länderebene. Die zunehmende Heterogenisierung der Landesverwaltung und ihre Folgen. In: Marian Döhler, Jochen Franzke, Kai Wegrich (Hrsg.): Der gut organisierte Staat. Festschrift für Werner Jann zum 65. Geburtstag. Baden-Baden: Nomos, 273-299.

Bogumil, Jörg (2016): Neugliederung der Landkreise und kreisfreien Städte in Thüringen. Wissenschaftliches Gutachten im Auftrag des Thüringer Ministeriums für Inneres und Kommunales. Bochum.

Bogumil, Jörg, Bogumil, Simon, Ebinger, Falk, Grohs, Stephan (2016): Weiterentwicklung der baden-württembergischen Umweltverwaltung. Wissenschaftliches Gutachten im Auftrag des Ministeriums für Umwelt, Klima und Energiewirtschaft Baden-Württemberg. Bochum/ Speyer/ Wien.

Bogumil, Jörg, Bogumil, Simon, Ebinger, Falk (2017): Weiterentwicklung der baden-württembergischen Naturschutzverwaltung. Wissenschaftliches Ergänzungsgutachten im Auftrag des Ministeriums für Umwelt, Klima und Energiewirtschaft Baden-Württemberg. Bochum/ Wien.

Bogumil, Jörg, Ebinger, Falk (2005): Die Große Verwaltungsstrukturreform in Baden-Württemberg. Erste Umsetzungsanalyse und Überlegungen zur Übertragbarkeit der Ergebnisse auf NRW. Ibbenbüren: Ibbenbürener Vereinsdruckerei.

Bogumil, Jörg, Ebinger, Falk (2008): Machtgewinn der Kommunen? In: Christiane Büchner, Jochen Franzke, Michael Nierhaus (Hrsg.): Verfassungsrechtliche Anforderungen an Kreisgebietsreformen. Zum Urteil des Landesverfassungsgerichts Mecklenburg-Vorpommern. Potsdam: KWI-Gutachten, 13-23.

Bogumil, Jörg, Ebinger, Falk (2012a): Gutachten zur möglichen Kommunalisierung von Landesaufgaben in Brandenburg. Stellungnahme im Auftrag der Enquetekommission »Kommunal- und Landesverwaltung - bürgernah, effektiv und zukunftsfest - Brandenburg 2020« des brandenburgischen Landtages. Bochum.

Bogumil, Jörg, Ebinger, Falk (2012b): Die Abschaffung der Bezirksregierungen in Niedersachsen (und was Baden-Württemberg daraus lernen kann). In: RP Report, 4/2012, 22-26.

Bogumil, Jörg, Ebinger, Falk (2013): Die Zukunft der Straßenbauverwaltung in Brandenburg. Möglichkeiten einer effizienten und effektiven Aufgabenwahrnehmung im Straßenwesen. Gutachten im Auftrag des Ministeriums für Infrastruktur und Landwirtschaft. Bochum.

Bogumil, Jörg, Jann, Werner (2009): Verwaltung und Verwaltungswissenschaft in Deutschland. Einführung in die Verwaltungswissenschaft. 2. Auflage. Wiesbaden: VS Verlag.

Bogumil, Jörg, Kottmann, Steffen (2007): Verwaltungsstrukturreform. Die Abschaffung der Bezirksregierungen in Niedersachsen. Ibbenbüren/ Münster: Stiftung Westfalen-Initiative.

Bogumil, Jörg, Kintzinger, Christoph, Mehde, Veit (2014): Einkreisung kreisfreier Städte im Land Brandenburg. Gutachten im Auftrag des Innenministeriums Brandenburg.

Bogumil, Jörg, Kuhlmann, Sabine (2015): Legitimation von Verwaltungshandeln. Veränderungen und Konstanten. In: Der moderne Staat, 2 (8), 237-253.

Bogumil, Jörg, Seuberlich, Marc (2016a): Die neuen Ämter für regionale Landesentwicklung. Eine erste Bestandsaufnahme. Bochum.

Bogumil, Jörg, Seuberlich, Marc (2016b): Die Wahrnehmung der Ämter für regionale Landesentwicklung durch die Kommunen. Ergebnisse einer Befragung der Hauptverwaltungsbeamten. Bochum.

Blumenthal, Julia (2003): Auswanderung aus den Verfassungsinstitutionen. Kommissionen und Konsensrunden. In: Aus Politik und Zeitgeschichte, B 43, 9-15.

Döhler, Marian (2012): Gesetzgebung auf Honorarbasis. Politik, Ministerialverwaltung und das Problem externer Beteiligung an Rechtssetzungsprozessen. In: Politische Vierteljahresschrift, 53 (2), 181-210.

Ebinger, Falk (2009): Vollzug trotz Reform? Die Umweltverwaltung der Länder im Wandel. In: Verwaltungsarchiv, 1, 55-70.

Ebinger, Falk (2013): Wege zur guten Bürokratie. Erklärungsansätze und Evidenz zur Leistungsfähigkeit öffentlicher Verwaltungen. Baden-Baden: Nomos.

Ebinger, Falk, Bogumil, Jörg (2016): Von den Blitzreformen zur neuen Behutsamkeit. Verwaltungspolitik und Verwaltungsreformen in den Bundesländern. In: Achim Hildebrandt, Frieder Wolf (Hrsg.): Die Politik der Bundesländer. Zwischen Föderalismusreform und Schuldenbremse. Wiesbaden: VS Verlag, 139-160.

Ellwein, Thomas (1993): Neuordnung der staatlichen und kommunalen Arbeitsebene zwischen der Landesregierung und den Städten und Kreisen des Landes NRW. Ein Gutachten, o.O..

Falk, Svenja, Rehfeld, Dieter, Römmele, Andrea, Thunert, Martin (Hrsg.) (2006): Handbuch Politikberatung. Wiesbaden: VS Verlag.

Frenzel, Albrecht (1995): Die Eigendynamik ostdeutscher Kreisgebietsreformen. Eine Untersuchung landesspezifischer Verlaufsmuster in Brandenburg und Sachsen. Baden-Baden: Nomos.

Fleischer, Julia (2015): Organisierte Expertise und die Legitimation der Verwaltung. Sektorale und strukturpolitische Dynamiken der Gremienlandschaft auf Bundesebene. In: Der moderne Staat, 8 (2), 315-337.

Gayl, Johannes Freiherr von (2010): Kreisgebietsreform in Mecklenburg-Vorpommern. In: Jörg Bogumil, Sabine Kuhlmann (Hrsg.): Kommunale Aufgabenwahrnehmung im Wandel. Wiesbaden: VS Verlag, 125-142.

Gebhardt, Ihno (2013): Eine weitere Verwaltungsstrukturreform für das Land Brandenburg? In: Hartmut Bauer, Christiane Büchner, Jochen Franzke (Hrsg.): Starke Kommunen in leistungsfähigen Ländern. Der Beitrag von Funktional- und Territorialreformen. KWI Schriften 7. Potsdam: Universitätsverlag Potsdam, 67-93.

Gundelach, Ulf (2013): Erfahrungen Sachsen-Anhalts mit Funktional- und Territorialreformen. In: Hartmut Bauer, Christiane Büchner, Jochen Franzke (Hrsg.): Starke Kommunen in leistungsfähigen Ländern. Der Beitrag von Funktional- und Territorialreformen. KWI Schriften 7. Potsdam: Universitätsverlag Potsdam, 113–136.

Grohs, Stephan (2016): Die neuen Ämter für regionale Landesentwicklung. Bundesländervergleich des Aufgabenbestandes. Speyer.

Innenministerium Baden-Württemberg (2007): Bericht der Landesregierung nach Artikel 179 Abs. 1 VRG. vom 18.9.2007. LT-Drucks. 14/1740.

Heidelberger Akademie der Wissenschaften (2006): Politikberatung in Deutschland. Wiesbaden: VS Verlag.

Hesse, Joachim Jens (2002): Regierungs- und Verwaltungsreform in Baden-Württemberg. Stuttgart/ Berlin: Internationales Institut für Staats- und Europawissenschaften.

Hesse, Joachim Jens (2004): Niedersachsen. Staatliche Repräsentanz in den Regionen. Funktion, Aufgaben und Organisation von Regierungsbüros. Gutachten im Auftrag des Arbeitskreises Weser-Ems.

Hesse, Jens Joachim (2009): Kreisgebietsreform in Mecklenburg-Vorpommern. Zur Einkreisung bislang kreisfreier Städte. Berlin: Internationales Institut für Staats- und Europawissenschaften.

Hesse, Joachim Jens (2014): Flucht aus der Verantwortung? Anmerkungen zur Verwaltungsstrukturreform in Thüringen. In: Thüringer Verwaltungsblätter, 10, 233-241.

Hesse, Joachim Jens (2015): Gefährdete Selbstverwaltung? Die »Großkreise« in Mecklenburg-Vorpommern. Baden-Baden: Nomos.

Hesse, Joachim Jens, Götz, Alexander, Großklaus, Mathias, Reiprich, Volker (2008): Kreisgröße und kommunales Ehrenamt. Untersuchung im Auftrag des Innenministeriums Mecklenburg-Vorpommern.

Hesse, Joachim Jens, Vogel, Stephan, Bernat, Erwin, Martino, Maria Grazia (2010): Kommunalstrukturen in Niedersachsen. Untersuchung im Auftrag des Ministeriums für Inneres und Sport des Landes Niedersachsens. Berlin: Internationales Institut für Staats- und Europawissenschaften.

Knill, Christoph, Tosun, Jale (2015): Einführung in die Policy-Analyse. Leverkusen/ Opladen: Budrich.

Kuhlmann, Sabine, Richter, Philipp, Schwab, Christian, Zeitz, Dirk (2012): Gutachten zur Reform der Kommunal- und Landesverwaltung Brandenburg. Erstellt im Auftrag der Fraktion Bündnis 90/ Die Grünen im Brandenburger Landtag. Speyer.

Kuhlmann, Sabine, Seyfried, Markus, Siegel, John (2017): Wirkungen von Gebietsreformen. Stand der Forschung und Empfehlungen für das Land Brandenburg. Gutachten im Auftrag des Ministeriums des Innern und für Kommunales Brandenburg. Potsdam.

Landtag Brandenburg, Enquete-Kommission 5/2 (2013): Abschlussbericht der Enquete-Kommission 5/2 »Kommunal- und Landesverwaltung - bürgernah, effektiv und zukunftsfest – Brandenburg 2020« vom 25. Oktober 2013. In: Schriften des Landtages Brandenburg, 3, 2012.

Lenz, Thomas (2013): Erfahrungen Mecklenburg-Vorpommerns mit Funktional- und Territorialreformen. In: Hartmut Bauer, Christiane Büchner, Jochen Franzke (Hrsg.): Starke Kommunen in leistungsfähigen Ländern. Der Beitrag von Funktional- und Territorialreformen. KWI Schriften 7. Potsdam: Universitätsverlag Potsdam, 93-113.

Mayntz, Renate (1996): Politische Steuerung. Aufstieg, Niedergang und Transformation einer Theorie. In: Klaus von Beyme, Claus Offe (Hrsg.): Politische Theorien in der Ära der Transformation. PVS-Sonderheft 26. Wiesbaden: VS Verlag, 148-168.

Mayntz, Renate (2008): Die Organisation wissenschaftlicher Politikberatung in Deutschland. In: Heidelberger Akademie der Wissenschaften (Hrsg.): Politikberatung in Deutschland. Wiesbaden: VS Verlag, 115-122.

Mehde, Veith (2007): Das Ende der Regionalkreise? Zur Entscheidung des Landesverfassungsgerichts Mecklenburg-Vorpommern. In: Zeitschrift für Öffentliches Recht in Norddeutschland, 9/2007, 331-337.

Nullmeier, Frank (1993): Wissen und Policy-Forschung. Wissenspolitologie und rhetorisch-dialektisches Handlungsmodell. In: Adrienne Héritier (Hrsg.): Policy-Analyse. PVS-Sonderheft 24. Wiesbaden: VS Verlag, 175–196.

Proeller, Isabella, Siegel, John (2010): Gutachterliche Stellungnahme zur Einschätzung des Personalbedarfs der brandenburgischen Landesverwaltung 2014 und 2019. Im Auftrag des Ministeriums der Finanzen des Landes Brandenburg. Potsdam.

Richter, Philipp (2010): Kommunalisierung der Schulaufsicht. Erfahrungen aus der baden-württembergischen Verwaltungsstrukturreform. In: Sabine Kuhlmann, Jörg Bogumil (Hrsg.): Kommunale Aufgabenwahrnehmung im Wandel. Kommunalisierung, Regionalisierung und Territorialreform in Deutschland und Europa. Wiesbaden: VS Verlag, 67-86.

Richter, Philipp (2012): Gefahr im »Vollzug«? Die Kommunalisierung staatlicher Aufgaben und ihre Auswirkung auf die Aufgabenerledigung. In: Michael Haus, Sabine Kuhlmann (Hrsg.): Lokale Politik und Verwaltung im Zeichen der Krise?. Wiesbaden: VS Verlag, 179-195.

Richter, Philipp (2014): Der äußere Aufbau der Landesverwaltung und sein Einfluss auf den Aufgabenvollzug. Territoriale, funktionale und politische Lösungen und Wirkungen in den deutschen Bundesländern am Beispiel der Versorgungsverwaltung. Dissertation. Speyer.

Richter, Philipp, Kuhlmann, Sabine (2010): Bessere Leistung mit weniger Ressourcen? Auswirkungen der Dezentralisierung am Beispiel der Versorgungsverwaltung in Baden-Württemberg. In: Der moderne Staat, 3 (2), 393-412.

Scharpf, Fritz W. (1973): Verwaltungswissenschaft als Teil der Politikwissenschaft. In ders.: Planung als politischer Prozess. Aufsätze zur Theorie der planenden Demokratie. Frankfurt am Main: Suhrkamp, 9-32.

Schneidewind, Uwe (2016): Die »Third Mission« zur »First Mission« machen? In: Die Hochschule, 1, 14-23.

Schuppert, Gunnar Folke (2008): Governance durch Wissen. Überlegungen zum Verhältnis von Macht und Wissen aus governancetheoretischer Perspektive. In: Gunnar Folke Schuppert, Andreas Voßkuhle (Hrsg.): Governance von und durch Wissen. Baden-Baden: Nomos.

Siefken, Sven (2007): Expertenkommissionen im politischen Prozess. Eine Bilanz zur rot-grünen Bundesregierung 1998-2005. Wiesbaden: VS Verlag.

Thieme, Werner, Unruh, Georg, Scheuner, Ulrich (1981): Die Grundlage der kommunalen Gebietsreform. Baden-Baden: Nomos.

Voßkuhle, Andreas (2007): Die politischen Dimensionen der Staatsrechtslehre. In: Helmuth Schulze-Fielitz (Hrsg.): Staatsrechtslehre als Wissenschaft. In: Die Verwaltung, Beiheft 7, 135-157.

Weiss, Carol (1977): Using Social Research in Public Policy Making. Lexington: Lexington Books.

Weiss, Carol H. (1979): The many meanings of research utilization. In: Public Administration Review, 39 (5), 563-574.

Weingart, Peter (2001): Die Stunde der Wahrheit? Zum Verhältnis der Wissenschaft zu Politik, Wirtschaft und Medien in der Wissensgesellschaft. Weilerswist: Velbrück Verlag.

Weingart, Peter, Lentsch, Justus (2008): Wissen – Beraten – Entscheiden. Form und Funktionen wissenschaftlicher Politikberatung in Deutschland. Weilerswist: Velbrück Verlag.

Westphal, Volker-Gerd, Glapiak, Thomas, Schrandt, Felix (2013): Personalwirtschaftliche Anpassungspotenziale im Fall der Reduzierung der Anzahl der Landkreise in Brandenburg. In: Verwaltung und Management, 19 (5), 237-244.

Westphal, Volker-Gerd (2014): Legitimation durch Expertenwissen und Parlamentsbeteiligung. Erfahrungen mit der Enquete-Kommission 5/2 in Brandenburg. Abrufbar unter http://www.deutschesektion-iias.de/fileadmin/user_upload/tagungen/Westphal .pdf.

Wewer, Göttrik (2003): Politikberatung und Politikgestaltung. In: Klaus Schubert, Nils C. Bandelow (Hrsg.): Lehrbuch der Politikfeldanalyse. München/ Wien: Oldenbourg.

Zürn, Michael (2011): Perspektiven des demokratischen Regierens und die Rolle der Politikwissenschaft im 21. Jahrhundert. In: Politische Vierteljahresschrift, 52 (4), 603-635.

Politikwissenschaftliche Verwaltungswissenschaft und Policyanalyse in Deutschland. Überlegungen zu einer komplizierten Beziehung

Annette Elisabeth Töller

1. Einleitung[1]

Die Beziehung zwischen der politikwissenschaftlichen Verwaltungswissenschaft und der Policyanalyse[2] in Deutschland erscheint kompliziert. Seit mehr als zehn Jahren finden regelmäßige Diskussionen statt, die sich mit den fachlichen Identitäten und den Unterschieden zwischen beiden befassen, wobei der Umgang mit dem Thema Verwaltung in der Forschung einen zentralen Punkt von Kontroversen darstellt (Bogumil/ Jann/ Nullmeier 2006; Janning 2006; Bauer 2008; Jann 2009; Döhler 2014). Auch die Münchener Tagung im November 2016, die die Grundlage dieses Bandes darstellt, war geprägt durch diese Diskussionen und Kontroversen über solche Fragen. Es fehlte auch nicht der bereits bekannte Vorwurf der Verwaltungswissenschaft, die Politikfeldanalyse habe sich von der Verwaltungswissenschaft entfernt und interessiere sich nicht oder in nicht geeigneter Weise für das inhaltliche Hauptanliegen der Verwaltungswissenschaft – die Verwaltung (Jann 2009; Döhler 2014).

---

1 Hilfreiche Rückmeldungen zu vorherigen Fassungen dieses Beitrags erhielt ich von den Herausgebern dieses Bandes, Edgar Grande und Michael Bauer, sowie von Sonja Blum, Michael Böcher, Renate Reiter, Eva Ruffing und Detlef Sack. Ganz herzlichen Dank dafür! Verbleibende Irrtümer und Einseitigkeiten sind von mir alleine zu verantworten. Überdies ist zu betonen, dass Hinweise auf Publikationen als Beispiele für eine bestimmte Herangehensweise in Verwaltungswissenschaft und Policyanalyse im Folgenden immer nur exemplarisch sein können und zwangsläufig selektiv sein müssen. Die Nicht-Nennung weiterer AutorInnen und Publikationen liegt nicht an deren mangelnder Relevanz, sondern am begrenzten Überblick der Autorin.

2 Auch wenn insbesondere die Verwaltungswissenschaft, aber auch die Policyanalyse interdisziplinäre Bezüge aufweisen (s. u.), so spreche ich in diesem Beitrag, auch wenn dies nicht explizit erwähnt wird, nur von der *politikwissenschaftlichen* Verwaltungswissenschaft sowie (vielleicht weniger erklärungsbedürftig) von der politikwissenschaftlichen Policyanalyse.

Diese Debatte ist also keinesfalls neu, sie wurde allerdings bislang überwiegend aus der Perspektive der Verwaltungswissenschaft betrachtet (Bogumil/ Jann/ Nullmeier 2006; Bauer 2008; Jann 2009; Döhler 2014; eine Ausnahme stellt nur der Beitrag von Janning [2006] dar), so dass die Analyse zwar kenntnisreich, reflektiert und teils selbstkritisch, aber doch insgesamt unvollständig und mitunter einseitig ausfällt. Dies ist auch deshalb der Fall, weil hier die heutige Policyanalyse in ihrer wissenschaftstheoretischen, theoretischen und inhaltlichen Ausrichtung m. E. nicht immer angemessen wahrgenommen wird. Es ist das Anliegen des vorliegenden Beitrags, zum einen die verschiedenen Facetten dieser Debatte aus der Perspektive der Policyanalyse[3] zu betrachten und zum anderen Perspektiven für eine konstruktive Wendung der Kontroversen aufzuzeigen.

Zwingend hierfür erscheint zunächst ein Blick in die gemeinsame Geschichte der beiden Subdisziplinen. Auch wenn die Wurzeln der Beobachtung der Staatstätigkeit bis in den Absolutismus zurückreichen mögen (Schmidt 2004: 683), so war die Planungseuphorie der späten 1960er und frühen 1970er Jahre zentral für die Entstehung von Policy- und Verwaltungsforschung: »Grundlegend«, schreibt Jann, »ist die Frage nach der effektiven Bearbeitung gesellschaftlicher Probleme und den dafür notwendigen organisatorischen Voraussetzungen« (Jann 2009: 482). Scharpf kritisiert in seinem teils prospektiven und auch programmatischen Vortrag von 1971 (publiziert 1973) »Verwaltungswissenschaft als Teil der Politikwissenschaft« die zeitgenössische Politikwissenschaft, weil diese mit ihrer Forschung zu Wahlen, Parteiensystemen, öffentlicher Meinung etc. die Rolle von Verwaltungen weitgehend ausblende. Hingegen sieht er im neuen Verständnis von Politik als »Policy-Making« die Chance, die Rolle der Verwaltung aus einer politikwissenschaftlichen Perspektive angemessen zu berücksichtigen (Scharpf 1973: 15ff.) und eine solche Verwaltungswissenschaft auch in der Politikwissenschaft zu verankern. Demnach hätte die Verwaltungswissenschaft ihre Etablierung in der Politikwissenschaft letztlich ihrem »Policy-Turn« zu verdanken. Allerdings überwiegt in späteren, retrospektiven Rekonstruktionen doch die Wahrnehmung einer – von den US-amerikanischen Entwicklungen ebenso wie von der sozialliberalen Reformeuphorie inspirierten – Ko-Evolution von Verwaltungswissenschaft und Policyanalyse, die zumindest bis Ende der 1970er, Anfang der 1980er Jahre weitgehend identisch blieben (Bogumil/ Jann/ Nullmeier 2006: 9; Jann 2009: 479ff.). Etwa mit dem Beginn der 1980er Jahre setzte der

3 Die Autorin dieses Beitrags interessiert sich zwar in Forschung und Lehre immer auch für Verwaltungen, versteht sich aber letztlich als Policyanalytikerin.

Prozess der Differenzierung ein (Jann 2009: 485). Zugleich begannen auch ForscherInnen aus anderen Bereichen als der Verwaltungswissenschaft, Politikfeldforschung zu betreiben (Böhret 1985). Die deutsche Politikwissenschaft, organisiert in der DVPW, befasste sich etwa seit 1983 recht kontrovers mit ihrem Verhältnis zur »Policy-Forschung« (z. B. von Beyme 1985; Hesse 1985; Hartwich 1985; Böhret 1985). Die weiteren historischen Stationen der Auseinanderentwicklung können an verschiedenen Stellen nachgelesen werden (z. B. Jann 2009: 485ff; Wegrich 2017: 174ff.) und sollen hier nicht vertieft erörtert werden.

Zwar gibt es auch heute noch eine ganze Reihe von WissenschaftlerInnen, die sowohl Verwaltungsforschung als auch Policyanalysen betreiben (so auch Bauer 2008: 65), und viele, die sich beiden Subdisziplinen zugehörig fühlen. Diese gemeinsamen Bezüge sind auch am Fortbestehen einer gemeinsamen Sektion für Policyanalyse und Verwaltungswissenschaft in der Fachgesellschaft DVPW[4] und an der Gründung der Zeitschrift der moderne Staat (als »Zeitschrift für Public Policy, Recht und Management«) im Jahr 2008, die Beiträge aus beiden Gebieten – und darüber hinaus – publiziert, festzumachen. Aber die Subdisziplinen haben sich dennoch entscheidend auseinanderentwickelt und verselbstständigt (z. B. Bogumil/ Jann/ Nullmeier 2006: 24). Hoffnungen, unter dem Dach der Governanceforschung würden beide wieder zueinander finden (Janning 2006: 8), erwiesen sich spätestens mit dem Verblassen des Governanceparadigmas (Grande 2012) als optimistisch. Die meisten KollegInnen betreiben heute jedenfalls im Schwerpunkt entweder Verwaltungswissenschaft *oder* Policyanalyse.

Hilfreich erscheint nach dieser kurzen historischen Skizze ein Perspektivwechsel, der sich einer Verortung der Policyanalyse in Deutschland heute zuwendet. Diese lässt sich zunächst in drei Gruppen einteilen, die ich in Abschnitt 3 näher darstelle: Erstens die Politikfeldanalyse, die, wie gerade beschrieben, in oder mit der Verwaltungswissenschaft entstanden ist; zweitens die vergleichende Staatstätigkeitsforschung und drittens die interpretative Policyanalyse. Heute sind – was Fragestellungen, Theorien und Methoden betrifft – die Politikfeldanalyse und die vergleichende Staatstätigkeitsforschung weitgehend fusioniert zu dem, was allgemein unter Policyanalyse firmiert (z. B. Reiter/ Töller 2014; Wenzelburger/ Zohlnhöfer 2015; Blum/ Schubert 2017), während die interpretative Policyanalyse in

4 Diese Sektion hieß lange Zeit »Staatslehre und politische Verwaltung« (woher wiederum der Name dieser Reihe bei Nomos stammt) und erhielt den jetzigen Namen »Policyanalyse und Verwaltungswissenschaft« erst 2006 infolge der Fusion der Sektion mit dem Arbeitskreis »Politische Steuerung«. Die Autorin ist gegenwärtig eine von drei SprecherInnen dieser Sektion.

einiger Hinsicht eine für sich stehende Gruppe darstellt (Münch 2016). Das bedeutet auch, dass die mit der Verwaltungswissenschaft entstandene Politikfeldanalyse in der heutigen Policyanalyse nur eine von drei Traditionslinien darstellt. Wenn ich im Folgenden von Policyanalyse spreche, dann meine ich für die Zwecke dieses Beitrags die aus Politikfeldanalyse und der Staatstätigkeitsforschung fusionierte Policyanalyse, die die interpretative Policyanalyse nicht mit einschließt. Das Argument meines Beitrags ist nun das Folgende:

Erstens, die bisherige Diskussion macht m. E. nicht ausreichend deutlich, dass es zwischen Verwaltungswissenschaft und Policyanalyse zwar eine gemeinsame Vergangenheit und auch aktuell gemeinsame inhaltliche Schnittmengen gibt, aber heute die Unterschiede in wissenschaftstheoretischer, theoretischer und inhaltlicher Hinsicht mittlerweile überwiegen, weshalb es zwingend erscheint, von zwei klar voneinander zu unterscheidende Subdisziplinen zu sprechen. Zweitens: Die Policyanalyse kann und muss man kritisch danach befragen, welche Rolle Verwaltungen in ihren Analysen spielen und ob es in Themenauswahl und theoretischem Zugriff eingebaute Schieflagen im Hinblick auf die angemessene Thematisierung von Verwaltungen gibt. Drittens: Auf der Basis einer Anerkennung der Eigenständigkeit und Verschiedenheit der beiden Subdisziplinen und nach der Analyse der Tauglichkeit verschiedener Theorien und Ansätze zur Erfassung der Rolle von Verwaltungen lassen sich Perspektiven für die Identifikation gemeinsamer Schnittmengen entwickeln, die der kollaborativen Bearbeitung bedürfen.

Um dieses Argument zu entwickeln, gehe ich in drei Schritten vor: Erstens arbeite ich (in Abschnitt 2) den Unterschied zwischen der heutigen Verwaltungswissenschaft und der Policyanalyse in Deutschland heraus. Dabei geht es mir um eine eher statische Betrachtungsweise der Situation etwa seit 2000[5] und nicht um eine ideengeschichtliche Rekonstruktion der Entwicklung. Zweitens befasse ich mich (in Abschnitt 3) näher mit der heutigen Policyanalyse, die sich, wie eingangs schon angedeutet, insbesondere durch eine Annäherung zweier Gruppen, der Politikfeldanalyse und der vergleichenden Staatstätigkeitsforschung, charakterisiert. Aus dieser gerade genannten Annäherung ergeben sich wichtige Konsequenzen für das Theoriearsenal der Policyanalyse. Dies wiederum ist von Belang, wenn wir (in Abschnitt 4) danach fragen, inwieweit die Policyanalyse heute in der Lage

5 Dieser Zeitraum wird zum einen aus pragmatischen Gründen gewählt, weil die Beiträge, auf die ich mich hier beziehe, etwa mit dem Jahr 2003 beginnen, zum anderen werden von verschiedenen AutorInnen um die Jahrtausendwende auch inhaltliche Zäsuren identifiziert.

ist, die Rolle von Verwaltungen in ihrer Forschung adäquat zu berücksichtigen. Der Beitrag endet mit einem Resümee (5.), in welchem ich versuche, Perspektiven für eine inhaltliche (nicht aber subdisziplinäre) Wiederannäherung der beiden Subdisziplinen zu entwickeln.

2. *Unterschiede zwischen Verwaltungswissenschaft und Policyanalyse in Deutschland*

Bei einem Versuch, den Unterschied zwischen Verwaltungswissenschaft und Policyanalyse generell zu beschreiben, wurde die Policyanalyse auch als »Lehre von den ‚Außenwirkungen' der Staatstätigkeit« bezeichnet, »die Verwaltungswissenschaft hingegen als Lehre vom ‚Innenleben' des Staates (Döhler 2014: 77, mit Verweis auf Bauer 2008: 64f.). Eine solche Zuordnung greift aber m. E. zu kurz, nicht nur, weil es gerade ein Charakteristikum der Entwicklung der Policyanalyse ist, dass Policies nicht immer von staatlichen Akteuren entwickelt und beschlossen werden und so der Staat (zumal seit den 1980er Jahren) nicht immer zwingend im Mittelpunkt steht (so auch Döhler 2014: 80). Betrachtet man die deutsche Verwaltungswissenschaft etwa dieses Jahrtausends, wie sie etwa auch in den einschlägigen Überblicksbeiträgen wahrgenommen wird (z. B. Benz 2003; Bogumil/ Jann/ Nullmeier 2006; Jann 2009; Döhler 2014) sowie die deutsche Policyanalyse in derselben Zeit, dann ergeben sich zwischen beiden eindeutige Unterschiede insbesondere auf wissenschaftstheoretischer, inhaltlicher und theoretischer Ebene.

Wissenschaftstheoretisch gibt es zunächst Unterschiede im Hinblick auf die Verortung zwischen normativen und positiven Fragestellungen und Theorien. Die Verwaltungswissenschaft trägt sich traditionell auch mit einer Vielzahl normativer Fragen, auf die normative Theorien[6] Antworten geben (Bogumil/ Jann/ Nullmeier 2006: 10f.). Auch heute ist die Frage der Legitimität von Verwaltungen und Verwaltungshandeln (Benz 2003: 364) immer noch ein zentrales Thema verwaltungswissenschaftlicher Studien (z. B. Ruffing 2011; Hustedt et al. 2014; Bogumil/ Kuhlmann 2015; Richter 2017; siehe auch Peters/ Pierre 2017: 14f.). Der policyanalytische Mainstream hingegen, der noch in Zeiten der Steuerungsdiskussion bis etwa Ende des letzten Jahrtausends zumindest latent normativ orientiert war, indem er von der Annahme ausging, dass erfolgreiche staatliche Steuerung wün-

6 Siehe hierzu die Ausführungen von Bogumil, Jann und Nullmeier über verschiedene »Schübe« normativer Theorien der Verwaltung (2006: 10-16).

schenswert sei[7], distanziert sich seither zunehmend von normativen Fragen und Theorien, die für die Beantwortung typischer policyanalytischer Fragen, nämlich nach kausalen Zusammenhängen (s. u.), irrelevant sind (so auch Wenzelburger/ Zohlnhöfer 2015: 10). Zu dieser Entwicklung hat m. E. auch beigetragen, dass die Evaluationsforschung, die ja konkrete Verbesserung zum Ziel hat und noch in den 1990er Jahren gewissermaßen zwischen Verwaltungswissenschaft und Politikfeldanalyse anzusiedeln war (z. B. Bussmann/ Klöti/ Knoepfel 1997), sich verselbständigt hat und jedenfalls heute keinen Kernbereich der deutschen Policyanalyse mehr darstellt. Natürlich haben Policyanalysen, die etwa untersuchen, warum es zwischen den Bundesländern Unterschiede in den Anerkennungsquoten von Flüchtlingen gibt (Riedel/ Schneider 2017) oder warum es zu einer Privatisierung auch hoheitlicher Aufgaben kommen konnte (Stoiber/ Töller 2016), letztlich auch einen kritischen (und damit normativen) Impetus, der sich jedoch auf die Auswahl des Themas und gegebenenfalls Schlussfolgerungen, nicht aber auf die Analyse selbst bezieht. In der Verwaltungswissenschaft sind beide Arten von Studien, normative und positive, weiterhin wichtig, während normative Perspektiven in der Policyanalyse weitgehend ihre Bedeutung verloren haben.

Weitere Unterschiede bestehen im Hinblick auf die Relevanzkriterien. Wenn es um die Frage geht, unter welchen Bedingungen es zu rechtfertigen ist, sich wissenschaftlich mit einem Phänomen zu befassen, steht für eine verwaltungswissenschaftliche Studie stärker als in der Policyanalyse die praktische Relevanz einer Frage im Mittelpunkt: »Ziel ist letztlich die Verbesserung der Praxis« (Benz 2003: 367).[8] Die Policyanalyse befasst sich zwar etwa mit Fragen des Wandels des Wohlfahrtsstaates, den Instrumenten der Klimapolitik oder den neuen Entwicklungen der Flüchtlingspolitik und damit jedenfalls in aller Regel auch mit gesellschaftlich relevanten Fragen. Gleichwohl orientiert sie sich zunehmend an den Relevanzkriterien der Politikwissenschaft im Allgemeinen. Und hier ist die *wissenschaftliche* Relevanz ein zentrales Kriterium, das erfüllt sein muss, wenn man eine Dissertation verfassen, einen Aufsatz publizieren oder Forschungsgelder einwerben möchte. Diese gilt insbesondere dann als gegeben, wenn ein Phänomen nicht mit bisherigen Annahmen und Theorien übereinstimmt, die wissen-

7 Diese Annahme kann man m. E. im Abstrakten teilen (natürlich soll und muss der Staat steuern können), aber im Konkreten kann sie durchaus fragwürdig sein. Staatliche Steuerung ist nicht per se »gut«, sondern manchmal – was Ziel und Instrument betrifft – eben auch problematisch.

8 Den Vorrang der praktischen Relevanz betonte Fritz W. Scharpf erneut auf der Münchener Tagung.

schaftliche Evidenz für etablierte Theorien fehlt oder eine wissenschaftliche Kontroverse entstanden ist (z. B. King/ Keohane/ Verba 1994: 16f.; vgl. Reiter/ Töller 2014: 25). Praktische Relevanz steht hier deutlich weniger im Mittelpunkt als bei der Verwaltungswissenschaft und gilt jedenfalls alleine als nicht ausreichend.

Damit verbunden ist die Frage, was überhaupt eine wissenschaftliche Herangehensweise ausmacht. In der Policyanalyse versteht man darunter inzwischen ganz überwiegend die theoriegeleitete Identifizierung kausaler Zusammenhänge (Schubert/ Bandelow 2014: 11; Reiter/ Töller 2014: 15ff.), auch wenn die Bandbreite zwischen Herangehensweisen, die Theorien testen, solchen, die kausale Mechanismen aufdecken oder solchen, die im Material erst einmal nach Mustern suchen, sicher erheblich ist (Blatter et al. 2015: 103ff). Alle genannten Vorgehensweisen erfordern aber für die konkrete Gestaltung der Forschung die Fokussierung auf relativ enge Wirklichkeitsausschnitte (Bauer 2008: 67). Zwar ist auch in der deutschen Verwaltungswissenschaft ein Theoriebezug etabliert, aber die zwangsläufige Fokussierung auf Kausalitäten, die dann systematisch und theoriegeleitet untersucht werden, ist nicht im selben Maße verbreitet wie in der Policyanalyse. Bauer resümiert: »Trotz jahrzehntelanger Bemühungen der empirischen Verwaltungsforschung verfügen wir nur in sehr unzureichendem Umfang über systematisches Wissen über die Zusammenhänge zwischen dem Wandel von öffentlichen Organisationen und den tatsächlichen Resultaten« (Bauer 2008: 63f.). Die Verwaltungswissenschaft in Deutschland arbeite vorrangig an der »deskriptiven Rekonstruktion von Reformvorgängen«, weshalb das Wissen »deskriptiv und überwiegend prozessorientiert« bleibe und es der empirischen Verwaltungswissenschaft schwerfalle, das Verdikt der mangelnden theoretischen Reife zu entkräften (Bauer 2008: 63f., 66; ebenso Benz 2003: 379; vgl. Peters/ Pierre 2017: 14). Dies mag wiederum auch damit zu tun haben, dass bei der Verwaltungswissenschaft die Beratungsperspektive stark ausgeprägt bleibt (Peters/ Pierre 2017: 12), weshalb ihr mitunter »eine allzu große Nähe zu den Bedürfnissen und Fragestellungen der Praxis vorgeworfen« wird (Bogumil/ Jann/ Nullmeier 2006: 23). Döhler konstatiert in diesem Zusammenhang, infolge der übermäßigen Befassung mit Verwaltungsreformen habe sich die Verwaltungswissenschaft zwar »als beratungsnah und praxisrelevant« profiliert, sie

»blieb aber gleichzeitig theoriefern[9] und erklärungsarm[10]« (Döhler 2014: 84). Immerhin lässt der aktuelle Beitrag von Peters und Pierre zur Lage der (internationalen) Verwaltungsforschung erkennen, dass die deutsche Verwaltungswissenschaft sich hier in guter Gesellschaft befindet (Peters/ Pierre 2017).

Die deutsche Policyanalyse hat sich hingegen nach der Phase der »Instrumentalisierung [...] in der politikwissenschaftlichen Planungsdiskussion« (Janning 2006: 78, 80) von der Beratungsperspektive einer »Steuerungswissenschaft« (Czada 1997) schon lange verabschiedet, auch wenn die Steuerungstheorie bis zur Übernahme durch das Governance-Paradigma recht zentral für die Policyanalyse war (Jann 2009: 486). Insofern geht es in der Politikfeldanalyse heute auch ganz überwiegend nicht mehr darum, Policies zu »verbessern«, wie Jann dies nahelegt (Jann 2009: 497) und auch Schubert und Bandelow (mit Verweis auf Scharpf) annehmen (Schubert/ Bandelow 2014: 7), sondern darum, Policies zu erklären und dabei zumindest auch einen Mosaikstein zur Weiterentwicklung, Präzisierung oder Korrektur von Theorien oder Erklärungsansätzen zu leisten.[11] Während in der vergleichenden Policyanalyse die »analysis for policy« neben der »analysis of policy« zentral bleibt (Brans/ Geva-May / Howlett 2017: 2), ist dies in

9 Den Vorwurf der mangelnden theoretischen Fundierung der Verwaltungswissenschaft wies bereits 1982 Thomas Ellwein als »Gejammer« zurück (Bogumil/ Jann/ Nullmeier 2006: 23), was zunächst dokumentiert, dass dieser Vorwurf schon lange besteht.

10 Und in der Tat hat die Verwaltungswissenschaft spannende Fragen im Zusammenhang mit Verwaltungsreformen etc. nicht gestellt, wie auch Döhler (2014: 85) einräumt. Zwar gibt es beispielsweise (in Verwaltungswissenschaft und Policyanalyse) zahllose Privatisierungsstudien. Die meines Erachtens zentrale Frage, wie sich Eigentümerwechsel auf Qualität und Preis der Leistung auswirken, welche sozialen Effekte also Entstaatlichungen für die Bürger und Verbraucher haben, ist jedoch kaum untersucht worden (Sack 2015: 169-175; als Ausnahme: Hesse et al. 2016, die für 100 deutsche Städte zwischen 2009 und 2016 die Auswirkung des Eigentümerwechsels auf die Preisentwicklung untersuchen). Dabei sollte es gerade ein zentrales Thema für die Verwaltungswissenschaft sein, »wie sich spezifische Reformen im öffentlichen Sektor auf die (effiziente) Erzeugung und letztlich auf die (intendierte) Zielerreichung staatlicher Dienstleistungen auswirken« (Bauer 2008: 63). Auch weitere Fragen der Auswirkungen von NPM-Reformen sind nur unzureichend untersucht worden (Benz 2003: 369).

11 Detlef Sack hat zu Recht eingewendet, Theorieweiterbildung bleibe auch in der Policyanalyse die Ausnahme. Mein Punkt ist aber, dass die Motivation immer auch darin liegen sollte, neue Mosaiksteinchen von Theorien oder Erkenntnisse über die Bedingungen ihrer Anwendbarkeit zu finden, auch wenn das letztlich nur selten gelingen mag.

der deutschen Variante der Policyanalyse weitaus weniger der Fall. Möglich ist es natürlich, auf der Basis von Policyanalysen auch Policyempfehlungen abzugeben. Eine solche Empfehlung liegt aber jenseits der eigentlichen Analyse.[12]

Hier ergibt sich tendenziell ein weiterer wichtiger epistemologischer Unterschied, auch wenn er in der Realität der beiden Subdisziplinen nicht immer auf idealtypische Weise vorkommt. Wenn Bauer in seinem Beitrag ausführt, die Verwaltungswissenschaft arbeite so, dass sie »über ihre Phänomene eine beschreibende Tiefe und damit ein breites Verständnis zu entwickeln vermag«, während die Sozialwissenschaft (und also auch die Policyanalyse) auf »die Produktion fallunabhängiger Erkenntnis« abziele (Bauer 2008: 68), so steht der erkenntnistheoretische Unterschied zwischen Verstehen und Erklären, zwischen idiographischem und nomothetischem Vorgehen, im Raum, wird aber nicht ausgesprochen (vgl. z. B. Jahn 2006: 161). Während die eine Variante der Generierung wissenschaftlicher Erkenntnisse sich dem Durchdringen des Einzelfalls verschreibt und gar nicht auf die Erzeugung von darüber hinaus gültigen Erkenntnissen zielt, geht es der anderen Variante – letztlich in Anlehnung an naturwissenschaftliche Standards – um Generalisierung. Die Policyanalyse will erklären, die Verwaltungswissenschaft will (oder soll) beides, erklären und auch »Verwaltung verstehen«, wie Seibel argumentiert (Seibel 2016: 11). Ein eher auf Erklärung abzielendes Vorgehen schlägt sich indes nicht zwingend in Studien mit großen Fallzahlen nieder.[13] Sowohl in der Verwaltungswissenschaft als auch in der Policyanalyse sind Einzelfallstudien und Studien mit kleinen Fallzahlen immer noch häufig. Der Anspruch der Policyanalyse ist hier häufig, zumindest (im Sinne Poppers) mit aus der Theorie abgeleiteten Hypothesen zu arbeiten, die einer empirischen Widerlegung zugänglich sind (vgl. Bauer 2008: 75).

Die gerade skizzierten Unterschiede spiegeln sich nicht in vergleichbar gravierenden Differenzen bei den *Methoden* wider. In beiden Subdisziplinen hat zunächst die Erwartung an den/die ForscherIn, über die eigenen Methoden reflektiert Auskunft geben zu können, in den vergangenen etwa

12 Das dürfte auch mit der Ausrichtung der Policyanalyse in der Lehre zu tun haben: Während beispielsweise in den USA Policy-Schools vor allem die praktische Problemlösungsfähigkeit der Studierenden an konkreten Fällen schulen wollen (man denke etwa an das Case Program der Kennedy School in Harvard, https://case.hks.harvard.edu), konnte sich dieses Modell in Deutschland nicht durchsetzen.

13 Hier unterscheidet sich – was Forschungsdesign und Methoden betrifft – letztlich die vergleichende Staatstätigkeitsforschung von der Politikfeldanalyse, wie ich weiter unten noch ausführen möchte.

zehn Jahren deutlich zugenommen, auch wenn man der Policyanalyse hier einen gewissen Innovationsvorsprung einräumen kann (so Janning 2006; vgl. Egner 2014; Treib 2014; Blatter et al. 2015; Wagemann 2015; Schmitt 2015; Kanitsar/ Kittel 2015). Allerdings überwiegen weder in der Politikfeldanalyse inzwischen quantitative Methoden noch sind diese in der Verwaltungswissenschaft unbedeutend (Veit 2016; Wegrich 2017: 184). Auch das Publikationsverhalten von PolicyanalytikerInnen und VerwaltungswissenschaftlerInnen ist m. E. im Großen und Ganzen vergleichbar[14]: beide publizieren heute sowohl national als auch international. Unterschiedlich ausgeprägt ist hingegen die (selbst gewünschte, von außen erwartete oder effektiv gelebte) Interdisziplinarität beider Subdisziplinen: Die Verwaltungswissenschaft ist heute per definitionem (immer noch) interdisziplinär als Wissenschaft u. a. zwischen Rechtswissenschaft, Wirtschaftswissenschaft und Politikwissenschaft angelegt (Benz 2003: 368). Die Policyanalyse hingegen hat sich von einem solchen interdisziplinären Ansatz Lasswellscher Prägung (Prätorius 2004: 77), der in der Politikberatungszeit vor allem auch technische und naturwissenschaftliche Fächer involvierte (man denke an die Technikfolgenabschätzung) tendenziell entfernt, und zwar aus den oben genannten Gründen: weil sie stärker auf kausale Fragestellungen fokussiert und sich dabei an den Relevanzkriterien der Politikwissenschaft allgemein orientiert.

Von Bedeutung sind schließlich durchaus beachtliche *inhaltliche Unterschiede*: beide Subdisziplinen interessieren sich im Kern für unterschiedliche Dinge. Daraus, dass die Policyanalyse häufig eher wissenschaftliche Relevanzkriterien anlegt, resultiert ein zentraler inhaltlicher Unterschied, der von der Verwaltungswissenschaft mitunter – durchaus zu Recht – als »Entscheidungsfixierung« kritisiert wird.[15] Tatsächlich findet sich in der heutigen Policyanalyse ein deutlicher Bias zugunsten von Policy-*Entscheidungen*, denn hier können die Theorien der Staatstätigkeitsforschung überprüft oder andere Erklärungsansätze angewendet werden. Kaum beleuchtet wird hingegen die für die praktische Politik und die reale Welt vermutlich relevantere Frage, was aus den glorreich verabschiedeten Policies wird, wenn sich z. B. aufgrund der schon von Mayntz diagnostizierten Probleme (schlechtes Programm, widerständige Adressaten, schlecht ausgestattete Verwaltung) in der Praxis Implementationsprobleme ergeben (Mayntz et al. 1978; Mayntz 1980). Implementationsstudien, die eine wichtige Entwicklungsphase der Policyanalyse nach der Enttäuschung der Planungseuphorie

14 Diese vorsichtige Formulierung rührt daher, dass die Bandbreite innerhalb der Policyanalyse recht groß ist.

15 Ich danke Stephan Grohs für diese pointierte und zutreffende Formulierung.

darstellten (Janning 2006: 81; Jann 2009: 484), sind heute kein zentrales Feld der Policyanalyse mehr (ähnlich Wegrich 2017: 184). Denn gerade in den bekannten Feldern regulativer Politik, wie etwa in der Umweltpolitik, sind die Implementationstheorien so zutreffend, dass sie wenig neue theoretische Erkenntnisse erwarten lassen (z. B. Mayntz et al. 1978; Sabatier/ Mazmanian 1980).[16] In anderen Feldern hingegen, wie etwa der Flüchtlingspolitik, gibt es durchaus Implementationsstudien, die nicht nur das Kriterium der praktischen, sondern auch das der wissenschaftlichen Relevanz erfüllen. Dies ist möglich, weil man hier Befunde identifizieren kann, die mit den theoretischen Erwartungen nicht übereinstimmen (z. B. Schammann 2015; Riedel/ Schneider 2017). Soweit der Vorwurf der Entscheidungsfixierung der Policyanalyse berechtigt ist (und das ist m. E. zumindest teilweise der Fall), umgeht die Policyanalyse mit der Implementation nicht nur ein praktisch relevantes Feld, sondern auch eines, in dem Verwaltungen potentiell eine wichtige Rolle spielen (Mayntz 1980; Grunow 2003).[17]

Die Verwaltungswissenschaft definiert sich nach heute überwiegender Auffassung alleine durch ihren Gegenstand, die öffentliche Verwaltung[18], und nicht durch einen spezifischen methodischen oder theoretischen Zugang zu diesem Gegenstand (u. a. Bogumil/ Jann/ Nullmeier 2006: 18, 23, 25; ähnlich Jann 2009: 488). Sie geht dabei von der Annahme aus, dass Verwaltungen in allen politischen Entscheidungsprozessen eine zentrale Rolle spielen, indem sie kein neutrales Mittel, sondern vielmehr eigenständige Akteure sind, die nicht nur die Problemwahrnehmung, sondern beispielsweise auch die Auswahl von Handlungsalternativen wesentlich beeinflussen (Scharpf 1973: 17f.; Janning 2006: 80; Bogumil/ Jann 2009: 36; Döhler 2014: 78). Verwaltungshandeln in diesem Sinne ist politisch (Benz 2003: 363). Gerade diese Verwaltung mit ihren klassischen Organisations-, Struktur- und Personalfragen habe die Policyanalyse – so lautete nun der zentrale Vorwurf einiger VerwaltungswissenschaftlerInnen an die Policy-

16 Das könnte sich beispielsweise ändern, wenn man den ungleichen Vollzug umweltpolitischer Programme mit dem Ergebnis ungleicher Umweltqualität – vor normativem Hintergrund – als Thema von Umweltgerechtigkeit konzeptualisieren würde.

17 Zu einer solchen Relativierung der Bedeutung der Verwaltung trug in zeitlicher Folge auf die Implementationsforschung überdies auch der »Turn« der Steuerungsforschung von den steuernden Akteuren zu den zu steuernden Subsystemen bei (Mayntz 1987), wie Wegrich argumentiert (Wegrich 2017).

18 Allerdings bescheinigt Seibel der deutschen Verwaltungswissenschaft, sie habe sich – jenseits der Lehrbücher – am liebsten mit untypischen Erscheinungsformen der Verwaltung befasst, wie nicht-hierarchischen, kooperativen und europäisierten Verwaltungen (Seibel 2016: 152).

analyse – aus den Augen verloren (statt vieler: Janning 2006: 77; Bogumil/ Jann 2009: 41f.; Jann 2009: 487f.).[19] Döhler konstatiert gar ein »'Unterpflügen' verwaltungswissenschaftlicher Fragestellungen durch eine Policy-Orientierung, in der Verwaltung weder als Akteur noch als Untersuchungsobjekt explizit auftaucht« (Döhler 2014: 76). Im schlimmsten Falle würden Staat und Verwaltung in der Policyanalyse »nur als Sendestation für politische Programme betrachtet« »oder als Ansammlung von ‚Ebenen', auf denen politische Akteure Vetomacht zu mobilisieren versuchen oder in strategische Interaktionen eingebunden sind« (Döhler 2014: 90).

Begibt man sich auf die Sachebene, dann muss man wohl feststellen, dass sich zwischen Verwaltungswissenschaft und Politikfeldanalyse inhaltlich vor allem die Untersuchungs*perspektiven* unterscheiden: Die Verwaltungswissenschaft interessiert sich für die Verwaltung und ihren Wandel (Döhler 2014: 83; auch: Seibel 2016), etwa durch verschiedene Verwaltungsreformwellen, das NPM etc., und betrachtet diese als zu untersuchendes Phänomen (z. B. Kuhlmann 2008; Hustedt 2013). Teils sind solche Analysen auf Verwaltungen und den Wandel von Verwaltungen in Politikfeldern fokussiert (Bauer 2008: 65; explizit Grunow 2003), politikfeldübergreifende Analysen stellen eher die Ausnahme dar (z. B. Ebinger/ Bogumil 2016). Es gibt zwar auch Policyanalysen, in denen Verwaltungen das zu erklärende Phänomen darstellen, wenn beispielsweise Verwaltungsreformen, der Wandel von Wirtschaftskammern oder Varianten der Privatisierung oder Rekommunalisierung politikfeldanalytisch untersucht werden (z. B. Sack 2015, 2017; Stoiber/ Töller 2016). Solche Fragestellungen sind aber in der Policyanalyse in der Minderheit. Vorschläge, Verwaltung als Verwaltungspolitik (Bach et al. 2011; Döhler 2014; Kuhlmann/ Wollmann 2013) oder »Institutionenpolitik« (Kuhlmann 2008) und somit letztlich als Policy zu behandeln und zu analysieren, stießen in der Verwaltungswissenschaft nicht auf ungeteilte Zustimmung.

In der Policyanalyse geht es hingegen mehrheitlich um Untersuchungen, in denen der Untersuchungsgegenstand eine Policy ist, ein Policywandel, eine Policytermination, eine Instrumentenwahl oder ein Instrumentenwandel (Varianz im Zeitverlauf), Policyvarianz zwischen Ländern, eine Policy-Nicht-Entscheidung (Output) oder ein daraus (wahrscheinlich) folgendes Ergebnis in der realen Welt (Outcome) (Böcher/ Töller 2012a: 22ff.; Bauer

19 Dieser Vorwurf wurde auch auf der Münchener Tagung zu diesem Band verschiedentlich formuliert.

2006; Reiter/ Töller 2014: 16ff.; Wenzelburger/ Zohlnhöfer 2015: 10).[20] Zunehmend rücken die Policies der Bundesländer unter sich wandelnden föderalen Rahmenbedingungen ins Visier der Policyanalyse (dazu die Beiträge in Hildebrand/ Wolf 2016), während EU-Policies in diesem Rahmen nach wie vor weitgehend ausgeblendet bleiben (siehe aber Versluis/ van Keulen/ Stepenson 2011).[21] Hier können nun Verwaltungen als politische Akteure und als solche in ihrer institutionellen Verfasstheit als Erklärungsfaktoren betrachtet werden (ebenso Bauer 2008: 66; Döhler 2014: 86). Möglich sind dabei sowohl Y-zentrierte Fragestellungen, die danach fragen, warum es zu einer bestimmten Policy oder einem Policy-Wandel oder einem Policy-Outcome gekommen ist, und dabei entweder konkurrierende Theorien überprüfen (z. B. Egner 2012; Riedel/ Schneider 2017) oder aber mit Hilfe von Erklärungsansätzen das Zusammenspiel verschiedener Faktoren (z. B. Akteure, Institutionen, Problemstrukturen etc.) analysieren (z. B. Zohlnhöfer 2016; Töller/ Böcher 2016), als auch X-zentrierte Fragestellungen, die nach den Effekten eines bestimmten X (und seines Wandels oder seiner Variation) auf Y fragen (Ganghof 2005; z. B. Töller 2017). Eine verwaltungswissenschaftlich interessante Variante solcher X-zentrierten Fragestellungen (»zu was führt X?«) stellt die Analyse von Wandlungen von Verwaltungen, etwa durch Verwaltungsreformen, in ihren Auswirkungen auf Policyoutputs (oder wahrscheinliche Policyoutputs, z. B. Bauer 2008: 74) oder -outcomes dar (z. B. Zabler 2016).

Schließlich gibt es Unterschiede, aber auch Gemeinsamkeiten darin, welche Theorien bevorzugt verwendet werden. Jann markiert um die Jahrtausendwende eine Zäsur, in der sich die Verwaltungsforschung von der Politikwissenschaft entfernte, während die Policyanalyse sich dem politischen Mainstream annäherte. In diesem Zuge etablierten sich Institutionentheorien und auch ideenbasierte Theorien in der Policyanalyse (Jann 2009: 488, 490f.), und die Verwaltungswissenschaft machte sich einige Theorien und

---

20 Eher am Rande und erst kürzlich hat sich die Policyanalyse mit der Frage befasst, was eigentlich Politikfelder sind und warum sie entstehen (Haunss 2015; Loer/ Reiter/ Töller 2015; Haunss/ Hofmann 2015; Döhler 2015).

21 Mein Argument ist nicht, dass sich Forschung nicht mit EU Policies befasste. Die Europaforschung tut das durchaus und umfangreich (z. B. Wallace et al. 2015) ebenso wie die Europäisierungsforschung (z. B. Börzel/ Panke 2015). Ich kritisiere vielmehr, dass die Policyanalyse die Produktion kollektiv verbindlicher Maßnahmen auf der EU-Ebene nicht als ihren genuinen Untersuchungsgegenstand betrachtet, sondern allenfalls als Phänomen, dem man sich über das Konzept der Europäisierung nähert (z. B. Börzel/ Panke 2015). Damit überlässt sie dieses Feld der Europaforschung.

Konzepte der Policyanalyse zunutze (Döhler 2014: 89). Dass dies, wie verschiedene AutorInnen andeuten, aus Mangel an eigenen Konzepten für Themen jenseits der Binnenanalyse von Verwaltungen geschah (Janning 2006: 27; Bauer 2008: 64), kann man sich nur schwer vorstellen angesichts der Reichhaltigkeit insbesondere bürokratie-, organisations- und institutionentheoretischer Klassiker (von Webers und Mertons Bürokratietheorien, Simons und Croziers Organisationstheorien über das Garbage Can-Modell von Cohen, March und Olsen bis hin zu Varianten der Prinzipal Agent-Theorie), deren Anwendung auf Fragen der Verwaltung jedenfalls naheliegend erscheint (Seibel 2016).[22] Insbesondere diejenigen Varianten des Neoinstitutionalismus, die auch für die Policyanalyse zentral sind (Peters 2012), haben Einzug in die Verwaltungswissenschaft gehalten (z. B. Kuhlmann 2008; Bogumil/ Jann 2009; Kuhlmann/ Wollmann 2013; Schnapp/ Willner 2015; Seibel 2016: 42f.), während die ideenbasierten Ansätze der Policyanalyse in der Verwaltungswissenschaft zunächst vergleichsweise wenig rezipiert wurden (Benz 2003: 377; siehe aber z. B. Heinelt/ Lamping 2015).

Ein nicht unerheblicher Unterschied besteht darin, dass viele VerwaltungswissenschaftlerInnen weiterhin affirmativ die Heuristik des Politikzyklus verwenden (z. B. Bogumil/ Jann 2009: 19ff; Jann 2009: 489; Döhler 2014; vgl. Jann/ Wegrich 2014), während zumindest Teile der Policyanalyse mit diesem Stufenmodell schon länger fremdeln (Héritier 1993; Czada 1997: 5; Mayntz 2001; Trampusch 2004; Janning 2006: 84; Böcher/ Töller 2012a: 182f.). Das ist mehr als ein Randproblem, denn es geht hier darum, wie man eigentlich politische (und administrative) Prozesse versteht. Jedenfalls in Teilen der Policyanalyse ist mit dieser Distanzierung vom Politikzyklus der Anspruch verbunden, politische Prozesse zu entzaubern und sie gerade nicht mehr mit Scharpf als Prozesse zu verstehen, in denen »lösungsbedürftige Probleme artikuliert, politische Ziele formuliert, alternative Handlungsmöglichkeiten entwickelt und schließlich verbindliche Festlegungen gewählt werden« (Scharpf 1973: 15).[23] Vielmehr werden

---

22 Die ebenso unterhaltsamen wie einleuchtenden Verbindungen vielfältiger verwaltungspraktischer Fragen mit diesen Theorien aus den letzten etwa 100 Jahren bei Seibel (2016) erläutert letztlich, welche Theorien aus Seibels Sicht für welche Fragen der Verwaltungswissenschaft passend wären. Sie führt aber keinen Nachweis (und will dies auch nicht), dass diese Theorien in der deutschen Verwaltungswissenschaft auch tatsächlich systematisch auf diese Fragen angewandt worden wären.

23 Ob mit dieser Kritik Scharpf missverstanden wird, wie Jann (2009: 481) unter Verweis auf Mayntz andeutet, oder ob hier nicht vielmehr ein zentraler Unterschied zwischen Scharpf und Mayntz besteht, ist schwierig zu klären. Mayntz hat den

politische Prozesse (z. B. in Anlehnung an Cohen, March und Olsen) als kontingente, eigendynamische Prozesse verstanden, in denen Akteure auch anderes als Problemlösung im Sinn haben, Macht eine zentrale Rolle spielt, Ideen sich verselbständigen und sich mitunter Lösungen ihre Probleme suchen (Cohen et al. 1972; Kingdon 1984; Trampusch 2004; Böcher/ Töller 2012b; Rüb/ Zohlnhöfer 2016). Damit gibt es nicht nur Unterschiede zwischen den Subdisziplinen darin, wie sie politische Prozesse verstehen. Vielmehr wird mit der Kritik am Politikzyklus auch »der Sonderstatus der Verwaltung in Politikfeldern in Frage gestellt« (Janning 2006: 89).

Auch wenn die im vorangegangenen Abschnitt vorgenommene Gegenüberstellung von politikwissenschaftlicher Verwaltungswissenschaft und Policyanalyse vielleicht an einigen Stellen etwas pointiert ausgefallen sein mag, so ist das klare Fazit, dass heute die Unterschiede zwischen Verwaltungswissenschaft und Policyanalyse erheblich sind. Allerdings kann man problematisieren, ob das hier (letztlich überwiegend auf der Basis von Arbeiten, die zwischen 2003 und 2014 publiziert wurden) skizzierte Bild der deutschen Verwaltungswissenschaft heute so noch zutreffend ist. Zwar haben ganz aktuell Peters und Pierre, wie erwähnt, wesentliche Befunde für die Verwaltungswissenschaft auch jenseits Deutschlands bestätigt (Peters/ Pierre 2017). Gerade in den letzten Jahren sind jedoch viele Beiträge, insbesondere von vergleichsweise jungen deutschen VerwaltungswissenschaftlerInnen, publiziert worden, in denen man durchaus Annäherungen an den politikwissenschaftlichen Mainstream (und damit auch an die Policyanalyse) erkennen kann, wozu maßgeblich auch die zunehmende Internationalisierung der Disziplin beigetragen hat. Diese Annäherung an den Mainstream bezieht sich etwa auf die zunehmende Thematisierung von Fragen jenseits des NPM-Themas, etwa des Verwaltungsvergleichs und der EU-Verwaltung (z. B. Kuhlmann 2008; Bach et al. 2010; Hustedt 2013; Hustedt et al. 2014; Knill/ Bauer 2016; vgl. Bauer 2015); wissenschaftstheoretisch zeigt sich ein zunehmendes Interesse an Kausalitäten und Theorien (z. B. in dieser Reihe Hustedt 2013; Ebinger 2012; außerdem: Ruffing 2013; Bogumil et al. 2014); schließlich nehmen hier auch methodische Innovationen zu, etwa experimentelle Methoden (Grohs et al. 2016), synthetisches Matching als Ansatz zur systematischen Erfassung von Effekten in (nicht nur verwaltungswissenschaftlichen) Fallstudien (Zabler 2016: 436ff.) oder Methodentriangulationen (Bogumil et al. 2014; zu einer ähnlichen Einschätzung kommt Wegrich 2017: 187). Das bedeutet, dass die

---

Problemlösungsbias der Steuerungstheorie inzwischen mehrfach selbstkritisch thematisiert (z. B. Mayntz 2001), während Scharpf noch heute Problemlösung im Zentrum politischer Prozesse sieht.

gerade betonten Unterschiede zwischen Verwaltungswissenschaft und Policyanalyse zwar keinesfalls verschwinden werden, sich aber perspektivisch eher verringern als weiter verstärken dürften.

3. Policyanalyse heute

Im weiteren Verlauf dieses Beitrags möchte ich den Vorwurf der Verwaltungswissenschaft an die Policyanalyse, diese habe in ihrer Forschung die Verwaltung aus dem Auge verloren (z. B. Bogumil/ Jann 2009: 41f.; Jann 2009: 487f.; Döhler 2014: 76), aufgreifen und der Frage nachgehen, ob bzw. in wiefern dieser Vorwurf berechtigt ist. Ich halte den Vorwurf für besonders relevant, weil er nicht nur die Beziehungen der beiden Subdisziplinen zueinander betrifft. Vielmehr würde ich es für die Policyanalyse selbst und ihren Anspruch, das Zustandekommen von Policy Outputs und Outcomes angemessen erklären zu können, für problematisch halten, wenn der Vorwurf, die Verwaltungen würden nicht ausreichend (d.h. in dem Maße, in dem sie in der Realität eine Rolle spielten) berücksichtigt, zuträfe. Zu diesem Zweck möchte ich in diesem Abschnitt zunächst in einem ersten Schritt die Policyanalyse genauer verorten. Denn der heutige Zuschnitt der Zunft wirkt sich auf das verfügbare Theoriearsenal und die dazu passenden Forschungsdesigns aus, was, wie ich weiter unten argumentieren werde, für die Frage der angemessenen Berücksichtigung der Verwaltung wichtig ist. Zwar kann eine tatsächliche empirische Analyse, ob und wie die Verwaltung in Policyanalysen eine Rolle spielt, also eine Meta-Analyse, hier nicht geleistet werde. Aber Theorien sind wie »Fangnetze«: sie entscheiden darüber, was wir mit der Forschung zutage fördern können (Kirsch 2004). Zunächst aber soll die Policyanalyse in Deutschland genauer erfasst werden. Man kann m. E. mindestens drei idealtypische Gruppen identifizieren:

Die *Politikfeldanalyse* weist personell und inhaltlich, wie in der Einleitung skizziert, mehr oder weniger ausgeprägte Bezüge zur und Überschneidungen mit der Verwaltungswissenschaft auf. An VertreterInnen dieser Gruppe richtet sich letztlich vor allem die Kritik aus der Verwaltungswissenschaft. Diese Politikfeldanalyse war traditionell eher (aber keinesfalls zwingend) national, mitunter steuerungstheoretisch und damit latent normativ angelegt und schloss auch Implementations- und Evaluationsstudien mit ein. Im Zentrum solcher Polikfeldanalysen stehen Einzelfälle von Policies (Output) oder doch kleine Fallzahlen in Politikfeldern oder Subpolitikfeldern (z. B. Blum 2012; Töller 2012; Reiter 2017); sie arbeiten überwiegend mit qualitativen Methoden und mit recht konkreten Analyseansätzen auf der Mikro- oder Mesoebene, die – wie etwa der Akteurzentrierte Institutionalismus – Akteure, Institutionen und gegebenenfalls noch weitere Erklärungsfaktoren kombinieren (z. B. Janning/ Schneider 2005; Blum/ Schubert 2017; Schubert/ Bandelow 2014; Reiter/ Töller 2014), um aus den politischen Prozessen heraus Ursachen für die Policy-Resultate zu finden. Das Publikationsverhalten dieser Gruppe ist nicht ausschließlich, aber eher national orientiert.

Von der so umrissenen Politikfeldanalyse ist die *(international vergleichende) Staatstätigkeitsforschung* zunächst abzugrenzen[24], die traditionell einen Schwerpunkt auf der vergleichenden Analyse von Makro-Phänomenen v. a. in den Bereichen Sozial- und Wirtschaftspolitik (Output oder Outcome) hat, wobei hier verschiedene Theorien (s. u., Zohlnhöfer 2008) als *alternative* Erklärungsangebote verwendet und meist mit großer Fallzahl und quantitativen Analyseverfahren sowie klar positivistischer Grundhaltung überprüft werden (z. B. Schmidt 1980, 1982, 1996; Knill/ Debus/ Heichel 2010; Wenzelburger 2012; Obinger et al. 2014; Wagschal/ Wenzelburger 2012; Busemeyer/ Schlicht-Schmälzle 2014).[25] Das Publikationsverhalten dieser Gruppe ist national und international orientiert.

Die dritte Gruppe ist die *interpretative Policyforschung*. Seit den 1990er Jahren wurde in der Policyanalyse zunehmend die kognitiven und normativen Grundlagen von Policies thematisiert, indem etwa die Publikation von Hall zum Social Learning (Hall 1993), die Arbeiten zum Lesson-Drawing (Rose 1991), Arbeiten zum Policy-Transfer (Stone 2012) oder eben auch der Advocacy Coalition-Ansatz (Sabatier 1993) rezipiert wurden (Bande-

24 Da Manfred. G. Schmidt in seinem Beitrag zum legendären PVS-Sonderband Policy-Analyse die »international vergleichende Staatstätigkeitsforschung« als Synonym für »Policy-Forschung« verwendet (Schmidt 1993: 371), könnte man annehmen, dass die vergleichende Staatstätigkeitsforschung immer schon zur Politikfeldanalyse gehört habe. Ich meine jedoch, dass beide lange Zeit eher als unterschiedliche Subdisziplinen wahrgenommen wurden. Dafür spricht beispielsweise der Umstand, dass Jann in seinem Beitrag zu 50 Jahren Policyanalyse und Verwaltungswissenschaft (Jann 2009: 428) zwar einräumt, dass die aus dem amerikanischen Zweig der Policy-Forschung zu »does politics matter?« entstandene vergleichende Staatstätigkeitsforschung einen extrem produktiven Zweig der deutschen Politikwissenschaft darstelle, diese jedoch in seine weiteren Überlegungen zur Policyanalyse explizit nicht mit einbezieht. Janning und Toens (2008: 7) benennen in ihrem Beitrag zur Zukunft der Policyanalyse ebenfalls beide als distinkte Gruppen.

25 Insofern man beide schon seit langer Zeit gut voneinander unterscheiden kann, ist es m. E. nicht richtig, die Entstehung beider Lager in Phasen zu verorten (z. B. Schubert/ Bandelow 2014). Vielmehr haben sich nach meinem Eindruck die vergleichende Staatstätigkeitsforschung und die Policyanalyse seit den frühen 1980er Jahren weitgehend parallel entwickelt.

low 2014). Während die gerade genannten Arbeiten jedoch auf positivistischer Grundlage das Ansinnen haben, kognitive und normative Faktoren in die Erklärung, insbesondere von Policywandel, mit einzubeziehen (und insofern eher in der ersten Variante der Politikfeldanalyse rezipiert worden sind), unterscheiden sich hiervon die interpretativen und diskursanalytischen Ansätze, die sich in den letzten 20 Jahren in der deutschen wie in der internationalen Policyanalyse zunehmend etabliert haben, mehr oder weniger deutlich. Diese Ansätze (z. B. Fischer 1993; Hajer 2004, 2008; Saretzki 2008, 2012; Nullmeier 1997, 2012; Münch 2016) betonen – inspiriert vom »argumentative turn« in der US-amerikanischen Policyanalyse – »die wirklichkeitskonstituierende Dimension von Ideen, Wissen, Deutungsmustern, frames, Interpretationen, Argumenten oder Diskursen« (Münch 2016: 2). Damit wird Politik als das Ergebnis konkurrierender, unterschiedlich einflussreicher Ideen und Diskurse verstanden. Diese Ansätze unterscheiden sich vom policyanalytischen Mainstream insbesondere durch zwei Aspekte: Erstens nehmen sie überwiegend (aber nicht einheitlich) Abstand vom Anspruch, Policies oder Policywandel zu *erklären*. Der interpretativen Policy-Forschung »widerstrebt die Prämisse der kausalen Logik, dass es unabhängig voneinander existierende und temporär asymmetrische Faktoren der Ursache und Wirkung gebe« (Münch 2016: 136). Zweitens ist diesen Ansätzen eine – wenn auch variierende – normative Haltung zu eigen, die in der Analyse selbst zu finden ist. Damit werden u. a. Konzepte einer partizipatorischen oder deliberativen Policyanalyse und Ansprüche gesellschaftlicher Aufklärung und Demokratisierung verbunden (z. B. Saretzki 2008: 43ff., 2012).[26]

Zu dieser Typologie ist dreierlei anzumerken: erstens handelt es sich um Idealtypen, reale ForscherInnen können in ihrem Zugang irgendwo »dazwischen« liegen oder in verschiedenen Gruppen »unterwegs« sein. Zweitens klammere ich die Gruppe der interpretativen Policyforschung im Weiteren

26 Gewissermaßen quer zu dieser Dreiertypologie verhält sich die *sektorale Policyforschung,* in der SpezialistInnen zu bestimmten Politikfeldern, insbesondere zur Bildungs-, Sozial-, Gesundheits-, Migrations- und Flüchtlings- sowie zur Umweltpolitik, unterwegs sind. Hier stellt der policyanalytische Zugang im engeren Sinne zwar eine inzwischen gut etablierte, aber nur *eine mögliche* Herangehensweise dar (z. B. Döhler 2002; Jänicke/ Kunig / Stitzel 2003; Böcher/ Töller 2012a; Busemeyer 2015; Loer 2016; Reiter 2017; Rosenbrock/ Gerlinger 2014), wie überhaupt neben PolitikwissenschaftlerInnen auch eine Vielzahl anderer Disziplinen mit diesen Feldern beschäftigt sind.

aus, weil mein Interesse hier den ersten beiden Gruppen gilt.[27] Drittens haben sich die beiden erstgenannten idealtypischen Gruppen, die mit der Verwaltungswissenschaft entstandene Politikfeldanalyse und die Staatstätigkeitsforschung, in den vergangenen knapp zehn Jahren tatsächlich beachtlich angenähert. Diese Annäherung beider Lager kann und soll hier nicht im Einzelnen historisch nachgewiesen werden. Aber es lassen sich in beiden Gruppen entscheidende Horizonterweiterungen aufzeigen: Einerseits haben die Theorien der vergleichenden Staatstätigkeitsforschung verstärkt Eingang bei den PolitikfeldanalytikerInnen gefunden (z. B. Blum/ Schubert 2017; Reiter/ Töller 2014). Andererseits haben sich VertreterInnen der Staatstätigkeitsforschung zunehmend für prozessorientierte Erklärungsansätze, insbesondere den Multiple Streams-Ansatz oder die Punctuated Equilibrium-Theorie, geöffnet und diese mit qualitativen Methoden und Einzelfallstudien kombiniert (z. B. Herweg 2015; Beyer et al. 2015; Rüb/ Zohlnhöfer 2016; Zohlnhöfer 2016). Überdies schließlich gibt es mit der Etablierung der QCA in der Policyanalyse eine Methode, die Analysen »in the middle« (was die Größe des N und die Art der kausalen Erklärung betrifft) erlaubt (Rihoux et al. 2011; Blatter et al. 2015: 178ff.; Wagemann 2015; z. B. Stoiber/ Töller 2016). Bei diesen beiden Gruppen überwiegen inzwischen die Gemeinsamkeiten, beide firmieren unter dem Label »Policyanalyse«, »Policy-Analyse« oder »Politikfeldanalyse« (z. B. Reiter/ Töller 2014; Wenzelburger/ Zohlnhöfer 2015; Knill/ Tosun 2015; Blum/ Schubert 2017); beide haben (im Gegensatz zur Gruppe der interpretativen Policyanalyse) ein positivistisches Wissenschaftsverständnis sowie das Interesse an fallübergreifenden Erkenntnissen gemeinsam, und sie teilen im Wesentlichen die verwendeten Erklärungsansätze.

27 Mit der Fokussierung auf die positivistischen Ansätze möchte ich nicht nahelegen, dass nicht auch eine interpretative Perspektive auf Policies eine kreative Berücksichtigung von Verwaltungen leisten könnte – nur bin ich nicht die richtige Autorin, um dies darzulegen.

4. Das Theoriearsenal der Policyanalyse und die Rolle der Verwaltung

Mit dieser gerade umschriebenen Entwicklung kann man m. E. von einem gemeinsamen Theoriearsenal der »neuen«, fusionierten Policyanalyse sprechen, das sich in prozessorientierte Theorien einerseits, die eher aus der traditionellen Policyanalyse stammen, und ergebnisorientierte Theorien andererseits, die ihren Ursprung in der vergleichenden Staatstätigkeitsforschung haben, unterscheiden lässt.[28] Prozessorientierte Theorien zielen darauf ab, den politischen Prozess zu rekonstruieren und dabei Faktoren zu identifizieren, die diesen politischen Prozess beeinflusst haben, um letztlich das Policyergebnis zu erklären. Dabei gehen sie fallorientiert vor und arbeiten vorwiegend mit qualitativen Analysemethoden (Wenzelburger/ Wolf 2015: 6f.), beispielsweise dem Process Tracing (Beach/ Pedersen 2013). Verschiedene Erklärungsfaktoren werden hier im Zusammenspiel miteinander analysiert und nicht als alternative, sich gegenseitig ausschließende Faktoren verstanden. Es geht hier eher um die Identifikation kausaler Mechanismen als um systematische Theorietestung. Akteurshandeln ist zentral, es unterliegt aber im Hinblick auf die Akteursrationalität deutlichen Einschränkungen (Wenzelburger/ Wolf 2015: 10). In diese Kategorie fallen Erklärungsansätze, die ansonsten, etwa hinsichtlich ihres Grundverständnisses politischer Prozesse, auch Unterschiede aufweisen. Bis auf den Akteurzentrierten Institutionalismus (Mayntz/ Scharpf 1995), der auch in diese Kategorie fällt, und den Ansatz Eigendynamischer Politischer Prozesse (Böcher/ Töller 2012b) stammen alle diese Ansätze aus den USA, wie etwa der Institutional Analysis and Development-Ansatz von Ostrom (IAD; Ostrom 1972, 2007; Kiser/ Ostrom 1983), der Advocacy Coalition-Ansatz von Sabatier (ACF; Sabatier 1993; Sabatier/ Wieble 2007), der Multiple Streams-Ansatz von Kingdon (MSA; Kingdon 2003; Zahariadis 2007) oder der Punctuated Equilibrium-Ansatz von Baumgartner und Jones (PET; True/ Jones/ Baumgartner 2007).

Ergebnisorientierte Theorien befassen sich hingegen gerade nicht mit dem politischen Prozess, sondern zielen darauf ab, in der Regel (aber keinesfalls nur) mit groß-N-Studien und quantitativen Analyseverfahren statistische Zusammenhänge zwischen Policy Outputs (und ggf. auch Outcomes) und bestimmten Aspekten des politischen Systems und weiterer Rahmenbedingungen herzustellen (Wenzelburger/ Wolf 2015: 7). Die kausalen

28 Auf den ersten Blick könnte man denken, es sei(en) letztlich das Forschungsdesign und nicht die Theorien, das als entweder prozess- oder ergebnisorientiert zu qualifizieren sei. Tatsächlich trifft diese Unterscheidung aber auch für den Inhalt und die Anlage der Theorien zu.

Mechanismen, die hinter Korrelationen stecken können, bleiben häufig unklar oder doch diffus, die Grundannahme zur Handlungsmotivation von Akteuren ist überwiegend die rationalen Verhaltens (Wenzelburger/ Wolf 2015: 10). Zentrale Theorien sind hier die Parteiendifferenztheorie, sozioökonomische Theorien, Machtressourcentheorien, der Neoinstitutionalismus, das Politikerbe sowie die internationale Hypothese (Schmidt 1996; Zohlnhöfer 2008; Wenzelburger/ Wolf 2015: 7).[29]

Mein Argument ist nun, dass es für die angemessene Berücksichtigung der Rolle von Verwaltungen für die Erklärung von Policies einen wesentlichen Unterschied machen dürfte, ob man mit prozess- oder ergebnisorientierten Theorien arbeitet. Das Operieren mit ergebnisorientierten Theorien birgt eher das Risiko, die Rolle von Verwaltungen nicht angemessen zu erfassen. Dies liegt erstens daran, dass die mit diesen Theorien meist verbundene Anlage *alternativer* Erklärungsfaktoren nicht für eine adäquate Berücksichtigung der Verwaltung geeignet ist, da Verwaltungen häufig als Hintergrundvariablen wirken und nur in der Minderheit der Fälle als alleinige Erklärungsalternative (etwa: Ist es Parteiendifferenz *oder* Verwaltungsstruktur, die das Policyergebnis bestimmt?) in Frage kommen. Zweitens kann man m. E. die Rolle von Verwaltungen eher entdecken, wenn man sich mit politischen Prozessen befasst und diese analysiert, denn hier stößt man in vielen Fällen zwangsläufig etwa auf Interressortkonflikte oder auf kontingentes Verhalten zuständiger Vollzugsbehörden. Drittens räumen prozessorientierte Theorien (im Gegenteil zu ergebnisorientierten Ansätzen) generell Akteuren und Akteurshandeln eine wichtige Rolle ein (Wenzeburger/ Wolf 2015: 9). Und viertens schließlich kommen in den meisten ergebnisorientierten Theorien Verwaltungen schlicht nicht vor – im Gegensatz zu prozessorientierten Ansätzen. Dies möchte ich kurz an einigen Beispielen erläutern.[30]

Die Parteiendifferenztheorie ist gewissermaßen die Königin der policyanalytischen Theorien, was jedenfalls nicht daran liegen kann, dass sie in besonders hohem Maße in der Lage wäre, das Zustandekommen von Policies zu erklären – das Gegenteil ist der Fall.[31] Diese ursprünglich von

29 Diese Unterscheidung ist zunächst idealtypischer Natur, in der Realität werden die Ansätze häufig auch kombiniert, insbesondere die Parteiendifferenztheorie wird gerne mit prozessorientierten Ansätzen kombiniert.

30 Eine instruktive Analyse policyanalytischer Erklärungsansätze im Hinblick auf die Rolle der Verwaltung findet sich auch bei Janning (2006).

31 Beispielsweise beim Symposium zum 65. Geburtstag von Klaus Schubert im Oktober 2016 herrschte ganz weitgehende Übereinstimmung, dass die Parteiendifferenz immer weniger in der Lage sei, Policyvarianz in Zeit und Raum zu erklären. Die

Hibbs für die Analyse der Wirtschaftspolitik kapitalistischer Staaten »erfundene«, von Tufte weiterentwickelte und von M.G. Schmidt schon früh in die deutsche Politikwissenschaft eingeführte Theorie geht davon aus, dass sich Parteien in ihren Policy-Positionen unterscheiden, entweder aufgrund ihrer ideologischen Überzeugungen (»policy-seeking«) oder aufgrund der Orientierung an ihrer Wählerschaft (»vote-seeking«), und dass, wenn Parteien an der Regierung sind, sich diese Unterschiede auch in den beschlossenen Policies niederschlagen (Hibbs 1977; Tufte 1978; Schmidt 1980; 1982; 1996; Hicks/ Swank 1992; vgl. Wenzelburger 2015; Töller 2017). Die Parteiendifferenztheorie ist ganz überwiegend verwaltungsblind.[32] Obwohl beispielsweise als lange bekannt gelten kann, wie groß der Anteil der Ministerialverwaltung an der Entwicklung von Policies ist (z. B. Hustedt 2013; Schnapp/ Willner 2015: 85ff.), kommt diese in der Parteiendifferenztheorie nicht vor. Denn aus deren Sicht ist es völlig unerheblich, was in der Ministerialbürokratie an Vorschlägen für politische Programme entwickelt wird – entscheidend ist und beschlossen wird, was zu den Policy-Präferenzen der Regierungspartei(en) passt.[33] Ähnlich verhält es sich mit der Machtressourcentheorie: Ausgehend von Korpis Untersuchungen des Einflusses von Gewerkschaften und Sozialdemokratie auf den schwedischen Wohlfahrtsstaat nimmt man an, dass Policies entscheidend durch die vorhandenen oder nicht vorhandenen Machtressourcen (Organisations-, Konflikt- und Mobilisierungsfähigkeit, etc.) gesellschaftlicher Interessen bestimmt werden (Korpi 1989; Ebbinghaus 2015). Auch wenn wir – jenseits des klassischen Konflikts zwischen Arbeit und Kapital – u. a. aus der Verbändeforschung wissen, dass die Ministerialbürokratie die wichtigste Adressatin des verbandlichen und zunehmend außerverbandlichen Lobbyings ist (z. B. Baruth/ Schnapp 2015), wird dies in der Machtressourcentheorie nicht berücksichtigt. Und auch die sozioökonomische Theorie, die Policies als das (mehr oder weniger zwangsläufige) Resultat sozioökonomischer

---

Begeisterung der Policyanalyse für die Parteiendifferenztheorie hat m. E. drei Gründe: Erstens passt sie zur normativen Überzeugung der Mehrheit der PolicyforscherInnen, dass Wahlen nur Sinn machen, wenn sie auch zu einer Änderung von Policies führen. Zweitens ist die Parteiendifferenztheorie trotz verschiedener Fallstricke vergleichsweise einfach zu überprüfen. Und drittens bietet auch die fallweise Widerlegung der Parteiendifferenztheorie interessante Anknüpfungspunkte für weitere Analysen, etwa der Gründe, warum diese nicht zutrifft (z. B. auch Hildebrand/ Wolf 2016; Töller 2017).

32 Eine punktuelle Ausnahme findet sich z. B. bei Tufte (1978:139) wenn er auf die Möglichkeiten der Entpolitisierung von Themen durch die Einschaltung von Agenturen eingeht.

33 Umgekehrt können mehrheitlich unterstützte Policy-Entscheidungen scheitern, wenn sie administrativ nicht gut vorbereitet sind.

Problemlagen oder Entwicklungen (z. B. Arbeitslosigkeit, Umweltverschmutzung oder technologische Entwicklung) sieht (z. B. Wilenski 2002; vgl. Obinger 2015), interessiert sich nicht dafür, wie und warum sich diese Probleme in Policies transformieren und ob dabei etwa die institutionelle Konfiguration oder die Ressourcenausstattung der Verwaltung einen Unterschied machen.

Institutionentheorien sind weit weniger verwaltungsblind, jedenfalls, wenn wir nicht z. B. den Vetospieleransatz, sondern die globalen Ansätze (Rational Choice-Institutionalismus und normativer Institutionalismus; vgl. Peters 2012: 47ff., 127ff.) betrachten. Diese befassen sich zwar per se auch nicht mit Verwaltungen, sind aber – zumal in bestimmten Varianten wie der Principal Agent-Theorie – zumindest in der Lage, diese als Organisationen in institutionellen Kontexten produktiv ins Visier zu nehmen.

Hingegen sind prozessorientierte Erklärungsansätze[34] nicht nur deshalb besser geeignet, die Rolle der Verwaltung beim Zustandekommen von Policies zu erfassen, weil sie das Zusammenspiel verschiedener Erklärungsfaktoren (statt deren Konkurrenz) vorsehen, den/die ForscherIn zur Analyse politischer Prozesse zwingen und Akteuren generell mehr Beachtung schenken. Vielmehr beinhalten sie in der Mehrzahl auch ein spezifisches Verständnis der Rolle von Verwaltungen in diesen politischen Prozessen, was ich im Folgenden an zwei Beispielen, dem Multiple Streams-Ansatz (MSA) von Kingdon und dem IAD-Ansatz von Ostrom, zeigen möchte.

Der Multiple Streams-Ansatz wurde 1984 von Kingdon als Modell entwickelt, um für 23 Fälle der US-amerikanischen Gesundheits- und Verkehrspolitik der 1950er Jahre bis Ende 1979 zu erklären, warum manche Themen auf die politische Agenda gelangen und andere nicht und wie politische Maßnahmen ausgewählt werden (Kingdon 2003: 1; Zahariadis 2007). Dabei versteht Kingdon den politischen Prozess als drei voneinander unabhängige Ströme, den »Problem«-Strom, den »Policy«-Strom und den »Politics«-Strom. Erst wenn sich alle drei Ströme koppeln oder gekoppelt werden, kommt ein Thema auf die politische Agenda. Der MSA basiert auf einem Prozessverständnis, wie es Cohen, March und Olsen in ihren organisationstheoretischen Arbeiten aus der Analyse von Abläufen in (Universitäts-) Verwaltungen entwickelt haben (Cohen/ March/ Olsen 1972: 1f.). Demnach sind Verwaltungen organisierte Anarchien, in denen Präferenzen undeutlich und inkonsistent, Interdependenzen unklar sind und die

34 Im Gegensatz zu Theorien, die logisch kohärent sind und Wenn-dann-Aussagen zulassen, geben Ansätze und Rahmen lediglich Hinweise, welche Faktoren für eine Analyse berücksichtigt werden sollten und wie diese zusammenhängen könnten (Ostrom 2007: 25).

Beteiligung an der Entscheidungsfindung wechselhaft ist, weshalb sich mitunter Lösungen ihr Problem – und nicht umgekehrt – suchen. Kingdon (2003: 30) stellt in seiner Studie die politische Führung des präsidentiellen Systems (»administration«) der Verwaltung gegenüber (»by contrast: civil servants«). Hier widerspricht er den damals üblichen (Rational Choice-inspirierten) Vorstellungen einer sendungsbewussten, einflussreichen und an Expansion interessierten Verwaltung, die sich erfolgreich mit Interessengruppen und PolitikerInnen verbündet. Letztlich seien in der Phase des Agenda-Setting die politischen BeamtInnen (»appointees«) sehr einflussreich, während sich die KarrierebeamtInnen als nur wenig einflussreich und teils frustriert über die erratische Prioritätensetzung der Politik erwiesen (Kingdon 2003: 31). Dies liege vor allem daran, dass diese BeamtInnen die meiste Zeit mit der Implementation von Programmen verbrächten. Eher als die Agenda können KarrierebeamtInnen die politischen Maßnahmen (»alternatives«) beeinflussen, wenn sie etwa beauftragt werden, Gesetzentwürfe nach den Präferenzen politischer BeamtInnen zu erarbeiten. Diese Maßnahmen werden aber – aufgrund des längeren Zeithorizonts von KarrierebeamtInnen gegenüber politischen BeamtInnen – eben auch für die Schublade entwickelt, um sie dann herauszuholen, wenn die politische Ebene ein Problem definiert, zu denen sie passen (Kingdon 2003: 32f.). Als eine Möglichkeit, dennoch Einfluss zu nehmen, sieht Kingdon die Verbreitung von Ideen.[35] Hier geht es nicht darum, wie realitätsadäquat oder auf das deutsche politische System übertragbar Kingdons Modell ist (auch ist es natürlich nicht neu; siehe auch Rüb 2014), sondern darum, dass und wie hier die Verwaltung als Akteurin in politischen Prozessen vorkommt.

Der Institutional Analysis and Development (IAD)-Ansatz, der gewisse Ähnlichkeiten zum Akteurzentrierten Institutionalismus von Mayntz und Scharpf (1995) aufweist, ist ebenfalls etabliert in der Policyanalyse, wenn auch nicht so populär wie in letzter Zeit der MSA (Reiter/ Töller 2014: 67ff.). Elinor Ostrom entwickelte den Ansatz seit den 1970er Jahren zunächst zur Erforschung (und Verbesserung) des Handelns großstädtischer Verwaltungen (Ostrom 1972; hier ging es um das Zusammenspiel gewählter politischer Führung mit der Verwaltung, die Strukturen und interne Organisation der Verwaltung, die Rolle der VerwaltungsmitarbeiterInnen sowie Fragen der Kosten) und später zur Untersuchung des Umgangs mit Allmendegütern (Kiser/ Ostrom 1983; Ostrom 1990, 2007). Bei dem Anliegen,

35 Auch wenn sich der Multiple Streams-Ansatz gerade in jüngster Zeit größter Beliebtheit in der Policyanalyse erfreut, sollte man nicht darüber hinwegsehen, dass er auch wesentliche Schwächen aufweist; ich erwähne hier nur die weitgehende Ausblendung von Institutionen.

einen interdisziplinär anwendbaren Ansatz zu entwickeln, grenzte sie sich sowohl vom Institutionalismus alter Schule ab, der auf formale Institutionen beschränkt blieb, als auch vom Menschenbild der Public-Choice-Ansätze, die von einem vollständig informierten, rational nutzenmaximierenden Individuum ausgehen (Ostrom 1972: 481). Stattdessen agiert Ostrom mit dem Konzept von »rules in use« und einem Akteurskonzept Simonscher Prägung, dem »fallible learner« (Ostrom 2007: 23, 30). So geprägtes Akteurshandeln in einer Handlungsarena findet unter dem Einfluss von Institutionen (verstanden als Regeln, Normen und Strategien) auf drei verschiedenen Ebenen (konstitutionelle, kollektive und operationale Entscheidungen) sowie unter dem Einfluss von physischen und sozialen Problemstrukturen statt. Schon aufgrund der metatheoretischen Natur des Ansatzes spielen Verwaltungen in ihm keine *konkrete* Rolle. Aber bereits in seiner Entwicklung wurde der IAD verschiedentlich für die Analyse der Leistungsqualität konkreter Verwaltungen angewendet (z. B. der Polizei) oder für Analysen von Privatisierungsprozessen genutzt (vgl. Ostrom 2007: 47, 51). Man kann sich vorstellen, dass Verwaltungen in der Anwendung des IAD sinnvoll als Akteure konzeptualisiert werden, die in einem institutionellen Mehrebenenkontext agieren und dabei auch von der Natur der Probleme und dem sozialen Kontext beeinflusst werden.[36]

Ausgehend vom Vorwurf der Verwaltungswissenschaft, die Policyanalyse habe in ihrer Forschung die Verwaltung aus dem Auge verloren, habe ich mich in diesem Abschnitt näher mit den Theorien der Policyanalyse befasst. Dabei konnte ich zeigen, dass es in der Eignung der Theorien, Verwaltung als Kausalfaktor für die Entstehung von Policies zu konzeptualisieren, Unterschiede gibt. Prozessorientierte Erklärungsansätze in der Policyanalyse erscheinen generell eher geeignet, diese Rolle von Verwaltungen zu erfassen als ergebnisorientierte Theorien – mit Ausnahme der Institutionentheorien. Insofern erscheint der Vorwurf der Verwaltungsblindheit – jedenfalls, was die Theorien und Erklärungsansätze der Policyanalyse als »analytische Netze« betrifft – zumindest zum Teil, nämlich für Studien, die mit ergebnisorientierten Theorien und entsprechenden Forschungsdesigns arbeiten, berechtigt. Möchte man umgekehrt also die Rolle der Verwaltung beim Zustandekommen von Policies angemessen berücksichtigen, dann bieten sich neben Institutionentheorien insbesondere prozessorientierte Erklärungsansätze an.

36 Auch für weitere prozessorientierte Erklärungsansätze wie den Advocacy Coalition Ansatz oder die Punctuated Equilibrium-Theorie würde man m. E. zu ähnlichen Ergebnissen kommen.

5. Resümee

Die politikwissenschaftliche Verwaltungswissenschaft und die Policyanalyse führen seit geraumer Zeit Diskussionen über die fachlichen Identitäten und die Unterschiede zwischen beiden sowie über die Frage des Umgangs mit dem Thema Verwaltung in der Forschung, die den Ausgangspunkt dieses Beitrags bildeten.

Es wurde in diesem Beitrag zunächst gezeigt, dass es sich bei Policyanalyse und politikwissenschaftlicher Verwaltungswissenschaft in Deutschland heute um zwei distinkte Subdisziplinen der Politikwissenschaft handelt, die sich im Hinblick auf die wissenschaftstheoretische und teils auch theoretischen Verortung ebenso wie in ihren inhaltlichen Interessen und Perspektiven deutlich voneinander unterscheiden. Allerdings dürfte sich dieser Unterschied in jüngerer Zeit ein wenig relativiert haben und möglicherweise weiter relativieren: Auch wenn es sicher noch die detailreichen, deskriptiven und theoriearmen Einzelfallstudien in der Verwaltungswissenschaft gibt (so auch aus internationaler Perspektive jüngst Peters/ Pierre 2017), so ist die Mehrzahl der heute in der politikwissenschaftlichen Verwaltungswissenschaft geleisteten Forschung viel stärker als zuvor thematisch fokussiert, theoretisch angeleitet und mitunter auch methodisch innovativ, was wiederum auch nicht für alle Policyanalysen gleichermaßen gelten kann. Den Umstand, dass es sich hier eindeutig um zwei Subdisziplinen handelt, die sich legitimerweise in wichtigen Punkten unterscheiden, muss man jedoch anerkennen, bevor man sich mit inhaltlichen Fragen und möglichen gemeinsamen Schnittmengen beschäftigt.

Betrachtet man die heutigen Policyanalyse, so haben sich die mit der Verwaltungswissenschaft entstandene Politikfeldanalyse einerseits und die vergleichende Staatstätigkeitsforschung andererseits als zwei von drei Gruppen in der Policyanalyse in den vergangenen Jahren weitgehend einander angenähert und firmieren heute gemeinsam unter dem Label Policyanalyse oder Policy-Analyse (Reiter/ Töller 2014; Wenzelburger/ Zohlnhöfer 2015; Knill/ Tosun 2015; Blum/ Schubert 2017). Beide sind wissenschaftstheoretisch prinzipiell auf einer Linie und verfügen über ein gemeinsames Theoriearsenal, in dem sich prozessorientierte von ergebnisorientierten Theorien unterscheiden lassen. Fragt man nun – wenn schon nicht nach der *tatsächlichen* Berücksichtigung von Verwaltungen in Policyanalysen – nach der Eignung dieser Theorien zur Erfassung der Rolle von Verwaltungen beim Zustandekommen von Policies, so wurde gezeigt, dass – aus verschiedenen Gründen und im Gegensatz zu ergebnisorientierten Ansätzen – die prozessorientierten Erklärungsansätze wie der MSA oder der IAD durchaus geeignet sind, Verwaltungen in ihrer Rolle in politischen Prozessen und ihrem Einfluss auf politische Ergebnisse angemessen zu berücksichtigen. Was kann hieraus für die zukünftige Beziehung von Verwaltungswissenschaft und Policyanalyse geschlussfolgert werden?

Erstens: Auch wenn es zwischen Verwaltungswissenschaft und Policyanalyse aus guten Gründen keine »special relationship« mehr gibt, erscheint in vielen Kontexten eine Kooperation sinnvoll, um den jeweiligen fachlichen Anliegen beider Subdisziplinen gerecht zu werden. Themen und Fragestellungen, deren angemessene Bearbeitung gleichermaßen eine policyanalytische und eine verwaltungswissenschaftliche Bearbeitung erfordern, liegen im politischen Mehrebenensystem auf der Straße. Denkbar ist sowohl eine Integration verwaltungswissenschaftlicher Perspektiven in konkrete Policyanalysen als auch der Anschluss von Verwaltungsanalysen an Policyanalysen. Man denke an die Rolle spezifischer Verwaltungen in spektakulären Policyprozessen: Wegrich schlägt z. B. eine Untersuchung der Rolle des Kraftfahrtbundesamts im VW-Skandal vor (Wegrich 2017: 189). Auch die Rolle der Gemeinsamen Forschungsstelle der EU in Ispra wäre hier eine mögliche Schnittmenge verwaltungswissenschaftlicher und policyanalytischer Interessen. Eine ähnliche gemeinsame Schnittmenge könnte die Frage sein, wie sich die gravierende Reform der Durchführungsrechtsetzung der EU von 2009 (»Komitologie«, Ruffing 2011; Töller 2013) auf die politischen Ergebnisse in Politikfeldern auswirkt. Damit könnte man zugleich einen gemeinsamen Vorstoß in Richtung der Analyse europäischer Policies unternehmen, die die Policyanalyse bislang weitgehend ehrfürchtig (aber ohne guten Grund) der Europaforschung überlassen hat. Interministerielle Konflikte und Kooperationsversuche in der Umwelt- und Klimapolitik (z. B. Böcher/ Töller 2012a: 109f.; Hustedt 2014) wären ein weiteres Feld möglicher Gemeinsamkeiten. Angesichts des zunehmenden Interesses der Policyanalyse für die Politik der Bundesländer (Hildebrand/ Wolf 2016) sind weitere Ansatzpunkte denkbar, etwa hinsichtlich der verwaltungsstrukturellen Konzipierung neuer Politiken wie der Klimaanpassungspolitik in den Ländern.

Zweitens: Wenn sich beide Subdisziplinen in ihren Themen und ihrem Selbstverständnis so deutlich unterscheiden, wie hier aufgezeigt, dann sind Gemeinsamkeiten, außer einer nun schon recht entfernten gemeinsamen Vergangenheit, nicht selbstverständlich und müssen aktiv identifiziert und hergestellt werden. Dazu müssten auf beiden Seiten Scheuklappen abgenommen werden, was etwa Forschungsdesigns, Theorien und Methoden betrifft. Es geht letztlich um eine sinnvolle Arbeitsteilung und gegenseitige Anschlussfähigkeit und nicht darum, die Dinge gleich zu sehen und zu tun.

Wenn etwa Riedel und Schneider mit einer multivariaten Analyse herausgefunden haben, dass es einen statistischen Zusammenhang zwischen fremdenfeindlichen Übergriffen und der Anerkennungsquote der BAMF in einem Land gibt (Riedel/ Schneider 2017: 41), dann zeigt dies zum einen, dass Implementationsstudien nicht, wie die Policyanalyse zu wissen glaubt, per se theoretisch anspruchslos sein müssen. Zum anderen wäre dies ein idealer Ansatzpunkt für eine qualitative verwaltungswissenschaftliche Analyse, die sich die Außenstellen der BAMF vornimmt und versucht, die kausalen Mechanismen zwischen etwa den fremdenfeindlichen Übergriffen in einem Land, den organisatorischen Rahmenbedingungen vor Ort und den kognitiven und normativen Dispositionen der EntscheiderInnen, welche die Studie von Riedel und Schneider aufgrund ihres Forschungsdesigns nur recht abstrakt plausibilisieren kann, genauer zu untersuchen. Betrachtet man beispielsweise die Regulierung des Frackings in Deutschland zwischen 2012 und 2016, dann kann das Operieren mit der Parteiendifferenztheorie (die hier im Wesentlichen nichts erklären kann) ein Weg sein, um u. a. auf die Relevanz von Verwaltungen zu stoßen. Hier wäre eine für Verwaltungswissenschaft und Policyanalyse interessante Frage, warum in einer politisch entscheidenden Situation (2012/2013) die für Hamburg zuständige Bergbehörde (unter einem SPD-geführten Senat) einen Aufsuchungsantrag genehmigte, in Hessen aber die Bergbehörde (unter einer schwarz-gelben Regierung) erstmals einen Antrag ablehnte (Töller/ Böcher 2016). Offensichtlich machen hier Verwaltungen den entscheidenden Unterschied, aber warum? Dies sind zunächst policyanalytische Fragen, in denen die Rolle der Verwaltung besonders ausbuchstabiert werden kann und muss. Umgekehrt sind auch verwaltungswissenschaftliche Fragestellungen denkbar, die durch eine eingehendere policyanalytische Bearbeitung gewinnen könnten – beispielsweise inwiefern Problemstrukturen (wie bei Ostrom 2007 näher angelegt) einen Beitrag zur Erklärung von Verwaltungsversagen (z. B. Bogumil/ Hafner/ Kuhlmann 2016) leisten könnten.

Drittens: Aufgrund des Umstands, dass heute nur noch ein Teil der KollegInnen in der Policyanalyse zugleich aus der Tradition der Verwaltungswissenschaft stammt, kann man plausibel annehmen, dass nicht (mehr) bei allen PolicyanalytikerInnen eine profunde verwaltungswissenschaftliche Ausbildung vorausgesetzt werden kann. Damit kann ein selektiver Blick einhergehen, es fehlt neben Kenntnissen möglicherweise auch ein intuitiver Zugang zur Verwaltung. Umgekehrt mögen sich auch die genuinen VerwaltungswissenschaftlerInnen fragen, wie weit es im Einzelnen mit ihrer policyanalytischen Tiefenschärfe bestellt ist. Wenn man Differenzierung akzeptiert, muss nicht jeder alles können. Daher ist aber eine stärkere Berücksichtigung der Verwaltung in der Politikfeldanalyse in gewissem Maße zwangsläufig ein interdisziplinäres und kollaboratives Projekt, das die Verwaltungswissenschaft nicht einfach von der Policyanalyse einfordern kann, sondern um das man sich – in Projekten und in Publikationen – auf beiden Seiten bemühen und über das man sich gemeinsam verständigen muss.[37] Dabei sollten Verwaltungswissenschaft und Policyanalyse ihr Verhältnis nüchterner und weniger emotional betrachten, als dies in der Vergangenheit teilweise geschehen ist, und zugleich kreativer und offener. Davon können beide Subdisziplinen profitieren.

6. Literaturverzeichnis

Bach, Tobias, Fleischer, Julia, Hustedt, Thurid (2010): Organisation und Steuerung zentralstaatlicher Behörden. Agenturen im westeuropäischen Vergleich. Berlin: Edition Sigma.

Bach, Tobias, Jantz, Bastian, Veit, Sylvia (2011): Verwaltungspolitik als Politikfeld. In: Bernhard Blanke, Frank Nullmeier, Christoph Reichard, Göttrik Wewer (Hrsg.): Handbuch zur Verwaltungsreform. 4. Auflage. Wiesbaden: VS Verlag, 527-536.

Bandelow, Nils C. (2014): Policy-Lernen: Begriffe und Ansätze im Vergleich. In: Klaus Schubert, Nils C. Bandelow (Hrsg.): Lehrbuch der Politikfeldanalyse. 3., aktualisierte und überarbeitete Auflage. München: Oldenbourg, 341-372.

Baruth, Stephanie, Schnapp, Kai-Uwe (2015): Ministerialbürokratien als Lobbyadressaten. In: Rudolf Speth, Annette Zimmer (Hrsg.): Lobby Work. Interessenvertretung als Politikgestaltung. Wiesbaden: VS Verlag, 245-260.

Bauer, Michael W. (2006): Politikbeendigung als policyanalytisches Konzept. In: Politische Vierteljahresschrift, 47 (2), 147-168.

Bauer, Michael W. (2008): Der Throughput-Outcome-Nexus in der empirischen Verwaltungswissenschaft. In: Die Verwaltung, 41 (1), 63-76.

Bauer, Michael W. (2015): Die Verwaltungswissenschaft und die Herausforderung der Denationalisierung. In: Politische Vierteljahresschrift, 56 (4), 648-671.

Beach, Derek, Pedersen, Rasmus Brun (2013): Process-Tracing Methods: Foundations and Guidelines. Michigan: University of Michigan Press.

37 Aus den hier dargelegten Beobachtungen ist aus meiner Sicht auf verbandsorganisatorischer Ebene nicht zu folgern, dass sich die gemeinsame Sektion in der DVPW aufspalten sollte. Ein solches Ansinnen erschiene mir angesichts des aktuellen Trends in der Vereinigung, der Proliferation von Untereinheiten Einhalt zu gebieten und die Vielfalt zu reduzieren, nicht nur unzeitgemäß, sondern auch strategisch nicht sinnvoll. Produktiv wäre es hingegen, den Rahmen der Sektion zu nutzen für eine Verständigung über neue Schnittmengen und Berührungspunkte, etwa im Rahmen einer Sektionstagung.

Benz, Arthur (2003): Status und Perspektiven der politikwissenschaftlichen Verwaltungsforschung. In: Die Verwaltung, 36 (3), 361-388.

Beyer, Daniela, Boushey, Graeme, Breunig, Christian (2015): Die Punctuated-Equilibrium-Theorie. In: Georg Wenzelburger, Reimut Zohlnhöfer (Hrsg.): Handbuch Policy-Forschung. Wiesbaden: VS Verlag, 355-375.

Beyme, Klaus von (1985): Policy Analysis und traditionelle Politikwissenschaft. In: Hans Hermann Hartwich (Hrsg.): Policy-Forschung in der Bundesrepublik Deutschland. Ihr Selbstverständnis und ihr Verhältnis zu den Grundfragen der Politikwissenschaft. Opladen: Westdeutscher Verlag, 7-29.

Blatter, Joachim, Langer, Phil C., Wagemann, Claudius (2015): Qualitative Methoden in der Politikwissenschaft. Kurs der FernUniversität in Hagen.

Blum, Sonja (2012): Familienpolitik als Reformprozess. Deutschland und Österreich im Vergleich. Wiesbaden: VS Verlag.

Blum, Sonja, Schubert, Klaus (2017): Politikfeldanalyse, 3. Auflage. Wiesbaden: VS Verlag.

Böcher, Michael, Töller, Annette Elisabeth (2012a): Umweltpolitik in Deutschland. Eine politikfeldanalytische Einführung. Wiesbaden: VS Verlag.

Böcher, Michael, Töller, Annette Elisabeth (2012b): Eigendynamik und Zufall als Triebkräfte der Umweltpolitik? Ein Ansatz zum Erklären umweltpolitischer Entscheidungen. In: Zeitschrift für Umweltpolitik und Umweltrecht, 35 (4), 450-479.

Bogumil, Jörg, Hafner, Jonas, Kuhlmann, Sabine (2016). Verwaltungshandeln in der Flüchtlingskrise. Vollzugsdefizite und Koordinationschaos bei der Erstaufnahme und der Asylantragsbearbeitung. In: Die Verwaltung, 49 (2), 289-300.

Bogumil, Jörg, Jann, Werner, Nullmeier, Frank (2006): Perspektiven der politikwissenschaftlichen Verwaltungsforschung. In: dies. (Hrsg.): Politik und Verwaltung. PVS-Sonderheft 37. Wiesbaden: VS Verlag, 9-26.

Bogumil, Jörg, Jann, Werner (2009): Verwaltung und Verwaltungswissenschaft in Deutschland. Einführung in die Verwaltungswissenschaft. 2., völlig überarbeitete Auflage. Wiesbaden: VS Verlag.

Bogumil, Jörg, Holtkamp, Lars, Junkernheinrich, Martin, Wagschal, Uwe (2014): Ursachen kommunaler Haushaltsdefizite. In: Politische Vierteljahresschrift, 55 (4), 614-647.

Bogumil, Jörg, Kuhlmann, Sabine: (2015): Legitimation von Verwaltungshandeln. Veränderungen und Konstanten. In: Der moderne Staat, 8 (2), 237-252.

Böhret, Carl (1985): Ein Bericht für das 1. Wissenschaftliche Symposium der deutschen Vereinigung für Politische Wissenschaft (November 1984) in Hannover. In: Hans H. Hartwich (Hrsg.): Policy-Forschung in der Bundesrepublik Deutschland. Ihr Selbstverständnis und ihr Verhältnis zu den Grundfragen der Politikwissenschaft. Opladen: Westdeutscher Verlag, 216-233.

Börzel, Tanja A., Panke, Diana (2015): Europäisierung. In: Georg Wenzelburger, Reimut Zohlnhöfer (Hrsg.): Handbuch Policy-Forschung. Wiesbaden: VS Verlag, 225-245.

Brans, Marleen, Geva-May, Iris, Howlett, Michael (2017): Policy Analysis in Comparative Perspective. An Introduction. In: Marleen Brans, Iris Geva-May, Michael Howlett (Hrsg.): Routledge Handbook of Comparative Policy Analysis. London: Routledge, 1-25.

Busemeyer, Marius R., Schlicht-Schmälzle, Raphaela (2014): Partisan power, economic coordination and variations in vocational training systems in Europe. In: European Journal of Industrial Relations, 20 (1), 55-71.

Busemeyer, Marius R. (2015): Bildungspolitik im internationalen Vergleich. Konstanz/ München: UKV Verlagsgesellschaft/ utb.

Bussmann, Werner, Klöti, Ulrich, Knoepfel, Peter (1996): Einführung in die Politikevaluation. Basel/ Frankfurt am Main: Helbig & Lichtenhahn.

Cohen, Michael D., March, James G., Olsen, Johan P. (1972): A Garbage Can Model of Organizational Choice. In: Administrative Science Quarterly, 17 (1), 1-25.

Czada, Roland (1997): Neuere Entwicklungen der Politikfeldanalyse. Beitrag präsentiert auf dem Schweizerischen Politologentag, 14.11.1997, Balsthal.

Döhler, Marian (2002): Gesundheitspolitik in der Verhandlungsdemokratie. In: Winand Gellner, Markus Schön (Hrsg.): Paradigmenwechsel in der Gesundheitspolitik. Baden-Baden: Nomos, 25-39.

Döhler, Marian (2014): Verwaltungswissenschaftliche Problemperspektiven in der Politikfeldanalyse. In: Klaus Schubert, Nils C. Bandelow (Hrsg.): Lehrbuch der Politikfeldanalyse. 3., aktualisierte und überarbeitete Auflage. München: Oldenbourg, 75-94.

Döhler, Marian (2015): Das Politikfeld als analytische Kategorie. In: Der moderne Staat, 8 (1), 51-69.

Ebbinghaus, Bernhard (2015): Machtressourcentheorie und Korporatismusansatz. In: Georg Wenzelburger, Reimut Zohlnhöfer (Hrsg.): Handbuch Policy-Forschung. Wiesbaden: VS Verlag, 55-79.

Ebinger, Falk (2012): Wege zur guten Bürokratie. Erklärungsansätze und Evidenz zur Leistungsfähigkeit öffentlicher Verwaltungen. Baden-Baden: Nomos.

Ebinger, Falk, Bogumil, Jörg (2016): Von den Blitzreformen zur neuen Behutsamkeit. Verwaltungspolitik und Verwaltungsreformen in den Bundesländern. In: Achim Hildebrandt, Frieder Wolf (Hrsg.): Die Politik der Bundesländer. Zwischen Föderalismusreform und Schuldenbremse. 2., aktualisierte und erweiterte Auflage. Wiesbaden: VS Verlag, 139-160.

Egner, Björn (2012): Staatsausgaben in Gliedstaaten föderaler Systeme. Deutschland, Österreich, Schweiz, USA, Kanada und Australien im Vergleich. Baden-Baden: Nomos.

Egner, Björn (2014): Methoden der Politikfeldanalyse. In: Renate Reiter, Annette E. Töller (Hrsg.): Politikfeldanalyse im Studium. Fragestellungen, Theorien, Methoden. Baden-Baden: Nomos/ utb, 106-136.

Fischer, Frank (1993): Bürger, Experten und Politik nach dem »Nimby«-Prinzip: Ein Plädoyer für die partizipatorische Policy-Analyse. In: Adrienne Héritier (Hrsg.): Policy-Analyse. PVS-Sonderheft 24. Wiesbaden: VS Verlag, 451-470.

Ganghof, Steffen (2005): Kausale Perspektiven in der vergleichenden Politikwissenschaft: X-zentrierte und Y-zentrierte Forschungsdesigns. In: Sabine Kropp, Michael Minkenberg (Hrsg.): Vergleichen in der Politikwissenschaft. Wiesbaden: VS Verlag, 76-93.

Grande, Edgar (2012): Governance-Forschung in der Governance-Falle? Eine kritische Bestandsaufnahme. In: Politische Vierteljahresschrift, 53 (4), 565-592.

Greven, Michael Th. (1985): Macht, Herrschaft und Legitimität. Eine Erinnerung der Politologen an die Grundfragen ihrer Disziplin. In: Hans H. Hartwich (Hrsg.): Policy-Forschung in der Bundesrepublik Deutschland. Ihr Selbstverständnis und ihr Verhältnis zu den Grundfragen der Politikwissenschaft. Opladen: Westdeutscher Verlag, 143-147.

Grohs, Stephan, Adam, Christian, Knill, Christoph (2016): Are Some Citizens More Equal than Others? Evidence from a Field Experiment. In: Public Administration Review, 76 (1), 155-164.

Grunow, Dieter (Hrsg.) (2003): Verwaltungshandeln in Politikfeldern. Wiesbaden: VS Verlag.

Hajer, Maarten A. (2004): Argumentative Diskursanalyse. Auf der Suche nach Koalitionen, Praktiken und Bedeutung. In: Reiner Keller, Andreas Hirseland, Werner Schneider, Willy Viehöver (Hrsg.): Handbuch Sozialwissenschaftliche Diskursanalyse. Band 2. Forschungspraxis. 2. Auflage. Wiesbaden: VS Verlag, 271-298.

Hajer, Maarten A. (2008): Diskursanalyse in der Praxis: Koalitionen, Praktiken und Bedeutung. In: Frank Janning, Katrin Toens (Hrsg.): Die Zukunft der Policy-Forschung. Theorien, Methoden, Anwendungen. Wiesbaden: VS Verlag, 211-222.

Hall, Peter A. (1993): Policy Paradigms, Social Learning, and the State. The Case of Economic Policymaking in Britain. In: Comparative Politics, 25 (3), 275-296.

Hartwich, Hans-Hermann (1985): Einführung. In: Hans-Hermann Hartwich (Hrsg.): Policy-Forschung in der Bundesrepublik Deutschland. Ihr Selbstverständnis und ihr Verhältnis zu den Grundfragen der Politikwissenschaft. Opladen: Westdeutscher Verlag, 1-6.

Haunss, Sebastian (2015): Einleitung. Entstehung und Wandel von Politikfeldern. In: Der moderne Staat, 8 (1), 3-6.

Haunss, Sebastian, Hofmann, Jeanette (2015): Entstehung von Politikfeldern – Bedingungen einer Anomalie. In: Der moderne Staat, 8 (1), 29-49.

Heinelt, Hubert, Lamping, Wolfram (2015): Wissen und Entscheiden. Lokale Strategien gegen den Klimawandel in Frankfurt am Main, München und Stuttgart. Frankfurt am Main: Campus.

Héritier, Adrienne (1993): Einleitung Policy-Analyse. Elemente der Kritik und Perspektiven der Neuorientierung. In: dies. (Hrsg.): Policy-Analyse. PVS-Sonderheft 24. Wiesbaden: VS Verlag, 9-36.

Herweg, Nicole (2015): Multiple Streams Ansatz. In: Georg Wenzelburger, Reimut Zohlnhöfer (Hrsg.): Handbuch Policy-Forschung. Wiesbaden: VS Verlag, 325-353.

Hesse, Joachim J. (1985): Policy-Forschung zwischen Anpassung und Eigenständigkeit: Wider die »Moden« der sozialwissenschaftlichen Staats- und Verwaltungsforschung. In: Hans-Hermann Hartwich (Hrsg.): Policy-Forschung in der Bundesrepublik Deutschland. Ihr Selbstverständnis und ihr Verhältnis zu den Grundfragen der Politikwissenschaft. Opladen: Westdeutscher Verlag, 30-68.

Hesse, Mario, Redlich, Matthias, Rottmann, Oliver, Starke, Tim (2016): Private Unternehmensbeteiligung als Preistreiber? Eine empirische Vergleichsanalyse am Beispiel der deutschen Trinkwasserversorgung. In: Ulf Papenfuß, Christoph Reichard (Hrsg.): Gemischtwirtschaftliche Unternehmen. Zeitschrift für öffentliche und gemeinwirtschaftliche Unternehmen. Beiheft 48. Baden-Baden: Nomos, 90-105.

Hibbs, Douglas A. (1977): Political Parties and Macroeconomic Policy. In: The American Political Science Review, 71 (4), 1467-1487.

Hicks, Alexander M., Swank, Duane H. (1992): Politics, Institutions, and Welfare Spending in Industrialized Democracies, 1960-82. In: The American Political Science Review, 86 (3), 658-674.

Hildebrandt, Achim, Wolf, Frieder (Hrsg.) (2016): Die Politik der Bundesländer. Zwischen Föderalismusreform und Schuldenbremse. 2., aktualisierte und erweiterte Auflage. Wiesbaden: VS Verlag.

Hustedt, Thurid (2010): Organisation und Steuerung zentralstaatlicher Behörden. Agenturen im westeuropäischen Vergleich. Berlin: Edition Sigma.

Hustedt, Thurid (2013): Ministerialverwaltung im Wandel. Struktur und Rolle der Leitungsbereiche im deutsch-dänischen Vergleich. Baden-Baden: Nomos.

Hustedt, Thurid (2014): Negative Koordination in der Ministerialverwaltung. Die Interministerielle Arbeitsgruppe Anpassungsstrategie. In: Der moderne Staat, 7 (2), 311-330.

Hustedt, Thurid, Wonka, Arndt, Blauberger, Michael, Töller, Annette E., Reiter, Renate (2014): Verwaltungsstrukturen in der Europäischen Union. Kommission, Komitologie, Agenturen und Verwaltungsnetzwerke. Wiesbaden: VS Verlag.

Jahn, Detlef (2006): Einführung in die vergleichende Politikwissenschaft. Wiesbaden: VS Verlag.

Jänicke, Martin, Kunig, Philip, Stitzel, Michael (2003): Lern- und Arbeitsbuch Umweltpolitik. Politik, Recht und Management des Umweltschutzes in Staat und Unternehmen. 2., aktualisierte Auflage. Bonn: Dietz Verlag.

Jann, Werner (2009): Praktische Fragen und theoretische Antworten. 50 Jahre Policy-Analyse und Verwaltungsforschung. In: Politische Vierteljahresschrift, 50 (3), 476-505.

Jann, Werner, Wegrich, Kai (2014): Phasenmodelle und Politikprozesse. Der Policy-Cycle. In: Klaus Schubert, Nils C. Bandelow (Hrsg.): Lehrbuch der Politikfeldanalyse. 3., aktualisierte und überarbeitete Auflage. München: Oldenbourg, 97-132.

Janning, Frank (2006): Koexistenz und Synergieeffekte? Über das Verhältnis zwischen Policy-Forschung und Verwaltungswissenschaft. In: Jörg Bogumil, Werner Jann, Frank Nullmeier (Hrsg.): Politik und Verwaltung. PVS-Sonderheft 37. Wiesbaden: VS Verlag, 77-96.

Janning, Frank, Toens, Katrin (2008): Einleitung. In: dies. (Hrsg.): Die Zukunft der Policy-Forschung. Theorien, Methoden, Anwendungen. Wiesbaden: VS Verlag, 7-20.

Kanitsar, Georg, Kittel, Bernhard (2015): Experimentelle Methoden. In: Georg Wenzelburger, Reimut Zohlnhöfer (Hrsg.): Handbuch Policy-Forschung. Wiesbaden: VS Verlag, 379-407.

King, Gary, Keohane, Robert O., Verba, Sidney (1994): Designing Social Inquiry: Scientific Inference in Qualitative Research. Princeton: Princeton University Press.

Kingdon, John W. (1984): Agendas, Alternatives and Public Policies. Boston: Little, Brown.

Kingdon, John W. (2003): Agendas, Alternatives and Public Policies. 2. Auflage. New York: Longman.

Kirsch, Guy (2004): Neue Politische Ökonomie. 5., überarbeitete und erweiterte Auflage. Stuttgart: UKV Lucius/ utb.

Kiser, Larry L., Ostrom, Elinor (1983): The Three Worlds of Action. A Metatheoretical Synthesis of Institutional Approaches. In: Elinor Ostrom (Hrsg.): Strategies of Political Inquiry. Beverly Hills: Sage Publications, 179-222.

Knill, Christoph, Bauer, Michael W. (2016): Policy-making by international public administrations: concepts, causes and consequences. In: Journal of European Public Policy, 23 (7), 949-959.

Knill, Christoph, Debus, Marc, Heichel, Stephan (2010): Do parties matter in internationalised policy areas? The impact of political parties on environmental policy outputs in 18 OECD countries, 1970-2000. In: European Journal of Political Research, 49, 301-336.

Knill, Christoph, Tosun, Jale (2015): Einführung in die Policy-Analyse. Opladen: Barbara Budrich Verlag/ utb.

Korpi, Walter (1989): Macht, Politik und Staatsautonomie in der Entwicklung der sozialen Bürgerrechte. In: Journal für Sozialforschung, 29 (2), 137-164.

Kuhlmann, Sabine (2008): Politik- und Verwaltungsreform in Kontinentaleuropa. Subnationaler Institutionenwandel im deutsch-französischen Vergleich. Band 14. Baden-Baden: Nomos.

Kuhlmann, Sabine, Wollmann, Hellmut (2013): Verwaltung und Verwaltungsreformen in Europa. Einführung in die vergleichende Verwaltungswissenschaft. Wiesbaden: VS Verlag.

Loer, Kathrin, Reiter, Renate, Töller, Annette E. (2015): Was ist ein Politikfeld und warum entsteht es?. In: Der moderne Staat, 8 (1), 7-28.

Loer, Kathrin (2016): An Ounce for Prevention…? Germany's Public Policy on Health Promotion and Disease Prevention. In: European Journal of Risk Regulation, 7 (4), 789-794.

Mayntz, Renate (Hrsg.) (1980): Implementation politischer Programme. Empirische Forschungsberichte. Königstein im Taunus: Athenäum.

Mayntz, Renate (1987): Politische Steuerung und gesellschaftliche Steuerungsprobleme. Anmerkungen zu einem theoretischen Paradigma. In: Thomas Ellwein, Jens J. Hesse, Renate Mayntz, Fritz W. Scharpf (Hrsg.): Jahrbuch zur Staats- und Verwaltungswissenschaft, Band 1. Baden-Baden: Nomos, 89-110.

Mayntz, Renate (2001): Zur Selektivität der steuerungstheoretischen Perspektive. In: Hans-P. Burth, Axel Görlitz (Hrsg.): Politische Steuerung in Theorie und Praxis. Baden-Baden: Nomos, 17-27.

Mayntz, Renate, Derlien, Ulrich, Bohne, Eberhard, Hesse, Beate, Hucke, Jochen, Müller, Axel (1978): Vollzugsprobleme der Umweltpolitik. Empirische Untersuchungen der Implementation von Gesetzen im Bereich der Luftreinhaltung und des Gewässerschutzes. Stuttgart: Kohlhammer.

Mayntz, Renate, Scharpf, Fritz W. (1995): Der Ansatz des akteurzentrierten Institutionalismus. In: dies. (Hrsg.): Gesellschaftliche Selbstregelung und politische Steuerung. Frankfurt am Main: Campus, 39-72.

Münch, Sybille (2016): Interpretative Policy-Forschung. Eine Einführung. Wiesbaden: VS Verlag.

Nullmeier, Frank (1997): Interpretative Ansätze in der Politikwissenschaft. In: Arthur Benz, Wolfgang Seibel (Hrsg.): Theorieentwicklung in der Politikwissenschaft – Eine Zwischenbilanz. Baden-Baden: Nomos, 101-144.

Nullmeier, Frank (2012): Interpretative Policy-Forschung und das Erklärungsproblem. Oder: Wie kann man diskursiven Wandel erklären?. In: Björn Egner, Michael Haus, Georgios Terizakis (Hrsg.): Regieren. Festschrift für Hubert Heinelt. Wiesbaden: VS Verlag, 37-56.

Obinger, Herbert (2015): Funktionalismus. In: Georg Wenzelburger, Reimut Zohlnhöfer (Hrsg.): Handbuch Policy-Forschung. Wiesbaden: VS Verlag, 35-54.

Obinger, Herbert, Schmitt, Carina, Zohlnhöfer, Reimut (2014): Partisan Politics and Privatization in OECD Countries. In: Comparative Political Studies, 47 (9), 1294-1323.

Ostrom, Elinor (1972): Metropolitan Reform. Propositions Derived from Two Traditions. In: Social Science Quarterly, 53 (3), 474-493.

Ostrom, Elinor (1990): Governing the Commons. The Evolution of Institutions for Collective Action. Cambridge: Cambridge University Press.

Ostrom, Elinor (2007): Institutional Rational Choice. An Assessment of the Institutional Analysis and Development Framework. In: Paul A. Sabatier (Hrsg.): Theories of the Policy Process. 2. Auflage. Cambridge: Westview Press, 21-64.

Peters, B. Guy (2012): Institutional Theory in Political Science. The New Institutionalism. 3. Auflage. New York/ London: NY Continuum.

Peters, B. Guy., Pierre, Jon (2017): Two Roads to Nowhere: Appraising 30 Years of Public Administration Research. In: Governance, 30 (1), 11-16.

Prätorius, Rainer (2004): US-amerikanische Prägungen der Policy-Forschung. In: Everhard Holtmann (Hrsg.): Staatsentwicklung und Policyforschung. Politikwissenschaftliche Analysen der Staatstätigkeit. Wiesbaden: VS Verlag, 75-86.

Reiter, Renate (2017): Sozialpolitik aus politikfeldanalytischer Perspektive. Eine Einführung. Wiesbaden: VS Verlag.

Reiter, Renate, Töller, Annette Elisabeth (2014): Politikfeldanalyse im Studium. Fragestellungen, Theorien, Methoden. Baden-Baden: Nomos/ utb.

Richter, Philipp (2017): Es werde Licht! Und es ward Licht? Zum Verhältnis von Transparenz und Legitimität in der öffentlichen Verwaltung. In: Politische Vierteljahresschrift, 58 (2), 234–257.

Riedel, Lisa, Schneider, Gerald (2017): Dezentraler Asylvollzug diskriminiert: Anerkennungsquoten von Flüchtlingen im bundesdeutschen Vergleich, 2010-2015. In: Politische Vierteljahresschrift, 58 (1), 23-50.

Rihoux, Benoît, Rezsöhazy, Ilona, Bol, Damien (2011): Qualitative Comparative Analysis (QCA) in Public Policy Analysis. An Extensive Review. In: German Policy Studies, 7 (3), 9-82.

Rose, Richard (1991): What Is Lesson-Drawing?. In: Journal of Public Policy, 11 (1), 3-30.

Rosenbrock, Rolf, Gerlinger, Thomas (2014): Gesundheitspolitik. Eine systematische Einführung. 3., vollständig überarbeitete Auflage. Bern: Verlag Hans Huber.

Rüb, Friedbert W. (2014): Multiple-Streams-Ansatz: Grundlagen, Probleme und Kritik. In: Klaus Schubert, Nils C. Bandelow (Hrsg.): Lehrbuch der Politikfeldanalyse. 3., aktualisierte und überarbeitete Auflage. München: Oldenbourg, 373-408.

Rüb, Friedbert, Zohlnhöfer, Reimut (Hrsg.) (2016): Decision-Making under Ambiguity and Time Constraints. Assessing the Multiple-Streams Framework. Colchester: ECPR Press.

Ruffing, Eva (2011): Die europäische Wertpapierregulierung zwischen Input- und Output-Legitimität. Das Lamfalussy-Verfahren. Baden-Baden: Nomos.

Ruffing, Eva (2013): Inside regulatory bureaucracy. When Europe hits home in pharmaceuticals and chemicals. In: Public Policy and Administration, 32 (1), 3-23.

Sabatier, Paul A. (1993): Advocacy-Koalitionen, Policy-Wandel und Policy-Lernen. Eine Alternative zur Phasenheuristik. In: Adrienne Héritier (Hrsg.): Policy-Analyse. PVS-Sonderheft 24. Wiesbaden: VS Verlag, 116-148.

Sabatier, Paul A., Mazmanian, Daniel (1980): The Implementation of Public Policy. A Framework of Analysis. In: Policy Studies Journal, 8 (4), 538-560.

Sabatier, Paul A., Weible, Christopher M. (2007): The Advocacy Coalition Framework. Innovations and Clarifications. In: Paul A. Sabatier (Hrsg.): Theories of the Policy Process. 2. Auflage. Cambridge: Westview Press, 189-220.

Sack, Detlef (2015): Privatisierung. Vom Staat zum Markt. Politikwissenschaftliche Privatisierungsforschung. Kurs der Fern Universität in Hagen.

Sack, Detlef (2017): Wirtschaftskammern im europäischen Vergleich. Wiesbaden: VS Verlag.

Saretzki, Thomas (2008): Policy-Analyse, Demokratie und Deliberation. Theorieentwicklung und Forschungsperspektiven der »Policy Sciences of Democracy«. In: Frank Janning, Katrin Toens (Hrsg.): Die Zukunft der Policy-Forschung. Theorien, Methoden, Anwendungen. Wiesbaden: VS Verlag, 34-54.

Saretzki, Thomas (2012): The »argumentative turn« revisited. Demokratisierung von Policy-Analysen in partizipativen Projekten und diskursiven Designs?. In: Björn Egner, Michael Haus, Georgios Terizakis (Hrsg.): Regieren. Festschrift für Hubert Heinelt. Wiesbaden: VS Verlag, 57-74.

Schammann, Hannes (2015): Wenn Variationen den Alltag bestimmen. Unterschiede lokaler Politikgestaltung in der Leistungsgewährung für Asylsuchende. In: Zeitschrift für Vergleichende Politikwissenschaft, 9 (3), 161-182.

Scharpf, Fritz W. (1973): Verwaltungswissenschaft als Teil der Politikwissenschaft. In: ders.: Planung als politischer Prozess. Aufsätze zur Theorie der planenden Demokratie. Frankfurt am Main: Suhrkamp, 9-32.

Schmidt, Manfred G. (1996): When parties matter. A review of the possibilities and limits of partisan influence on public policy. In: European Journal of Political Research, 30, 155-183.

Schmidt, Manfred G. (1980): CDU und SPD an der Regierung. Ein Vergleich ihrer Politik in den Ländern. Frankfurt am Main: Campus.

Schmidt, Manfred G. (1982): Wohlfahrtsstaatliche Politik unter bürgerlichen und sozialdemokratischen Regierungen. Ein internationaler Vergleich. Frankfurt am Main: Campus.

Schmidt, Manfred G. (1993): Theorien in der international vergleichenden Staatstätigkeitsforschung. In: Adrienne Héritier (Hrsg.): Policy-Analyse. PVS-Sonderheft 24. Wiesbaden: VS Verlag, 371-393.

Schmidt, Manfred G. (2004): Wörterbuch zur Politik. 2. Auflage. Stuttgart: Alfred Kröner Verlag.

Schmitt, Carina (2015): Makro-quantitative Methoden. In: Georg Wenzelburger, Reimut Zohlnhöfer (Hrsg.): Handbuch Policy-Forschung. Wiesbaden: VS Verlag, 409-428.

Schnapp, Kai-Uwe, Willner, Roland (2015): Gestaltungsbürokratien in politischen Gestaltungsprozessen. Kurs der Fern Universität in Hagen.

Schneider, Volker, Janning, Frank (2006): Politikfeldanalyse. Akteure, Diskurse und Netzwerke in der öffentlichen Politik. Wiesbaden: VS Verlag.

Schubert, Klaus, Bandelow, Nils C. (2014): Politikfeldanalyse. Dimensionen und Fragestellungen. In: dies. (Hrsg.): Lehrbuch der Politikfeldanalyse. 3., aktualisierte und überarbeitete Auflage. München: Oldenbourg, 1-24.

Seibel, Wolfgang (2016): Verwaltung verstehen. Eine theoriegeschichtliche Einführung. Berlin: Suhrkamp.

Stoiber, Michael, Töller, Annette Elisabeth (2016): Ursachen der Privatisierung des Maßregelvollzugs in Deutschland. Eine QCA im Bundesländervergleich. In: Zeitschrift für Vergleichende Politikwissenschaft, 10 (1), 9-36.

Stone, Diane (2012): Transfer and translation of policy. In: Policy Studies, 33 (6), 483-499.

Töller, Annette Elisabeth (2012): Warum kooperiert der Staat? Kooperative Umweltpolitik im Schatten der Hierarchie. Baden-Baden: Nomos.

Töller, Annette Elisabeth (2013): Die Reform der Komitologie mit und nach dem Vertrag von Lissabon. The End of The World As We Know It?. In: Integration, 36 (3), 213-232.

Töller, Annette Elisabeth (2017): Verkehrte Welt? Parteien(in)differenz in der Umweltpolitik am Beispiel der Regulierung des Frackings. In: Zeitschrift für Politikwissenschaft, 27 (2), 131-160.

Töller, Annette Elisabeth, Böcher, Michael (2016): Varianten der Fracking-Regulierung in Deutschland und ihre Erklärung. In: Zeitschrift für Umweltpolitik und Umweltrecht, 39 (3), 208-234.

Trampusch, Christine (2004): Das Scheitern der Politikwissenschaft am Bündnis für Arbeit. Eine Kritik an der Problemlösungsliteratur über das Bündnis für Arbeit. In: Politische Vierteljahresschrift, 45 (4), 541-562.

Treib, Oliver (2014): Methodische Spezifika der Policy-Forschung. In: Klaus Schubert, Nils C. Bandelow (Hrsg.): Lehrbuch der Politikfeldanalyse. 3., aktualisierte und überarbeitete Auflage. München: Oldenbourg, 211-230.

True, James L., Jones, Brian D., Baumgartner, Frank R. (2007): Punctuated-Equilibrium Theory. Explaining Stability and Change in Public Policymaking. In: Paul A. Sabatier (Hrsg.): Theories of the Policy Process. 2. Auflage. Cambridge: Westview Press, 155-188.

Tufte, Edward (1978): Political Control of the Economy. Princeton: Princeton University Press.

Veit, Sylvia (2016): Entwicklungslinien der Verwaltungsreformforschung. Beitrag präsentiert bei dem Workshop »Perspektiven der Verwaltungswissenschaft«, 3.-4.11.2016, IBZ München.

Versluis, Esther, Keulen, Mendeltje van, Stephenson, Paul (2011): Analyzing the European Union policy process. Basingstoke/ New York: Palgrave Macmillan.

Wagemann, Claudius (2015): Qualitative Comparative Analysis. In: Georg Wenzelburger, Reimut Zohlnhöfer (Hrsg.): Handbuch Policy-Forschung. Wiesbaden: VS Verlag, 429-452.

Wagschal, Uwe, Wenzelburger, Georg (2012): When do Governments Consolidate? A Quantitative Comparative Analysis of 23 OECD Countries (1980-2005). In: Journal of Comparative Policy Analysis: Research and Practice, 14 (1), 45-71.

Wallace, Helen, Pollack, Mark A., Young, Alasdair R. (Hrsg.) (2015): Policy-Making in the European Union. 7. Auflage. Oxford: Oxford University Press.

Wegrich, Kai (2017): Pragmatisch und kritisch? Lehren aus der Policy- und Implementationsforschung. In: Sabine Kuhlmann, Oliver Schwab (Hrsg.): Starke Kommunen - wirksame Verwaltung. Fortschritte und Fallstricke der internationalen Verwaltungs- und Kommunalforschung. Wiesbaden: VS Verlag, 171-197.

Wenzelburger, Georg (2012): Wege aus dem Defizit. Eine Analyse der Determinanten der Konsolidierungspolitik in den OECD-Staaten. In: Der moderne Staat, 5 (2), 313-340.

Wenzelburger, Georg (2015): Parteien. In: Georg Wenzelburger, Reimut Zohlnhöfer (Hrsg.): Handbuch Policy-Forschung. Wiesbaden: VS Verlag, 81-112.

Wenzelburger, Georg, Wolf, Frieder (2015): Policy theories in the crisis? Comparing the explanatory power of policy theories in the context of crisis. Beitrag für die 2. International Conference for Public Policy Milan. Abrufbar unter www.icpublicpolicy.org/conference/file/reponse/1433840658.pdf.

Wenzelburger, Georg, Zohlnhöfer, Reimut (2015): Konzepte und Begriffe in der Vergleichenden Policy-Forschung. In: dies. (Hrsg.): Handbuch Policy-Forschung. Wiesbaden: VS Verlag, 15-32.

Wilenski, Harold L. (2002): Rich Democracies. Political Economy, Public Policy, and Performance. Berkeley/ Los Angeles: University of California Press.

Zabler, Steffen (2016): Synthetisches Matching als Evaluations-Tool. Der Effekt des beratenden Sparkommissars auf die Kommunalfinanzen der Stadt Hagen. In: Politische Vierteljahresschrift, 57 (3), 430-454.

Zahariadis, Nikolaos (2007): The Multiple Streams Framework. Structure, Limitations, Prospects. In: Paul A. Sabatier (Hrsg.): Theories of the Policy Process. 2. Auflage. Cambridge: Westview Press, 65-92.

Zohlnhöfer, Reimut (2008): Stand und Perspektiven der vergleichenden Staatstätigkeitsforschung. In: Frank Janning, Katrin Toens (Hrsg.): Die Zukunft der Policy-Forschung. Theorien, Methoden, Anwendungen. Wiesbaden: VS Verlag, 157-174.

Zohlnhöfer, Reimut (2016): Putting Together the Pieces of the Puzzle. Explaining German Labor Market Reforms with a Modified Multiple-Streams Approach. In: The Policy Studies Journal, 44 (1), 83-107.

Plädoyer für eine epidemiologische Neuausrichtung der Implementationsforschung: Skizze einer Forschungsagenda

Christian Adam und Christoph Knill

1. Einleitung

Die Implementationsforschung bewegt sich klassischerweise an der Schnittstelle von Policy-Forschung und Verwaltungswissenschaft. Im Kern dieses Forschungsfeldes steht die Untersuchung von Prozessen der Umsetzung rechtlicher Programme und Maßnahmen in konkrete Politikergebnisse. Aus policy-analytischer Perspektive interessiert hierbei insbesondere, ob eine bestimmte Maßnahme tatsächlich ihre beabsichtigten Wirkungen erzielt und auf Seiten der Adressaten einer Policy die intendierten Verhaltensänderungen erreicht wurden. In verwaltungswissenschaftlicher Hinsicht ist das analytische Interesse in diesem Zusammenhang vor allem auf die Rolle der Vollzugsverwaltung gerichtet. Inwieweit setzen die für die Implementation einer Policy zuständigen Verwaltungseinheiten die rechtlichen Vorgaben pünktlich, vollständig und in einer der Zielerreichung dienlichen Weise um? In welchem Maße stellt die Vollzugsverwaltung eine Einhaltung der rechtlichen Vorgaben durch die Adressaten über entsprechende Kontroll- und Sanktionsinstrumente sicher?

Aus der Implementationsforschung wissen wir seit langem, dass die ordnungsgemäße Umsetzung einer Policy alles andere als trivial ist. Zwischen den ursprünglich formulierten Zielen einer Maßnahme und derer konkreten Realisierung liegen viele Hürden und Schwierigkeiten, mit dem Ergebnis, dass das, was am Ende herauskommt, vielfach erheblich von dem abweicht, was politisch intendiert war. Während dieser Befund gewissermaßen als Common Sense bezeichnet werden kann, sind die Ursachen für solche Abweichungen vielfältig. Der klassischen Implementationsforschung, wie sie sich seit den 1970er Jahren entwickelte, ist es seither nicht gelungen, mit einer generellen Theorie zur Erklärung unterschiedlich effektiver Implementation aufzuwarten. Vielmehr kann man überspitzt sagen, dass die häufig einzelfallorientierte Forschungstradition schon in den 1980er Jahren ihre theoretischen Ambitionen angesichts einer »idiosynkratischen Übermacht« weitgehend begraben hat (Goggin et al. 1990; Mayntz 1980).

Ausgehend von diesem Befund skizziert dieser Beitrag einen Weg zur empirischen Wiederbelebung der Implementationsforschung, welcher auch auf theoretischer Ebene neue Chancen bietet. Konkret plädieren wir dafür, die »Mainstream«-Implementationsforschung, die sich durch eine starke Einzelfallorientierung auszeichnet (Hupe 2014), durch einen neu ausgerichteten Bereich zu ergänzen, den wir als epidemiologische Implementationsforschung bezeichnen. Diese epidemiologische Ausrichtung zeichnet sich durch ihren analytischen Fokus aus. So geht es ihr nicht um die Erklärung spezifischer »policy failures«, sondern um die Erfassung der Inzidenz und Prävalenz von Implementationsdefiziten innerhalb der Vollzugsverwaltung allgemein. Analyseeinheit ist nicht mehr die einzelne Policy, sondern die Verbreitung unterschiedlicher Implementationsprobleme innerhalb einer Population von Vollzugsverwaltungen, die für ein bestimmtes Politikfeld zuständig sind.

Die Wahl einer solchen Perspektive liegt aus unserer Sicht aus zwei Gründen nahe. Erstens ist festzustellen, dass ungeachtet reflexhafter politischer Bemühungen zur Eindämmung von Überregulierung und Bürokratisierung ein kontinuierliches und erhebliches Wachstum staatlicher Policy-Portfolios zu beobachten ist. Unabhängig vom jeweils untersuchten Politikfeld haben im Zeitablauf bestehende Regeln und Instrumente zugenommen. Mit anderen Worten: Moderne Demokratien akkumulieren immer größere, diversifiziertere und detailreichere Policy-Portfolios. Policy-Anbau oder auch »Layering« (Thelen 2004) ist die Regel, Policy-Umbau ist die Ausnahme und Terminierung (Bauer et al. 2012) quasi kaum existent. Zweitens geht mit diesem Wachstum einher, dass es zu einer Akkumulation von Implementationslasten auf der Vollzugsebene kommt. Die Vollzugsverwaltung muss die Umsetzung von immer mehr Maßnahmen schultern, ohne dass es zu nennenswerten parallelen Ausweitungen ihrer Ressourcen und Kapazitäten kommt. Diese Konstellation legt zumindest die Vermutung nahe, dass wir mit einer Situation konfrontiert sind, in der es in zunehmendem Maße zu Implementationsdefiziten kommt. Angesichts begrenzter Ressourcen steht zu erwarten, dass Vollzugsbehörden ihre Aufgaben nur noch selektiv wahrnehmen können bzw. einzelne Bereiche gegenüber anderen priorisieren.

Ob diese Vermutung tatsächlich zutrifft oder nicht, lässt sich mit einer Implementationsforschung traditionellen Zuschnitts nicht beantworten. Vielmehr bedarf es hierzu einer epidemiologischen Perspektive. Die Entwicklung und Skizzierung eines solchen Ansatzes steht im Zentrum des vorliegenden Beitrags.

2. Wachsende Policy-Portfolios

Wenngleich die Begrenzung und der Abbau staatlicher Aktivitäten mittlerweile zu einem festen Bestandteil liberaler, konservativer und populistischer Rhetorik geworden ist, hinterlässt diese Rhetorik nur bedingt Spuren in der Realität demokratischen Regierens. Betrachtet man den legislativen Output in entwickelten Demokratien wie etwa der Bundesrepublik, zeigt sich ein kontinuierliches Wachstum, ungeachtet wie auch immer artikulierter politischer Bemühungen um Restriktion. So ist bereits seit den 1970er Jahren bekannt, dass es politischen Entscheidungsträgern kaum gelingt, Gesetze und politische Programme wieder abzuschaffen, nachdem diese erst einmal ins Leben gerufen wurden (Bardach 1976; Brewer 1978; deLeon 1978). Stattdessen besteht der Großteil legislativer Tätigkeit aus der Verabschiedung neuer Gesetze sowie aus der Änderung bestehender Gesetze; letzteres häufig im Sinne einer Differenzierung der Anforderungen und des Geltungsbereichs des ursprünglichen Gesetzes (Rosanvallon 2016). So entstehen tendenziell immer umfassendere und ausdifferenziertere Policy-Portfolios. Dieser Sachverhalt wurde aus unterschiedlichen Perspektiven analysiert und mit verschiedenen Begriffen umschrieben. Doch egal, ob man diese Entwicklung als eine Ausweitung von Policy-Portfolios, als ein ausgeprägtes Regelwachstum (Adam et al. 2016; Kaufmann/ van Witteloostuijn 2016; van Witteloostuijn/ de Jong 2010), als sich steigernde Policy-Dichte (policy density) (Knill et al. 2012), oder etwa als Policy-Layering (Thelen 2004) beschreibt, erscheint das grundsätzliche Phänomen für uns alle intuitiv fassbar zu sein: Obwohl sich der Staat aus vielen Bereichen der Produktion und Erstellung öffentlicher Leistungen zurückgezogen und stattdessen auf eine Regulierungs- und Gewährleistungsfunktion konzentriert hat, gibt es kaum einen Lebens- und Wirtschaftsbereich, der nicht von einem komplexen Gebilde staatlicher Rahmensetzungen erfasst ist. Vor diesem Hintergrund sich wandelnder Leitbilder staatlichen Handelns, sind diese Handlungen nicht immer Eingriffe und Vorgaben, sondern häufig auch Anreize, Informationen und Angebote. Tatsächlich ist es so, dass sich staatliches Handeln immer häufiger in einem komplexen Mix unterschiedlicher Instrumente äußert (Howlett/ Del Rio 2015). Das Ergebnis sind Policy-Portfolios von immer größerem Ausmaß und einem immer höherem Grad an Differenzierung und Komplexität.

Während wir diese Entwicklung an anderer Stelle für die Bereiche der Sozial- und Umweltpolitik systematisch und quantifiziert für 23 OECD-Staaten erfassen haben (Adam et al. 2016), soll diese Entwicklung hier qualitativ anhand von Beispielen aus unterschiedlichen Politikfeldern veranschaulicht werden.

In vielen Bereichen reflektiert dieses zunehmende Policy-Wachstum in erster Linie gesellschaftlichen Fortschritt und Modernisierung, wie etwa im Bereich der Familienpolitik. Während das Kindergeld – welches ab dem dritten Kind ausgezahlt wurde – noch eine der zentralsten familienpolitischen Leistungen der neu gegründeten Bundesrepublik darstellte, wurde das familienpolitische Portfolio 1952 durch ein erstes Mutterschutzgesetz ergänzt, das 1992 durch die europäische Mutterschutzrichtlinie sowie 1997 durch die Verordnung zum Schutze der Mütter am Arbeitsplatz ergänzt wurde. Mit diesen Rechtsakten wurde versucht, die arbeitsrechtliche Position junger Familien zu stärken. So beinhalteten diese Rechtsakte vor allem ein Beschäftigungsverbot für schwangere Frauen und junge Mütter kurz nach der Geburt, einen verstärkten Kündigungsschutz sowie später auch ein Verbot von Nacht- und Sonntagsarbeit für diesen Personenkreis. Hinzu kamen später nicht nur der Mutterschaftsurlaub, der später durch die Elternzeitregelungen ersetzt wurde, sondern auch das heute ausgezahlte gehaltsabhängige Elterngeld, das darauf aufbauende Elterngeld Plus, welches Anreize zur Teilzeitarbeit setzen soll, sowie eventuell bald das in der politischen Diskussion befindliche Familiengeld. Letzteres sieht zusätzlich eine monatliche Transferleistung für solche Familien vor, in denen sich die Eltern die Betreuungszeiten durch Teilzeitarbeit von beiden Elternteilen gerechter aufteilen. Diese Auflistung bleibt notwendigerweise unvollständig und eklektisch. Gleichwohl zeigt sie doch recht deutlich auf, wie sich das familienpolitische Portfolio Deutschlands im Zuge gesellschaftlicher Modernisierungsprozesse zunehmend ausgedehnt hat.

Ähnlich verhält es sich mit dem umweltpolitischen Portfolio. Hier haben sich nicht nur die Vorgaben und Bestimmungen zum Arten- und Pflanzenschutz zunehmend ausgeweitet. Auch die Maßnahmen zum Gewässerschutz haben sich durch die Einführung umfangreicher Umweltverträglichkeitsprüfungen, Emissionsgrenzen für bestimmte Emittenten, der Einführung von Grenzen für immer mehr Schadstoffe in Grund- und Küstengewässern (von Blei bis Schwefeldioxid), sowie durch umfangreiche Regelungen von Zugangsrechten zu Umweltinformationen beständig ausgeweitet. Eine analoge Entwicklung erkennt, wer die Ausweitung der Maßnahmen im Bereich der Luftreinhaltung und des Klimaschutzes betrachtet. Wie auch im Bereich der Familienpolitik wird kaum jemand bestreiten, dass diese Ausweitung staatlicher Portfolios mit erheblichen Verbesserungen der gesellschaftlichen Lebensqualität verknüpft ist; die wenigsten Bürger werden sich etwa ein umweltpolitisches Regelungs- und Schutzniveau wünschen, das den Stand der 1950er Jahre widerspiegelt.

Auch im Bereich des Gesundheitsschutzes zeigt das Beispiel der deutschen (Nicht-)Raucherpolitik, inwiefern sich Policy-Portfolios zunehmend erweitert und ausdifferenziert haben. So besteht dieses Portfolio heute aus einem recht komplexen Bündel an Maßnahmen, das nicht mehr nur auf eine Tabaksteuer und die Finanzierung von Präventionskampagnen setzt. Zusätzlich wurde dieses Portfolio um gesteigerte Auflagen zur Anbringung und Ausstattung von Zigarettenautomaten (z. B. Ausweispflicht), der Einführung von Rauchverboten in öffentlichen Gebäuden, der späteren Ausweitung dieses Rauchverbots auf (mehrräumige) Gaststätten und nicht zuletzt durch abschreckende Warnbilder auf Verpackungen erweitert. Auch dieses Beispiel macht deutlich, dass es erstens eine deutliche Ausweitung staatlichen Handelns in diesem Bereich gab, die zweitens Ausdruck eines gesellschaftlichen Veränderungs- und Erkenntnisprozesses ist.

Selbst in der Sozialpolitik ist eine ähnliche Entwicklung erkennbar. Obwohl Modernisierungsdruck in diesem Kontext eher mit einem Zwang zum Rückbau sozialstaatlicher Maßnahmen assoziiert wird, ist interessanterweise auch hier eine Expansion und Differenzierung sozialstaatlicher Politik beobachtbar. Dies wird dann deutlich, wenn man sich vor Augen hält, dass selbst die Agenda-Politik der rot-grünen Bundesregierung kaum sozialstaatliche Leistungen abgeschafft, sondern vielmehr deren Generosität (Leistungsniveau, Bezugsdauern, und Bezugskonditionen) verringert hat. Grundsätzlich bleiben diese Leistungen – wenn auch auf niedrigerem Niveau – Teil des sozialstaatlichen Portfolios. Dieser Aspekt ist vor allem dann relevant, wenn wir über die Implementationslasten sprechen, die mit der Umsetzung des jeweiligen Policy-Portfolios verbunden sind. Diese Entwicklung wird auch deutlich, wenn man den Blick vom Finanzvolumen sozialstaatlicher Zuwendungen und der Generosität des Sozialstaats abwendet und auch regulative Entwicklungen in den Blick nimmt (Jensen et al. 2014; Levi-Faur 2014). Zu diesen regulativen Ausweitungen des sozialstaatlichen Portfolios gehören beispielsweise Elemente wie die Mietpreisbremse oder auch der Mindestlohn. Diese regulativen Elemente ermöglichen den handelnden Akteuren sozialstaatliche Innovationen in Zeiten starken fiskalischen Drucks einzuführen. Somit scheinen es hier eben gerade die fiskalische Wachstumsgrenze und damit einhergehende Konsolidierungszwänge dieses Portfolios zu sein, die ein starkes regulatives Wachstum begünstigt haben.

Experten der Geschichte der sozial-, umwelt-, und familienpolitischen Entwicklung der Bundesrepublik mögen uns diese notwendigerweise unvollständigen Umrisse der Entwicklungen im jeweiligen Politikfeld verzeihen. Ziel dieses Beitrags ist es freilich auch nicht, eine umwelt-, sozial-, oder familienpolitische Entwicklungsgeschichte der Bundesrepublik zu beschreiben. Vielmehr sollte dieser kursorische Überblick dazu dienen, beispielhaft – über doch sehr unterschiedliche Politikfelder hinweg – die allgemeine Wachstumsdynamik staatlicher Policy-Portfolios zu illustrieren.

3. *Wachsende Implementationslasten*

Die zunehmende Ausdehnung und Ausdifferenzierung von Policy-Portfolios ist häufig Ergebnis langer gesellschaftlicher Konflikte und harter politischer Auseinandersetzungen. Wie bereits ausgeführt, sind mit wachsenden Portfolios vielfach wichtige gesellschaftliche Errungenschaften und Verbesserungen verknüpft. Dennoch zeigen nicht zuletzt vielfältige Bemühungen um Deregulierung, Bürokratieabbau und Aufgabenkritik, dass diese Fortschritte nicht ausschließlich positiv bewertet werden. Die Diskussionen um die Themen »Aufgabenkritik« und »Entbürokratisierung« haben mittlerweile nicht nur eine lange Tradition. Sie verweisen auch auf ein steigendes politisches und wissenschaftliches Bewusstsein für die Ambivalenz, die diesem Wachstum innewohnt und haben durchaus sichtbare politische Spuren hinterlassen. So werden Bereiche wie das Post- und Telekommunikationswesen sowie der Bahnverkehr heute nicht mehr durch den Staat selbst erbracht, sondern nur mehr staatlich reguliert und gewährleistet. Zusätzlich gibt es institutionalisierte Versuche des Bürokratieabbaus durch das Bundeskanzleramt und den Normenkontrollrat. Während diese Maßnahmen teilweise Erfolg damit haben, die negativen (bürokratischen) Nebeneffekte dieses modernisierungsgetriebenen Policy-Wachstums abzuschwächen, stellen sie kaum mehr dar, als den berühmten »Tropfen auf den heißen Stein«, wenn es um eine wirksame Bremse oder gar Umkehr der beträchtlichen Ausdehnung und Ausdifferenzierung staatlicher Policy-Portfolios geht.

Akzeptiert man diese Einschätzung, rückt völlig unabhängig davon, ob wachsende Portfolios nun mit positiven oder negativen Perzeptionen verknüpft sind, eine Fragestellung in den Blick, die sowohl auf politischer wie auch wissenschaftlicher Ebene bislang überraschend wenig Aufmerksamkeit gefunden hat. Dabei handelt es sich um die Frage, wie sich dieses Wachstum auf die Arbeit der Vollzugsverwaltung und auf andere Implementationsakteure auswirkt. Unsere *zentrale Hypothese* dabei ist, dass trotz des Übergangs vom Leistungsstaat zum Regulierungsstaat das beschriebene Regelwachstum mit einem erheblichen Anstieg der Arbeitsbelastung der Vollzugsverwaltung einherging.

Trivial ist dieses Argument im Kontext des klassischen Wachstums des Policy-Portfolios, das sich ja *per definitionem* durch den Zuwachs an staatlichen Maßnahmen auszeichnet. So etwa, wenn durch die Einführung eines neuen Gesetzes Behörden zum ersten Mal zur regelmäßigen Kontrolle der Wasserqualität aller Flüsse und Seen in ihrem Hoheitsgebiet verpflichtet werden. Doch selbst wenn Policy-Portfolios eher um- als ausgebaut wurden, indem bestehende Regelungen durch neue Regelungen ersetzt wurden, ist damit häufig eine Ausweitung von Implementationslasten verbunden. Beispielhaft kann hierfür die Einführung des Mutterschaftsurlaubsgeldes 1979 sowie dessen spätere Substitution durch das Erziehungsgeld 1986 und das Elterngeld 2007 herangezogen werden. Dieser Portfolio-Umbau ging mit einer beständigen Ausweitung der potenziell Antragsberechtigten einher und erhöhte damit schon allein von der Anzahl der administrativ zu bearbeitenden Fälle die Arbeitsbelastung der Vollzugsbehörden. So waren zunächst nur erwerbstätige Mütter, später aber alle Mütter antragsberechtigt. Zusätzlich kam die Gruppe der Väter als potenzielle Antragsteller mit dem Erziehungsgeld hinzu. Dass im Zuge dieser Ausweitung des Kreises antragsberechtigter Personen der Aufwand, der mit der Prüfung und Bearbeitung dieser Anträge verbunden ist, eher stieg als sank, dürfte relativ unstrittig sein. Zusätzlich brachte die Substitution des Erziehungsgeldes durch das sogenannte Elterngeld das Novum mit sich, dass nicht mehr eine fixe Summe ausbezahlt wurde, sondern sich die Höhe der Leistung an der Höhe des Nettogehalts des Antragsstellers orientierte. Durch diese generösere Regelung des Elterngeldes gegenüber dem früheren Erziehungsgeld hat sich nicht nur die Anzahl der zu bearbeitenden Anträge erhöht. Vielmehr ist auch der administrative Aufwand gestiegen, der mit der Prüfung und Bearbeitung der Anträge verbunden ist.

Plausibel erscheint uns diese Hypothese des steigenden Implementationsaufwands gerade auch deshalb, da selbst in Bereichen, in denen der Kreis der antragsberechtigten Personen stark eingeschränkt wurde, ein administrativer Mehraufwand eher die Regel als die Ausnahme zu sein scheint. Dokumentiert und kritisiert wird diesbezüglich der extrem hohe administrative Aufwand, der mit der Umsetzung des sogenannten Arbeitslosengelds (ALG) II einhergeht (Ritzer 2016). Dieser erhöhte administrative Aufwand, der mit der Auszahlung geringerer Leistungen verbunden ist, ergibt sich just aus der Einschränkung von Bezugsrechten für diese Leistungen. Werden Personen (unter einer Berücksichtigung einer Vielzahl komplizierter Bedingungen) vom Bezug bestimmter Leistungen ausgeschlossen, so setzt eine solche Entscheidung eine aufwendige Einzelfallprüfung voraus; nicht zuletzt wenn mit einer Klage im Falle einer negativen Entscheidung zu rechnen ist und die Prüfung dementsprechend gerichtsfest sein sollte. Während die komplexe Beschränkung von Bezugsrechten im Kontext der Drittmittelvergabe für Forschungsprojekte eventuell eine abschreckende Wirkung haben mag und damit zu einer Reduktion der zu bearbeitenden Anträge führt, ist mit einem solchen abschreckenden Effekt im sozialstaatlichen Bereich der Existenzsicherung kaum zu rechnen.

4. Strukturelle Überforderung?

Grundsätzlich liegt somit die Vermutung nahe, dass sich im Zuge der Ausdehnung und Ausdifferenzierung von Policy-Portfolios die Implementationslasten, die mit diesen Portfolios verbunden sind, tendenziell vergrößert haben. Im Gegensatz zum Bereich der Ministerialbürokratie, wo Gesetze erst einmal vom Tisch sind, sobald diese verabschiedet wurden, akkumulieren die damit verbundenen Implementationslasten bei denjenigen Verwaltungseinheiten, die für die regelmäßige Anwendung, Umsetzung, Beobachtung und Kontrolle der Regelungen zuständig sind. Auf unterster Ebene sind dies allen voran kommunale Verwaltungsbehörden. Aber auch Polizeidienststellen, Schulen und Hochschulen können als Implementationsakteure gelten, bei denen Implementationslasten akkumulieren.

Dass die Ausdehnung von Policy-Portfolios zu einer Mehrbelastung von Implementationsakteuren führen kann, ist freilich keine neue Erkenntnis. Gerade aus diesem Grund befasst sich der Normenkontrollrat seit 2011 nicht mehr nur mit den Bürokratiekosten für Bürger und Wirtschaft, sondern versucht ebenfalls die Erfüllungskosten von Gesetzesänderungen für die öffentliche Verwaltung zu erfassen. So kam der Normenkontrollrat etwa im Kontext der Einführung des Elterngeld Plus – um eines der oben verwendeten Beispiele zu bemühen – zu der Einschätzung, dass sich »durch die Hinzunahme weiterer Optionen für die Ausgestaltung des Elterngeldes (...) insgesamt die Komplexität der Rechtslage« erhöht. Dementsprechend sei »davon auszugehen und in der Schätzung des Erfüllungsaufwandes auch berücksichtigt, dass sich dadurch auch der Aufwand des Gesetzesvollzuges erhöht« (Nationaler Normenkontrollrat 2014).

Zusätzlich wissen wir natürlich, dass diese Mehrbelastung von Implementationsakteuren zu punktuellen Überlastungen führen kann. So fand diesbezüglich insbesondere die »häufige Belastung der Belegschaften über das gesundheitlich zuträgliche Maß hinaus« in Jobcentern bei der Umsetzung der sogenannten Hartz-Gesetze den Weg in die öffentliche Diskussion (Butterwegge 2016; Die Jobcenter Personalräte 2016).

Beide Aspekte – steigender Erfüllungsaufwand und punktuelle Überlastungen der Vollzugsverwaltung – sind somit durchaus bekannte Phänomene. Dennoch bleibt dabei bislang ein zentraler Aspekt aus unserer Sicht unberücksichtigt. Konkret geht es dabei um die Frage, ob sich im Zuge der zunehmenden Ausweitung von Policy-Portfolios, die Mehrbelastungen und punktuellen Überlastungen für die Vollzugsverwaltung in eine strukturelle Überforderung verwandelt haben bzw. verwandeln könnten. In anderen Worten: Handelt es sich bei diesen Überlastungsphänomenen um Probleme, die temporär in einzelnen isolierten Konstellationen auftreten und für den jeweiligen Einzelfall relativ einfach gelöst werden können? Oder haben wir es mit einem systemischen Problem zu tun, das sich zunehmend auszuweiten droht? Führt die wachsende Komplexität, Größe und Ausdifferenzierung von Policy-Portfolios bei gleichzeitig fortbestehender Ressourcenknappheit im öffentlichen Bereich zu einer strukturellen Überforderung der Vollzugsverwaltung?

Diese *strukturelle Überforderungshypothese* (bzw. Überforderungsfrage) mag auf den ersten Blick etwas alarmistisch wirken, insbesondere da wir keine stichhaltigen Beweise für ihre empirische Validität aufweisen können. Doch genau darin liegt die Motivation für diesen Beitrag, in dem wir für eine neu ausgerichtete Implementationsforschung plädieren, welche die Implementationsforschung klassischen Zuschnitts ergänzen kann.

Konkret sprechen aus unserer Sicht zwei Indizien für die empirische Relevanz einer strukturellen Überforderung. Einerseits spricht hierfür der Befund, dass diese Ausdehnung von Policy-Portfolios gerade in solchen Ländern besonders stark ausgefallen ist, die im internationalen Vergleich durch eine eher schwach ausgeprägte Effektivität der Exekutiven charakterisiert sind (Adam et al. 2016). Andererseits ist selbst in Deutschland davon auszugehen, dass die Implementationskapazitäten von Implementationsakteuren nicht unbegrenzt sind. Dies wird vor allem dann klar, wenn man sich die Entwicklung der Beschäftigten im öffentlichen Sektor vor Augen hält. Abbildung 4-1 zeigt diesbezüglich auf, dass – selbst wenn wir die großen privatisierungsbedingten Einschnitte bei der Bundesverwaltung ausblenden (zeitlich hier bewusst nicht in die Graphik aufgenommen) - sowohl auf Bundesebene, vor allem aber auf Landesebene ein tendenzieller Personalrückbau zu verzeichnen ist. Auf kommunaler Ebene scheint sich dieser Trend langsam umzukehren. Dabei ist jedoch zu berücksichtigen, dass der Personalanstieg in diesem Bereich hauptsächlich durch die zusätzlichen Beschäftigten im Bereich der Kinderbetreuung bedingt ist. Auf keinen Fall jedoch ist das verzeichnete Wachstum des Policy-Portfolios mit einem deutlichen Anstieg des Personals im öffentlichen Sektor verknüpft.

Abbildung 4-1:
Beschäftigtentwicklung im öffentlichen Dienst

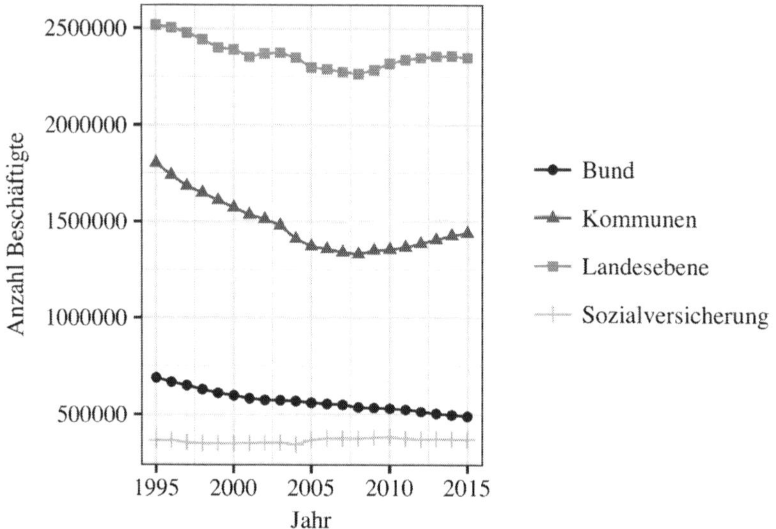

Quelle: Statistisches Bundesamt
Berechnungen: Bundesinstitut für Bevölkerungsforschung

Grundsätzlich muss dieser Umstand allein noch nicht auf eine strukturelle Überforderung hindeuten. Die Effizienzgewinne im Zuge von Verwaltungsreformen und Digitalisierung könnten eventuell in der Lage sein, die zunehmende Implementationslast auch in Zukunft mit weniger Personal optimal zu bewerkstelligen. Gleichzeitig lässt genau der Umstand fortwährender und intensiver Reform- und Digitalisierungsbemühungen an dieser Hoffnung zweifeln. Denn auch diese Bestrebungen erfordern den umfangreichen Einsatz von Ressourcen, die wiederum nicht zur Bewältigung der eigentlichen alltäglichen Arbeit zu Verfügung stehen. Dort wo immer mehr Arbeit mit gleichbleibenden oder sogar abnehmenden Ressourcen bewältigt werden muss, sind Akteure gezwungen, entsprechende Strategien zu entwickeln, um mit diesem Spannungsverhältnis umzugehen. Die wahrscheinlichste Strategie in dieser Hinsicht ist Priorisierung und selektive Aufgabenwahrnehmung (vergleiche für den Bereich der Umweltpolitik Bauer et al. 2006). Beide Strategien stehen dabei in einem erheblichen Spannungsverhältnis zum rechtstaatlichen Idealbild einer funktionierenden Verwaltung.

Zusätzlich könnte eine strukturelle Überforderung eventuell gerade dort vermieden werden, wo die Kontrolle bzw. die Durchsetzung nicht auf sogenannte »police control«, sondern auf »fire alarms« ausgerichtet ist (McCubbins/ Schwartz 1984). Dies bezieht sich auf Konstellationen, in denen die Kontrolle und Durchsetzung nicht davon abhängt, dass öffentlich Implementationsakteure selbst versuchen, Fehlverhalten zu entdecken, sondern es privaten und gesellschaftlichen Akteuren überlassen, Alarm zu schlagen und Fehlverhalten zur Anzeige zu bringen. Gerade in letzterem Fall obliegt es häufig Gerichten, für die eigentliche Durchsetzung von Policies zu sorgen. Die häufig beschriebene Überlastung des Gerichtswesens könnte unter anderem eventuell auch auf eine solche gesteigerte Rolle von »fire alarms« zurückgehen. Ob dies der Fall ist und in welchen Bereichen dies eventuell dazu beiträgt, Überlastungsphänomene von der öffentlichen Verwaltung auf öffentliche Gerichte zu übertragen, ist freilich eine offene Frage, welche im Rahmen einer epidemiologisch ausgerichteten Implementationsforschung zu analysieren wäre.

Darüber hinaus könnte eine strukturelle Überlastung durch die Auslagerung von Implementationsaufgaben auf private Akteure vermieden werden. Doch auch hier ist zu bedenken, dass eine solche Auslagerung an Private öffentliche Akteure niemals vollständig von Implementationsaufgaben entbindet. Allenfalls verlagern sich diese Aufgaben von der unmittelbaren Erbringung von Implementationsaufgaben hin zur Überprüfung und Durchsetzung einer korrekten Implementationsleistung. Diesen Aspekt werden wir im Folgenden unter anderem in Bezug auf die Umsetzung der gesetzlichen Regelungen zum Thema »Energiebedarfsausweise für Immobilien« vertiefen.

Einschränkend soll erwähnt werden, dass die Vollzugsverwaltung nicht in allen Ländern und Regionen in gleicher Weise unter Ressourcenknappheit und Kapazitätsbeschränkungen zu leiden hat. Hier gibt es nicht nur innerdeutsch, sondern gerade auch im internationalen Vergleich natürlich deutliche Unterschiede. Varianz in der Tendenz zu einer strukturellen Überforderung ist somit sicherlich zu erwarten.

Schließlich möchten wir auch einräumen, dass eventuell der Rückgriff auf nicht-verbindliche Steuerungsinstrumente – wie etwa von freiwilligen Selbstverpflichtungen im Bereich der Umweltpolitik (Töller 2003) – hilft, eine strukturelle Überlastung von Implementationsakteuren zu vermeiden. Dies erscheint jedoch vor allem dann wahrscheinlich, wenn auf ein Monitoring bezüglich der Einhaltung dieser freiwilligen Selbstverpflichtungen von öffentlicher Seite weitestgehend verzichtet wird. Ist dies nicht der Fall, dürften just solche Überwachungsaktivitäten im Zuge von Selbstverpflichtungen zu einer Mehrbelastung der Vollzugsverwaltung führen.

Während wir begründete Zweifel haben, dass diese Aspekte per se der Relevanz unserer strukturellen Überlastungshypothese entgegenstehen, möchten wir diese keinesfalls allzu leichtfertig übergehen. Vielmehr besteht unser Anliegen darin, darauf hinzuweisen, dass wir eine Implementationsforschung benötigen, die darauf ausgerichtet ist, diese Fragen zu beantworten. Ob wir noch weit von einer strukturellen Überforderung entfernt sind oder nicht, lässt sich derzeit schlichtweg aufgrund des Fehlens eines entsprechenden Forschungsprogramms nicht beantworten. Um diese Deskriptionsleistung erbringen zu können, müssten Implementationsstudien darauf ausgerichtet sein, systematisch die Verbreitung von Implementationsproblemen unterschiedlicher Art zu erfassen.

5. *Notwendigkeit einer epidemiologischen Implementationsforschung*

Die Notwendigkeit einer epidemiologisch ausgerichteten Implementationsforschung ergibt sich aus der Relevanz der Fragen, welche die Implementationsforschung typischen Zuschnitts bislang nicht in Augenschein nimmt. Für die Bezeichnung dieser typischen Implementationsforschung wählen wir die Bezeichnung der einzelfallorientierten Implementationsforschung. Hupe (2014) wählt für diese einzelfallorientierte Implementationsforschung die Bezeichnungen der »mainstream implementation studies« bzw. der »neo-implementation studies«, wobei letzterer Begriff einzelfallorientierte Implementationsforschung im Kontext des europäischen Mehrebenensystems benennt. Wichtig ist hierbei, dass wir nicht nur »single case studies«, sondern auch vergleichende Fallstudien zu dieser Gruppe der einzelfallorientierten Implementationsstudien zuordnen. Gemeinsam ist diesen einzelfallorientierten Studien, dass sie entweder an der Untersuchung eines spezifischen Implementationsprozesses interessiert sind oder aber den Einfluss struktureller Einflussfaktoren (z. B. die strukturellen Veränderungen im Zusammenwirken unterschiedlicher Abteilungen) anhand einzelner Fallstudien konkreter Implementationsprozesse überprüfen. Während Studien dieses Zuschnitts zweifelsfrei wichtige Erkenntnisse liefern, möchten wir die folgenden Abschnitte nutzen, um aufzuzeigen, (a) wie sich eine epidemiologisch ausgerichtete Implementationsforschung hiervon unterscheidet und

(b) welchen Nutzen die ergänzende Durchführung epidemiologisch ausgerichteter Implementationsstudien aus unserer Sicht hat.

Die Implementationsforschung, wie sie sich seit den 1970er Jahren entwickelt hat, basiert typischerweise auf der mehr oder weniger systematischen Analyse der Umsetzung einzelner Policies. In Deutschland war es vor allem die Anfang der 1970er Jahre von der sozial-liberalen Koalition proklamierte »Politik der inneren Reformen«, die ein verstärktes wissenschaftliches Interesse an Implementationserfolgen nach sich zog (Jann 2009; Jann/ Wegrich 2009). Das Scheitern verschiedener Programme und das Auftreten größerer Vollzugsdefizite bildeten den Ausgangspunkt für den Ausbau der Implementationsforschung in Deutschland (vgl. etwa Mayntz 1980, 1983). Neuen Auftrieb erhielt die Implementationsforschung mit dem fortschreitenden Prozess der europäischen Integration. Mit der zunehmenden Übertragung mitgliedsstaatlicher Kompetenzen auf die europäische Ebene rückten ab den späten 1980er Jahren Fragen der effektiven Umsetzung europäischer Policies in den EU-Mitgliedstaaten verstärkt ins Zentrum der politikwissenschaftlichen Europaforschung (Börzel et al. 2011; Falkner et al. 2005; Hartlapp 2005; Knill 2001; König/ Mäder 2013; Mastenbroek 2005; Siedentopf/ Ziller 1988).

Kennzeichnend für diese Forschung ist ungeachtet ihrer analytisch-konzeptionellen Vielfalt der Umstand, dass die Analyseeinheit typischerweise eine konkrete Policy ist.[1] Der Fokus liegt auf der Umsetzung einzelner europäischer Richtlinien oder konkreter staatlicher Maßnahmen und Programme, wie etwa dem Verbraucherinformationsgesetz oder dem Ausbau von Kindertagesstätten. Hierbei ist die Frage, wie sich unterschiedliche Grade von Implementationseffektivität im Länder- oder Policy-Vergleich erklären lassen und welche Faktoren und Bedingungen im Einzelfall eine mehr oder weniger erfolgreiche Implementation verursacht haben.

Angesichts der »Singularität« (Hupe/ Saetren 2014) einzelner Implementationsprozesse, die in einer Vielzahl von Fallstudien zum Ausdruck kommt, war die Implementationsforschung schon Anfang der 1980er Jahre von ihrem ursprünglichen Ziel einer generellen theoretischen Modellbildung abgerückt (Knill/ Lenschow 2000; Matland 1995; Mayntz 1983; Robichau/ Lynn 2009). Stattdessen konzentrierte sich die Implementationsforschung auf Erklärungen mittlerer Reichweite. Auf diese Weise konnten Kontingenzmodelle entwickelt und spezifische Kontextkonstellationen identifiziert werden, in denen unterschiedliche Instrumente und Steuerungs-

1 Für einen detaillierteren Überblick siehe Knill/ Tosun (2015: Kapitel 6), worauf sich auch dieser Abschnitt stützt.

formen zu besseren Implementationsergebnissen führen (Matland 2005). Im Kern dieser Modelle stehen zumeist Faktoren, die auf die Beschaffenheit einzelner Policies abheben (Policy-Design, Instrumentenwahl, usw.) oder die Ausgestaltung der institutionellen Strukturen für die Umsetzung (Knill/ Tosun 2015). Gerade auch die Literatur zu Verwaltungsreformprozessen stellt sich hier die Frage, inwiefern die stärkere Institutionalisierung horizontaler Koordination – im Kontext von »joined-up government«- oder »whole of government«-Ansätzen – die administrative Leistungserbringung und Zielerreichung verbessern kann (Halligan et al. 2011; Lundin 2007). Ebenso eruieren Studien zum Einfluss der Einführung des Neuen Steuerungsmodells oder anderen als neo-Weberianisch beschriebenen Reformansätzen eben den Einfluss solcher struktureller Veränderungen auf die Performanz administrativer Einheiten und damit eben auch nicht zuletzt auf deren (Implementations-)Performanz (Bogumil et al. 2007; Bogumil/ Kuhlmann 2006; Kuhlmann et al. 2008).

Ebenso wird auf die Bedeutung administrativer Kapazitäten ganz allgemein für die Implementationsperformanz verwiesen. Gerade im Rahmen der Forschung zur Implementation von EU-Policies wurde variierende Implementationseffektivität häufig auf unterschiedliche Kapazitäten der für die Umsetzung zuständigen Vollzugsbehörden bzw. der Mitgliedstaaten insgesamt zurückgeführt (Knill/ Hille 2006). In diesem Kontext wird insbesondere auf personelle Kapazitäten (administrative und technische Expertise) sowie finanzielle, technische und organisatorische Ressourcen abgehoben. Je geringer entsprechende Kapazitäten, desto wichtiger wird eine Allokation vorhandener Ressourcen im Lichte politischer Prioritäten (Bogumil et al. 2007; Falkner et al. 2008).

Während die einzelfallorientierte Implementationsforschung somit wichtige Beiträge leistet, hinterlässt sie gleichzeitig eine deskriptive Lücke, die – entsprechend unserer zentralen Hypothese – von zunehmender gesellschaftlicher Bedeutung sein dürfte. Konkret ist die typische Ausrichtung von Implementationsforschung nicht darauf ausgelegt, die empirische Validität der Hypothese einer strukturell zunehmenden Implementationsproblematik in entwickelten Demokratien zu überprüfen. Sie ist schlichtweg nicht auf die Beantwortung dieser Frage ausgerichtet und dementsprechend in dieser Hinsicht nicht aussagefähig. Zur Einordnung dieser Kritik ist natürlich zu beachten, dass eine faire Bewertung das Instrumentarium von Forschungsbereichen entsprechend ihres eigenen Anspruchs und Zwecks beurteilen sollte. Ein Dosenöffner sollte nicht deshalb kritisiert werden, weil es mit ihm nicht gelingt, eine Weinflasche zu öffnen. So verhält es sich auch mit der Implementationsforschung. Die typische Ausrichtung einzelfallorientierter Implementationsforschung hat zweifelsfrei ein beachtliches Instrumentarium entwickelt, um eben das zu tun: die Implementationseffektivität einzelner konkreter Gesetze und Programme zu untersuchen. Dies sollte sie auch weiterhin tun. Gleichwohl gründet unser Plädoyer auf der theoretisch-analytisch fundierten Vermutung, dass eine komplementäre – also ergänzende – Forschungsperspektive nötig ist, um die gesellschaftliche und politische Relevanz von Implementationsproblemen in ihrer Gänze zu erfassen. Eine solche – epidemiologische – Forschungsperspektive sollte ermitteln, inwiefern es sich bei den im Rahmen von maßnahmenorientierten Implementationsstudien identifizierten Implementationsproblemen um isolierte, temporär begrenzte Probleme handelt oder ob diese Probleme Teil einer sich generell ausweitenden Implementationsproblematik sind.

Eine solche Bewertung kann von einer Implementationsforschung klassischen Zuschnitts nicht vorgenommen werden, da diese aufgrund ihrer Fokussierung auf die Umsetzung einzelner Maßnahmen mögliche Interdependenzen zwischen unterschiedlichen Gesetzen und Programmen vernachlässigt. Diese Interdependenzen entstehen potentiell dadurch, dass zur Umsetzung neuer Gesetze in der Regel keine zusätzliche Implementationsstruktur oder Verwaltungseinheit geschaffen werden. Vielmehr werden die Implementationsaufgaben, die aus diesem neuen Gesetz hervorgehen, typischerweise im Rahmen vorhandener Strukturen absorbiert. Je nach vorhandenen Kapazitäten können neue Umsetzungsaufgaben dazu führen, dass die Vollzugsverwaltung bei der Umsetzung anderer Aufgaben selektiver vorgeht oder die Implementation neuer Aufgaben darunter leidet, dass bestehende Aufgaben priorisiert werden. Um den Nutzen einer epidemiologisch ausgerichteten Implementationsforschung plausibel zu machen, möchten wir vor diesem Hintergrund zwei Szenarien kontrastieren.

In Szenario 1 führt die Verabschiedung von Gesetz A zu einer Überforderung der implementierenden Akteure und dementsprechend zu unmittelbaren Problemen bei der Implementation eben dieses Gesetzes. Dies mag sich in einer mangelnden Kontrollpraxis äußern. Eine solche mangelnde Kontrolle wird beispielsweise für die Erstellung und Ausgabe von Energiebedarfsausweisen für Immobilien entsprechend der Energiesparverordnung (EnEV) attestiert. Diese Art von unmittelbar auftretenden Implementationsproblemen ist für Implementationsstudien klassischen Zuschnitts klar erkennbar. So zeigte sich in einer Untersuchung der Implementationspraxis in Baden-Württemberg, dass »auf behördliche Prüfungen der Nachweise und Energiebedarfsausweise sowie auf behördliche Kontrolle der Bauausführung weitgehend verzichtet wird. Die umfangreichen Befragungen haben allerdings ergeben, dass die Verlagerung der Verantwortung auf die privatrechtliche Seite nicht als ausreichend für die Einhaltung der EnEV angesehen wird. Daher gibt es eine breite Mehrheit der Akteure in Baden-Württemberg, die zumindest eine stichprobenartige Kontrolle der Energieausweise und der Bauausführung seitens der Behörden als sinnvoll und praktisch umsetzbar erachten« (ifeu 2002). Mittlerweile wurde eine solche stichprobenartige Kontrolle eingeführt. Da dies jedoch erstens einer systematischen Registrierung und Verwaltung der Energieausweise bedarf und mit erheblichem Verwaltungsaufwand verbunden ist, wurde diese Aufgabe mit der Novelle der EnEV 2014 zunächst einmal übergangsweise auf das Deutsche Institut für Bautechnik ausgelagert. Nach spätestens sieben Jahren sollten die Bundesländer jedoch eine jeweils eigene Implementationsstruktur durch die Baubehörden gewährleisten können (§ 26c, d EnEV). Diese Übergangslösung wurde gewählt, obwohl die stichprobenartige Kontrolle der Energieausweise in der Regel nur eine Plausibilitätsprüfung der Angaben auf dem Ausweis beinhaltet und nur in Ausnahmefällen die (natürlich sehr aufwändige) Besichtigung von Immobilien beinhaltet.

Kommen wir nun zu Szenario 2. Hier führt die Verabschiedung des Gesetzes A ebenfalls zu einer Überforderung der implementierenden Akteure. Aufgrund der politischen Bedeutung des Gesetzes und der öffentlichen Aufmerksamkeit für das Thema erfährt das Gesetz in diesem Szenario jedoch eine Priorisierung durch die implementierenden Akteure. Um das Gesetz angemessen umsetzen zu können, müssen jedoch Ressourcen aufgewendet werden, die bislang der Umsetzung anderer Implementationsaufgaben gewidmet waren. Wenn wir bei unserem vorherigen Beispiel der Energieausweise für Immobilien bleiben, dann sollen eben mittelfristig die Baubehörden der Länder und Kommunen für die Registrierung und Kontrolle zuständig sein. Dies ist zweifelsohne mit zusätzlichem Aufwand für die implementierenden Akteure verbunden. Wenn dieser zusätzliche Aufwand weder durch zusätzliche Ressourcen (und gerade auch Personal) abgedeckt wird, noch durch eine bislang geringe Ressourcenauslastung aufgefangen wird, dann müssen zur adäquaten Umsetzung Ressourcen umgewidmet werden. Da gerade Energieeffizienz ein Thema von hoher Salienz ist, ist durchaus vorstellbar, dass zur angemessenen Implementation dieser Vorgaben Ressourcen umgewidmet werden. In diesem Fall ist jedoch dort mit dem Auftreten von Implementationsproblemen zu rechnen, wo diese Ressourcen abgezogen wurden. Natürlich wissen wir (noch) nicht, ob in diesem konkreten Kontext nicht sogar zusätzliche Verwaltungskapazität geschaffen wird, um eine adäquate Implementation zu gewährleisten und gleichzeitig das Auftreten ebensolcher anderweitiger Implementationsprobleme zu verhindern. Klar wird durch das Beispiel jedoch, dass durch die Interdependenz von

Implementationsaufgaben, welche durch die multiplen Zuständigkeiten von Verwaltungseinheiten entstehen, nur eine epidemiologisch ausgerichtete Implementationsforschung in der Lage ist, die strukturelle Relevanz von Implementationsproblemen zu erfassen. Mit Hilfe einer solchen epidemiologischen Perspektive wird sichtbar, ob und inwiefern sich – jenseits von konkreten Einzelfällen – mit dem Aufgabenwachstum der Baubehörden der Länder und Kommunen eine systematische Ausweitung von Implementationsproblemen einstellt – oder nicht. Einzelfallorientierte Implementationsstudien sind darauf nicht ausgerichtet.

6. Komplementarität einer epidemiologischen Perspektive

Es dürfte somit recht unstrittig sein, dass die einzelfallorientierte Implementationsforschung eine deskriptive Lücke hinterlässt, welche durch eine epidemiologische Ergänzung geschlossen werden soll. Durch die Schließung dieser Lücke werden zwei zentrale Beiträge geleistet.

Erstens ermöglicht diese Schließung eine Kontextualisierung der Befunde einzelorientierter Implementationsforschung indem sie eben die Beantwortung der Frage erlaubt, wie eine einzelne Maßnahme und ihr Vollzugsaufwand im Kontext der Gesamtpopulation von Maßnahmen zu bewerten ist, die von einer Verwaltung umgesetzt werden müssen. Wie sehr beeinträchtigt die Umsetzung einer neuen Maßnahme dabei die Umsetzung bestehender Maßnahmen und umgekehrt? Welche Auswirkungen hat die Gesamtbelastung der Vollzugsverwaltung auf die Umsetzung bestimmter Maßnahmen? Solche Fragen werden durch eine einzelfallorientierte Betrachtung weitestgehend ausgeblendet – sie bilden in der bisherigen Implementationsforschung einen »blinden Fleck«. Vor diesem Hintergrund plädieren wir in diesem Beitrag dafür, die einzelfallorientierte Perspektive durch eine epidemiologische Sicht zu ergänzen, bei der die Vollzugsverwaltung und ihre Belastung als Analyseeinheit in den Mittelpunkt des Interesses gerückt werden. Nehmen wir z. B. einen hypothetischen Befund einzelfallorientierter Implementationsforschung, der besagt, dass trotz europäischer Vorgaben zu Höchstwerten des Nitratgehalts in Gewässern diese in Deutschland kaum eingehalten werden und die Düngepraxis deutscher Bauern kaum von den verantwortlichen Verwaltungsbehörden kontrolliert wird. Eine epidemiologisch ausgerichtete Implementationsforschung kann eine solche Erkenntnis kontextualisieren. Konkret ist zur Bewertung dieses Befundes durchaus relevant, ob diese mangelnde Kontrollpraxis im Kontext zunehmender Probleme bei der Implementation umweltpolitischer Vorgaben steht oder im Kontext einer sich verbessernden Implementationspraxis in diesem Bereich erfolgt. Kurz gesagt: Nimmt das Problem tendenziell zu oder eher ab?

Zweitens eröffnet eine epidemiologische Implementationsforschung eben auf Grundlage dieser Deskriptionsleistung auch neue theoretische Chancen. Diese ergeben sich aus der Möglichkeit, die Wirksamkeit struktureller Einflussfaktoren auf einer anderen analytischen Ebene zu testen; eben auch einer Populationsebene. Grundsätzlich ergibt sich ein analytisches Spannungsverhältnis, wenn der Einfluss struktureller Faktoren mithilfe von einzelfallorientierten Studien beurteilt werden soll. So lässt sich mit einzelfallorientierten Studien zwar eventuell aufzeigen, dass horizontale Koordination im Zuge der konsequenten Umsetzung von »whole of government«-Ansätzen in eben den untersuchten Einzelfällen essentiell für die Abwendung von Implementationsproblemen war. Gleichzeitig sollte jedoch die Beurteilung der Effektivität dieser Ansätze nicht daran festgemacht werden, dass Implementationsprobleme in allen untersuchten Einzelfällen abgewendet werden konnten. Horizontale Koordination wird nicht immer erfolgreich Implementationsprobleme verhindern können. Der Verweis auf einzelne Misserfolgsfälle allein sollte dabei die Wirksamkeit von »whole-of-government«-Ansätzen per se nicht in Frage stellen. Gleichzeitig basieren einzelfallorientierte Forschungsdesigns in diesem Kontext genau auf dieser Annahme. Wie effektiv solche strukturellen Veränderungen darin sind, Implementationsdefizite zu verhindern, kann mit Hilfe einer am Einzelfall ausgerichteten Implementationsforschung nicht beantwortet werden, selbst wenn diese Analyse vergleichend ausgerichtet ist. Eine epidemiologische Perspektive würde sich stattdessen anbieten. Diese könnte die Wirksamkeit struktureller Einflussfaktoren etwa daran festmachen, wie stark sich die Prävalenz von Implementationsdefiziten im Zuge der Einführung von »whole-of-government«-Ansätzen verändert hat. Hat sich diese nur unmerklich oder aber sehr stark verändert? Wiederum möchten wir darauf hinweisen, dass wir keinesfalls die Sinnhaftigkeit einzelfallorientierter Implementationsstudien in Zweifel ziehen möchten. Diese können gerade auch bezüglich des Einflusses struktureller Faktoren wichtige hypothesenbildende Funktionen erfüllen. Vielmehr wollen wir aufzeigen, dass eine epidemiologisch ausgerichtete Implementationsforschung eine wichtige Ergänzung zur am Einzelfall ausgerichteten Implementationsforschung bilden kann, da sie zusätzliche Hypothesentests auf einer analytischen Ebene erlaubt, die gerade strukturellen Einflussfaktoren besser gerecht wird.

7. Erfahrungen mit epidemiologisch ausgerichteten Implementationsstudien?

Natürlich müssen wir uns der Frage stellen, ob wir hier die epidemiologische Lücke nicht größer zeichnen als sie tatsächlich ist. Denn schließlich könnte man gerade im Hinblick auf die quantitativ ausgerichtete Implementationsforschung zur Implementation von EU-Richtlinien durchaus von einer epidemiologischen Ausrichtung sprechen. Denn diese quantitativ ausgerichteten Studien, welche in der Klassifikation nach Hupe der Gruppe der »advanced implementation studies« (Hupe 2014) zuzurechnen sind, zeichnen sich eben durch die Frage nach der Häufigkeit von Implementationsdefiziten in unterschiedlichen Mitgliedstaaten aus. Gleichzeitig beschränkt sich jedoch der epidemiologische Anspruch auf das Forschungsdesign, während die epidemiologische Deskriptionsleistung leider nicht eingelöst werden kann. So attestiert (Hupe 2014) dieser Form der »advanced implementation studies« eben durch ihr Forschungsdesign einen entscheidenden Beitrag zur Eindämmung des »too many variable problems«. Leider fehlt es ihnen dabei jedoch weiterhin an einem validen Indikator für die Erfassung dieser Prävalenz von Implementationsdefiziten.

Gerade frühere Studien in diesem Kontext zeichneten sich durch ihr Interesse an der Frage aus, ob die nationale Implementation europäischer Rechtsakte mit dem immer schnelleren Voranschreiten des Integrationsprozesses mithalten kann. Ist die Europäische Union in der Lage, ihre Beschlüsse zeitnah und adäquat durchzusetzen oder gibt es hier strukturelle Probleme? Um diese Fragen jenseits von einzelnen Richtlinien für die Gesamtheit des *acquis communautaire* zu beantworten, wurde hierfür häufig das Vertragsverletzungsverfahren nach Art. 258 AEUV bemüht (Börzel et al. 2010; Mbaye 2001). Schließlich waren diese Vertragsverletzungsverfahren, auf welcher Eskalationsstufe auch immer, das zentrale Instrument der Europäischen Kommission, um als Hüterin der Verträge eben diese Verträge gegenüber widerspenstigen Mitgliedsstaaten durchzusetzen. Die Hoffnung war, durch den Vergleich der Häufigkeit von Vertragsverletzungen unterschiedlicher Mitgliedstaaten in unterschiedlichen Politikbereichen etwas über die Prävalenz schlechter Implementation sagen zu können. Dabei wurde jedoch relativ bald deutlich, dass dieser Indikator lediglich die Spitze des Eisbergs von Implementationsproblemen im europäischen Kontext anzeigte (Falkner et al. 2005). Die Summe der Vertragsverletzungsverfahren gegen Mitgliedstaaten gibt somit nur sehr bedingt Auskunft über die tatsächlich bestehenden Implementationsdefizite europäischer Politik. Dies liegt einerseits daran, dass die Kommission in starkem Maße auf die Bereitstellung entsprechender Informationen aus den Mitgliedstaaten angewiesen ist und zum anderen die Einleitung von Verfahren vielfach von politischen und nicht ausschließlich rechtlichen Erwägungen der Kommission bestimmt werden. Deshalb ist es auch kaum möglich, von der bloßen Beobachtung der Spitze auf die Form und Größe des restlichen Eisbergs zu schließen – um hier im Bild zu bleiben –, der unter der Oberfläche schlummert.

Auf die zunehmende Diskreditierung von Vertragsverletzungsverfahren als valider Indikator für Implementationsprobleme in der EU folgten unterschiedliche Reaktionen. Als umfassendster Versuch, dieses Problem zu umgehen, muss wohl weiterhin der Ansatz von Falkner et al. (2005) bezeichnet werden, welche die Transposition und Anwendung von sechs sozialpolitischen Richtlinien in 15 EU Mitgliedstaaten in 90 Interview-gestützten Fallstudien untersuchten. Nicht zuletzt aufgrund des enormen Ressourcenaufwands hat diese Studie kaum Nachahmer gefunden. Während hier auf Grundlage der erhobenen Informationen eigenständige Beurteilungen der Implementationsperformanz unternommen wurden ohne dabei auf den Indikator des Vertragsverletzungsverfahren angewiesen zu sein, konnte eben aufgrund des großen Aufwands nur ein winziger Teil des *acquis communautaire* (besagte sechs Richtlinien) beleuchtet werden. Im Zuge der kontinuierlichen Erweiterung der EU auf nunmehr 28 Mitglieder wird diese Forschungsstrategie zusätzlich vor Herausforderungen gestellt. Dieses Beispiel zeigt insofern auch, dass eine epidemiologische Implementationsforschung eine andere Forschungsstrategie voraussetzt als die einzelfallorientierte Implementationsforschung klassischen Zuschnitts. Die direkte Übertragung einer einzelfallorientierten Forschungslogik erscheint nicht zielführend. Die Anwendung einer epidemiologischen Perspektive, die auf der Akkumulation vieler Einzelfallbetrachtungen basiert (wie bei Falkner et al. 2005 der Fall), scheitert letztlich am enormen Ressourcenaufwand, der hierfür nötig wäre.

Um die beschriebenen Probleme zu vermeiden, weichen epidemiologische Studien im EU-Implementationskontext mittlerweile meist auf die Erfassung der zeitlichen Verspätung der Transposition europäischer Richtlinien durch die nationalen Gesetzgeber aus (Haverland et al. 2011; Kaeding 2008). Hiermit sind sie nicht mehr auf Vertragsverletzungsverfahren als Indikator der Implementationsperformanz angewiesen und halten den Ressourcenaufwand zur Erhebung dieser Daten in einem machbaren Rahmen. Gleichzeitig wird damit jedoch nur ein Aspekt der Implementationsperformanz erhoben, der – so manche Kritiker – eher von marginaler analytischer Relevanz ist, da er auf Pünktlichkeit als einziges Performanzkriterium rekurriert und lediglich formale, nicht aber inhaltliche Richtigkeit der Umsetzung in den Blick nimmt. Implementation im ursprünglichen Sinne bleibt bei dieser Betrachtung somit außen vor. Die Richtigkeit der Transposition sowie – entsprechend unserer Ausgangshypothese – die Angemessenheit der tatsächlichen Anwendung sind dabei zentrale Dimensionen der Implementationsperformanz, die keine Berücksichtigung finden. Damit bleibt die Ausrichtung zwar epidemiologisch. Leider schafft es der verwendete Indikator jedoch nicht, Implementationsdefizite im Sinne der administrativen Anwendung und Kontrolle zu erfassen. Das schmälert natürlich den deskriptiven Beitrag dieser Studien zur Implementationsforschung im eigentlichen Sinne, die sich ja ursprünglich zur Aufgabe gemacht hat, Prozesse zu analysieren, die dem Legislativprozess in Parlamenten nachgelagert sind.

8. Skizze einer epidemiologischen Implementationsforschung

Die typische Ausrichtung von Implementationsstudien ist somit nicht in der Lage, Aufschluss darüber zu geben, ob es in entwickelten Demokratien im Zuge der kontinuierlichen Ausweitung von Policy-Portfolios bei gleichzeitigem Spardruck im öffentlichen Sektor zu strukturell wachsenden Implementationslücken – gerade im Bereich der Vollzugsverwaltung – kommt oder nicht. Um diese Frage zu beantworten gilt es nicht die klassische einzelfallorientierte Implementationsforschung zu substituieren, sondern durch eine epidemiologische Perspektive zu ergänzen. Was wir darunter verstehen und wie eine solche epidemiologische Forschungslogik aussehen kann, soll im Folgenden beschrieben werden.

Im Unterschied zur medizinischen Forschung, welche sich auf die Diagnose und Therapie einzelner Patienten konzentriert, beschäftigt sich die epidemiologische Forschung mit der Verbreitung von Krankheiten und Störungen innerhalb ganzer Populationen. So untersucht beispielsweise das Institut für Therapieforschung in München im Auftrag des Bundesgesundheitsministeriums in regelmäßigen Abständen im Rahmen des epidemiologischen Suchtsurveys die Verbreitung von Abhängigkeiten von psychoaktiven Substanzen, wie etwa Cannabis, in Deutschland innerhalb verschiedener Altersgruppen. Der Anspruch dieser epidemiologischen Forschung ist dabei zunächst einmal deskriptiv. Zentrale Konzepte dieser Deskription sind Inzidenz und Prävalenz. Inzidenz bezeichnet die Anzahl innerhalb einer Untersuchungsperiode neu auftretender Krankheitsfälle. Die Prävalenz dagegen beschreibt die absolute Verbreitung von Gesundheitsproblemen unterschiedlicher Art innerhalb der Population. So wird die Prävalenz von

Hepatitis C in Deutschland auf ca. 0,1% bis 0.5% der Bevölkerung geschätzt (Robert Koch Institut 2017) oder die Verbreitung von pathologischem Glücksspielverhalten auf etwa 0.49% im Jahr 2011 (BZgA 2012).

8.1 Populationsfokus

Eine epidemiologisch ausgerichtete Implementationsforschung definiert sich über einen ähnlichen analytischen Fokus auf Fragen der Prävalenz und Inzidenz auf Populationsebene. Populationen sind im Kontext der Implementation klassische Verwaltungseinheiten, wie z. B. kommunale Bauämter, Landratsämter, Regierungspräsidien, Landesämter, usw. Zusätzlich können hier durchaus auch Polizeidienststellen, Schulen und nicht zuletzt Hochschulen als relevante Implementationspopulationen untersucht werden. Aber natürlich umfassen Implementationspopulationen auch private Akteursgruppen, wie beispielsweise Schornsteinfeger, die wichtige Kontroll- und Durchsetzungsaufgaben im Bereich der Gesetzgebung zu Umwelt- und Energiegesetzgebung übernehmen. Hierzu gehören aber auch Wohlfahrtsverbände, die im sozialstaatlichen Bereich viele staatliche Aufgaben vollziehen und genauso mit einem wachsenden sozialstaatlichen Portfolio konfrontiert sind. Teilweise könnte dabei auch das Forschungsinteresse auf Populations-Mixe fallen. So beispielsweise, wenn Interesse an der Implementationsperformanz im Bereich der Gewerbeaufsicht besteht. Wenn unterschiedliche Bundesländer diese Verwaltungsaufgaben auf unterschiedlichen Verwaltungsebenen ansiedeln, könnte ein gemischter Populationsfokus relevant sein, der diesem Umstand gerecht wird.

8.2 Rückgriff auf etabliertes methodisches Repertoire

Während die epidemiologische Ausrichtung eine analytische Neuerung für die Implementationsforschung darstellt, kann diese Neuerung durchaus mit Hilfe eines Rückgriffs auf etablierte sozialwissenschaftliche Methoden erfolgen. So basiert der oben bereits angesprochene epidemiologische Suchtsurvey auf den Methoden sozialwissenschaftlicher Umfrageforschung. Konkret wird über die Ziehung repräsentativer Stichproben und die Erarbeitung geeigneter Fragebögen ermittelt, wie verbreitet beispielsweise pathologisches Glücksspielverhalten in Deutschland ist. Dieses methodische Repertoire scheint ebenfalls geeignet, um Einblick in die Implementationspraxis innerhalb von Implementationspopulationen zu erhalten.

Über wiederholte Querschnittserhebungen oder die Etablierung richtiger Panel-Erhebungen können Längsschnittuntersuchungen durchgeführt werden. Gerade unsere Ausgangshypothese einer sich strukturell ausbreitenden Implementationsproblematik in entwickelten Demokratien legt eine solche Beschreibung im Längsschnitt nahe. Aber auch Querschnittsvergleiche unterschiedlicher Implementationspopulationen sind möglich und sinnvoll. Mit einem solchen Fokus ließen sich deskriptive Forschungsfragen beantworten, wie etwa die Frage, ob Implementationsprobleme im klassischen Verwaltungsvollzug durch staatliche Behörden stärker verbreitet sind als bei privaten Implementationsakteuren. Ebenso erlauben solche Querschnittsvergleiche regionale Vergleiche, die nicht nur von analytischem, sondern auch von politischem Interesse sein könnten.

Weder können noch wollen wir mit diesem Beitrag ein dezidiertes Forschungsdesign zur Diskussion stellen. Stattdessen wollen wir lediglich unsere grundsätzliche Idee einer epidemiologisch ausgerichteten Implementationsforschung vorstellen. Dabei möchten wir sowohl eine idealistische Vision als auch zwei (vielleicht etwas realistischere) minimalistische Versionen einer epidemiologischen Implementationsforschung präsentieren.

8.3 Ein idealistischer Ansatz

Eine idealistische Vision einer epidemiologischen Implementationsforschung bestünde in der Etablierung eines Panels aus Verwaltungsbehörden bzw. Mitarbeitern von Verwaltungsbehörden, die regelmäßig (z. B. jedes Jahr) zu ihren Tätigkeiten und Implementationspraktiken, Perzeptionen ihres Arbeitsaufwands und ihren Handlungsstrategien befragt werden. Ähnlich wie das Sozio-Ökonomische Panel (SOEP) des Deutschen Institut für Wirtschaft (DIW) in Berlin sowie das Betriebspanel des Instituts für Arbeitsmarkt- und Berufsforschung (IAB) in Nürnberg, würde ein solches Verwaltungspanel nicht nur deskriptive Einblicke in die Implementationspraxis gewähren. Es würde auch (im Kontext von Beobachtungsdaten) optimale Bedingungen für die Suche nach kausalen Ursachen für bestimmte Implementationsentwicklungen bieten. Aufgrund der großen Zahl an kommunalen und privaten Implementationseinheiten würde ein solches Panel nicht nur eine zufällige Auswahl der Befragten innerhalb dieser Einheiten erfordern, sondern auch eine zufällige Auswahl der Implementationseinheiten selbst. Dahingegen würde ein Panel, das sich beispielsweise auf Landesämter für Landwirtschaft fokussiert, aufgrund der geringeren Anzahl lediglich mit einer zufälligen Auswahl an Befragten innerhalb dieser Ämter auskommen. Trotz existierender Vorbilder im Kontext von Haushaltsbefragungen (SOEP) und Betriebsbefragungen (IAB-Betriebspanel) stufen wir einen solchen Forschungsansatz als idealistische Vision ein. Dies hat allen voran mit zwei Faktoren zu tun. Einerseits erfordert ein solches Vorgehen umfassende Ressourcen, die nicht nur in ausreichendem Volumen, sondern über einen langen Zeitraum hinweg kontinuierlich zu Verfügung gestellt werden müssten. Andererseits ist die Voraussetzung für einen solchen Forschungsansatz ein starkes politisches Mandat für die Durchführung des Panels (dessen Gewährung nicht ohne weiteres vorausgesetzt werden kann) und die Abstimmung mit (bzw. Zustimmung von) einer Vielzahl politischer Akteure erfordert. Auf diese Aspekte werden wir in den Schlussbemerkungen zu diesem Beitrag nochmals dezidierter eingehen.

8.4 Minimalistische Ansätze

Wie oben bereits angesprochen erfordert die Durchführung der hier skizzierten epidemiologischen Befragung von Implementationsakteuren umfassende Ressourcen und ein weitreichendes politisches Mandat. Die mit beiden Elementen verbundenen Schwierigkeiten reduzieren sich deutlich, wenn nicht eine große Anzahl von Implementationseinheiten analysiert wird, sondern nur wenige bzw. eine einzige Verwaltungseinheit. Könnte auch nur eine Landrätin von der Sinnhaftigkeit dieses Unterfangens überzeugt werden, könnte der entsprechende Landkreis als Modell-Einheit dienen. Jährliche Befragungen von zufällig ausgewählten Beschäftigten dieses Landkreises könnten hier bereits wertvolle Einblicke in die Prävalenz von Implementationsproblemen und ihre Entwicklung im Zeitverlauf liefern. Der damit verbundene Ressourcenaufwand wäre ebenfalls deutlich reduziert. Natürlich ist ein solcher Ansatz mit analytischen Einschränkungen verbunden. So erhalten wir Einblick in nur eine Verwaltungs- und Implementationseinheit, die darüber hinaus bewusst und nicht zufällig ausgewählt wurde.

Ein zweiter minimalistischer Ansatz setzt auf punktuelle Querschnittsvergleiche. Während der obige Ansatz vor allem Längsschnittuntersuchungen ermöglichen würde, böte sich überdies die ergänzende Durchführung punktueller Querschnittsvergleiche unterschiedlicher Implementationseinheiten an. So können sich unterschiedliche Implementationsstudien, die jeweils eine oder mehrere Baubehörden in den Blick nehmen, zu einem Gesamtbild zusammenfügen. Der politische und finanzielle Aufwand der einzelnen Studien würde wiederum erheblich gemildert. Allerdings erfordert das Bestreben eines kollektiven Forschungsaufwands in diesem Kontext eine erhebliche konzeptuelle Disziplinierung. Während auch in einem klassischen Paneldesign auf die Konstanz der Messinstrumente größten Wert gelegt wird, ist diese Anforderung schwerer einzuhalten, wenn unterschiedliche Forscherteams in unterschiedlichen Studien engagiert sind. Dieser Aspekt wird im folgenden Abschnitt nochmals vertieft.

8.5 Verhältnis zu Studien zur Leistungsmessung öffentlicher Verwaltungen

Insgesamt ähnelt die epidemiologisch ausgerichtete Implementationsforschung damit durchaus etablierten Studien zur Leistungsevaluation und zum Performance-Management in der öffentlichen Verwaltung (Bogumil et al. 2007; Bogumil/ Kuhlmann 2006; Kuhlmann et al. 2008). Auch hier basieren Evaluationen häufig auf der Befragung von Verwaltungsmitarbeitern und Bürgern, wobei die Performanz auch häufig an Aussagen über die Qualität der Leistungserbringung festgemacht wird. Wird hierbei der Fokus auf eine Population von Vollzugsverwaltungen gewählt (wie etwa bei Kuhlmann et al. 2008), dann unterscheidet sich dieser von einer epidemiologisch ausgerichteten Implementationsforschung lediglich durch den Zuschnitt der Fragen. Statt die Erreichung zentraler Ziele der Verwaltungsreform zu erfassen, ginge es bei einer epidemiologischen Implementationsstudie darum, etwaige Probleme bei den zu implementierenden Policies zu erfassen. Die Machbarkeit epidemiologischer Implementationsstudien wird somit durch die Existenz dieser Studien untermauert.

9. Konzeptuelle Voraussetzungen

Die wohl größte Herausforderung für eine ernst gemeinte epidemiologische Wende in der Implementationsforschung liegt somit weniger in der Entwicklung neuer Methoden. Vielmehr besteht diese Herausforderung in dem Koordinations- und Disziplinierungsaufwand, der nicht zuletzt darin besteht, einen Kriterienkatalog zu entwickeln, der nicht nur dabei hilft, unterschiedliche Arten von Implementationsproblemen zu unterscheiden, sondern auch konsistent von unterschiedlichen Forschern verwendet wird. Systematische epidemiologische Forschung ist notwendigerweise ein kollektives Unterfangen. Allein der Verweis auf eine Fülle von Populationen und die geographische Verbreitung dieser Populationen auf mindestens 16 Bundesländer – oder 28 Mitgliedstaaten der Europäischen Union – macht klar, dass dieser Forschungsaufwand nur über eine Vielzahl von Studien hinweg zu erbringen wäre.

Im Rahmen der klinischen und epidemiologischen Forschung ist man sich der Bedeutung solcher verbindlicher Kriterienkataloge bewusst. Die *International Classification of Disease* (ICD) genau wie das *Diagnostic and Statistical Manual of Mental Disorders* (DSM) leisten hier seit Jahrzehnten diese Funktion. Diese Kriterienkataloge geben vor, wann von normalem, gefährlichen, oder eben pathologischem Glücksspielverhalten gesprochen werden kann. Die konkreten Festlegungen innerhalb dieser Kriterienkataloge sind dabei natürlich auch Kritik ausgesetzt. Dementsprechend verändern sich die Einordnungen und Diagnosekriterien auch im Zeitverlauf. So wird derzeit die zehnte Version des ICD sowie die fünfte Version des DSM verwendet. Konzeptuell ausgerichtete Fachtagungen werden dazu genutzt, diese Anpassungen vorzunehmen. So gruppiert die fünfte Auflage des DSM pathologisches Glücksspiel eben nicht mehr als Impulskontrollstörung, sondern als eine Verhaltenssucht ein.

Für die Politikwissenschaft mag eine solche Art der koordinierten Konzeptentwicklung und der verbindlichen Festlegung konzeptueller Standards befremdlich wirken und in dieser Form auch gar nicht unbedingt nötig sein. So sind der Implementationsforschung nicht nur viele unterschiedliche Arten und Intensitäten von Implementationsproblemen bekannt, die Debatte darüber, wann und warum ein bestimmter Umstand als Implementationsproblem einzustufen ist oder nicht, ist ein zentraler Bestandteil des politikwissenschaftlichen Geschäfts. Einerseits ist diese begriffliche Reflexionsfähigkeit eine der großen Stärken der Sozialwissenschaft. Andererseits kann diese Reflexionstätigkeit kumulativer Forschung im Wege stehen, wenn konzeptuelle Innovation konsequent mit empirischer Innovation gekoppelt wird. In anderen Worten: Empirische Studien, die Implementationsprobleme unterschiedlich definieren, können empirisch über die Prävalenz von Implementationsproblemen nur wenig voneinander lernen, ohne Gefahr zu laufen, Äpfel mit Birnen zu vergleichen. Gerade deshalb sind ein Mindestmaß an konzeptueller Abstimmung und ein Wille zur Begrenzung fortwährender konzeptueller Innovation essentiell, um die Vergleichbarkeit von Forschungsergebnissen zu gewährleisten und ein kollektives Unterfangen einer epidemiologischen Implementationsforschung überhaupt erst möglich zu machen.

Wir möchten uns an dieser Stelle nicht anmaßen, einen Kriterienkatalog vorweg zu nehmen. Aber die Unterscheidung von Problemen der Pünktlichkeit und der inhaltlichen Korrektheit, sowie die Unterscheidung von Transpositionsproblemen, Überwachungsproblemen, Anwendungsproblemen, und Durchsetzungsproblemen, welche relativ direkt aus der EU-Implementationsforschung ableitbar ist, erscheint hierfür ein sinnvoller Ausgangspunkt für eine Diskussion zu sein.

Die Forderung nach einer Trennung von konzeptueller und empirischer Innovation kann nur gelingen, wenn Forschern adäquate Publikationsorte für rein konzeptuelle Forschungsbeiträge zu Verfügung stehen. Dementsprechend enthält dieser Beitrag nicht nur ein Plädoyer für eine epidemiologisch ausgerichtete Implementationsforschung, sondern auch für die disziplinäre Aufwertung anspruchsvoller Deskription und Konzeption. Der mitunter äußerst starke Fokus auf die theoretische Innovation von Forschungsbeiträgen braucht hier ein ausgleichendes Element, um die erfolgreiche Etablierung einer epidemiologischen Implementationsforschung zu ermöglichen.

10. Ausblick: Chancen einer epidemiologisch ausgerichteten Implementationsforschung

Die Implementationsforschung der 1970er und 1980er Jahre ist mit einem klaren gesellschaftlichen und analytischen Programm gestartet. Durch die Analyse und Identifikation von Ursachen für Implementationsdefizite sollten Wege und Strategien ermittelt werden, welche die Steuerungs- und Problemlösungsfähigkeit der Politik sichern sollten. Auf diese Weise sollte der analytisch-theoretische Beitrag der Implementationsforschung optimal mit ihrem gesellschaftlich-politischen Anspruch verbunden werden. Dass die Implementationsforschung trotz dieser Ursprungsgeschichte mittlerweile ein Schattendasein innerhalb der Politikwissenschaft fristet, mag unter anderem durch zwei Entwicklungen begünstigt worden sein.

Der erste Grund ist ein sinkendes wissenschaftliches Interesse, das sich im Zuge einer allgemein diagnostizierten mangelnden Theoriefähigkeit der Implementationsforschung eingestellt zu haben scheint. Während immer mehr Einzelfälle untersucht wurden, wuchs die Liste der für relevant befundenen Erklärungsfaktoren beständig, mit dem Ergebnis einer oben bereits beschriebenen letztlich gescheiterten Theoriebildung. Einerseits mag das an der wissenschaftsinhärent höheren Belohnung von theoretischer Innovation gegenüber theoretischer Konsolidierung liegen. Andererseits wurde diese Tendenz zur kontinuierlichen Erweiterung theoretischer Argumente in der Implementationsforschung durch deren spezifischen Fokus begünstigt. Die Verquickung von Anreizen zur theoretischen Innovation und einem Fokus auf einzelne Maßnahmen, Programme und Gesetze bildete einen idealen Nährboden für idiosynkratische Erklärungen und damit für eine stetige Erweiterung und Differenzierung der Liste relevanter Erklärungsmuster. Kurz: Die Ursachen für Implementationsdefizite scheinen so vielfältig wie die sie generierenden Programme und Gesetze zu sein.

Während die Implementationsforschung mit Fokus auf die Europäische Union mit Hilfe epidemiologisch ausgerichteter Forschungsdesigns versuchte, diesen Umstand zu lindern, wurden diese Versuche leider durch den Mangel an geeigneten Indikatoren für die Prävalenz von Implementationsdefiziten (jenseits einer zeitlich verspäteten Transposition) unterwandert. Während gleichwohl weiterhin hervorragende erklärend-analytische Beschreibungen von Defiziten bei der Implementation einzelner Richtlinien angeboten werden, besteht durch die Einzelfallorientierung dieser Arbeiten eine Tendenz zur Hervorhebung zusätzlicher Faktoren zur Erklärung einzelner Implementationsdefizite anstatt zur Konsolidierung der Liste bereits diskutierter Faktoren.

Insgesamt macht diese Konstellation eine Implementationsforschung im universitären Kontext nur bedingt attraktiv, da sich die erklärende analytische Beschreibung nur schwer (und immer schwerer) in international renommierten Fachzeitschriften publizieren lässt. Stattdessen wird in der Regel ein klarer theoretischer Beitrag eingefordert, der nicht nur in der Präsentation eines innovativen und eigenen theoretischen Arguments besteht, sondern auch den Test dieses Arguments mit einschließt. Das sieht man insbesondere daran, dass Implementationsstudien mittlerweile meist in politikfeldspezifischen Zeitschriften publiziert werden, die sich an ein Publikum richten, das in der Tat an konkreten Implementationsdefiziten beispielsweise im Bereich der Gesundheitspolitik interessiert ist. Jenseits dieser Nischen findet Implementationsforschung in sogenannten »general interest journals« der Politikwissenschaft und selbst der Verwaltungswissenschaft kaum Aufmerksamkeit (Hupe/ Saetren 2014; Saetren 2005). Diese Rahmenbedingungen verringern die Anreize für die Durchführung aufwändiger Implementationsforschung im universitären Kontext.

Ein zweiter Grund für das politikwissenschaftliche Schattendasein der Implementationsforschung mag in der Herausbildung einer spezialisierten »Industrie« liegen, die Evaluationsdienstleistungen für politische Akteure erbringt. Gerade der Erfolg dieser Industrie sowie die Fülle an Evaluationsuntersuchungen zeigen, dass das politische Interesse an Fragen zur Wirksamkeit politischer Maßnahmen und damit auch an der Identifikation bestehender Implementationsprobleme keineswegs gebrochen ist. Im Gegenteil erscheint dieses so stark wie nie. So ist in Zeiten evidenzbasierter Politik ein positiver Evaluationsbericht von zentraler Bedeutung, um einzelne Policies bzw. deren Ausweitung politisch zu legitimieren. Die Durchführung solcher Untersuchungen erfordert in der Regel jedoch ein politisches Mandat. Ohne ein solches Mandat bleibt Wissenschaftlern der Zugang zu Verwaltungsbehörden und anderen Implementationsakteuren gerade in politisch sensiblen Bereichen verwehrt. Die freie, wissenschaftsgetriebene Evaluation und Bewertung des Implementationsprozesses ist unabhängigen Forschern somit häufig kaum möglich. Stattdessen gehen in der Regel spezifische und politisch abgestimmte Evaluationsmandate an Akteure innerhalb der spezialisierten Dienstleistungsunternehmen. Während diese Art der Evaluation politischer Maßnahmen, welche meist die Bewertung von Implementationsprozessen mit einbezieht, von großer politischer und gesellschaftspraktischer Relevanz ist, spielt universitäre Forschung in diesem Bereich – mit nur wenigen Ausnahmen – kaum eine Rolle.

Aus unserer Sicht bietet eine epidemiologische Neuausrichtung der universitären Implementationsforschung die Möglichkeit, an beiden dieser Faktoren anzusetzen und damit zu einer Wiederbelebung der politikwissenschaftlichen Implementationsforschung beizutragen.

Erstens erbringt eine epidemiologisch ausgerichtete Implementationsforschung aus unserer Sicht eine deskriptive Leistung, die einerseits für Entscheidungsträger aus Politik und Gesellschaft relevant ist, andererseits jedoch nicht von Vertretern der Evaluationsindustrie angeboten wird. Die Identifikation der Prävalenz von Implementationsdefiziten in unterschiedlichen Politik- und Verwaltungsbereichen, sowie deren Entwicklung im Zeitverlauf kann für diese Akteure eine wichtige deskriptive Grundlage für Forderungen und Entscheidungen sein.

Zweitens ist mit dieser Perspektivverschiebung hin zu einer epidemiologisch ausgerichteten Implementationsforschung auch eine theoretisch-analytische Chance verbunden. Im Zuge der veränderten analytischen Perspektive verändert sich nicht nur das Explanandum, sondern zwangsläufig auch das Explanans. Konkret besteht das theoretisch-analytische Programm einer epidemiologischen Implementationsforschung nicht mehr in der Erklärung des Auftretens eines spezifischen Implementationsproblems im Rahmen einer konkreten politischen Maßnahme, sondern in der Erklärung (a) der relativen Prävalenz von Implementationsproblemen in unterschiedlichen Politikbereichen, sowie (b) der Ausweitung oder Eindämmung dieser Prävalenz im Zeitverlauf. Damit einher geht die analytische Chance, strukturelle anstatt idiosynkratischer Erklärungen in Augenschein zu nehmen, und damit zu einer Konsolidierung theoretischer Erklärungen beizutragen. Die Frage, ob sich fiskalischer Spardruck, die ideologische Ausrichtung von

Akteuren in Regierungsverantwortung oder die technische Komplexität auf das Auftreten von Implementationsproblemen auswirkt, kann mit Hilfe einer maßnahmenspezifischen Implementationsforschung kaum überzeugend beantwortet werden. So werden sich stets Maßnahmen finden, bei denen sich genau dies zeigen lässt, während es andere Maßnahmen gibt, bei denen dies nicht der Fall ist. Vielmehr muss eine Fülle politischer Maßnahmen in Betracht gezogen werden, um die Wirkung dieser Faktoren beurteilen zu können. Mit einem epidemiologischen Fokus lässt sich untersuchen, ob etwa fiskalischer Spardruck tendenziell zu einer Ausweitung von Implementationsdefiziten führt oder nicht. Während diese Diskussion das analytisch-theoretische Innovationspotenzial einer epidemiologischen Implementationsforschung aufzeigt, illustriert sie auch eindrücklich, dass dieses Potenzial nicht in der Substituierung der klassischen Implementationsforschung, sondern in deren Ergänzung besteht.

Insgesamt ist diese epidemiologische Implementationsforschung damit einer klassisch ausgerichteten Implementationsforschung weder per se vor- noch nachgelagert. Vielmehr sehen wir sie als ideale Begleitung. So kann die Identifikation einzelner Implementationsdefizite als Anlass zu einer epidemiologisch ausgerichteten Überprüfung der Verbreitung dieses Problems dienen. Gleichzeitig ist durchaus denkbar, dass die epidemiologische Beschreibung sich ausweitender Implementationsprobleme in einem bestimmten Bereich der Vollzugsverwaltung Anlass zu einzelfallorientierten Studien gibt, welche die Konsequenzen genauer beschreiben und eventuell Hypothesen bezüglich ihrer Ursachen erarbeiten können.

Abschließend gilt es jedoch nochmals auf die Hindernisse einzugehen, die einer solchen Neuausrichtung im Wege stehen dürften. Allen voran gilt es hier die Rolle politischer Entscheidungsträger zu thematisieren. Ohne politisches Mandat wird sich dieses Forschungsprogramm nicht verwirklichen lassen. Die Angst vor unerwünschten Erkenntnissen wird diesbezüglich die größte Hürde sein. Um diese Hürde zu überwinden muss von Anfang an ein Austausch mit Entscheidungsträgern gesucht werden, der Vertrauen schafft und verdeutlicht, dass es bei diesem Programm nicht darum geht, Implementationsakteure und -einheiten mit Implementationsproblemen an den Pranger zu stellen und Verantwortliche zu suchen. Anonymisierungsverfahren könnten dabei helfen, die Entwicklung von Implementationsproblemen für eine Population zu beschreiben ohne dabei explizit zu machen, wer hiervon besonders stark betroffen ist. Zusätzlich gilt es hierbei die Chancen eines solchen Forschungsprogramms zu betonen. Denn nicht nur legislative Akteure sollten daran interessiert sein, ob ihr Output auch entsprechend umgesetzt wird. Gerade auch Verwaltungsakteure sollten ein

Interesse daran haben, strukturelle Überlastungen sichtbar zu machen, um damit für eine bessere Ressourcenausstattung zu kämpfen. Ein möglichst breiter Rückhalt innerhalb der verwaltungswissenschaftlichen Gemeinde für ein solches Forschungsprogramm wäre wohl hilfreich, um auch entsprechende politische Unterstützung zu erhalten. Wir hoffen unser Beitrag kann zur Generierung dieses Rückhalts beitragen.

11. Literaturverzeichnis

Adam, Christian, Knill, Christoph, Fernandez-i-Marín, Xavier (2017): Rule growth and government effectiveness. Why it takes the capacity to learn and coordinate to constrain rule growth. In: Policy Sciences, 50 (2), 241-268.

Bardach, Eugene (1976): Policy Termination as a Political Process. In: Policy Sciences, 7 (2), 123-131.

Bauer, Michael W., Bogumil, Jörg, Knill, Christoph, Ebinger, Falk, Krapf, Sandra, Reißig, Kristin (2006): Modernisierung der Umweltverwaltung. Berlin: Edition Sigma.

Bauer, Michael W., Jordan, Andrew, Green-Pedersen, Christoffer, Héritier, Adrienne (Hrsg.) (2012): Dismantling Public Policy. Preferences, Strategies, and Effects. Oxford: Oxford University Press.

Bogumil, Jörg, Kuhlmann, Sabine (2006): Wirkungen lokaler Verwaltungsreformen. Möglichkeiten und Probleme der Performanzevaluation. In: Werner Jann, Manfred Röber, Helmut Wollmann (Hrsg.): Public Management. Grundlagen, Wirkung und Kritik. Festschrift für Christoph Reichard zum 65. Geburtstag. Berlin: edition sigma, 349-371.

Bogumil, Jörg, Grohs, Stephan, Kuhlmann, Sabine, Ohm, Anna K. (2007): Zehn Jahre Neues Steuerungsmodell – eine Bilanz kommunaler Verwaltungsmodernisierung. Berlin: Edition Sigma.

Börzel, Tanja A., Hofmann, Tobias, Panke, Diana, Sprungk, Carina (2010): Obstinate and Inefficient. Why Member States Do Not Comply with European Law. In: Comparative Political Studies, 43 (11), 1363-1390.

Börzel, Tanja A., Hofmann, Tobias, Panke, Diana (2011): Caving in or sitting it out? Longitudinal patterns of non-compliance in the European Union. In: Journal of European Public Policy, 19 (4), 1-18.

Brewer, Garry D. (1978): Termination: Hard Choices - Harder Questions. In: Public Administration Review, 38 (4), 338-344.

BZgA, Bundeszentrale für gesundheitliche Aufklärung (2012): Glücksspielverhalten und Glücksspielsucht in Deutschland. Ergebnisse aus drei repräsentativen Bevölkerungsbefragungen 2007, 2009 und 2011. Köln: Bundeszentrale für gesundheitliche Aufklärung.

deLeon, Peter (1978): A Theory of Policy Termination. In: Judith V. May, Aaron B. Wildavsky (Hrsg.): The Policy Cycle. Beverly Hills: Sage Publications, 279-300.

Falkner, Gerda, Treib, Oliver, Hartlapp, Miriam, Leiber, Simone (2005): Complying with Europe. EU Harmonisation and Soft Law in the Member States. Cambridge: Cambridge University Press.

Falkner, Gerda, Treib, Oliver, Holzleithner, Elisabeth (2008): Compliance in the Enlarged European Union. Living Rights or Dead Letters? Aldershot: Ashgate.

Focus Online (2016): Neue Hartz-IV-Regelung. Das ändert sich ab dem 1. August. 29.7.2016.

Goggin, Malcolm L., Bowman, Ann, Lester, James, O'Toole, Laurence J. (1990): Implementation Theory and Practice. Toward a Third Generation. Glenview, IL: Scott Foresman/Little, Brown and Company.

Halligan, John, Buick, Fiona, O' Flynn, Janine (2011): Experiments with joined-up, horizontal and whole-of-government in Anglophone countries. In: Andrew Massey (Hrsg.): International Handbook on Civil Service Systems. Cheltenham: Edward Elgar.

Hartlapp, Miriam (2005): Die Kontrolle der nationalen Rechtsdurchsetzung durch die Europäische Kommission. Frankfurt am Main/ New York: Campus.

Haverland, Markus, Steunenberg, Bernard, van Waarden, Frans (2011): Sectors at Different Speeds. Analysing Transposition Deficits in the European Union. In: Journal of Common Market Studies, 49 (2), 265-291.

Howlett, Michael, Del Rio, Pablo (2015): The Parameters of Policy Portfolios. Verticality and Horizontality in Design Spaces and Their Consequences for Policy Mix Formulation. In: Environment and Planning, C 33 (5), 1233-1245.

Hupe, Peter (2014): What happens on the ground. Persistent issues in implementation research. In: Public Policy and Administration, 29 (2), 164-182.

Hupe, Peter, Saetren, Harald (2014): The sustainable future of implementation research: on the development of the field and its paradoxes. In: Public Policy and Administration, 29 (2), 77-83.

Jann, Werner (2009): Praktische Fragen und theoretische Antworten. 50 Jahre Policy-Analyse und Verwaltungsforschung. In: Politische Vierteljahresschrift, 50 (3), 476-505.

Jann, Werner, Wegrich, Kai (2009): Phasenmodelle und Politikprozesse: Der Policy Cycle. In: Klaus Schubert, Nils C. Bandelow (Hrsg.): Lehrbuch der Politikfeldanalyse. 2. Auflage. München: Oldenbourg, 75-114.

Jensen, Carsten, Knill, Christoph, Schulze, Kai, Tosun, Jale (2014): Giving less by doing more? Dynamics of social policy expansion and dismantling in 18 OECD countries. In: Journal of European Public Policy, 21 (4), 528-548.

Kaeding, Michael (2008): Lost in Translation or Full Steam Ahead. European Union Politics, 9 (1), 115-143.

Kaufmann, Wesley, van Witteloostuijn, Arjen (2016): Do Rules Breed Rules? Vertical Rule-Making Cascades at the Supranational, National, and Organizational Level. In: International Public Management Journal. published online first.

Knill, Christoph (2001): The Europeanization of National Administrations. Cambridge: Cambridge University Press.

Knill, Christoph, Lenschow, Andrea (Hrsg.) (2000): Implementing EU Environmental Policy. New Directions and Old Problems. Manchester: Manchester University Press.

Knill, Christoph, Hille, Peter (2006): »It's the Bureaucracy, Stupid«. The Implementation of the Acquis Communautaire in EU Candidate Countries, 1999-2003. In: European Union Politics, 7 (4), 531-552.

Knill, Christoph, Schulze, Kai, Tosun, Jale (2012): Regulatory Policy Outputs and Impacts. Exploring a Complex Relationship. In: Regulation & Governance, 6 (4), 427-444.

Knill, Christoph, Tosun, Jale (2015): Einführung in die Policy-Analyse. Opladen: Barbara Budrich/UTB.

König, Thomas, Mäder, Lars (2013): The Strategic Nature of Compliance. An Empirical Evaluation of Law Implementation in the Central Monitoring System of the European Union. In: American Journal of Political Science, 58 (1), 246-263.

Kuhlmann, Sabine, Bogumil, Jörg, Grohs, Stephan (2008): Evaluating Administrative Modernization in German Local Governments: Success or Failure of the »New Steering Model«?. In: Public Administration Review, 68 (5), 851-863.

Levi-Faur, David (2014): The Welfare State. A Regulatory Perspective. In: Public Administration, 92 (3), 599-614.

Lundin, Martin (2007): When does Cooperation Improve Public Policy Implementation?. In: The Policy Studies Journal, 35 (4), 629-652.

Mastenbroek, Ellen (2005): EU Compliance: Still a »Black Hole«? In: Journal of European Public Policy, 12 (6), 1103-1120.

Matland, Richard E. (1995): Synthesizing the Implementation Literature. The Ambiguity-Conflict Model of Policy Implementation. In: Journal of Public Administration Research and Theory, 5 (2), 145-174.

Mayntz, Renate (Hrsg.) (1980): Implementation politischer Programme. Empirische Forschungsberichte. Königstein/Ts.: Verlag Anton Hein Meisenheim.

Mayntz, Renate (Hrsg.) (1983): Implementation politischer Programme II – Ansätze zur Theoriebildung. Opladen: Westdeutscher Verlag.

Mbaye, Heather A. (2001): Why national states comply with supranational law: explaining implementation infringements in the European Union, 1972–1993. In: European Union Politics, 2 (3), 259-81.

McCubbins, Mathew, Schwartz, Thomas (1984): Congressional Oversight Overlooked. Police Patrols versus Fire Alarms. In: American Journal of Political Science, 28 (1), 165-179.

Nationaler Normenkontrollrat (2014): Stellungnahme des Nationalen Normenkontrollrates gem. § 6 Abs. 1 NKRG: Entwurf eines Gesetzes zur Einführung des Elterngeld Plus mit Partnerschaftsbonus und einer flexibleren Elternzeit im Bundeselterngeld - und Elternzeitgesetz (NKR - Nr. 2901).

Robichau, Robbie W., Lynn, Laurence E. Jr. (2009): The Implementation of Public Policy. Still the Missing Link. In: Policy Studies Journal, 37 (1), 21-36.

Rosanvallon, Pierre (2016): Die gute Regierung. Hamburg: Hamburger Edition - Verlag des Hamburger Instituts für Sozialforschung.

Saetren, Harald (2005): Facts and myths about research on public policy implementation. Out-of fashion, allegedly dead, but still very much alive and relevant. In: The Policy Studies Journal, 33 (4), 559-578.

Süddeutsche Zeitung (2016): Bürokratie - Pedantisch bis zum Umfallen. 26.1.2016.

Thelen, Kathleen (2004): How Institutions Evolve. The Political Economy of Skills in Germany, Britain, the United States, and Japan. Cambridge: Cambridge University Press.

Töller, Annette E. (2003): Warum kooperiert der Staat? Politische Steuerung durch Umweltvereinbarungen. In: Edgar Grande, Rainer Prätorius (Hrsg.): Politische Steuerung und neue Staatlichkeit. Baden-Baden: Nomos, 155-188.

van Witteloostuijn, Arjen, de Jong, Gjalt (2010): Ecology of National Rule Birth. A Longitudinal Study of Dutch Higher Education Law, 1960–2004. In: Journal of Public Administration Research and Theory, 20 (1), 187-213.

Die Analyse von Koordination: Wo empirische Verwaltungsforschung und Governance-Ansatz voneinander lernen können

Nathalie Behnke

1. Einleitung

Die empirische Verwaltungsforschung hat als eines ihrer zentralen Probleme Koordinationsfragen im Blick (Peters 2015a; Webb 1991; Hustedt/ Veit 2014). Denn die Tätigkeit des Verwaltens – egal ob es sich um die überwiegend gesetzesvorbereitenden Tätigkeiten der Ministerialverwaltung oder die gesetzesausführenden Tätigkeiten der Vollzugsverwaltung handelt – besteht wesentlich darin, Bedürfnisse, Interessen, Ansichten und Positionen unterschiedlicher Akteure oder Akteursgruppen miteinander in Einklang zu bringen, und das heißt zu koordinieren. Koordination als Erfordernis folgt zwangsläufig aus Arbeitsteilung und Spezialisierung. In den hochgradig arbeitsteiligen und spezialisierten Zuständigkeitsbereichen moderner Verwaltungen ist dementsprechend Koordination eine zentrale Herausforderung öffentlichen Handelns (Peters 2015a: 1ff.).

Koordination von Handlungen stellt ebenso den Kern des Governance-Konzepts dar. »Governance bedeutet Steuern und Koordinieren (oder auch Regieren) mit dem Ziel des Managements von Interdependenzen zwischen Akteuren« (Benz/ Dose 2010: 25). Insofern stellt die Erforschung von Koordinationsproblemen und -mechanismen den Überschneidungsbereich der empirischen Verwaltungsforschung und der Governance-Analyse dar (Dose 2008). Wenngleich der Governance-Ansatz einen weiteren Anwendungsbereich hat (und auch etwas abweichenden Interpretationen unterliegt), überlappen hier die Problemorientierungen beider Forschungsrichtungen. Vor diesem Hintergrund ist es das Ziel des vorliegenden Beitrags zu untersuchen, wie sich Einsichten, die in den jeweiligen Forschungszweigen generiert werden, fruchtbar wechselseitig nutzen lassen.

Indem man die Aufmerksamkeit systematisch auf die Wechselbeziehungen zwischen den beiden Forschungsfeldern lenkt, können beide voneinander profitieren. Die empirische Verwaltungsforschung profitiert vom Governance-Ansatz, da er ihr Begriffe und Konzepte liefert, die sie als analytische Kategorien empirisch anwenden kann, um komplexe Interaktionssituationen zu zerlegen und zu analysieren. Hierfür entwickeln Benz und Dose (2010: 24f.) das Konzept der drei Analyse-Ebenen von Governance – elementaren Mechanismen auf der Mikroebene, Governance-Modi auf der Mesoebene sowie Governance-Regimen auf der Makroebene (vgl. auch Benz 2006: v.a. 38f.). Vor allem die Governance-Modi – Benz und Dose nennen Hierarchie, Wettbewerb, Verhandlungen und Netzwerke, die letztlich auf die Konzeptualisierung der Transaktionskosten-Ökonomie von Williamson (1985) zurückgehen, stellen hilfreiche analytische Kategorien dar, die dazu beitragen können, das konkrete »wie« von Verwaltungsinteraktionen zu analysieren. Ähnlich argumentierte bereits Naschold in seinen Arbeiten zur Modernisierung des öffentlichen Sektors (z. B. Naschold 1995), der unterschiedliche Modernisierungsprofile ausmachte, die letztlich auf unterschiedlichen Governance-Mechanismen beruhen. Noch wichtiger für das Verständnis der realen Interaktionsbeziehungen, in denen Verwaltungsakteure koordinieren müssen, ist das Konzept der Governance-Regime, also des Zusammenwirkens verschiedener Einzelmechanismen in typischen Interaktionssituationen (Benz 2006: 36ff.). Mit ihrer Hilfe können die unterschiedlichen Bezüge zu verschiedenen Akteursgruppen, in denen sich die Verwaltung befindet, sowie die jeweiligen Handlungsrationalitäten, die die Interaktion mit diesen Gruppen leiten, systematisiert werden. In diesem Sinne liefert der Governance-Ansatz gewissermaßen eine analytische Brille, die es erleichtert, die Empirie zu systematisieren, die plausible Interpretationsmuster liefert und den Blick für die wesentlichen Eigenschaften einer Situation schärft.

Insbesondere situationsübergreifende Vergleiche werden hierdurch ermöglicht. Man kann etwa erkennen, dass die Koordinationsmechanismen zwischen Ministerialbürokraten in den Fachministerkonferenzen der Länder strukturell große Ähnlichkeiten zu europäischen Policy-Netzwerken aufweisen. Beide sind nicht mit formalen Erzwingungskompetenzen ausgestattet, haben aber über die Fachexpertise ihrer Mitglieder und den Netzwerkcharakter der regelmäßigen Treffen eine Autorität in der Sache erworben, die es ihnen ermöglicht, als kollektive Akteure aufzutreten und Agendas sowie die Umsetzung von Policies konkret zu beeinflussen (Hegele/ Behnke 2017; Coen/ Thatcher 2008). Oder es ist möglich, strukturelle Parallelen zu ziehen zwischen den Verhandlungen zwischen dem Umweltministerium und der Auto-Industrie um die Erhöhung von Schadstoffgrenzwerten beim Ausstoß von Diesel-Fahrzeugen einerseits und der Suche von kommunalen Sozialämtern nach Sozialpartnern, um Maßnahmen im Rahmen von Erziehungshilfen ins Werk zu setzen andererseits. In beiden Fällen sind die Fachkompetenz und die Erzwingungsmöglichkeiten der Verwaltung begrenzt; sie müssen intensiv mit den Normadressaten (im ersten Fall), den Leistungserbringern im staatlichen Auftrag (im zweiten Fall) verhandeln und die Möglichkeiten und Kosten der technischen Umsetzung von Programmen oder Leistungen ausloten. Dabei befinden sie sich im Informationsnachteil gegenüber dem Interaktionspartner und ihre Überlegungen werden ggf. von anderen Handlungslogiken getrieben (effektive Zielerreichung) als die des Gegenüber (Kostenminimierung). Man sieht also, der Charme der Anwendung von Governance-Konzepten in der empirischen Verwaltungsforschung liegt darin, dass die Konzepte hinreichend allgemein und abstrakt sind, um sie auf eine Vielfalt an konkreten Manifestationen anzuwenden und dann auch in komparativer Perspektive Schlussfolgerungen aus der Analyse von Situationen zu ziehen.

Umgekehrt profitiert aber auch die Governance-Forschung von ihrer Anwendung in der empirischen Verwaltungsforschung. Denn eine Schwäche des Governance-Ansatzes bestand und besteht in der mangelnden Präzision ihrer Konzepte (Pierre/ Peters 2000). Markt, Hierarchie, Netzwerk oder Verhandlung als Schlagworte für Koordinationsmechanismen sind insofern leistungsstarke Konzepte, als sie breit anwendbar und für jeden sofort intuitiv verständlich sind. Dass jeder das Konzept intuitiv verstehen kann, bedeutet aber noch nicht, dass alle ein geteiltes Verständnis eines Konzepts haben. Hier kann die empirische Verwaltungsforschung einen wertvollen Dienst leisten. Indem sie die Governance-Konzepte anwendet, entwickelt sie operationale Definitionen und Messungen und kann – in spezifischen Anwendungen – auch zu kausalen Aussagen etwa über Bedingungen oder Effekte verschiedener Governance-Mechanismen oder Regime gelangen. In diesem Sinne illustriert etwa die Agenturforschung (Pollitt et al. 2001; Christensen/ Lægreid 2006; Pollitt 2006; Döhler 2007a) die Möglichkeiten und Grenzen der Kontraktsteuerung als Ersatz für Hierarchie. Die Rolle regulativer Agenturen in Europa hingegen (Bach/ Ruffing/ Yesilkagit 2015; Maggetti/ Gilardi 2014) veranschaulicht den fließenden Übergang von Hierarchie zu Netzwerk mit dem Ziel der Handlungskoordination. Die Arbeiten von Benz zu Leistungs- und Regionenwettbewerben (Benz 2004, 2007a), von Kuhlmann et al. (2010) zum Benchmarking oder auch von Bogumil et al. zur Leistungsbesoldung in Hochschulen (Bogumil et al. 2013) zeigen, dass initiierte Wettbewebsmechanismen nur unter sehr engen Bedingungen erwünschte Effekte haben können.

Die Potenziale der wechselseitigen Unterstützung im Erkenntnisgewinn werden in den weiteren Abschnitten des Beitrags diskutiert. Zunächst wird die hier eingenommene Sichtweise der empirischen Verwaltungsforschung – das Erreichen von Koordination aus einem Steuerungsanspruch des

Staates heraus – im Spektrum möglicher Governance-Interpretationen verortet und abgegrenzt. Daraufhin werden die Potenziale, wie sich die empirische Verwaltungsforschung und der Governance-Ansatz wechselseitig befruchten können, knapp aus beiden Blickrichtungen skizziert. Hierzu werden einerseits typische Interaktionssituationen, in denen Verwaltungsakteure Koordinationsprobleme lösen müssen, beschrieben und im Hinblick auf die darin anzuwendenden Governance-Mechanismen analysiert. Andererseits werden die einzelnen Governance-Mechanismen mit Blick auf die Ergebnisse empirischer Verwaltungsforschung daraufhin untersucht, wo ihre Anwendungsbereiche, ihre Stärken aber auch ihre Grenzen liegen. Im Fazit wird verdeutlicht, dass der Hierarchie in der Praxis (und somit auch in der Analyse) des Verwaltungshandelns – gerade im Zusammenwirken mit andern Formen der Handlungskoordination – eine zentrale Rolle zukommt, um effektive Koordination zu ermöglichen.

2. *Governance aus Sicht der Verwaltungswissenschaft*

Die Entwicklung und Popularität des Governance-Konzepts ist auch historisch vor allem in Deutschland eng mit der empirischen Verwaltungsforschung verknüpft. Die Forschungen von Renate Mayntz und Fritz W. Scharpf kreisten schon früh empirisch um Fragen der exekutiven Handlungskoordination und des Policy-Making (siehe beispielsweise Mayntz/ Scharpf 1975, 1995b). Aus dieser Forschung entwickelte sich sowohl die Mayntz'sche Steuerungstheorie als wesentliche und einflussreiche Vorgängerin des Governance-Konzepts (Mayntz 2005) als auch der Analyseansatz des Akteurzentrierten Institutionalismus (Mayntz/ Scharpf 1995a). Eine wesentliche Annahme der Steuerungstheorie war es, dass die politischen Akteure tatsächlich ein Steuerungsinteresse haben, dass sie also (vor allem) nicht-staatliche Akteure in Wirtschaft und Gesellschaft dazu anreizen wollen, bestimmte Handlungen vorzunehmen oder zu unterlassen. Der Steuerungstheorie lag somit ursprünglich eine Top-Down-Perspektive und damit letztlich eine hierarchische Akteursstruktur zugrunde. Diese grundlegende Forschungsperspektive würde ich auch heute für die vom Governance-Ansatz inspirierte empirische Verwaltungsforschung immer noch für zentral halten (ähnlich König 2007), da Erkenntnisgegenstand der Verwaltungsforschung nicht politische Dynamiken allgemein, sondern das Handeln staatlicher Akteure und Institutionen ist. Die eindeutige Top-Down Perspektive ist allerdings mit dem Übergang zu Governance verloren gegangen, Steuerungssubjekt und Objekt sind nicht immer klar voneinander unterscheidbar

(Mayntz 2005: 17). Ähnlich argumentiert Bohne (2014: 171), der in seinem Überblicksbeitrag zwar Steuerungstheorie als fundamentale Perspektive für die Verwaltungsforschung benennt, aber explizit nicht mit einer hierarchischen Beziehung gleichsetzt, da das Konzept ja auch die Selbststeuerung mit einschließe.

Von der steuerungstheoretisch orientierten Governance-Interpretation zu unterscheiden sind Rezeptionen des Governance-Konzepts, die primär aus einem Interesse an Verwaltungsreformen motiviert sind. Hier kommt dem Governance-Konzept die Funktion eines Brückenkonzepts, das zwischen betriebswirtschaftlichen Ansätzen, wie sie sich im New Public Management ausdrücken, und stärker politikwissenschaftlich orientierten Reformthemen (etwa Legitimation, Konflikt und Verhandlung) eine Verbindung herzustellen vermag (Prittwitz 1997: 117; Schuppert 2005: 373). Auch Jann und Wegrich (2010: 175; ähnlich Lorig 2012) greifen diesen Gedanken auf und konzeptualisieren Governance als Gegenentwurf zum NPM, als Chance, Veränderungstrends analytisch zu erfassen und auch moderne Reformerfordernisse (insbesondere den Wandel vom schlanken hin zum aktivierenden Staat) zu begründen. Wo Governance zur Analyse oder Begründung von Reformprozessen in der Verwaltung verwendet wird, liegt der inhaltliche Schwerpunkt auf nicht-hierarchischen Modi der Handlungskoordination. Der Staat verändert sein Selbstverständnis vom Bereitsteller öffentlicher Güter und Leistungen hin zum Ermöglicher von gesellschaftlicher oder wirtschaftlicher Selbstregulierung; anstatt zu handeln oder anzuordnen koordiniert, verhandelt und gewährleistet er.

Während der reformorientierte Diskursstrang betont, dass traditionelle staatszentrierte Steuerungsformen um neue Formen der Koordination ergänzt werden, gehen manche Interpretationen weiter und verstehen das Governance-Konzept sogar als Alternative zu staatlicher Koordination. Der bestimmende Wesensgehalt des Konzepts wird damit also die Abwesenheit staatlicher Regulierungs-, Steuerungs- oder Koordinationsansprüche. Private korporative Akteure (Rhodes 1997), nicht-staatliche Koordinationsformen (Héritier 2002) oder die Ubiquität von Netzwerken (Schneider 2010) werden in den Vordergrund gerückt.

In Abgrenzung zu den beiden letztgenannten Verständnissen von Governance argumentiert der vorliegende Beitrag, dass in der empirischen Verwaltungsforschung hierarchische Steuerung nach wie vor eine prominente Rolle einnimmt. Zwar profitiert die Verwaltungsforschung vom begrifflichen und konzeptionellen Instrumentarium des Governance-Ansatzes, um die vielfältigen empirischen Erscheinungsformen zu erfassen, zu klassifizieren und zu verstehen, in denen sich Handlungskoordination zwischen der

Verwaltung und ihren Interaktionspartnern konkret vollzieht. Ganz im Sinne der Mayntzschen Definition wird Governance als das »Gesamt aller nebeneinander bestehenden Formen der kollektiven Regelung gesellschaftlicher Sachverhalte von der institutionalisierten zivilgesellschaftlichen Selbstregelung über verschiedene Formen des Zusammenwirkens staatlicher und privater Akteure bis hin zu hoheitlichem Handeln staatlicher Akteure« (Mayntz 2003: 72) verstanden. Die Erweiterung des Blickwinkels um nicht-hierarchische und hybride Koordinationsformen ermöglicht ein Verständnis des realen Verwaltungshandelns. Der »Schatten der Hierarchie« (Scharpf 1997: 197; vgl. hierzu auch Döhler 2007b: 52; sowie Wiesenthal 2000: 62) spielt jedoch eine gewichtige Rolle, um den politischen Steuerungsansprüchen im Verwaltungshandeln Nachdruck zu verleihen und letztlich Koordinationsergebnisse zu erzielen. Insofern wird in den folgenden Argumenten und Analysen das Hauptaugenmerk darauf liegen, wie in unterschiedlichen Interaktionssituationen unterschiedliche Koordinationsmechanismen von Verwaltungsakteuren genutzt werden, um letztlich möglichst effektiv ihren Steuerungsanspruch zu realisieren.

3. Typische Governance-Relationen im Verwaltungshandeln

Verwaltungen als der Maschinerie des Regierens kommt eine wichtige Rolle in der Vorbereitung sowie in der Umsetzung der Policies zu. Verwaltungen stehen hierbei in vielfältigen Interaktionsbeziehungen, in denen jeweils Interessen (politics) und Handlungen (policies) koordiniert werden müssen. Erstens koordinieren sie sich innerhalb der eigenen sowie mit anderen Verwaltungseinheiten. Interne Koordinierung erfolgt überwiegend vertikal über hierarchische Ebenen hinweg. Externe Koordinierung zwischen verschiedenen Behörden ist häufig horizontal jeweils innerhalb oder übergreifend zwischen Politiksektoren, gebietskörperschaftlichen Ebenen oder territorialen Einheiten und hierbei jeweils bi- oder multilateral ausgestaltet. Hierarchische Beziehungen bestehen zwischen weisungsbefugten/aufsichtführenden und nachgeordneten Behörden. Eine weitere Interaktionsbeziehung besteht zwischen der Politik und der Verwaltung. Diese Beziehung wird typischerweise anhand eines Prinzipal-Agenten-Schemas beschrieben und analysiert. Darüber hinaus stehen Verwaltungsakteure in regelmäßiger Interaktion mit dem einzelnen Bürger oder der organisierten Zivilgesellschaft sowie mit Wirtschaftssubjekten. Insbesondere wenn diese verschiedenen Beziehungen mit den Konzepten »horizontal« und »vertikal« beschrieben werden, sollte immer zweifelsfrei verdeutlicht werden, welche Beziehung gerade Gegenstand der Aufmerksamkeit ist; denn je nach Bezugsrahmen können diese Begriffe ganz unterschiedliche Bedeutungen annehmen. Die folgenden Ausführungen verdeutlichen, in welchen Koordinationsbeziehungen der Verwaltung welche Koordinationssituationen entstehen und welche Koordinationsmechanismen oder -regime typischerweise zum Einsatz kommen.

3.1. Koordination innerhalb von oder zwischen Verwaltungen

Koordination innerhalb einer Behörde ist überwiegend vertikal organisiert und folgt dem klassischen hierarchischen Organisationsmodell. Sie wird beispielsweise durch Mit-/ Gegenzeichnungspflichten durch die nächsthöhere Instanz, durch Weisungsrechte von oben nach unten sowie durch Berichtspflichten von unten nach oben umgesetzt. Innerbehördliche horizontale Koordination, etwa zwischen verschiedenen Abteilungen eines Ministeriums, wird überwiegend informel über persönliche Kontakte und »auf dem kurzen Dienstweg« erreicht. Bei Konflikten muss gemäß dem »Power Shift Law« (Derlien 2000: 61) die nächsthöhere Hierarchieinstanz schlichten.

Koordination zwischen Behörden kann horizontal oder vertikal ausgestaltet sein. Die Abstimmung von Gesetzesvorlagen zwischen Ministerien beispielsweise erfolgt horizontal über Abstimmung oder Verhandlung, wie sie Fritz W. Scharpf als »positive« und »negative« Koordination beschrieben hat (Scharpf 1993: 69; vgl. Mayntz/ Scharpf 1975: 147-149). Auch bei dieser Form von Verhandlung ist aber mit der »Federführung«, also der Verantwortung für die Organisation der Koordinierung durch ein bestimmtes Ressort, ein hierarchisches Element vorhanden. Zwischen Ministerien und nachgeordneten Behörden, also vertikal, wird Koordination zumeist als Steuerung ausgeübt. Hier kann es – je nach dem Grad der (Un-) Abhängigkeit der nachgeordneten Behörde – zu hierarchischer Steuerung kommen, zu vertraglicher Steuerung oder zu einem weitgehenden Steuerungsverzicht. Das kontraktualistische Steuerungsverhältnis ist insbesondere typisch für die angelsächsischen Länder, die im Zuge der »agencification« in vielen Policy-Bereichen hierarchische Steuerung durch »contracting out« ersetzt haben (stellvertretend für viele siehe Pollitt et al. 2001; Christensen/ Lægreid 2006). Der Effizienzgewinn aufgrund des »contracting out«, der dadurch erzielt wurde, dass weniger vertikal koordiniert werden musste, wurde aber infolge der zunehmenden Verselbständigung der Agenturen in der Policy-Implementation durch horizontale sektor-übergreifende Koordinationsmängel wieder aufgezehrt. Insofern stellt sich in Ländern wie Großbritannien oder Australien, die im Zuge des New Public Management (NPM) massiv verselbständigte Agenturen auf der Basis von Kontraktmanagement geschaffen haben, nun das Problem, wie man diese Policies wieder besser aufeinander abstimmt. Unter den Schlagwörtern des »whole of government« oder des »joined up government« werden hier Möglichkeiten der Re-Zentralisierung diskutiert (Halligan 2007; Pollitt 2003). Bestehen hingegen wie in Deutschland weiterhin überwiegend klassische Weisungsbefugnisse, Aufsichts- und Kontrollrechte, die durch entsprechende Berichtspflichten der nachgeordneten Behörden gespiegelt sind, ist eine sektor-übergreifende horizontale Koordination mit Hilfe einer inter-sektoralen hierarchischen Koordination einfacher möglich (Döhler 2005).

In *Mehrebenen-Verwaltungen* wie in Deutschland stellt sich darüber hinaus die Herausforderung, Policies in der Planungs- wie in der Implementationsphase entweder ebenenübergreifend (vertikal) oder über territoriale Einheiten hinweg (horizontal zwischen Kommunen oder zwischen Ländern) zu koordinieren (Benz 2007b). Dies ist insbesondere dann vonnöten, wenn Policies Externalitäten produzieren und unkoordinierte Politik-Implementation hiermit externe Kosten oder Nutzen oder einfach Reibungsverluste generieren würde. Die Koordination über Ebenen oder Einheiten hinweg ist keinen hierarchischen Mechanismen zugänglich, sondern benötigt Verhandlungen, die entweder bi- oder multilateral individualisiert oder in institutionalisierten Verhandlungsarenen (z. B. Fachministerkonferenzen) stattfinden (Hegele/ Behnke 2017).

3.2. Koordination zwischen Politik und Verwaltung

Das Verhältnis zwischen Politik und Verwaltung wird typischerweise als ein Prinzipal-Agenten-Verhältnis beschrieben (Behnke 2004: 46ff.; Huber 2000), wobei eine irgendwie geartete Zweiteilung der Sphären in einen politischen und einen administrativen Raum unterstellt wird. Die Debatte über die »politics-administration dichotomy« ist so alt wie die Verwaltungswissenschaft selbst (Wilson 1887; Weber 1919; Waldo 1948). Diese Dichotomie, nach der die Politik die Ziele vorgibt und die Verwaltung die Umsetzung übernimmt, eröffnet die Möglichkeiten, dass entweder die Politik übersteuert oder die Verwaltung sich verselbständigt. Die beiden Möglichkeiten spiegeln sich in den Forschungen zu »executive politics« (Elgie 1997; Tallberg 2007) und »bureaucratic politics« (Allison/ Halperin 1972; Preston/ Hart 1999). Aus der hier eingenommenen Steuerungsperspektive folgt aus der Dichotomie von Politik und Verwaltung die Frage, wie Kernexekutiven den Verwaltungsapparat sinnvoll steuern können (Dahlström/ Peters/ Pierre 2011; Peters/ Rhodes/ Wright 2000; Fleischer 2011). Denn aufgrund der Informationsasymmetrien zwischen Prinzipal und Agent in Verbindung mit (potenziellen) Interessendivergenzen sind der strikten hierarchischen Steuerung der Verwaltung durch die Politik Grenzen der Machbarkeit gesetzt. Will die Politik dafür sorgen, dass die Verwaltung möglichst zuverlässig und möglichst wenig verzerrt ihre Vorstellungen umsetzt, so muss sie auf andere Steuerungsmechanismen zurückgreifen. Da auch die Kontraktsteuerung (s. oben) sich in der Praxis häufig als problematisch erwiesen hat, wird in der Regel auf einen ideologischen Gleichklang zwischen Prinzipal und Agent hingearbeitet. In der Ministerialbürokratie wird die ideologische Steuerung durch informelle Sozialisation erreicht, unterstützt durch parteipolitisierte Rekrutierung (Schnapp 2004; Dahlström/ Peters/ Pierre 2011). Indem Verwaltungspersonal in entscheidungsmächtige Positionen gebracht wird, das in der ideologischen Zielsetzung mit der politischen Führung übereinstimmt, wird die Interessendivergenz in der P-A-Beziehung systematisch reduziert und damit die Informationsasymmetrie weniger folgenschwer.

3.3. Koordination zwischen Verwaltung und Wirtschaft

Das Grundproblem der Interaktion zwischen Verwaltung und Wirtschaft besteht darin, dass zwar einerseits die Politik die formale Macht hat, per Gesetzgebung oder im Wege der Verordnung Wirtschaftsakteure hierarchisch zu bestimmten Handlungen zu zwingen (Benz 1994; Voigt 1995). So können beispielsweise Mindestlöhne, Emissionsstandards oder das Verbot von Weichmachern in Babyspielzeug verordnet werden. Die praktische Umsetzung dieser Verpflichtungen ist jedoch staatlicherseits kaum zuverlässig zu erzwingen oder zu kontrollieren. Hierzu fehlt es teilweise an technischem Know-How, teilweise an personellen, zeitlichen oder finanziellen Ressourcen. Sollen also die Regelungen, die die Politik aus normativen Überzeugungen – der sozialen Gerechtigkeit, der Nachhaltigkeit oder des Schutzes universeller Rechte, um nur ein paar Beispiele zu nennen – erlassen möchte, auch effektiv von der Wirtschaft umgesetzt werden, so ist die Politik auf die Kooperationsbereitschaft der Wirtschaft angewiesen. Die Verwaltung muss sich also gegenüber der Wirtschaft kooperativ zeigen, um effektiv steuern zu können. Um diese Kooperation zu erreichen, ist neben oder im Schatten der Hierarchie Verhandlung ein notwendiger Mechanismus der Koordination. Die politischen Vorstellungen des Wünschbaren müssen mit den wirtschaftlichen Vorhaltungen des Machbaren konfrontiert werden, um hieraus realistische Vorgaben zu entwickeln, die von den Normadressaten auch eingehalten werden können und wollen.

3.4. Koordination zwischen Verwaltung und Bürger

Koordination mit den Wünschen und Vorstellungen der Bürger ist für die Verwaltung vor allem im Hinblick auf die Akzeptanz und Legitimation ihres Handelns unverzichtbar. Auch hierarchische Akte der Leistungs- und Eingriffsverwaltung beruhen letztlich auf der Akzeptanz durch den Bürger. Wenn diese Akzeptanz fehlt und es zu Protestaktionen oder einer zunehmenden Zahl von Regelübertretungen durch die Bürger kommt, wird die Regierungsfähigkeit eines Staates schnell in Frage gestellt. Die Bedeutung der Bürger»nähe« von Verwaltungshandeln hat im Zuge des Wandels der Verwaltungsparadigmata (Jann/ Wegrich 2010) kontinuierlich zugenommen. Denn ein Weg, um Akzeptanz zu erwerben, besteht darin, dass man sich bemüht, das Verwaltungshandeln für den Bürger offensichtlicher und nachvollziehbarer zu machen, sich »transparent« und »responsiv« (Rölle 2010) zu zeigen. Mit Hilfe von E-Government wird Beschwerdemanagement verbessert (Cancik 2010), die Reaktionszeit der Verwaltung verkürzt, die Verwaltung insgesamt für Bürgerbedürfnisse zugänglicher gestaltet. Eng verbunden hiermit ist eine verstärkte Service-Orientierung, die vor allem im Leitbild der Bürgerkommune (Holtkamp/ Bogumil 2007) zum Ausdruck kommt. Dennoch sind alle hier verwendeten Koordinationsmechanismen zwar um Offenheit und Transparenz bemüht, aber letztlich hierarchisch. Der Bürger hat nicht die Wahl, ob er in Kommune X oder Y seinen Personalausweis ausstellen lässt, weil Y vielleicht die hübschere Webseite hat. Und über die Höhe der Gebühren kann er nicht verhandeln.

Selbst Formen der Bürgerbeteiligung in Verwaltungsentscheidungen, die in der vorbereitenden Phase Elemente intensiver Deliberation enthalten mögen – etwa runde Tische oder Mediationsverfahren - bieten den Bürgern zwar die Möglichkeit der Entscheidungsbeteiligung und in Grenzen auch der Verhandlung, etwa über Standortfragen (Fink/ Ruffing 2015; Peters 2015b). Letztlich wird die verbindliche Entscheidung aber von Verwaltungen getroffen, die ja in der demokratischen Legitimationskette auch die Verantwortlichkeit dafür übernehmen müssen. Dieser Befund gilt jedenfalls für Deutschland (für die USA beispielsweise deuten die Studien von Salamon [(2000] auf eine zurückhaltendere Rolle des Staates) hin, wo selbst in

Public Private Partnerships, in denen der Staat sich aus der Rolle des Leistungserbringers in die des Gewährleisters zurückzieht, er letztlich finanziell und juristisch in der Verantwortung steht (man denke an die verunglückten Public Private Partnerships im Bereich der Autobahn-Maut, die den Steuerzahler viel Geld gekostet haben).

4. Bedingungen für die Anwendung von Governance-Mechanismen

In diesem Abschnitt wird nun umgekehrt untersucht, wie die empirische Verwaltungsforschung die Governance-Analyse befruchten kann. Ein wichtiger Beitrag der Verwaltungsforschung für den Governance-Ansatz besteht darin, dass der Koordinationsbegriff wesentlich präzisiert und operationalisiert wurde (z. B. Metcalfe 1994). Koordination wird als Prozess oder als Ergebnis oder beides betrachtet (Bouckaert/ Peters/ Verhoest 2010: 15; Peters 2013). Im Prozess der Koordination werden mit Hilfe von Koordinationsmechanismen die Handlungsabsichten der beteiligten Akteure aufeinander abgestimmt mit dem Ziel, ein möglichst für Alle zustimmungsfähiges Ergebnis zu erzielen. Die Unterscheidung in Koordination als Prozess und als Ergebnis eröffnet analytisch die Möglichkeit, das Scheitern eines Koordinationsprozesses zu konstatieren, wenn die Handlungskoordination letztlich nicht erfolgte und das optimale Koordinationsergebnis nicht erreicht werden konnte (Behnke 2014). Eine solche Differenzierung lenkt wiederum den Blick auf die Ursachen der Abweichung und kann somit die Analyse von Koordinationsprozessen vertiefen und differenzieren.

Über die konzeptionelle Differenzierung und Anreicherung abstrakter Konzepte hinaus bietet die empirische Verwaltungsforschung außerdem Anschauungsmaterial für die Wirkungsweise der Governance-Mechanismen in der Praxis. Die folgenden Abschnitte diskutieren daher, wo die typischen Anwendungsbereiche, die Stärken, aber auch die Grenzen der klassischen Koordinationsmechanismen Hierarchie, Markt und Verhandlung in Koordinationssituationen von Verwaltungsakteuren liegen.

4.1. Hierarchie

Wie in den vorangehenden Abschnitten deutlich wurde, ist die hierarchische Entscheidung sowie die hierarchische Durchsetzung von Entscheidungen in den Handlungsfeldern der öffentlichen Verwaltung nach wie vor von zentraler Bedeutung. Dies kommt nicht von ungefähr. Hierarchie hat den klaren Vorteil gegenüber anderen Koordinationsmechanismen, dass sie in allen Situationen, in denen für die beteiligten Akteure Kooperation nicht ohnehin die dominante Strategie ist, die Transaktionskosten senkt und die Chancen für ein koordiniertes Ergebnis erhöht. Nicht umsonst wird in der klassischen ökonomischen Staatstheorie die staatliche Beitragserzwingung über Steuern als Lösung des Kollektivgutproblems gesehen. Innerhalb seiner Grenzen hat der Nationalstaat nach wie vor das Gewaltmonopol inne und das Recht und die Pflicht, es auszuüben. Dies gilt für die Produktion und Bereitstellung kollektiver Güter und Leistungen, die in der ökonomischen Theorie als Fälle von Marktversagen betrachtet werden. Dies gilt natürlich auch in der Eingriffsverwaltung. Der Steuerbeamte wird mit dem Steuersünder nicht verhandeln, ob jener bereit ist, vielleicht doch noch Steuern zu zahlen; und der Polizist wird den Attentäter nicht fragen, ob er Lust hat, ins Gefängnis zu gehen oder ob man sich nicht vielleicht doch besser auf eine freiwillige Selbstbindung einigt, in Zukunft keine Menschen mehr umzubringen. Auch in der Leistungsverwaltung wäre es schwer vorstellbar, etwa mit Empfängern von ALG II, Bafög oder Eingliederungshilfen über die Höhe der Bezüge zu verhandeln. Autoritative Entscheidung reduziert nicht nur Transaktionskosten und sichert die Bereitstellung von Kollektivgütern; darüber hinaus schafft sie auch Erwartungssicherheit und damit die notwendige Rahmenordnung, in der dann im privaten Bereich andere Koordinationsmechanismen ungehindert wirken können. Man muss ja nur überlegen, ob man lieber in ein Taxi steigt, in dem ein Taxameter läuft oder in eines, in dem keines läuft. Dass das Taxameter läuft, schafft für den Kunden Erwartungssicherheit gegen Ausbeutung, verhindert aber auch das Aushandeln eines günstigeren Preises.

An seine Grenzen stößt der hierarchische Koordinationsmodus, wenn Akzeptanz, spezielles Wissen und die Kooperationsbereitschaft der Weisungsempfänger entscheidend für den Koordinationserfolg sind. Hier muss die Hierarchie durch andere Modi, etwa Verhandlung (im kooperativen Staat) oder auch durch Netzwerke, die Vertrauensbrücken zwischen Akteursgruppen schaffen, ergänzt werden. Typisch etwa für Regulierungen im Wirtschaftsbereich sind daher gemischte Governance-Regime, etwa Verhandlungen im Schatten der Hierarchie oder ausgehandelte Selbstbindungen, die später durch Gesetze abgesichert werden.

4.2. Markt

Als marktliche Lösungen werden häufig zwei unterschiedliche Mechanismen bezeichnet. Einerseits sind Verträge typisch für eine Privatisierung, also Vermarktlichung von Organisationseinheiten der Verwaltung, etwa durch Agenturbildung. Kontraktsteuerung über Zielvereinbarungen ist außerdem mittlerweile ein eingeführtes Managementinstrument auch innerhalb von Verwaltungshierarchien (Kickert 2001). Der Kontrakt setzt somit eigentlich nur die Hierarchie mit anderen Mitteln fort. Er kreiert oder perpetuiert Prinzipal-Agenten-Beziehungen zwischen Kontraktgeber und Kontraktnehmer und erhält damit auch alle Probleme der Informationsasymmetrie, die auch in einer hierarchischen Lösung bestehen würden, mit dem einen Unterschied, dass in der Regel die Interessendivergenzen noch verstärkt werden. Eine ausgegliederte Agentur folgt anderen Handlungslogiken als eine eingegliederte Behörde und versucht somit notwendig den Freiraum, der ihr über Kontrakt gewährt wird, auszudehnen.

Andererseits wird der Wettbewerb als marktlicher Mechanismus angesehen. Im Wettbewerb wird auf eine externe Handlungs- oder Ergebnissteuerung durch den Prinzipal verzichtet, da man darauf vertraut, dass der Mechanismus selbst endogen optimale Ergebnisse erzielt. Der Wettbewerb als Entdeckungsverfahren im Sinne Hayeks optimiert einerseits die Nutzung verteilter Information über den Preis (oder ein äquivalentes Verfahren) als Allokationsmechanismus; andererseits bringt er über den Konkurrenzdruck Innovation und – so die Hoffnung der Sozialtechnologen – effizientere Lösungen hervor (Hayek 1969). Gegenüber hierarchischen Steuerungsformen hat der Wettbewerb den klaren Vorteil, dass er Informationskosten für den Prinzipal senkt bzw. Informationsasymmetrien verringert. Denn die am Wettbewerb beteiligten Konkurrenten enthüllen ja durch ihr Verhalten für den externen Beobachter die relevante Information, ohne dass dieser sie aktiv erheben müsste. Ein anschauliches Beispiel liefert hierfür das Vergaberecht. Mit dem Vergaberechtänderungsgesetz von 1998 wurde im öffentlichen Vergabewesen die so genannte »Bieterklage« eingeführt. Gemäß dieser Regel kann ein Anbieter, der für eine öffentliche Ausschreibung nicht den Zuschlag erhalten hat, den Nachweis führen, dass er ein besseres Angebot unterbreitet hat als der Gewinner (Bultmann 2004: 69ff.). Indem somit die wechselseitige Kontrolle über den Wettbewerbsmechanismus angereizt wird, kann sich die öffentliche Hand als ausschreibende Instanz viele Informationskosten sparen. Problematisch sind Wettbewerbe in der öffentlichen Leistungserbringung, wenn es zu Verschiebungen des Marktes und damit zu verzerrten Anreizen kommt. So leidet das Wissenschaftssystem darunter, dass durch die Einführung von NPM-Steuerungsinstrumenten der ursprüngliche wissenschaftliche Wettbewerb um bessere Ideen und Theorien inzwischen durch den ökonomischen Wettbewerb um Geld (eingeworbene Drittmittel) ersetzt wurde. Wo daher in Verwaltungen Wettbewerbselemente eingeführt werden, sollten die Anreizeffekte sorgfältig geprüft werden.

Nur scheinbar ein marktlicher Mechanismus drückt sich in Leistungswettbewerben aus (Benz 2009: 188ff., 2004), wie sie in den vergangenen Jahrzehnten beispielsweise im Rahmen von Benchmarking-Prozessen oder Regionen-Wettbewerben eingesetzt wurden, um Transparenz und Leistungssteigerung von regionalen Verwaltungen zu bewirken (Kuhlmann et al. 2010). Hier verhält es sich ähnlich wie mit dem Kontraktmanagement, es handelt sich genau genommen um eine Fortsetzung der Hierarchie mit anderen Mitteln. Denn im Leistungswettbewerb gibt es keinen endogenen Mechanismus, der verteilte Information verfügbar macht und über strukturelle Restriktionen die Akteure zu situationsangemessenem Handeln zwingt. Vielmehr werden extern festgelegte Kriterien von Jurys oder Kommissionen angelegt, um Wettbewerber zu vergleichen und einen Sieger zu küren.

Es zeigt sich, dass die Koordinationsfähigkeit reiner marktlicher Mechanismen für die öffentliche Verwaltung begrenzt ist. Häufig kommen marktanaloge Instrumente zum Einsatz, die aber letztlich nur Substitute für Hierarchie darstellen. Wo echte Märkte geschaffen werden, besteht das Risiko der Zielverzerrung in den Anreizstrukturen.

4.3. Verhandlung

Verhandlungen sind neben hierarchischen Koordinationsmodi von großer Bedeutung für Verwaltungshandeln. Sie kommen in unterschiedlichen Situationen zum Einsatz. Erstens sind sie nötig, wenn die Interaktionspartner in einem nicht-hierarchischen Verhältnis zueinander stehen, etwa zwischen unterschiedlichen Verwaltungseinheiten. Eine Entscheidung wird dann wesentlich vom Verhandlungsgewicht der Teilnehmer beeinflusst und kann – je nach Entscheidungsmodus – weit von einem konsensualen oder Kompromiss-Ergebnis entfernt sein. Zahlreiche Untersuchungen wurden etwa zu Verhandlungen zwischen EU-Mitgliedstaaten geführt (für viele siehe Thurner/ Stoiber 2002; Bailer 2010) aber auch zu Verhandlungen im Nationalstaat (Behnke 2014). Zweitens benötigt man Verhandlungen in hierarchischen oder nicht-hierarchischen Verhältnissen, wenn die Lösung komplex und nicht mit Standard-Prozeduren zu erreichen ist und große Informationsasymmetrien vorliegen. Das ist der Fall, den Scharpf als »positive Koordination« beschreibt (Scharpf 1993). Verhandlungen erhöhen gegenüber hierarchischen oder marktlichen Leistungen die Transaktionskosten in dem Maße, wie die Zahl der Entscheidungsbeteiligten steigt (Buchanan/ Tullock 1962). Daher werden Entscheidungen, die auf positiver Koordination beruhen, tendenziell aufwändig und langwierig. Dieser (scheinbare Nachteil) kann aber durch einen entscheidenden Vorteil der Verhandlung aufgewogen werden. Sie steigert nämlich die Legitimation der Entscheidung, und zwar sowohl der Input- als auch der Output-Legitimation (Scharpf 1970). Die Input-Legitimation wird durch den Einbezug möglichst aller Entscheidungsbetroffenen in die Entscheidung gesteigert; die Output-Legitimation erhöht sich damit, dass dann auch die Maßnahme auf eine größere Akzeptanz stößt und effektiver umgesetzt werden kann, weil sich nicht ex post großer Widerstand formiert. Insofern kann Verhandlung hierarchische Entscheidungssituationen unterstützen, wenn der Erfolg einer Maßnahme und damit auch ihre Legitimation essenziell von der Zustimmung des Adressaten abhängen. Für den letztbeschriebenen Fall sind paradigmatisch die Verhandlungen zwischen Staat und Bürgern bei Standortfragen und Großprojekten im Rahmen von Bürgerbeteiligungsverfahren sowie die Verhandlungen zwischen Staat und Wirtschaft im Vorfeld technischer Regulierungen. Im Extremfall kann Verhandlung allerdings dazu führen, dass die Ziele der Politik, die sie mit einer Maßnahme verfolgte, gar nicht mehr umgesetzt werden, wenn etwa das Ergebnis einer Bürgerbeteiligung ist, dass eine Justizvollzugsanstalt oder eine Mülldeponie gar nicht gebaut wird; oder wenn das Ergebnis von Verhandlungen mit der Wirtschaft ist, dass die Politik auf Grenzwerte für Schadstoffausstoß von Autos oder zumindest auf die Kontrolle der Einhaltung dieser Grenzwerte komplett verzichtet.

5. *Schlussfolgerungen*

Wie die Analyse der verschiedenen Interaktionsbeziehungen der Verwaltung im Lichte der Governance-Mechanismen Hierarchie, Markt und Verhandlung gezeigt hat, ist die Hierarchie als Koordinationsmechanismus keinesfalls obsolet geworden, wie Diagnosen vom Wandel der Staatlichkeit suggerieren (Genschel/ Zangl 2008). Für die empirische Verwaltungsforschung ist der Staat als wichtigster Erbringer öffentlicher Güter und Leistungen und als Hüter der institutionellen Rahmenordnung zentraler Bezugspunkt. Verwaltungshandeln findet immer noch in den meisten Fällen innerhalb der politischen Legitimationskette eines Nationalstaates statt, und insofern ist die Hierarchie nach wie vor häufig dominanter Governance-Mechanismus oder mindestens die Rückfalloption, falls die anderen Mechanismen versagen. Die Ersetzung der Hierarchie durch marktliche Mechanismen – das jahrzehntelange Credo des NPM – ist, wie die Analyse gezeigt hat, mit Vorsicht zu genießen. Einige Mechanismen, die marktlich erscheinen, wie Kontrakte oder Leistungswettbewerbe, sind genau genommen nur die Fortsetzung der Hierarchie mit anderen Mitteln. Nur wo echte marktliche Wettbewerbe oder Austauschbeziehungen zur Handlungskoordination etabliert werden können, kann die Leistungsstärke des Marktmechanismus in der Verfügbarmachung verstreuter Information genutzt werden, um die Hierarchie zu entlasten. Die Anwendungsgebiete hierfür sind allerdings eng begrenzt. Verhandlungen sind demgegenüber ubiquitär, denn sie dienen dem Schließen von Informationslücken und der Akzeptanzsteigerung der letztlich getroffenen Entscheidungen. Allerdings enthält der Mechanismus des Verhandelns eben auch die Möglichkeit, dass Verhandlungen scheitern können. Hier tritt die Hierarchie dann als »Schatten« wieder in Erscheinung, um Verhandlungsergebnisse zu befördern.

Auf konkrete Untersuchungsgegenstände angewendet, kann die Governance-Perspektive somit Konzepte bieten, die das Erkenntnisinteresse leiten und Situationen analytisch strukturieren. Umgekehrt bietet die Anwendung dieser Konzepte auf konkrete Untersuchungsgegenstände – wie hier das Handeln von Verwaltungsakteuren im Nationalstaat – die Möglichkeit, die Konzepte empirisch zu konkretisieren und Zusammenhänge oder Wirkungsbedingungen zu identifizieren. Da die Erforschung von Koordination, ihren Erscheinungsformen, Bedingungen und Auswirkungen in der empirischen Verwaltungsforschung weit vorangeschritten ist, kann die Governance-Forschung von diesen Einsichten profitieren.

6. Literaturverzeichnis

Allison, Graham T., Halperin, Morton H. (1972): Bureaucratic politics. A paradigm and some policy implications. In: World Politics, 24 (S1), 40-79.

Bach, Tobias, Ruffing, Eva, Yesilkagit, Kutsal (2015): The differential empowering effects of Europeanization on the autonomy of national agencies. In: Governance, 28 (3), 285-304.

Bailer, Stefanie (2010): What factors determine bargaining power and success in EU negotiations?. In: Journal of European Public Policy, 17 (5), 743-757.

Behnke, Nathalie (2004): Ethik in Politik und Verwaltung. Baden-Baden: Nomos.

Behnke, Nathalie (2014): Organized Consensus. How Prime Ministers' Conferences and Bundesrat Sessions make Multilevel Governance Work. Glasgow: ECPR General Conference.

Benz, Arthur (1994): Kooperative Verwaltung. Funktionen, Voraussetzungen und Folgen. Baden-Baden: Nomos.

Benz, Arthur (2004): Leistungswettbewerbe in der regionalen Raumentwicklungspolitik. In: disP-The Planning Review, 40 (157), 4-10.

Benz, Arthur (2006): Eigendynamik von Governance in der Verwaltung. In: Jörg Bogumil, Werner Jann, Frank Nullmeier (Hrsg.): Politik und Verwaltung. Wiesbaden: VS Verlag, 29–49.

Benz, Arthur (2007a): Inter-Regional Competition in Cooperative Federalism. In: Regional & Federal Studies, 17 (4), 421-437.

Benz, Arthur (2007b): Multilevel Governance. In: Arthur Benz, Susanne Lütz, Uwe Schimank, Georg Simonis (Hrsg.): Handbuch Governance. Wiesbaden: VS Verlag, 297-310.

Benz, Arthur (2009): Politik in Mehrebenensystemen. Wiesbaden: VS Verlag.

Benz, Arthur, Dose, Nicolai (2010): Governance - Modebegriff oder nützliches sozialwissenschaftliches Konzept?. In: dies. (Hrsg.): Governance - Regieren in komplexen Regelsystemen. Wiesbaden: VS Verlag, 13-36.

Bogumil, Jörg, Burgi, Martin, Heinze, Rolf G., Gerber, Sascha, Gräf, Ilse-Dore, Jochheim, Linda, Schickentanz, Maren (2013): Zwischen Selbstverwaltungs- und Managementmodell. Umsetzungsstand und Bewertungen der neuen Steuerungsinstrumente in deutschen Universitäten. In: Edgar Grande, Dorothea Jansen, Otfried Jarren, Arie Rip, Uwe Schimank, Peter Weingart (Hrsg.): Neue Governance der Wissenschaft. Reorganisation - externe Anforderungen - Medialisierung. Bielefeld: transcript, 49-71.

Bohne, Eberhard (2014): Gegenstand, methodische Grundlagen und theoretischer Bezugsrahmen der Verwaltungswissenschaft. In: Die Verwaltung, 47 (2), 159-195.

Bouckaert, Geert, Peters, B Guy, Verhoest, Koen (2010): The coordination of public sector organizations. Shifting patterns of public management. Basingstoke: Palgrave Macmillan.

Buchanan, James M., Tullock, Gordon (1962): The Calculus of Consent. Logical Foundations of Constitutional Democracy. Ann Arbor: University of Michigan Press.

Bultmann, Peter Friedrich (2004): Beihilfenrecht und Vergaberecht: Beihilfen und öffentliche Aufträge als funktional äquivalente Instrumente der Wirtschaftslenkung - ein Leistungsvergleich. Tübingen: Mohr Siebeck.

Cancik, Pascale (2010): Vom Widerspruch zum informalen Beschwerdemanagement. Siegt der »Verhandlungsstaat« über den »hoheitlichen Anordnungsstaat«?. In: Die Verwaltung, 43 (4), 467-499.

Christensen, Tom, Lægreid, Per (2006): Agencification and regulatory reform. In: dies. (Hrsg.): Autonomy and regulation. Coping with agencies in the modern state. Cheltenham: Edward Elgar, 8-51.

Coen, David, Thatcher, Mark (2008): Network governance and multi-level delegation: European networks of regulatory agencies. In: Journal of Public Policy, 28 (1), 49-71.

Dahlström, Carl, Peters, B. Guy, Pierre, Jon (Hrsg.) (2011): Steering from the Centre. Strengthening political control in Western Democracies. Toronto: University of Toronto Press.

Derlien, Hans-Ulrich (2000): Germany. Failing Successfully?. In: Hussein Kassim, B. Guy Peters, Vincent Wright (Hrsg.): The National Co-ordination of EU Policy. New York: Oxford University Press, 54-78.

Döhler, Marian (2005): Die begrenzte Rationalität von Delegation und Steuerung in der Bundesverwaltung. In: Steffen Ganghof, Philip Manow (Hrsg.): Mechanismen der Politik. Frankfurt am Main: Campus, 215-243.

Döhler, Marian (2007a): Vom Amt zur Agentur? Organisationsvielfalt, Anpassungsdruck und institutionelle Wandlungsprozesse im deutschen Verwaltungsmodell. In: Werner Jann, Marian Döhler (Hrsg.): Agencies in Westeuropa. Wiesbaden: VS Verlag, 12-47.

Döhler, Marian (2007b): Hierarchie. In: Arthur Benz, Susanne Lütz, Uwe Schimank, Georg Simonis (Hrsg.): Handbuch Governance. Wiesbaden: VS Verlag, 46-53.

Dose, Nicolai (2008): Governance als problemorientierte Steuerung. Steuerung angesichts alter Probleme und neuer Herausforderungen. In: Gunnar Folke Schuppert, Michael Zürn (Hrsg.): Governance in einer sich wandelnden Welt. PVS-Sonderheft 41. Wiesbaden: VS Verlag, 77-94.

Elgie, Robert (1997): Models of Executive Politics. A Framework for the Study of Executive Power Relations in Parliamentary and Semi–presidential Regimes. In: Political Studies, 45 (2), 217-231.

Fink, Simon, Ruffing, Eva (2015): Legitimation durch Verwaltungsverfahren? Was sich die Politik von Konsultationen beim Stromnetzausbau verspricht. In: Der moderne Staat, 8 (2), 253-271.

Fleischer, Julia (2011): Steering from the German Centre. More Policy Coordination and Less Policy Initiatives. In: Carl Dahlström, B. Guy Peters, Jon Pierre (Hrsg.): Steering from the Centre. Strengthening Political Control in Western Democracies. Toronto: Toronto University Press, 54-79.

Genschel, Philipp, Zangl, Bernhard (2008): Metamorphosen des Staates—vom Herrschaftsmonopolisten zum Herrschaftsmanager. In: Leviathan, 36 (3), 430-454.

Hayek, Friedrich August von (1969): Der Wettbewerb als Entdeckungsverfahren. In: ders.: Freiburger Studien. Tübingen: Mohr Siebeck, 249-265.

Hegele, Yvonne, Behnke, Nathalie (2017): Horizontal coordination in cooperative federalism: the purpose of ministerial conferences in Germany. In: Regional & Federal Studies, 27 (5), 529-548.

Héritier, Adrienne (2002): New Modes of Governance in Europe. Policy-making without legislating?. In: dies. (Hrsg.): Common Goods. Reinventing European and international governance. Lanham: Rowman and Littlefield, 185-206.

Holtkamp, Lars, Bogumil, Jörg (2007): Die Bürgerkommune - Das Konzept in Theorie und Praxis. In: Neues Verwaltungsmanagement, 2, 1-29.

Huber, John D. (2000): Delegation to civil servants in parliamentary democracies. In: European Journal of Political Research, 37 (3), 397-413.

Hustedt, Thurid, Veit, Sylvia (2014): Forschungsperspektiven auf Regierungs-und Verwaltungskoordination: Koordinationsprobleme und Erklärungsfaktoren. In: Der moderne Staat, 7 (1), 17-36.

Jann, Werner, Wegrich, Kai (2010): Governance und Verwaltungspolitik. Leitbilder und Reformkonzepte. In: Arthur Benz, Nicolai Dose (Hrsg.): Governance - Regieren in komplexen Regelsystemen. Wiesbaden: VS Verlag, 175-200.

Kickert, Walter J.M. (2001): Public management of hybrid organizations. Governance of quasi-autonomous executive agencies. In: International Public Management Journal, 4 (2), 135-150.

König, Klaus (2007): Governance- und Managementkonzepte des Regierens. In: Everhard Holtmann, Werner Patzelt (Hrsg.): Führen Regierungen tatsächlich? Gouvernementale Steuerungsfragen in vergleichender Perspektive. Wiesbaden: VS Verlag, 21-34.

Kuhlmann, Sabine, Färber, Gisela, Jansen, Dorothea, Kropp, Sabine, Wieland, Joachim (2010): Leistungsvergleich und Benchmarking im Öffentlichen Sektor. Projektverbund des Deutschen Forschungsinstituts für Öffentliche Verwaltung Speyer (FÖV). In: Der moderne Staat, 2, 491-502.

Lorig, Wolfgang (2012): Verwaltungsmodernisierung im föderalen System der Bundesrepublik Deutschland. In: Ines Härtel (Hrsg.): Handbuch Föderalismus. Band II: Probleme, Reformen, Perspektiven des deutschen Föderalismus. Berlin: Springer, 79-104.

Maggetti, Martino, Gilardi, Fabrizio (2014): Network governance and the domestic adoption of soft rules. In: Journal of European Public Policy, 21 (9), 1293-1310.

Mayntz, Renate, Scharpf, Fritz W. (1975): Policy-Making in the German Federal Bureaucracy. Amsterdam/ Oxford/ New York: Elsevier.

Mayntz, Renate, Scharpf, Fritz W. (1995a): Der Ansatz des akteurszentrierten Institutionalismus. In: dies. (Hrsg.): Gesellschaftliche Selbstregelung und politische Steuerung. Frankfurt am Main: Campus, 39-72.

Mayntz, Renate, Scharpf, Fritz W. (1995b): Steuerung und Selbstorganisation in staatsnahen Sektoren. In: dies. (Hrsg.): Gesellschaftliche Selbstregelung und politische Steuerung. Frankfurt am Main: Campus, 9-38.

Mayntz, Renate (2005): Governance Theory als fortentwickelte Steuerungstheorie?. In: Gunnar Folke Schuppert (Hrsg.): Governance-Foschung. Vergewisserung über Stand und Entwicklungslinien. Baden-Baden: Nomos, 11-20.

Metcalfe, Les (1994): International Policy-Coordination and Public Management Reform. In: International Review of Administrative Sciences, 60 (2), 271-290.

Naschold, Frieder (1995): Ergebnissteuerung, Wettbewerb, Qualitätspolitik. Entwicklungspfade des öffentlichen Sektors in Europa. Berlin: Edition Sigma.

Peters, B. Guy, Rhodes, R. A. W., Wright, Vincent (Hrsg.) (2000): Administering the summit: administration of the core executive in developed countries. Basingstoke: Palgrave Macmillan.

Peters, B. Guy (2013): Toward policy coordination. Alternatives to hierarchy. In: Policy & Politics, 41 (4), 569-584.

Peters, B. Guy (2015a): Pursuing Horizontal Management. The Politics of Public Sector Coordination. Lawrence, KS: University Press of Kansas.

Peters, Birgit (2015b): Die Bürgerbeteiligung nach dem Energiewirtschafts- und Netzausbaubeschleunigungsgesetz – Paradigmenwechsel für die Öffentlichkeitsbeteiligung im Verwaltungsverfahren?. In: Deutsches Verwaltungsblatt, 2015 (13), 808-815.

Pierre, Jon, Peters, B. Guy (2000): Governance, politics and the state. Basingstoke: Palgrave Macmillan.

Pollitt, Christopher, Bathgate, Karen, Caulfield, Janice, Smullen, Amanda, Talbot, Colin (2001): Agency fever? Analysis of an international policy fashion. In: Journal of Comparative Policy Analysis: Research and Practice, 3 (3), 271-290.

Pollitt, Christopher (2006): Performance Management in Practice. A Comparative Study of Executive Agencies. In: Journal of Public Administration Research and Theory: J-PART, 16 (1), 25-44.

Preston, Thomas, Hart, Paul (1999): Understanding and Evaluating Bureaucratic Politics. The Nexus Between Political Leaders and Advisory. In: Political Psychology, 20 (1), 49-98.

Prittwitz, Volker von (1997): Leistungsresponsivität und Verfahrenssteuerung - Modernisierungskonzepte des öffentlichen Sektors. In: Edgar Grande, Rainer Prätorius (Hrsg.): Modernisierung des Staates? Baden-Baden: Nomos, 115-144.

Rhodes, R. A. W. (1997): Understanding Governance. Policy Networks, Governance, Reflexivity and Accountability. Buckingham, Philadelphia: Open University Press.

Rölle, Daniel (2010): Schalterdistanz oder bürokratische Kompetenz? – Responsivität der öffentlichen Verwaltung in Deutschland. In: Hermann Hill (Hrsg.): Verwaltungsmodernisierung 2010. Baden-Baden: Nomos, 129-148.

Salamon, Lester M. (2000): The new governance and the tools of public action. An introduction. In: Fordham Urban Law Journal, 28 (5), 1611-1674.

Scharpf, Fritz W. (1970): Demokratietheorie zwischen Utopie und Anpassung. Konstanz: Universitätsverlag.

Scharpf, Fritz W. (1993): Positive und negative Koordination in Verhandlungssystemen. In: Adrienne Héritier (Hrsg.): Policy-Analyse. PVS-Sonderheft 24. Opladen: Westdeutscher Verlag, 57-83.

Scharpf, Fritz W. (1997): Games Real Actors Play. Actor-Centered Institutionalism in Policy Research. Boulder, Col.: Westview Press.

Schnapp, Kai-Uwe (2004): Ministerialbürokratie in westlichen Demokratien. Eine vergleichende Analyse. Opladen: Leske + Budrich.

Schneider, Volker (2010): Policy Networks and the Governance of Complex Societies. In: Stefan Kramer, Peter Ludes (Hrsg.): Networks of Culture. Berlin: Lit-Verlag, 27-44.

Schuppert, Gunnar Folke (Hrsg.) (2005): Governance-Forschung. Vergewisserung über Stand und Entwicklungslinien. Baden-Baden: Nomos.

Tallberg, Jonas (2007): Executive politics. In: Knud Erik Jorgensen, Mark Pollack, Ben J. Rosamond (Hrsg.): The SAGE Handbook of European Union Politics. New York: Sage, 195-212.

Thurner, Paul W, Stoiber, Michael (2002): Interministerielle Netzwerke: Formale und informelle Koordinationsstrukturen bei der Vorbereitung der deutschen Verhandlungspositionen zur Regierungskonferenz 1996. In: Politische Vierteljahresschrift, 43 (4), 561-605.

Voigt, Rüdiger (Hrsg.) (1995): Der kooperative Staat. Krisenbewältigung durch Verhandlung?. Baden-Baden: Nomos.

Waldo, Dwight (1948): The administrative state. A study of the political theory of public administration. London/ New York: Routledge.

Webb, Adrian (1991): Coordination: a problem in public sector management. In: Policy & Politics, 19 (4), 229-242.

Weber, Max (1919): Politik als Beruf. München/ Leipzig: Duncker & Humblot.

Wiesenthal, Helmut (2000): Markt, Organisation und Gemeinschaft als »zweitbeste« Verfahren sozialer Koordination. In: Raimund Werle, Uwe Schimank (Hrsg.): Gesellschaftliche Komplexität und kollektive Handlungsfähigkeit. Frankfurt am Main: Campus, 44-73.

Williamson, Oliver E. (1985): The economic institutions of capitalism: firms, markets, relational contracting. New York, NY: Free Press.

Wilson, Woodrow (1887): The Study of Administration. In: Political Science Quarterly 2, 2 (2), 209-217.

Verfahren und Mechanismen. Theoriebildung und Kausalitätsverständnis in der politikwissenschaftlichen Verwaltungsforschung

Frank Nullmeier

Verwaltung wird in der jüngeren politikwissenschaftlichen Verwaltungsforschung als Organisation verstanden. Entsprechend werden meist Organisationstheorien zur Erklärung von Verwaltungsentwicklungen herangezogen. Beliebt sind institutionenökonomische Ansätze, die mit der Annahme rationalen Handelns arbeiten, aber auch Organisationstheorien skandinavischer Herkunft, die betonen, dass die Arbeitsweise von Organisationen gerade von Rational Choice-Annahmen abweichen. Die Orientierung am Organisationsbegriff hat seit den 1980er Jahren dazu geführt, dass die Vorstellung der Verwaltung als ganz besonderer Form der Durchführung von Aufgaben vermieden und eine alleinstehende Theorie der Verwaltung nicht ausgearbeitet worden ist. Es ist bis auf wenige Ausnahmen (z. B. Bogumil/ Schmid 2001) auch nicht der Weg beschritten worden, Verwaltungen als Organisationen mit Organisationen im politischen Feld in einen näheren Zusammenhang zu rücken, also eine Theorie politisch-administrativer Organisationen als eine Art politikwissenschaftliche Organisationsforschung zu entfalten. Auch der dritte mögliche Weg, die Erforschung von Verwaltungen als Beitrag zu einer allgemeinen Organisationstheorie oder Organisationswissenschaft zu verstehen, hat ebenfalls wenig Unterstützung erhalten – das Interesse am spezifischen Gegenstand Verwaltung und speziell an der Verwaltung im deutschen politischen System überwiegt. Entsprechend wird zu Erklärungszwecken auf Organisationstheorien als Theorieimport zurückgegriffen. Eine von den eigenen empirischen Untersuchungen ausgehende Theorieentwicklung findet weder in der Richtung einer Verwaltungstheorie noch in der Perspektive einer Theorie politischer Organisation(en) oder in der Zuarbeit zu einer allgemeinen Organisationstheorie in größerem Umfange statt. Die Aufgaben der politikwissenschaftlichen Verwaltungsforschung in der Beschreibung, Vermessung und Erklärung ihres ureigenen Feldes sind sicherlich so groß und anspruchsvoll, dass auch nicht erwartet werden sollte, dass Theoriebildung in einer der drei Richtungen die Disziplin bestimmen wird.

Einen entscheidenden Nachteil hat der Verzicht auf Theoriebildung im beschriebenen Sinne aber doch: Die Nachbarbereiche in der Politikwissenschaft und politischen Soziologie können sich relativ uninteressiert an der politikwissenschaftlichen Verwaltungsforschung zeigen, da zwar gegenstandsbezogene Ergebnisse produziert werden, aber kaum gegenstandsübergreifende analytische und theoretische Anregungen, die auch für die Parteienforschung oder die politische Theorie oder die vergleichende Demokratieforschung bedeutsam werden könnten. Die Hauptrichtung des Theoriebezugs als Import von Institutionenökonomik und Organisationstheorie verschafft der Verwaltungsforschung innerhalb der Politikwissenschaft eine geringe Ausstrahlungswirkung.

Im Folgenden werden zwei miteinander verbundene Anregungen vorgestellt, durch eine Verschiebung der analytischen Perspektive die Chancen für eine Theoriebildung zu erhöhen, die auch für andere Bereiche der Politikwissenschaft von Interesse sein könnte. Die erste Anregung besteht darin, die kleinmaßstäblichere Ebene der *Verfahren* zum analytischen Ausgangspunkt für wesentliche Bereiche der Verwaltungsforschung zu nutzen. Eine zweite Überlegung richtet sich darauf, die Verfahrens-Perspektive mit einer Erklärungsstrategie über *kausale Mechanismen* zu verbinden. Beide Anregungen finden sich bereits in den Arbeiten von Wolfgang Seibel (Seibel 2014, 2016a, 2016b). Sein Vorgehen hat Kontroversen über die Methodologie und das Kausalitätsverständnis verwaltungswissenschaftlicher Forschung ausgelöst (Wolf 2016; Seibel 2016a). Der Verfahrensbegriff dagegen ist weit weniger intensiv erörtert worden, auch weil Wolfgang Seibel seine Studien als Beitrag zur Identifikation von Formen generellen Behördenversagens bzw. von Organisationspathologien versteht. Damit sind aber nicht Verfahren der Zurechnungspunkt seiner Analysen, sondern doch wieder Organisationen bzw. Verwaltungsbehörden (Seibel 2014: 406). Im Folgenden soll daher zunächst eine Vertiefung des Verfahrensverständnisses erfolgen. Damit soll der vielen Forschungsarbeiten naheliegende Betonung der Aufbauorganisation gegenüber der Ablauforganisation bzw. den Verwaltungsprozessen entgegengewirkt werden. Die nähere Erkundung des Verfahrensbegriffs schafft zudem Möglichkeiten, Brücken zur nicht-verwaltungsbezogenen Forschung zu bauen, etwa zur Demokratietheorie, in der das Für und Wider eines prozeduralen Demokratieverständnisses eine große Rolle spielt.

1. Verwaltungswissenschaft als Verfahrensanalyse

Verfahren sind unzweifelhaft typische Elemente von Verwaltungshandeln. Verfahren scheinen sich aber bisher nicht als Ankerpunkt politikwissenschaftlicher Untersuchung öffentlicher Verwaltungen etabliert zu haben. Dem Verfahrensbegriff dürfte eher eine Nähe zur juristischen oder vielleicht auch betriebswirtschaftlichen Betrachtungsweise zugesprochen werden. Jedoch hat sich gerade in der politischen Theorie, speziell der Demokratietheorie, der Verfahrensbegriff zu einem zentralen Ankerthema unter dem Titel »Prozeduralismus« entwickelt (Habermas 1992; Estlund 2008; Peters 2009). Dort werden zwar primär keine Verwaltungsverfahren erörtert, aber die Gestaltung politischer Systeme wird danach beurteilt, in welchem Maße normativ ausgezeichneten Verfahren als Trägerstrukturen demokratischer Entwicklung theoretisch vertraut werden darf. Diese verfahrenszentrierte Sichtweise einer normativen Demokratietheorie hat bisher noch am ehesten in der empirischen Deliberationsforschung ein Pendant gefunden (Grönland/ Bächtiger/ Setälä 2014), wird darüber hinaus in der Verwaltungswissenschaft aber wenig rezipiert.

Jedoch ist selbst in den Arbeiten zur politischen Theorie keine präzise Definition des Begriffs »Verfahren« zu entnehmen. Noch immer dürfte Niklas Luhmanns »Legitimation durch Verfahren« aus dem Jahre 1969 als Bezugspunkt dienen, wenn der Verfahrensbegriff sozialwissenschaftlich interpretiert werden soll (Luhmann 1983). Eine Tradition verfahrensbezogener Analyse hat sich in den empirischen Sozialwissenschaften aber nicht etablieren können. In der Geschichtswissenschaft ist inzwischen weit intensiver als in der Soziologie und Politikwissenschaft eine Auseinandersetzung mit dem Verfahrensbegriff erfolgt (insbesondere bei der Erforschung frühneuzeitlicher politischer Prozesse; vgl. Stollberg-Rilinger 2001; Stollberg-Rilinger/ Krischer 2010). Aber auch diesen Beiträgen liegen divergierende Angebote zur Begriffsklärung zugrunde. Eine begriffliche Vorklärung ist mithin vonnöten.

Unter Verfahren wird hier ein *normativ explizit geregelter, in Schritte zerlegbarer und wiederholbarer Ablauf einer Aktivität* verstanden. Bernhard Peters (1991: 233) hatte einer ähnlichen Grundformel noch eine Zweckbestimmung beigefügt: »Ein Verfahren ist ein modus operandi – ein irgendwie geregelter oder schematisierter Ablauf einer Aktivität, der zu einem bestimmten Ergebnis oder Erfolg beitragen soll.« Eine derartige Ergebnis- oder Zweckorientierung ist zwar meist in den Rechtfertigungsnarrativen von Verfahren enthalten. Es ist aber sozialwissenschaftlich nicht erforderlich, die Verfahrensdefinition an die Existenz von Zwecken zu binden. Verfahren können zu beliebigen Zwecken eingesetzt und erfunden werden, es können neue Zwecke auftreten, ohne dass sich die Verfahrensabläufe wandeln, so dass man auch durch eine offene »Zweckformel« wie bei Peters für die Definition nichts gewinnt. Es lassen sich mindestens drei Verwendungsweisen dieses Verfahrensbegriffs unterscheiden:

1. Verfahren als *reines Normsystem*. Hier wird Verfahren als reine Regelstruktur begriffen. Mit der Äußerung, Strafverfahren enthielten die Rollen von Anklage und Verteidigung, wird eine Aussage über alle Strafverfahren (in einem bestimmten zeiträumlichen Kontext) gemacht. Verfahren werden als die Summe der regelhaften normativen Anforderungen angesehen, denen ein Prozess entsprechen muss, damit er als Strafverfahren bezeichnet werden kann. Verfahren_1 ist eine Menge von Regeln. Diesem Verfahrensverständnis kann auch der Ausdruck »Prozedur« (deutlich zu unterscheiden von »Prozess«) zugeordnet werden.
2. Verfahren als ein *einzelner konkreter Ablauf* in einem spezifischen Fall eines bestimmten Typs von Verfahren_1, etwa das Gerichtsverfahren »Herr M. gegen Frau F. «, der Gebührenbescheid für Herrn X oder das Gesetzgebungsverfahren zur xten Novelle zum Wasserhaushaltsgesetz. Diese Version entspricht der von Niklas Luhmann gewählten Definition. Verfahren_2 ist eine Menge mit genau einem Element, nämlich dem spezifischen Fall.
3. Verfahren als *Gesamtheit aller realen Fälle eines bestimmten Typs von* $\textit{Verfahren}_1$, also die Summe (wiederum in einem zeiträumlichen Kontext) aller durchgeführten Verfahren_2 eines bestimmten Typs eines Verfahrens_1, z. B. Strafverfahren mit der Anklage wegen Mordes oder Baugenehmigungen in einer Stadt. Hier wird nicht die Regelstruktur betrachtet, sondern die Menge aller nach einem Regelsystem vollzogenen Prozesse. Verfahren_3 ist die Menge aller Verfahren_2 eines bestimmten Verfahrens_1. Verfahren_2 ist ein Element der Menge Verfahren_3.

Eine politikwissenschaftliche Untersuchung kann sich auf alle drei Dimensionen der Verfahrensbegrifflichkeit beziehen. Verfahren_1 als normative Regelstrukturen werden Gegenstand einer klassisch (mikro-) institutionellen Analyse, die höherstufige Kriterien (Demokratie, Deliberativität, Transparenz, Inklusion, Freiheit, Gleichheit, Effizienz, potentielle Effektivität) nutzt, um die Regelstrukturen für sich oder in Interaktion mit anderen Regelstrukturen einer Bewertung zu unterziehen. Gegenüber einem traditionellen Institutionalismus werden in einer solchen verfahrensbezogenen Perspektive die Mikrostrukturen und Abläufe in den Vordergrund gerückt. Nicht eine institutionelle Idee oder Kernnormativität bildet den Ansatzpunkt, sondern normativ geregelte Abläufe der Interaktion von diversen Akteuren. Damit wird auch in der evaluativen Analyse von normativen Regelstrukturen eine Form der Mikroanalyse, eine damit einhergehenden Detaillierung sowie Verlaufsorientierung erreicht, die gerade für verwaltungswissenschaftliche Untersuchungen fruchtbar sein dürfte. Mit der Betrachtung von Verfahren$_2$ bzw. Verfahren$_3$ wechselt die Untersuchung von den normativen Regelstrukturen zu den faktischen Abläufen bzw. Regelmäßigkeiten in den Abläufen. Diese empirische Untersuchung von Verfahrensprozessen und -praktiken gewinnt eine normativ-theoretische Relevanz, wenn sie den Ergebnissen auf der Ebene von Verfahren$_1$ gegenübergestellt wird. Dann werden Verfahrens-Praktiken-Dynamiken thematisch. Konkrete Verfahren, betrachte man nun einzelne Verfahren$_2$ oder die Menge aller Verfahren$_3$ eines bestimmten Typs, sind etwas Anderes als Verfahren als Regelsysteme: Sie sind das Ergebnis von Praktiken, die sich in und mit einem Regelsystem ergeben haben. Zu fragen ist dann, ob bestimmte Regelstrukturen bestimmte Verfahrenspraktiken systematisch erzeugen oder zulassen. Das hat auch Rückwirkungen auf die Bewertung von Regelsystemen. Verfahren$_1$ sind Normsysteme, von denen man wissen kann, dass sie nicht genügen, um eine Praxis zu konstituieren, die aber doch die Qualität haben (sollten), in bestimmter Hinsicht eingegrenzte Abläufe und Praktiken zu erzeugen. Während die klassische institutionelle Perspektive von einem intuitiven und manchmal recht weit gefassten Institutionenbegriff lebt, wird der Wechsel in eine stärker verlaufsbezogene Mikrobetrachtung die Vorlage einer klaren Analytik verlangen. Das soll im Folgenden kurz versucht werden.

Verfahren sind Formen der Strukturierung von Zeit. Verfahren ordnen die soziale Zeit durch ein Davor und Danach (zur generellen Rolle von Zeit in der Politik Straßheim/ Ulbricht 2015 und insbesondere Palonen 2015; zu einem zeitorientierten Ansatz in der Verwaltungswissenschaft: Goetz 2014, 2015). Die einzelnen Zeitabschnitte heißen »Verfahrensschritte«. Ein Ablauf besteht aus mindestens drei Schritten (Eröffnung, Beendigung und mindestens ein operativer Schritt). Diese Schritte können höchst unterschiedliche zeitliche Dauer haben, von Sekunden bis zu Jahren, wichtig ist aber, dass ein Schritt vollzogen sein muss, um den nächsten Schritt vornehmen zu können. Minimale und maximale Dauer eines Verfahrensschrittes sind wesentliche Elemente der Bestimmtheit eines Verfahrens (Offe 2015: 37). Das schließt nicht aus, dass bestimmte Schritte auch zeitlich parallel erfolgen können. Verfahren schließen jedoch bestimmte Schrittfolgen aus und sie legen sich auf bestimmte endliche Folgen von Schritten fest. Insofern sind Verfahren geordnete zeitliche Sequenzen, die mit anderen Verfahren zeitlich synchronisiert werden können oder nicht, die in ihrer Sequenzierung eine bestimmte Geschwindigkeit der Abfolge von Schritten bieten und damit den Ereignissen oder Zeitbedarfen ihrer Umwelt folgen können oder nicht (vgl. Laux/ Rosa 2015: 61; Goetz 2015: 134). »Geordnet« deshalb, weil der Selektion bestimmter Schrittfolgen normative Kriterien zugrunde liegen. Die Schrittfolgen unterliegen also einer normativen Regelung anhand von bestimmten Kriterien. Mit einer derart normativ geregelten Zeitstrukturierung sind wichtige Vorentscheidungen verbunden. Wenn man in ein Verfahren eintritt, ist die Zeit nicht mehr frei gestaltbar, die Schrittfolge ist – im Rahmen von definierten Alternativen – vorgegeben. Verfahren binden Zeit. Man organisiert durch Verfahren den (im Einzelnen unbestimmten) Zeitverbrauch und hält das »natürliche«, ungebundene soziale Prozessieren auf – durch die Vororganisation von Schrittfolgen. Verfahren bestehen darin, einzelne Schritte in zeitliche Beziehungen zueinander zu setzen, wobei die einzelnen Verfahrensschritte auch mehrfach wiederholt und auf andere Weise (rekursive Schleifen) miteinander verschachtelt werden können.

In einer auf den Faktor Zeit zentrierten Analytik sind Verfahrensschritte jene Vorgänge, die eine Antezedens (oder Voraussetzung) mit einer Konsequenz verbinden. Sie nutzen die Konsequenz eines vorhergehenden Schrittes als Antezedens, um eine Konsequenz zu erzeugen, die als Antezedens für den nächsten Schritt genutzt werden kann. Damit ein Schritt als Schritt erkennbar ist, bedarf es erfüllter Ausgangsbedingungen, die einen Schritt beginnen lassen, und definierter Fortsetzungsbedingungen, die zum nächsten Schritt überleiten. Verfahrensschritte verweisen auf Verfahrensschritte, die über Überleitungsbedingungen miteinander verknüpft sind. Damit ein Schritt sein »Ende« erreicht, muss es seine definierte Aufgabe in der einen oder anderen Weise erfüllt oder beendet haben, es muss mithin Haltebedingungen geben, die den Schritt für beendet erklären und eine Konsequenz definieren, die als Antezedens in einen neuen Schritt eingehen kann. Ein Schritt, der über keine hinreichend definierte Haltebedingung verfügt, kann durch die damit eröffnete Möglichkeit beliebigen Zeitverbrauchs verfahrensbehindernd oder -zerstörend wirken. Die Definition von Haltebedingungen, also Umständen, unter denen dieser Schritt beendet werden kann, ist deshalb von zentraler Bedeutung für das Funktionieren von Verfahren als Verfahren. Sind Haltebedingungen im Regelsystem des Verfahrens nicht hinreichend definiert, sind die Bedingungen gegeben, dass sich eigenständige Verfahrenspraktiken entwickeln, die den potentiell immerwährenden oder zumindest zeitraubenden Schritt zu beherrschen suchen: Was das

Verfahren ausmacht, entscheiden dann diese Verfahrens-praktiken, nicht die Verfahrensregeln.

Zum Eintritt in das Verfahren (Verfahrensanfang) müssen Startbedingungen vorliegen, die nicht selbst bereits Teil des Verfahrens sind. Das Verfahren definiert als Startbedingungen vorprozedurale Umstände, die das Verfahren in Gang setzen. Die Definition der Startbedingungen (das Regelwerk, das diese Bedingungen bestimmt) ist Teil des Verfahrens, die Bedingungen selbst nicht. Es bedarf aber in der Regel eines Verfahrensschrittes, dessen Aufgabe darin besteht, das Vorliegen der Startbedingungen des Verfahrens zu bestätigen bzw. zu kontrollieren. Ist dieser Schritt nicht als Teil des in Frage stehenden Verfahrens bestimmt, haben wir es mit einem externen Vorverfahren zu tun.

Auch für das Verfahrensende ist das Verhältnis von verfahrensinterner und verfahrensexterner Regelung zu beachten. Ist beim letzten Verfahrensschritt die Haltebedingung erfüllt, liegt ein Verfahrensergebnis vor. Dass ein Verfahrensergebnis vorliegt, kann wiederum verfahrensintern oder verfahrensextern festgestellt werden. Das Verfahren$_{1}$ definiert intern oft einen weiteren Schritt, der ausführt, was mit dem Verfahrensergebnis geschieht, mindestens in der Form, dass es in bestimmter Form bekanntgegeben oder an bestimmte Personen weitergeleitet wird. Das Ergebnis dieses Verfahrensschrittes ist die Übergabe des Verfahrensergebnisses an die »verfahrensexterne Welt«. Diese Übergabe zu gewährleisten, ist noch Sache des Verfahrens. Mit dieser Übergabe ist das Verfahren beendet, das Ergebnis ist nun außerhalb der Regelstrukturen des Verfahrens weiter zu prozessieren.

Verfahren$_{1}$ sind nicht mit Routinen als offensichtlich auch (normierten) Abläufen gleichzusetzen. Routinen verfügen über keine explizierte normative Regelstruktur. Es ist ein Unterschied, ob die Regelung eines Prozesses über die Konvention läuft: »Wir sind es gewohnt, wenn x erledigt ist, mit y zu beginnen.« oder über die Norm: »Wenn x erledigt ist, ist aufgrund von Kriterium Z zu y überzugehen/ soll oder muss man zu y übergehen.« Routinen haben keinen vorgegebenen Maßstab der Geordnetheit, wohl aber den der Angemessenheit aufgrund von Üblichkeiten und Einübung. Zudem werden Verfahren über Begründungssysteme expliziert, es gibt Argumentationen, die angeben, was die Geordnetheit ausmacht, während Routinen sich aus und als Regelmäßigkeiten entwickeln und sich nur nachträglich rechtfertigen lassen – Rechtfertigung hier enger verstanden als nachträgliche Versuche, Abläufe verständlich zu machen, zu erklären, warum etwas so ist, wie es ist, wobei die Gründe, die man zur Rechtfertigung anführen kann, nicht gegeben waren, als ein zwar motiviertes und begründetes, aber eben nicht auf die Routine zielendes Handeln zur Ausbildung eben dieser Routine führte. Routinen stellen in einer Analytik, die von der Gegenüberstellung von Praktiken und Verfahren bestimmt wird, eine Spielart von Praktiken dar.

Verfahren und ihre einzelnen Schritte sind Komplexe aus Akteuren, Objekten und Operationen. Akteure sind die am Verfahren beteiligten Personen, kollektiven Akteure oder Organisationen. Objekte sind die Themen und Gegenstände (in einem sehr weiten Sinne), die im Verfahren traktiert werden, Operationen die Vorgänge, die von und mit den Verfahrensbeteiligten ausgeführt werden sollen. Man kann zudem als vierte Größe die Medien der Kommunikation als basale Formen der Interaktion zwischen den Verfahrensbeteiligten hinzufügen. Jeder Verfahrensschritt kann eine andere Konstellation aus Akteuren, Objekten, Medium und Operationen enthalten. Die Verbindung und zeitliche Aufeinanderfolge solcher Konstellationen bildet den Kern des Verfahrensförmigen. Alle Größen können im Rahmen der Verfahrensregeln sehr detailliert aufgeführt, aber auch in erheblichem Umfang unbestimmt bleiben. Solange jedoch überhaupt für alle vier Größen zumindest vage Bezeichnungen als Teil der Regeln genannt werden, liegt ein definiertes Verfahren vor. Je detaillierter diese vier analytischen Elemente gefasst sind und desto klarer ihre Zuordnung zu den Verfahrensschritten bzw. ihre Aufteilung auf die Verfahrensschritte, desto höher ist der Grad der Verfahrensbestimmtheit. Mit der expliziten Nennung als verfahrensbeteiligt verschaffen Verfahren bestimmten Akteuren einen normativen Status. Verfahren produzieren Teilnahmegrenzen (und Exklusionen) durch die Verleihung dieses normativen Status als eines Verfahrensbeteiligten. Entsprechend können wir Verfahren nach ihrem Inklusionsgrad unterscheiden. Verfahren können auch mehrere Verfahrensrollen vorsehen und mithin ein arbeitsteiliges Ensemble von verschiedenen Positionen konstruieren, so dass nicht alle Verfahrensbeteiligten sich in derselben Position der Berechtigung zur Ausführung von Operationen befinden.

Verfahren sind keine Rituale und Rituale keine Verfahren (Luhmann 1983: 38f.). Die Betonung der Verfahrensschritte und der Geordnetheit könnte vermuten lassen, dass der Verfahrensbegriff hier so starr gefasst ist, dass er nur auf Rituale und Computerverfahren gerichtet sei. Der Unterschied zwischen Verfahren und Ritualen liegt aber darin, dass ein Verfahren einen geordneten und in Schrittfolgen geregelten Ablauf darstellt, aber eben nicht »eine festgelegte Folge bestimmter Handlungen« (Luhmann 1983: 38). Verfahren sind in mehreren Hinsichten offen:

1. Die Abfolge der Schritte muss nicht starr und festgelegt sein, sondern kann sich aus der jeweiligen Verfahrensgeschichte heraus ergeben. Die Nutzung und Abfolge von Verfahrensschritten kann durch die Verfahrensregeln selbst zu einer wählbaren Option erklärt werden.

2. Die Inhalte der einzelnen Verfahrensschritte sind in der Regel oder durchschnittlich nicht einzelne Handlungen wie in einem Zeremoniell. Es geht um Operationen, komplexe Aufgaben, die eine Fülle von Handlungen beinhalten und auslösen können. Nicht die Handlungen werden sequenziert, sondern die Bewältigung von teilweise sehr komplexen Aufgaben.

3. Verfahren sind ergebnisoffen und leben von der grundsätzlichen Offenheit und Ungewissheit des Verfahrensausgangs, der im Verfahren getroffenen Entscheidung, wobei aber Anforderungen an Entscheidungen im Verfahren selbst mit formuliert sein können und sichergestellt ist, dass das Verfahren eine Entscheidung oder zumindest ein Ende des Verfahrens als Entscheidung erzeugt. Entsprechend sind Verfahren auch keine Algorithmen. Die Operationen in Verfahren sind viel zu offen oder unbestimmt gestaltet, als dass für jeden vorhergehenden Zustand ein klar definiertes Verfahrensergebnis bestimmt werden könnte.

Es sind die Praktiken (Reckwitz 2003, 2008; Schatzki 1996; Schatzki et al. 2001; Schmidt 2012) der Beteiligten und die sich daraus ergebende Kommunikationsabläufe, die aus einer Regelstruktur (Verfahren$_1$) ein konkretes Verfahren machen (Verfahren$_{2)}$ machen.

Dieser Übergang von Regeln zu Praktiken gilt nicht für Turing-Maschinen bzw. Berechnungsmethoden, die sich dieser mathematischen Idealprozedur nähern (Hopcraft/ Motwani/ Ullman 2011). Sie ist aber für Verfahren gegeben, die in ihren Operationen der alltagssprachlichen Verständigung Raum geben. Jedes Verfahren, das sich – zumindest auch – der Alltagssprache vollumfänglich bedient, erzeugt erst einen individuellen Verfahrensablauf. Hier wird von einem Übergang von Regeln zu Praktiken gesprochen, weil Verfahrensabläufe nicht allein als Befolgung oder Abweichung von der Regel begriffen werden können. Abweichung oder Regelkonformität sind nur ein Aspekt des praktischen Verfahrensgeschehens. Praktiken bestimmen die Verfahrensrealität als sozialem Geschehen. Entsprechend steht die Formel vom Übergang von Regeln zu Praktiken für die prinzipiell nicht aufhebbaren Unterschiede zwischen Verfahren$_1$ und den in Verfahren$_{2+3}$ wirksamen Verfahrenspraktiken. Eine Verfahrens-Verfahrenspraktiken-Differenz ist demnach unauflöslich. Schon bei der Einrichtung von Verfahren (oder auch der wissenschaftlichen Empfehlung zugunsten von Verfahrensreformen) kann man wissen, dass die Regelstrukturen einen Raum schaffen für Verfahrenspraktiken, aber nicht selbst soziales Geschehen erzeugen.

Dies ist nicht mit der Unterscheidung von formell und informell zu verwechseln (Grunden 2013). Nur wo es explizierte, meist rechtlich fixierte und näher bestimmte Regelsysteme gibt, wird die Differenz zwischen Regel und Praktik zu einer zentralen Frage. Dort wo es keine explizierten Regeln gibt, aber Routinen und empirische Regelmäßigkeiten sich zu impliziten Regelsystemen verdichten, ist die Differenz nur abgemildert wirksam. Was Praktik und was Regel ist, lässt sich in diesen informellen Kontexten nur schwer auseinanderhalten und kann von den Beteiligten auch unterschiedlich verstanden werden, ohne dass eine gemeinsame Bezugsbasis in fixierten Verfahrensregeln vorhanden wäre. Das normative Regelwerk kann den aktuellen Vorgängen immer angepasst werden, indem das nicht explizierte und von den Praktiken nicht gelöste Regelsystem von (bestimmten) Beteiligten umdefiniert oder ad hoc reformuliert wird (Nullmeier/ Pritzlaff 2009).

Auch wenn in der Verwaltungswissenschaft keine Debatten unter Nutzung des Terminus »Prozeduralismus« geführt werden, gibt es doch Konzeptionen, die von prozeduralistischen Überlegungen inspiriert sind. Überall dort, wo einer spezifischen Verfahrensgestaltung oder Verwaltungsreform die Fähigkeit zugeschrieben wird, genau das zu erzeugen, was die Kriterien, die die normative Regelstruktur leiten, besagen, wird den Verfahren_1 zugeschrieben, die Praktiken der Verfahren_{2+3} hinreichend genau festlegen zu können. Prozeduralismus besagt in seinen beiden strengen Formen der vollkommenen und reinen Verfahrensgerechtigkeit nach John Rawls (1979, 2003), dass es Verfahren gibt, deren Ergebnisse generell die erwünschten Ergebnisse erbringen oder die Ergebnisse erbringen, die akzeptiert werden müssen, weil es kein vorab auszeichenbares Ergebnis gibt, sondern nur ein Wissen um die Güte des Verfahrens. So kann es als prozeduralistische Überschätzung angesehen werden, dass z. B. in der NPM-Befürwortung auch erwartet wurde, dass sich die Praktiken ökonomischen Wettbewerbs und betriebswirtschaftlicher Effizienz genauso einspielen, wie in den Regelsystemen von Produktdefinitionen, Kontraktmanagement, Controlling, Kennziffernsteuerung und Wettbewerbsschaffung erhofft. Derartige verfahrensoptimistisch gestimmte Sichtweisen sind inzwischen auf erhebliche Gegenevidenzen gestoßen.

Angesichts der nicht überbrückbaren Differenz von Verfahren als Regelsystemen und als Verfahrenspraktiken kann sich die wissenschaftliche Beobachtung entweder auf die Seite der Regeln und deren Explizierung, Reform und Detaillierung im Recht stellen, um über weitere verbindliche

Regeln das Verfahrensnetz enger zu knüpfen, oder eher die Potentiale zu erkunden suchen, die in den Praktiken selbst bestehen. Dies kann wiederum auf zweierlei Weisen geschehen, in einer eher regelaffinen Perspektive mit der Frage, wie praktisch ein höherer Grad der Regelbezogenheit erreicht werden kann, oder in einer eher regelunabhängigen Sicht auf Praktiken als einer Quelle eigener Kraft und Normativität mit der Fähigkeit zu regelersetzenden oder regeltransformierenden Verfahrensleistungen. Welche Perspektive auch vorgezogen wird, es wird von empirischem Interesse sein zu erfahren, warum bestimmte Regelsysteme eine gewisse Art von Verfahrenspraktiken nach sich ziehen bzw. begünstigen.

Der Verfahrensbegriff eignet sich ausdrücklich dazu, *Prozesse* auf der Ebene von Judikative, Legislative und Exekutive zu erfassen, aber auch Prozesse innerhalb formaler Organisationen jenseits des Staatsapparates. Er passt zur Erforschung politischer Entscheidungsprozesse, insbesondere von Gesetzgebungsprozessen, wie sie für die Policy-Forschung relevant sind, er passt aber auch zu einer vergleichenden Forschung, die einen Institutionenvergleich detaillierter auf der Ebene der Mikrovorgänge und damit der Verfahren vornehmen will. Für Verwaltungen ist der Verfahrensbegriff zudem von besonderer Bedeutung, weil ein demokratisches Regieren nur dann gegeben ist, wenn die Legislative in ihrer Gesetzgebung solch hinreichende Vorgaben macht, dass das Verwaltungshandeln nicht eigenständig und potentiell willkürlich werden kann. Die Bindung der Exekutive an die Gesetzgebung ist angesichts fehlender direkter Beziehung der Exekutive zur demokratischen Basis nun dann gegeben, wenn die Programmierung über die einzig unmittelbar legitimierte Instanz, das Parlament, erfolgreich ist. Verfahren sind es daher, die aus einer Verwaltung eine demokratische Verwaltung und aus ihrem Handeln ein demokratisches Regieren und Administrieren werden lassen. So wahrt die Verwaltungsforschung über den Verfahrensbegriff ihre Anbindung an die und ihre Verbindung zur Demokratietheorie.

Soweit Verwaltungswissenschaft prozessbezogene Analysen vornimmt, ist ein ausgearbeiteter Verfahrensbegriff hilfreich. Aber nicht alle Felder der Verwaltungswissenschaft können von ihm unmittelbar profitieren oder sich inspirieren lassen. Wenig Gewicht dürfte eine Verfahrensperspektive z. B. bei der Analyse der administrativen Eliten erhalten, dagegen sind alle Themen, die einen Entscheidungsbezug aufweisen, wie Reformen der Aufbauorganisation oder die Einführung von neuen Indikatorensystemen oder der Umstieg auf E-Government und E-Administration in einer Prozessperspektive analysierbar, zu der der Verfahrensbegriff beiträgt. Insbesondere der Alltag des Verwaltungsgeschehens und die Beziehungen zwischen der

Verwaltung einerseits, Bürgerinnen und Bürgern andererseits lassen sich bei einer Betrachtung der konkreten Verfahrensabläufe und der sie gestaltenden Praktiken erst wirklich verstehen.

Die Verwendung des Verfahrensbegriffs als Ankerbegriff hat methodische und methodologische Folgen. Für eine Erforschung der Verfahrenspraktiken genügt es jedoch nicht, in einem probabilistischen Kausalitätsmodell die Beziehungen zwischen Variablen mittels einer Korrelationsanalyse zu untersuchen. Mit dieser Herangehensweise lässt sich zwar feststellen, welche Ergebnisse (output und outcome) bestimmte Verfahren im Sinne von Verfahren$_3$ erzeugen, jedoch nicht, wie sich bestimmte Praktiken und Abläufe im Innenfeld bestimmter Regelsysteme entwickeln, ändern oder stabilisieren und wie sich dies zur Regelstruktur von Verfahren verhält. Jede Analyse des Zusammenhangs bzw. Auseinanderfallens von Verfahren und Verfahrenspraktiken muss die zeitliche Struktur, also den Ablauf sowohl im Sinne der regelhaften Verfahrensschritte als auch der Folge von Praktiken, die innerhalb des Verfahrensrahmens wirksam werden, erkunden. Dies ist auch mit dem Einbau von Zeit in ein Variablenmodell nicht abbildbar. Folglich wirft eine Verfahrensorientierung auch Fragen der Methodologie und des Kausalitätsverständnisses auf. Die prozessbezogene Erklärung administrativen Geschehens greift auf den Begriff der »kausalen Mechanismen« zurück, wie er in der methodologischen Debatte zu einer qualitativen politikwissenschaftlichen Forschung und zum »Process Tracing« entfaltet worden ist.

2. *Die Suche nach kausalen Mechanismen*

In der Verwaltungswissenschaft ist nicht selten die Rede von »Koordinationsmechanismen« oder »Governance-Mechanismen«. Der Begriff der »Mechanismen« ist in dieser Ausdrucksweise aber bruchlos durch »Formen« zu ersetzen. Dies gilt für den Mechanismusbegriff, wie er nun erläutert werden soll, nicht. »Kausale Mechanismen« sind in keinem Fall gleichzusetzen mit Formen der Verwaltungszusammenarbeit oder des institutionellen Zusammenwirkens einer Vielzahl von Akteuren in Governance-Arrangements. Sie bezeichnen überhaupt keinen Gegenstandsbe-reich der Verwaltungswissenschaft. Der Begriff »kausaler Mechanismus« wird vielmehr aufgegriffen, um darzulegen, wie Erklärungen generell vorgehen können, die über die Entdeckung von Korrelationen hinausgehend die kausalen Zusammenhänge im Detail analysieren wollen.

Politische Prozesse lassen sich erst dann genauer erklären, wenn auch die Kausalpfade rekonstruiert sind, die von Ausgangsbedingungen zu einem Ergebnis führen. Derartige Kausalpfade lassen sich auf der Ebene von einzelnen Fällen durch Zerlegung in einzelne kausale Schritte identifizieren. Dieses Vorgehen, das seine Wurzeln in der geschichtswissenschaftlichen Analyse hat, wird in den letzten Jahren in der Politikwissenschaft unter dem Label »Process Tracing« geführt. Theoretischer Kern dieses Vorgehens ist die Vorstellung, dass sich eine narrative Darstellung eines historischen Einzelgeschehens analytisch in eine Folge von kausalen Einzelprozessen zerlegen lässt, wobei die Verknüpfung zwischen den einzelnen Schritten durch die Wirksamkeit kausaler Mechanismen erklärt wird. Das Konzept Mechanismen-basierter Erklärung entstand aus der Kritik sowohl an Covering-Law-Konzeptionen sozialwissenschafticher Erklärung wegen des Fehlens allgemeiner Gesetzmäßigkeiten als auch an probabilistischen Konzeptionen, die das kausale Geschehen, d.h. die Vorgänge zwischen Explanandum und Explanans, gar nicht aufklären können und wollen (Boudon 1981; Bunge 1997, 2004; Elster 1989a, 1989b, 2007). In der Folge ist innerhalb der Soziologie der Forschungsstrang der »analytischen Soziologie« entstanden, der sich in der Tradition der Rational-Choice-Soziologie von Coleman (1990) verstehen lässt, sich davon aber zunehmend in Richtung eines an Robert Merton (1968) angelehnten Verständnisses einer Soziologie von Middle-Range-Theorien entfernt hat. Diese Strömung ist insbesondere durch die Arbeiten von Hedström, Swedberg und Ylikoski vorangetrieben worden (Hedström/ Swedberg 1996, 1998; Hedström 2005; Hedström/ Bearman 2009; Hedström/ Ylikoski 2010; Ylikoski 2012; siehe auch: Demeulenaere 2011). Besondere Betonung findet in dieser Denklinie die Vorstellung, dass sich Makrophänomene nicht durch Korrelationen zwischen Makro-Variablen, sondern nur durch die Bezugnahme auf eine niedrigere Ebene (Mikroebene) erklären lassen. Es müssen die Wirkungsmechanismen der Makro-Ausgangsvariable auf die Mikroebene (situational mechanisms), die Interaktionen auf der Mikroebene (action-formation mechanisms) und die Aggregationseffekte, die die abhängige Makrovariable bestimmen (transformational mechanisms), identifiziert werden (Hedström/ Swedberg 1996). Mechanismen sind die »cogs and wheels«, auf die man bei Öffnung der Black Box der Makro-Korrelation stößt. Zwar bestehen in der Literatur deutliche Divergenzen in der Definition von Mechanismen, jedoch ist allgemein anerkannt, dass es sich bei Mechanismen nicht um intervenierende Variable gemäß probabilistischer Konzeptionen handelt.

Neben diesen sozialtheoretischen und methodologischen Überlegungen hat die Konzeption von kausalen Mechanismen auch Wurzeln in der historisch vergleichenden Politikwissenschaft und politischen Soziologie. Charles Tilly (2001, 2008; McAdam/ Tarrow/ Tilly 2001) hat in vergleichenden Untersuchungen zu Kriegen, sozialen Bewegungen und Revolutionen die Fruchtbarkeit einer Mechanismus-basierten Erklärung zu zeigen gesucht; Falleti/ Lynch (2008, 2009) haben methodologische Fortführungen geliefert. Es ist aber vor allem der Kolonialismusforscher James Mahoney, der in zahlreichen Veröffentlichungen den Weg für eine qualitative, fallstudienzentrierte und zugleich kausalitäts- und erklärungsorientierte, darüber hinaus methodisch strenge Form der empirischen Forschung gebahnt hat, die sich gegen den Vorwurf zu wehren weiß, dass Einzelfallanalysen nur zu »storytelling« führten (Mahoney 2001, 2004, 2008, 2010; Mahoney/ Rueschemeyer 2003). Das genaue Verhältnis zwischen Mechanismus-Verständnis und »Process Tracing« als methodischem Vorgehen hat David Waldner (2012, 2015) erkundet, der sich in seinen empirischen Arbeiten mit Staatsbildungsprozessen beschäftigt.

Die Kritik an der Deutung qualitativer Fallstudien, die dem quantitativen Methodenverständnis nur nachempfunden war (so bei King/ Keohane/ Verba 1994), hat eine Fülle von Arbeiten zur Methodologie von Fallstudien erzeugt, die auf Modelle des Erklärens eines singulären historischen Ereignisses eingingen und so eine methodische Brücke zwischen Politik- und Geschichtswissenschaft bauten (Gerring 2001; George/ Bennett 2004). Für das Vorgehen, die Spuren der Ursachen im Material detailliert zu erforschen und einen Kausalpfad zu rekonstruieren, hat das Vorgehen des »Process Tracing« eine umfangreiche Debatte erfahren (Beach/ Pedersen 2013; Beach 2016; Blatter/ Haverland 2014; Bennett/ Checkel 2015; Collier 2011; Hall 2013; Starke 2015; Trampusch/ Palier 2016; Mahoney 2016). Allerdings wurde »Process Tracing« dabei oft verengt allein als »Methode« wahrgenommen, dabei kommen hier Fragen des Forschungsdesigns, der Methodik und der Erklärungskonzeption bzw. des Kausalitätsverständnisses zusammen. Es hat sich inzwischen jedoch ein Verständnis durchgesetzt, dass mittels »Process Tracing« die sozialen Mechanismen identifiziert werden können, die jene Wirkungsketten aufdecken, die ansonsten in der bloßen Korrelation zwischen unabhängiger und abhängiger Variable verborgen bleiben mussten.

In Deutschland ist die Forschung zu Mechanismen-basierten Erklärungen insbesondere von Renate Mayntz und Fritz W. Scharpf aufgenommen und auch ansatzweise in das Konzept des akteurzentrierten Institutionalismus integriert worden (Mayntz 2002, 2004, 2009; Scharpf 2000). Der Vorteil dieser Rezeptionslinie liegt in der Betonung der (individuellen, kollektiven und korporativen) Akteure und der Interaktionen zwischen ihnen als zentralen Untersuchungsgegenständen. Die scheinbar objektivistische, mechanisch-technische Ausdrucksweise von Kausal-Mechanismen wird hier explizit rückgebunden an Akteure, die in ihren Interaktionen und einzelnen Handlungen Mechanismen auslösen, die einen politischen Prozess vorantreiben und Wirkungen erzeugen.

Die entscheidende Frage ist aber die nach den bereits entdeckten Mechanismen. Welche Mechanismen kennen wir bereits? Als Musterfall eines Mechanismus gilt immer noch die »self-fulfilling prophecy«. Hedström/ Bearman (2009: 6) haben die Idee vorgestellt, Theoriebildung in den Sozialwissenschaften so zu verstehen, dass das Ziel in der Zusammenstellung einer »toolbox of semigeneral mechanisms« bestehe, Mechanismen, die unter bestimmten Kontextbedingungen zum Zuge kommen. Eine solche Toolbox ist bisher aber nicht vorgelegt worden. Auch Handbücher (z. B. Hedström/ Bearman 2009) organisieren ihren Inhalt nicht entlang einer Liste von Mechanismen. Eine der wenigen Auflistungen (Falleti/ Lynch 2009: 1150) benennt so unterschiedliche Konzepte wie »belief formation«, »coordination«, »rational choice«, »framing«, »learning« und »power«. Es gibt auch Versuche, für ein bestimmtes Feld - etwa die Dimension der Wissensentwicklung in Politikfeldern - eine Toolbox kognitiv-interpretativer Mechanismen vorzulegen (Heinelt 2016). Diese Listen von Mechanismen sind jedoch viel zu weitgefasst, als dass hier bereits eine Toolbox von Mechanismen vorläge, die bei der Rekonstruktion von Kausalpfaden auf der Mikroebene der handelnden politischen Akteure einfach zur Anwendung gebracht werden könnte. Es besteht auch keine Einigkeit über Grundfragen der Skalierung. Sollen als Mechanismus einzelne Mikrokausalitäten, typische Ketten von Mikrokausalitäten oder jede mögliche Form der Wirkung zwischen zwei oder mehr Kettengliedern in einer Kausalkette verstanden werden? So ist auf diesem Wege noch sehr viel zu klären, jedoch ist mit der Betonung der Mechanismen ein anderes Verständnis von Kausalität wirksam, das sowohl in der Erklärung der zu untersuchenden Phänomene als auch in der praktischen Wirksamkeit der Verwaltungsforschung einen Unterschied macht.

3. Drei verschiedene Kausalitätsverständnisse

Die auf einem probabilistischen Kausalitätsverständnis beruhenden Forschungen zeigen Beziehungsmuster zwischen unabhängigen und abhängigen Variablen auf, geben aber nur bedingt eine Handhabe für praktisch-politische oder administrative Interventionen. Sie geben mit ihren Aussagen über Beziehungsmuster Hinweise auf Zusammenhänge, können aber kaum näher begründen, wie in diese Zusammenhänge interveniert werden könnte, da die Vorgänge, die einen Kausalitätspfad von unabhängiger zu abhängiger Variable führen, nicht mitermittelt werden. So liegen in derartigen Untersuchungen hervorragende Hinweise auf typischerweise zu erwartende Beziehungen vor, womit eher Rahmenbedingungen politisch-administrativen Handelns und Interventionsschwierigkeiten erläutert werden, aber kaum Hinweise oder gar Empfehlungen für Verwaltungstätigkeit gewonnen sind. Die auf Korrelationsanalysen basierende quantitative Forschung läuft daher trotz und wegen ihrer großen Erfolge auf einen schleichenden Verlust der praktischen Dimension der Verwaltungswissenschaft hinaus.

Auf Seiten der quantitativen Methodenforschung ist dem probabilistischen Ansatz ein deterministisches Kausalitätsverständnis im »Rubin-Modell« oder auch »Neyman-Rubin-Holland-Modell« entgegengesetzt worden (Morton/ Williams 2010). Hier geht es darum, die Wirkung einer Ursache in einem experimentellen Design zu identifizieren. Da in einem einzigen Fall nicht die Wirkung des Treatments und die Wirkung ohne Treatment beobachtet werden kann, muss der »average treatment effect« aus einer Fülle von Beobachtungen geschätzt werden, um Kausalität zu identifizieren. Das Experiment mit Treatment- und Kontrollgruppe ist daher der Königsweg zu Erkenntnissen, die diesem Kausalitätsverständnis entsprechen (Goertz/ Mahoney 2012: 76-78; Morton/ Williams 2010: 75-140). Eine darauf basierende experimentelle Verwaltungsforschung ist sicher möglich und entwicklungsfähig. Speziell die Forschung zu Verhandlungen in politischen und administrativen Systemen hat von der Rezeption der Ergebnisse experimenteller Forschung anderer (Sub-)Disziplinen deutlich profitiert, eine eigenständige experimentelle Verwaltungsforschung hat sich daraus in Deutschland bisher nicht herausgebildet. Ist ein Treatment-Effekt nachzuweisen, ergibt sich die praktische Relevant dieser Forschung dann unmittelbar, wenn diese Variable politisch manipulierbar ist. Die praktische Dimension der Verwaltungsforschung wandelt sich dabei in eine quasi-technische Empfehlung zur politischen Steuerung einzelner Faktoren. Auch eine Post-hoc-Praxisrelevanz ist diesem Forschungsvorgehen nicht abzusprechen. Mit der Evaluation einzelner Interventionen kann gezeigt werden, ob erhoffte Effekte eingetreten sind oder nicht. Der Nachweis, dass durch Interventionen nichts erreicht wird, kann mithin politisch desillusionierend wirken. Allerdings verlangen derartige Evaluationen, dass die Intervention bereits in einem experimentähnlichen Setting erfolgt, also z. B. eine Kontrollgruppe vorhanden ist, womit die Verwaltungspraxis selbst bereits experimentell wird.

Die Konzeption kausaler Mechanismen beruht auf einem dritten Kausalitätsverständnis, der mengentheoretischen Interpretation von Kausalität. In den Arbeiten von Charles Ragin (1987, 2000) zu Qualitative Comparative Analysis und Fuzzy-Set-Analysis ist dieses Kausalitätsverständnis bereits in die Sozialwissenschaften eingeflossen, Goertz/ Mahoney (2012) machten sie zur Grundlage ihres Mechanismus-orientierten Modells qualitativer Forschung (das nur wenig gemeinsam hat mit der qualitativen Forschung, wie sie in der Soziologie verstanden wird). Auch hier ist das Verständnis deterministisch. Es werden notwendige und hinreichende Bedingungen für das Vorliegen eines Ereignisses, eines Outputs oder Prozessergebnisses zu bestimmen versucht. Das setzt voraus, dass mehrere Fälle untersucht werden und damit Kausalmechanismen identifiziert werden oder ein Einzelfall unter Bezugnahme auf bekannte Kausalmechanismen erklärt wird. Die Besonderheit von Wolfgangs Seibels Vorgehens besteht darin, konsequent detaillierte Analysen von einzelnen Fällen, d.h. Verwaltungsverfahren, zu betreiben. Diese Einzelfallanalysen können Kausalpfade rekonstruieren und dabei die Wirksamkeit von sozialen Mechanismen unterstellen bzw. aufzeigen, die die einzelnen Prozessschritte in diesem Kausalpfad (oder auch »Kausalnetz«, wenn mehrere Pfade verknüpft sind) miteinander verbinden. Es geht bei dieser Untersuchung von $Verfahren_2$ aber nicht darum, unbekannte Mechanismen zu entdecken. Ein auf die Entdeckung von Mechanismen zentriertes Vorgehen ist am konkreten Verfahrensablauf letztlich desinteressiert. Eine Rekonstruktion des einzelnen Verfahrens muss umgekehrt auf eine Mehrzahl von Mechanismen bezugnehmen, denn letztlich wird für den Übergang von jedem Schritt zum nächsten die Wirksamkeit eines Mechanismus (und keineswegs immer desselben) unterstellt. Und so listet Wolfgang Seibel (2014: 405, 409) auch eine Fülle von relevanten Mechanismen auf, die die einzelnen Schritte im Verfahrensablauf erklären sollen. Zwar kann man die Wirkungsmechanismen von mehreren Schritten zu höherstufigen, großmaßstäblicheren Mechanismen zusammenfassen, doch ist ein Einzelfall auch dann noch in aller Regel das Ergebnis des Zusammenwirkens mehrerer Mechanismen. Durch Einzelfallanalysen sind mithin keine Generalisierungen zum Auftreten von Mechanismen zu erwarten, vielmehr muss die Einzelfallrekonstruktion auf bekannte Mechanismen als mögliche Erklärungsangebote zurückgreifen, um den Kausalpfad wirklich erklärend nachvollziehen zu können. Wolfang Seibel nimmt für sich jedoch auch in Anspruch, im Einzelfall das Allgemeine erkennen zu können: »Und wie in der klinischen Diagnose der Humanmedizin so gilt auch hier, dass nur das theoretisch geschulte Auge in der Spezifik der Einzelfallpathologie – und um die geht es ja bei ‚Behördenversagen' – das Allgemeine eines kausalen Mechanismus erkennt, dessen Wirken auch in anderen Einheiten desselben Systemtyps erwartet werden kann, auch wenn sein tatsächliches Wirksamwerden von weiteren begleitenden Faktoren abhängig sein mag« (Seibel 2016a: 396). Von der (potentiellen) Selbstimmunisierung durch die Bezugnahme auf das »theoretisch geschulte Auge« abgesehen ist die Annahme, es ließe sich vom Einzelfall auf das »Allgemeine eines kausalen Mechanismus« innerhalb eines Systems schließen, nicht in Einklang zu bringen mit den Überlegungen zur Methodologie der Fallanalyse oder der Rolle von kausalen Mechanismen in sozialwissenschaftlichen Erklärungen. Wenn Wolfgang Seibel die Fahndungsfehlschläge in der Aufklärung der Serienmorde an Immigranten (NSU-Morde) zunächst auf eine Fehldiagnose im Fahndungsansatz und den fragmentierten Fahndungsapparat zurückführt und dahinter das Wirken von Standardpathologien wie z. B. antrainierter Inkompetenz (Seibel 2014: 399-405) vermutet, so ist das kein Beleg für das allgemeine Auftreten solchen Behördenversagens, sondern nur dafür, dass sich das Verwaltungshandeln im NSU-Fall mit Hilfe dieses kausalen Mechanismus noch verstehen und erklären lässt. Das Exemplarische eines einzelnen Falles lässt sich nur dann empirisch aufzeigen, wenn viele Einzelfälle untersucht worden sind und dort derselbe Mechanismus gefunden wird. Der Nachweis der Wirksamkeit eines Mechanismus in einem Fall besagt nicht, dass der Mechanismus typisch ist für einen ganzen Organisationstyp. Will man eine Mechanismus-zentrierte Erklärung vorlegen, so ist das dazugehörige Kausalitätsverständnis auch in der Anlage der Untersuchungen zugrunde zu legen.

4. Theorie-Exportfähigkeit der Verwaltungsforschung?

Kann eine stärkere Hinwendung zum Verfahrensbegriff und zu einer Mechanismus-zentrierten Erklärungsstrategie die eingangs angeführte geringe Fähigkeit zum Theorieexport verbessern? Wie die Untersuchungen von Wolfgang Seibel zeigen, sind Einzelfallanalysen von Verwaltungsentscheidungen auf die Nutzung von bestehendem Wissen angewiesen. Wissen – nun über mögliche kausale Mechanismen – muss wie bisher importiert werden.

Zwar ist die Entdeckung oder genauere Fassung eines neuen Kausalmechanismus immer denkbar, wie dies auch im Überschneidungsfeld von Verwaltungsforschung, Policy-Analyse und Steuerungstheorie sehr gut gelungen ist. Die Kombination aus Verfahrensbegriff und Mechanismus-Kausalität könnte allerdings eine Analysestrategie entfalten, die eine wechselseitige Anregung zwischen getrennten Feldern der Sozialwissenschaft ermöglicht. Verfahrensanalysen auf der Ebene von Verwaltungsverfahren wären bei Ausrichtung auf die Entdeckung von kausalen Mechanismen oder bestimmter Ketten von Mechanismen von großer Bedeutung für andere (Sub-) Disziplinen, die sich mit Verfahren beschäftigen wie die Rechtssoziologie, die politische Soziologie von Parteien und Verbänden, die Demokratietheorie, die Policy-Forschung, die vergleichende Parlamentarismusforschung und die vergleichende Forschung generell. Die Exportfähigkeit entsteht dadurch, dass auf eine andere, bisher nicht hinreichend detailliert erforschte Ebene, die Mikroebene der Verfahren, gewechselt und zugleich ein Kausalitätsverständnis genutzt wird, das dieser Ebene angemessen ist und sich zudem in nahezu allen Subdisziplinen der Politikwissenschaft als sinnvoller neuer Weg erweist.

5. Literaturverzeichnis

Beach, Derek (2016): It's all about Mechanisms. What Process-Tracing Case Studies should be Tracing. In: New Political Economy, 21 (5), 463-472.

Beach, Derek, Pedersen, Rasmus Brun (2013): Process-Tracing Methods. Foundations and Guidelines. Ann Arbor: The University of Michigan Press.

Bennett, Andrew, Checkel, Jeffrey T. (Hrsg.) (2015): Process Tracing. From Metaphor to Analytic Tool. Cambridge: Cambridge University Press.

Blatter, Joachim, Haverland, Markus (2014): Designing Case Studies. Explanatory Approaches in Small-N Research. Basingstoke: Palgrave Macmillan.

Bogumil, Jörg, Schmid, Josef (2001): Politik in Organisationen. Organisationstheoretische Ansätze und praxisbezogene Anwendungsbeispiele. Opladen: Leske + Budrich.

Boudon, Raymond (1981): The Logic of Social Action. An Introduction to Sociological Analysis. New York: Routledge.

Bunge, Mario. (1997): Mechanism and Explanation. In: Philosophy of the Social Sciences, 27 (4), 410-465.

Bunge, Mario (2004): How Does It Work? The Search for Explanatory Mechanisms. In: Philosophy of the Social Sciences, 34 (2), 182–210.

Christensen, Tom, Lægreid, Per (2015): A Norwegian Tradition of Studying Public Administration. Bounded Rationality and Institutional Features Combined. In: Marian Döhler, Jochen Franzke, Kai Wegrich (Hrsg.): Der gut organisierte Staat. Festschrift für Werner Jann zum 65. Geburtstag. Baden-Baden: Nomos, 53-70.

Coleman, James (1990): The Foundations of Social Theory. Cambridge: The Belknap Press of Harvard University Press.

Collier, David (2011): Understanding Process Tracing, In: Political Science & Politics, 44 (4), 823-30.

Demeulenaere, Pierre (2011): Analytical Sociology and Social Mechanisms. Cambridge/ New York: Cambridge University Press.

Elster, Jon (1989a): Nuts and Bolts for the Social Sciences. Cambridge/ New York: Cambridge University Press.

Elster, Jon (1989b): The Cement of Society: A Study of Social Order. Cambridge: Cambridge University Press.

Elster, Jon (2007): Explaining Social Behavior. More Nuts and Bolts for the Social Sciences. New York: Cambridge University Press.

Estlund, David M. (2008): Democratic Authority. A Philosophical Framework. Princeton: Princeton University Press.

Falleti, Tulia G., Lynch, Julia F. (2008): From Process to Mechanism. Varieties of Disaggregation. In: Qualitative Sociology, 31 (4), 333-339.

Falleti, Tulia G., Lynch, Julia F. (2009): Context and Causal Mechanisms in Political Analysis. In: Comparative Political Studies, 42 (9), 1143-1166.

George, Alexander L., Bennett, Andrew (2004): Case Studies and Theory Development in the Social Sciences. Cambridge/ London: MIT Press.

Gerring, John (2001): Social Science Methodology. A Critical Framework. Cambridge: Cambridge University Press.

Goertz, Gary, Mahoney, James (2012): A Tale of Two Cultures. Qualitative and Quantitative Research in the Social Sciences. Princeton/ Oxford: Princeton University Press.

Goetz, Klaus H. (2014): Time and Power in the European Commission. In: International Review of Administrative Sciences, 80 (3), 577-596.

Goetz, Klaus H. (2015): Synchronisation demokratischen Regierens in der Europäischen Union. In: Holger Straßheim, Tom Ulbricht (Hrsg.): Zeit der Politik. Demokratisches Regieren in einer beschleunigten Welt. Leviathan Sonderband 30. Baden-Baden: Nomos, 132-151.

Grönlund, Kimmo, Bächtiger, André, Setälä, Maija (Hrsg.) (2014): Deliberative Mini-Publics. Involving Citizens in the Democratic Process. Colchester: ECPR Press.

Grunden, Timo (2013): Formales und informelles Regieren in rechtsstaatlichen Demokratien. In: Karl-Rudolf Korte, Timo Grunden (Hrsg.): Handbuch Regierungsforschung. Wiesbaden: VS Verlag, 219-228.

Habermas, Jürgen (1992): Faktizität und Geltung. Beiträge zur Diskurstheorie des Rechts und des demokratischen Rechtsstaats. Frankfurt am Main: Suhrkamp.

Hall, Peter A. (2013): Tracing the Progress of Process Tracing. In: European Political Science, 12 (1), 20-30.

Hedström, Peter (2005): Dissecting the Social. On the Principles of Analytical Sociology. Cambridge: Cambridge University Press.

Hedström, Peter, Bearman, Peter (Hrsg.) (2009): The Oxford Handbook of Analytical Sociology. Oxford/ New York: Oxford University Press.

Hedström, Peter, Swedberg, Richard (1996): Social Mechanisms. In: Acta Sociologica, 39 (3), 281-308.

Hedström, Peter, Swedberg, Richard (Hrsg.) (1998): Social Mechanism. An Analytical Approach to Social Theory. Cambridge: Cambridge University Press.

Hedström, Peter, Ylikoski, Petri (2010): Causal Mechanisms in the Social Sciences. In: Annual Review of Sociology, 36, 49–67.

Heinelt, Hubert (2016): Governance und politisches Entscheiden. Zur intersubjektiven Erschließung der Grundlagen politischer Entscheidungen. Baden-Baden: Nomos.

Hopcroft, John E., Motwani, Rajeev, Ullman, Jeffrey D. (2011): Einführung in Automatentheorie, Formale Sprachen und Berechenbarkeit. 3., aktualisierte Auflage. München: Pearson Education.

Jann, Werner (2006): Die skandinavische Schule der Verwaltungswissenschaft. Neo-Institutionalismus und die Renaissance der Bürokratie. In: Jörg Bogumil, Werner Jann, Frank Nullmeier (Hrsg.): Politik und Verwaltung. PVS-Sonderheft 37. Wiesbaden: VS Verlag, 121-148.

King, Gary, Keohane, Robert O., Verba, Sidney (1994): Designing Social Inquiry. Scientific Inference in Qualitative Research. Princeton: Princeton University Press.

Laux, Henning, Rosa, Hartmut (2015): Clockwork Politics – Fünf Dimensionen politischer Zeit. In: Holger Straßheim, Tom Ulbricht (Hrsg.): Zeit der Politik. Demokratisches Regieren in einer beschleunigten Welt. Leviathan Sonderband 30. Baden-Baden: Nomos, 52-70.

Luhmann, Niklas (1983): Legitimation durch Verfahren. 3. Auflage. Frankfurt am Main: Suhrkamp.

Mahoney, James (2001): Beyond Correlational Analysis: Recent Innovations in Theory and Method. In: Sociological Forum, 16 (3), 575-593.

Mahoney, James (2004): Comparative-Historical Methodology. In: Annual Review of Sociology, 30, 81-101.

Mahoney, James (2008): Toward a Unified Theory of Causality. In: Comparative Political Studies, 41 (4/5), 412-436.

Mahoney, James (2010): After KKV – The New Methodology of Qualitative Research. In: World Politics, 62 (1), 120-147.

Mahoney, James (2016): Mechanisms, Bayesianism, and Process Tracing. In: New Political Economy, 21 (5), 493-499.

Mahoney, James, Rueschemeyer, Dietrich (Hrsg.) (2003): Comparative Historical Analysis in the Social Sciences. New York: Cambridge University Press.

Mayntz, Renate (2004): Mechanisms in the Analysis of Social Macro-Phenomena. In: Philosophy of the Social Sciences, 34 (2), 237–59.

Mayntz, Renate (2009): Sozialwissenschaftliches Erklären - Probleme der Theorienbildung und Methodologie. Frankfurt am Main/ New York: Campus.

Mayntz, Renate (2002): Akteure - Mechanismen - Modelle. Zur Theoriefähigkeit makro-sozialer Analysen. Frankfurt am Main/ New York: Campus.

McAdam, Doug, Tarrow, Sidney, Tilly, Charles (2001): Dynamics of Contention. Cambridge: Cambridge University Press.

Merton, Robert (1968): Social Theory and Social Structure. New York: Free Press.

Morton, Rebecca, Williams, Kenneth C. (2010): Experimental Political Science and the Study of Causality. From Nature to the Lab. New York: Cambridge University Press.

Nullmeier, Frank, Pritzlaff, Tanja (2009): The Implicit Normativity of Political Practices. Analyzing the Dynamics and Power Relations of Committee Decision-Making. In: Critical Policy Studies, 3 (3-4), 357-374.

Offe, Claus (2015): Temporalstrukturen sozialer Macht. In: Holger Straßheim, Tom Ulbricht (Hrsg.): Zeit der Politik. Demokratisches Regieren in einer beschleunigten Welt. Leviathan Sonderband 30. Baden-Baden: Nomos, 29-51.

Palonen, Kari (2015): Die Zeit als Medium des politischen Spiels. Figuren der parlamentarischen Zeit des Westminster-Typus. In: Holger Straßheim, Tom Ulbricht (Hrsg.): Zeit der Politik. Demokratisches Regieren in einer beschleunigten Welt. Leviathan Sonderband 30. Baden-Baden: Nomos, 239-254.

Peter, Fabienne (2009): Democratic Legitimacy. New York: Routledge.

Peters, Bernhard (1991): Rationalität, Recht und Gesellschaft. Frankfurt am Main: Suhrkamp.

Ragin, Charles C. (1987): The Comparative Method. Moving Beyond Qualitative and Quantitative Strategies. Berkeley: University of California Press.

Ragin, Charles C. (2000): Fuzzy-Set Social Science. Chicago/ London: University of Chicago Press.

Rawls, John (1979): Eine Theorie der Gerechtigkeit. Frankfurt am Main: Suhrkamp.

Rawls, John (2003): Gerechtigkeit als Fairneß. Ein Neuentwurf. Frankfurt am Main: Suhrkamp.

Reckwitz, Andreas (2003): Grundelemente einer Theorie sozialer Praktiken. Eine sozialtheoretische Perspektive. In: Zeitschrift für Soziologie, 32 (4), 282-301.

Reckwitz, Andreas (2008): Praktiken und Diskurse. Eine sozialtheoretische und methodologische Relation. In: Herbert Kalthoff, Stefan Hirschauer, Gesa Lindemann (Hrsg.): Theoretische Empirie. Zur Relevanz qualitativer Forschung. Frankfurt am Main: Suhrkamp, 188-209.

Scharpf, Fritz W. (2000): Interaktionsformen. Akteurzentrierter Institutionalismus in der Politikforschung. Opladen: Leske + Budrich.

Schatzki, Theodore R. (1996): Social Practices. A Wittgensteinian Approach to Human Activity and the Social. Cambridge: Cambridge University Press.

Schatzki, Theodore R., Knorr, Cetina Karin, Savigny, Eike von (Hrsg.) (2001): The Practice Turn in Contemporary Theory. London: Routledge.

Schmidt, Robert (2012): Soziologie der Praktiken. Konzeptionelle Studien und empirische Analysen. Berlin: Suhrkamp.

Seibel, Wolfgang (2014): Kausale Mechanismen des Behördenversagens. Eine Prozessanalyse des Fahndungsfehlschlags bei der Aufklärung der NSU-Morde. In: Der moderne Staat, 7 (2), 375-413.

Seibel, Wolfgang (2016a): Kausale Prozessanalyse und Fallstudiendesign. Replik. In: Der moderne Staat, 9 (2), 393-399.

Seibel, Wolfgang (2016b): Verwaltung verstehen. Eine theoriegeschichtliche Einführung. Berlin: Suhrkamp.

Starke, Peter (2015): Prozessanalyse. In: Georg Wenzelburger, Reimut Zohlnhöfer (Hrsg.): Handbuch Policy-Forschung. Wiesbaden: VS Verlag, 453-482.

Stollberg-Rilinger, Barbara (Hrsg.) (2001): Vormoderne politische Verfahren. Beiheft 25 der Zeitschrift für historische Forschung. Berlin: Duncker & Humblot.

Stollberg-Rilinger, Barbara, Krischer, André (Hrsg.) (2010): Herstellung und Darstellung von Entscheidungen. Verfahren, Verwalten und Verhandeln in der Vormoderne. Beiheft 44 der Zeitschrift für historische Forschung. Berlin: Duncker & Humblot.

Straßheim, Holger, Ulbricht, Tom (Hrsg.) (2015): Zeit der Politik. Demokratisches Regieren in einer beschleunigten Welt. Leviathan Sonderband 30. Baden-Baden: Nomos.

Tilly, Charles (2001): Mechanisms in Political Processes. In: Annual Review of Political Science, 4, 21-41.

Tilly, Charles (2008): Explaining Social Processes, Boulder. London: Paradigm Publishers.

Trampusch, Christine, Palier, Bruno (2016): Between X and Y. How Process Tracing Contributes to Opening the Black Box of Causality. In: New Political Economy, 21 (5), 437-454.

Waldner, David (2015): What Makes Process Tracing Good? Causal Mechanisms, Causal Inference, and the Completeness Standard in Comparative Politics. In: Andrew Bennett, Jeffrey T. Checkel (Hrsg.): Process Tracing – From Metaphor to Analytic Tool. Cambridge: Cambridge University Press.

Waldner, David (2012): Process Tracing and Causal Mechanisms. In: Harold Kincaid (Hrsg.): Oxford Handbook of the Philosophy of Social Science. Oxford/ New York: Oxford University Press, 65-84.

Wolf, Sebastian (2016): Behördenversagen, Fallstudiendesign und verwaltungswissenschaftliche Pathologien. Anmerkungen zu Wolfgang Seibels NSU-Prozessanalyse. In: Der moderne Staat, 9 (2), 381-392.

Ylikoski, Petri (2012): Micro, Macro, and Mechanisms. In: Harold Kincaid (Hrsg.): Oxford Handbook of the Philosophy of Social Science. Oxford/ New York: Oxford University Press, 21-45.

Verwaltung im globalen Wandel – Neue Perspektiven für die Verwaltungswissenschaft

Edgar Grande

1. Die Problemstellung: Der Wandel von Staatlichkeit und die deutsche Verwaltungswissenschaft

Die Globalisierung – genauer: Denationalisierung (Zürn 1998; Sassen 2003) – war in den vergangenen dreißig Jahren eine der stärksten transformativen Kräfte in den modernen Gegenwartsgesellschaften. Es gibt inzwischen eine unüberschaubare Fülle von ökonomischen, soziologischen und politikwissenschaftlichen Untersuchungen, die zeigen, dass die Zunahme grenzüberschreitender Interdependenzen, Aktivitäten und Organisationen mittlerweile alle Lebensbereiche erfasst hat und sie in zunehmendem Maße prägt. In der Politikwissenschaft stand der Wandel von Demokratie und Staatlichkeit im Mittelpunkt dieser Forschung (vgl. Leibfried et al. 2015). Auch wenn sich die, vor allem in den 1990er Jahren florierenden, Thesen vom »Ende des Nationalstaats«, dem »Ende der Souveränität« und dem »Ende der Demokratie« letztlich als weit überzogen erwiesen haben, so dürfte doch unstrittig sein, dass die Prozesse der wirtschaftlichen, gesellschaftlichen und politischen Denationalisierung weitreichende Auswirkungen auf die Handlungsfähigkeit des Nationalstaates, die institutionelle Architektur von Staatlichkeit und die Möglichkeiten und Bedingungen der demokratischen Legitimation von Politik haben. Dies stellt gerade für eine politikwissenschaftliche Verwaltungsforschung, die sich für die »Möglichkeiten problemadäquater politisch-administrativer Strukturen und Prozesse unter den modernen Bedingungen« (Scharpf 1973a: 32) interessiert, eine besondere Herausforderung dar.

Inwieweit sich die Verwaltungswissenschaft dieser Herausforderung bislang angenommen hat, das ist umstritten. Die Sichtbarkeit und der Stellenwert der Verwaltungswissenschaft in der einschlägigen Globalisierungs-, Internationalisierungs- und Europäisierungsdiskussion waren bislang gering. In der deutschen Forschung zur »Staatlichkeit im Wandel« beispielsweise kamen verwaltungswissenschaftliche Themen bestenfalls am Rande vor (vgl. Zürn/ Leibfried 2006). Auch Michael Bauers systematische Auswertung der verwaltungswissenschaftlichen Forschungsliteratur kommt zu dem Ergebnis, »dass die Verwaltungswissenschaft der Internationalisierungsproblematik bislang verblüffend wenig Beachtung geschenkt hat« (Bauer 2015: 650).

Dies steht in deutlichem Kontrast zur Selbstwahrnehmung des Faches, in der das Thema der »Europäisierung und Internationalisierung der Verwaltung« eine zentrale Stellung auf der Agenda einnimmt. Zu dieser Einschätzung kamen zumindest Bogumil, Jann und Nullmeier (2006) in ihrer Bestandsaufnahme des Forschungsstandes der politikwissenschaftlichen Verwaltungsforschung; und sie wird durch die Umfrage von Bauer und Becker (in diesem Band) zu den relevanten verwaltungswissenschaftlichen Forschungsfeldern in der Zukunft bestätigt. Dort steht das Thema »Europäisierung und Internationalisierung der Verwaltung« auf dem zweiten Rang – hinter dem Thema »Digitalisierung«, aber weit vor klassischen verwaltungswissenschaftlichen Themen wie »Verwaltungsorganisation« und »Koordination«. Auch die Einrichtung einer DFG-Forschergruppe zum Thema »Internationale Verwaltung« (vgl. Bauer et al. 2017a) ist Ausdruck der Bemühungen, sich diesem Themengebiet in der verwaltungswissenschaftlichen Forschung systematisch zuzuwenden. Vor diesem Hintergrund wird vereinzelt sogar Kritik geäußert, dass die führenden Fachvertreter solchen »untypischen Erscheinungsformen« zu viel Aufmerksamkeit gewidmet und dabei die »ganz normale nationale Verwaltung« aus dem Blick verloren haben (Seibel 2016: 152).

Diese Kritik mag überzogen sein, aber in der Vergangenheit wurde zu diesen Themen in Deutschland zweifellos einschlägig geforscht und publiziert; und den deutschen Verwaltungswissenschaftlern ist die große und zunehmende Bedeutung der Europäisierung und Internationalisierung der öffentlichen Verwaltung offensichtlich bewusst. Mit einem Plädoyer, diesem Thema künftig mehr Bedeutung beizumessen, dürfte man folglich offene Türen einrennen. Wenn dem so ist, dann stellt sich freilich die Frage, wohin denn diese Türen führen? Welche Konsequenzen könnte (oder sollte) die zunehmende Bedeutung des Themas der »Europäisierung und Internationalisierung der Verwaltung« für die Verwaltungswissenschaft haben? Entsteht dadurch ein weiteres Spezialgebiet, wodurch die ohnehin schon große Fragmentierung des Faches noch größer wird, oder ergeben sich neue Möglichkeiten der Integration für die Verwaltungswissenschaft?

In diesem Beitrag wird argumentiert, dass die Denationalisierung der Verwaltung kein »untypischer« Nebenaspekt ist, sondern alle Kernfragen der Verwaltungswissenschaft betrifft. Durch die systematische Analyse der Formen und Folgen der Denationalisierung der Verwaltung könnten sich

Perspektiven für eine grundlegende Neuausrichtung des Faches eröffnen. Hierdurch könnte nicht nur die Verwaltungsforschung wieder stärker in die Politikwissenschaft integriert werden; dadurch würden sich auch neue Ansatzpunkte zur Integration des Faches insgesamt ergeben. Um diese Chancen zu nutzen, muss die Verwaltungswissenschaft allerdings konzeptionell den »Container des Nationalstaats« verlassen und einen »kosmopolitischen Blick« (Beck 2004) auf ihren Gegenstand werfen.

2. *Was verändert sich? Dimensionen der Transnationalisierung und ihre Folgen für die Verwaltung*

Inwieweit betrifft die Denationalisierung von Wirtschaft, Gesellschaft und Politik die Verwaltung? Was heißt es für die Verwaltungswissenschaft, wenn Regieren zunehmend »jenseits des Nationalstaats« (Zürn 1998) stattfindet? Im Mittelpunkt der politikwissenschaftlichen Forschung zum Regieren jenseits des Nationalstaats stehen drei Entwicklungen, die im Weiteren unter den Begriff der Transnationalisierung[1] gefasst werden: die zunehmende Organisations- und Institutionenbildung jenseits des Nationalstaats; die zunehmende Verrechtlichung der internationalen Politik; und die zunehmende Bedeutung globaler Normen.

Der auffälligste Aspekt der politischen Transnationalisierung ist die *Organisations- und Institutionenbildung* jenseits des Nationalstaats. Dazu zählen internationale Organisationen wie die nach dem Ende des Zweiten Weltkriegs gegründeten Bretton Woods-Institutionen (Weltbank, IWF), die WTO und viele andere mehr (vgl. Rittberger et al. 2012). Im Zuge dieser Entwicklung erfolgte eine Expansion der Verwaltung in internationalen und supranationalen Organisation, so dass Barnett und Finnemore (2004: Kap. 1) in diesem Zusammenhang zu Recht von einer »bureaucratization of world politics« sprechen. Diese Organisationsbildung ging einher mit einer Intensivierung zwischenstaatlicher Beziehungen, einer immer größeren Zahl zwischenstaatlicher Abkommen und einem immer dichteren Netzwerk von intergouvernementalen Aktivitäten wie den jährlichen G7 bzw. G20-Gipfeln. Darüber hinaus bilden diese Organisationen die Bausteine für eine

1 Der Begriff der *Transnationalisierung* wird in diesem Beitrag als Oberbegriff für alle Formen der inter-, trans- und supranationalen Aktivität, Interaktion und Organisation verwendet (vgl. Pries 2007). Transnationalisierung ist ein wichtiger Aspekt der gesellschaftlichen Denationalisierung, aber nicht deckungsgleich mit ihr. Die Denationalisierung besitzt auch eine subnationale (regionale, lokale) Dimension (vgl. Zürn 1998; Sassen 2003), auf die in diesem Beitrag nicht eingegangen wird.

rasch zunehmende Zahl von transnationalen Politiknetzwerken und »Public-Private-Partnerships«, in denen internationale Organisationen, transnationale Unternehmen und zivilgesellschaftliche Organisationen zusammenarbeiten (vgl. Hale/ Held 2011).

Ein zweiter Aspekt der Transnationalisierung ist die *zunehmende Verrechtlichung der internationalen Politik* (vgl. Abbott/ Snidal 2000). Das Verhalten von Staaten, Unternehmen und Individuen wird zunehmend rechtlichen Normen unterworfen, die jenseits der Nationalstaaten formuliert werden und die gegenüber diesen (und ihren Bürgern) Geltung beanspruchen. Dabei lassen sich zwei Entwicklungslinien identifizieren, die beide auf eine erhebliche Stärkung neuer Formen des transnationalen Regierens hindeuten: die zunehmende »Konstitutionalisierung« des Völkerrechts einerseits, die immer größere Bedeutung von »soft law« jenseits des Nationalstaats andererseits.

Schließlich wird die Entwicklung transnationalen Regierens gestärkt durch die zunehmende Bedeutung *globaler kultureller Normen*. Die transnationale Organisations- und Institutionenbildung ist eingebettet in einen weltweiten Prozess der Herausbildung und Diffusion normativer Orientierungen, die eine globale Ordnungsbildung begünstigen. Die empirische Analyse dieser globalen kulturellen Normen hat gezeigt, dass deren Diffusion insbesondere über internationale Organisationen erfolgt (vgl. Meyer 2005).

Für die politikwissenschaftliche Verwaltungsforschung ergeben sich aus der Transnationalisierung *drei neue Arbeitsschwerpunkte*:

- erstens die Organisation der Verwaltung in internationalen Organisationen, ihre Strukturen, Funktionen, Rekrutierungsmuster, etc.;
- zweitens die Transnationalisierung der Umweltbeziehungen von Verwaltungen, seien dies die Beziehungen internationaler Verwaltungen zu anderen transnationalen Organisationen oder zu den nationalen Verwaltungen;
- drittens die Rückwirkungen der Transnationalisierung auf die nationale Verwaltung, d.h. die innere Transnationalisierung nationaler Verwaltungen.

Diese Schwerpunkte decken sich nur teilweise mit den klassischen Themengebieten der Verwaltungswissenschaft, in deren Mittelpunkt die Binnenstruktur der Verwaltung, die Beziehung zwischen Politik und Verwaltung und die Beziehung zwischen der Verwaltung und ihrem »Publikum« steht. Im Fall von inter- und transnationalen Organisationen ist dies nicht zuletzt den Eigentümlichkeiten des Gegenstandsbereichs geschuldet, denn dabei handelt es sich um einen »besondere[n] Typus mit charakteristischen Strukturmerkmalen und damit verknüpften Funktionsproblemen« (Mayntz 2009: 10). Daraus folgt, so meine These, dass die Beschäftigung mit den transnationalen Aspekten der Verwaltung mehr erfordert als nur eine Maßstabsvergrößerung der bisher gebräuchlichen Forschungsperspektiven. Dies soll im Folgenden für jeden der drei Schwerpunkte – ohne Anspruch auf Vollständigkeit – auf der Grundlage der vorliegenden Forschungsliteratur skizziert werden. Auf diese Weise soll das Potential dieser Forschung für die Verwaltungswissenschaft insgesamt illustriert werden.

3. *Internationale Organisationen als Verwaltungen: Alte Fragen, neue Antworten?*

Der naheliegende Schwerpunkt einer verwaltungswissenschaftlichen Forschung, die sich für Prozesse der politisch-administrativen Denationalisierung interessiert, liegt auf den Verwaltungsstrukturen der inter- und transnationalen Organisationen. An diesem Punkt berühren sich ganz offensichtlich die Forschungsinteressen von Internationalen Beziehungen (IB) und Verwaltungswissenschaft, die sich beide erst relativ spät systematisch für diesen neuen Gegenstandsbereich interessiert haben.[2] Im Mittelpunkt der IB-Forschung stand lange Zeit das Problem, weshalb Staaten überhaupt kooperieren und Autorität an internationale Organisationen abgeben (Abbott/ Snidal 1998). Erst zu Beginn der 2000er Jahre richtete sich das Interesse der IB-Forschung dann auf die Binnenstruktur dieser Organisationen (Barnett/ Finnemore 2004). Auch die Verwaltungswissenschaft hat sich, abgesehen von den Europäischen Gemeinschaften, lange Zeit für Verwaltung jenseits des Nationalstaats wenig interessiert. Inzwischen beschäftigen sich beide intensiver mit internationalen Organisationen als »Bürokratien«, und sie verfolgen dabei sehr ähnliche Problemstellungen. Dabei handelt es sich um klassische Themen der Verwaltungsforschung: die Struktur der Organisation, ihre Funktionen, ihre Autonomie, ihr Personal, ihre Entwicklung, die Möglichkeiten und Grenzen ihrer Reform, und anderes mehr. Was kann die Verwaltungswissenschaft dann lernen, wenn sie sich mit diesen Organisationen beschäftigt?

2 Eine Ausnahme bildet die Verwaltung der Europäischen Gemeinschaften. Diese ist bereits seit den 1960er Jahren Gegenstand systematischer empirischer Forschung und diese Forschung hat früh die Besonderheiten der neuen supranationalen Administration betont (vgl. für viele: Coombes 1970).

Auf den ersten Blick, so scheint es, nur wenig. Internationale Organisationen mögen zwar aus einer IB-Perspektive, die sich mit Staaten beschäftigt, eine neue Akteurskategorie darstellen (vgl. Barnett/ Finnemore 2004: 3), nicht aber für die mit nationalen Verwaltungen vertraute Verwaltungswissenschaft. Bauer et al. (2017b: 181) betonen, dass sich die Binnenstrukturen und -prozesse internationaler Administrativen in den wesentlichen Aspekten nicht von nationalen Verwaltungen unterscheiden. Sie sind beide hierarchisch strukturiert, arbeiten regelorientiert, sind abhängig von Ressourcenzuweisungen und unterliegen der politischen Aufsicht und Kontrolle. Daraus schließen sie, dass »from a merely structural perspective, there is little to suggest that IPA [international public administration] is a ‚distinctive beast' in the rich and highly heterogeneous population of PAs [public administrations]«. Den entscheidenden Unterschied mache die systemische Umwelt der Verwaltungen. Während die einen im Schatten des souveränen Nationalstaats operieren, agieren die anderen im Schatten eines anarchischen internationalen Systems. Dies habe zur Folge, dass sich auf der internationalen Ebene ein »neuer Typ von Bürokratie« (Bauer et al. 2017b: 181) herausgebildet hat. Im Unterschied dazu argumentiert Mayntz (2009), dass es nicht der systemische, sondern der organisatorische Kontext ist, der die Eigenheit internationaler Verwaltungen ausmacht. »Inter- und transnationale Organisationen besitzen«, so Mayntz (2009: 10), »Merkmale, die unter den Organisationen auf der nationalen Ebene schwach ausgeprägt oder selten zu finden sind; diese Merkmale hängen mit der besonderen Art ihres Entstehens, nämlich durch Vereinbarung von Staaten und den Zusammenschluss von Organisationen« zusammen. Internationale Organisationen und ihre Verwaltungen müssen folglich unter dem allgegenwärtigen »Schatten der Mitgliedstaaten« (Marcussen/ Trondal 2011: 611) handeln.

Aus diesem Grund unterscheiden sich internationale Organisationen und ihre Verwaltungen in wichtigen Merkmalen von nationalen Verwaltungen. Deshalb sind zwar die Fragestellungen und Grundprobleme, die sich aus einer verwaltungswissenschaftlichen Perspektive bei der Beschäftigung mit inter- und transnationalen Organisationen stellen, die gleichen, aber die Antworten sind vielfach andere. Ich möchte dies an vier Aspekten transnationaler Verwaltungen illustrieren: (1.) ihrer Struktur, (2.) ihrer Autonomie, (3.) ihren Aufgaben, sowie (4.) der Strukturbildung und den Reformmöglichkeiten.

1. Im Hinblick auf ihre *Organisationsstruktur* scheinen internationale Verwaltungen wenig Neues zu bieten zu haben. Ihre Formalstruktur ist in der Regel hierarchisch und übernimmt das in den modernen Nationalstaaten

dominierende Modell der hierarchisch organisierten, regelgebundenen bürokratischen Verwaltung. Alternative Organisationsmodelle konnten sich bislang nicht durchsetzen. Im Unterschied zur Managementliteratur, die sehr früh die Auswirkungen der Globalisierung auf die Organisation von Unternehmen thematisierte und zahlreiche neue Organisationsmodelle diskutierte (für viele: Peters 1986), scheint es in der Verwaltungswissenschaft noch nicht einmal eine intensivere Diskussion über solche Alternativen gegeben zu haben.[3] Die transnationale Institutionenbildung entwickelte sich nicht zum Experimentierfeld für neue Formen des Verwaltens jenseits des Nationalstaats. Internationale Verwaltungen sind hierarchische Verwaltungen und »an administrative hierarchy is an administrative hierarchy regardless of the level at which it operates« (Bauer et al. 2017b: 181).

Das ist zweifellos richtig, aber es wird den eigentümlichen Organisationsbedingungen internationaler Verwaltungen als *inter-nationaler* Verwaltungen nur bedingt gerecht. Denn internationale Organisationen sind »Meta-Organisationen« (Ahrne/ Brunsson 2008), die durch den Zusammenschluss von Staaten entstehen und in denen die Staaten als Mitglieder eine herausgehobene Stellung einnehmen. Das macht sie zu »institutionellen Hybriden« (Seibel 2008: 120); sie sind beides zugleich, multilaterale Institution und internationale Bürokratie. Das gilt selbst in supranationalen Institutionen wie der EG/EU, deren Autorität gegenüber den Mitgliedstaaten besonders ausgeprägt ist. In solchen Organisationen ist, wie Mayntz (2009: 10) betont, hierarchische Steuerung »besonders prekär«. Dies gilt insbesondere dann, wenn die Interessen der Mitgliedstaaten heterogen sind und diese Heterogenität innerhalb der Verwaltung ihren Ausdruck findet. Zugleich ist diese Hierarchie eingebunden in eine stark konsensorientierte Entscheidungsstruktur. Internationale Organisationen sind aufgrund ihrer Mitgliederstruktur zwangsläufig Verhandlungssysteme, in denen Mehrheitsentscheidungen enge Grenzen gesetzt sind, sofern sie überhaupt möglich sind. Es ist zu vermuten, dass dieser »Hybridcharakter der Entscheidungsstruktur« (Mayntz 2009: 10) die bürokratische Rationalität internationaler Verwaltungen auf eigentümliche Weise prägt und begrenzt. Internationale Verwaltungen sind zwar Hierarchien, aber in ihnen müssen hierarchische Entscheidungen »im Schatten des Konsenses« getroffen werden.

3 Eine interessante Ausnahme stellt Peters (2005) dar, der das Garbage Can-Modell der Organisation nutzt, um die Prozesse der transnationalen Institutionenbildung zu untersuchen. Seine Analyse legt nahe, dass das hierarchische, regelgebundene Bürokratiemodell in der turbulenten Welt transnationaler Politik mit ihren unklaren Problemstrukturen und vielfach wechselnden Akteuren unangemessen ist.

Hinzu kommt, dass Bürokratien bekanntlich eine Reihe von Möglichkeiten besitzen, um die Effekte von Hierarchie abzuschwächen oder hierarchische Entscheidungszwänge zu umgehen; und es ist davon auszugehen, dass diese Möglichkeiten auch in internationalen Verwaltungen genutzt werden. Die EU-Kommission liefert eine Fülle von Beispielen hierfür (vgl. Grande/McCowan 2015). So wurde in den 1990er Jahren mit der Einrichtung von themen- und aufgabenspezifischen »Task Forces« versucht, eine Lösung für die Koordinationsprobleme der fachlich segmentierten und hierarchischen Kommissionsbürokratie zu finden. Eine andere, weithin bekannte Möglichkeit ist die Informalisierung des Verwaltungshandelns. Von Jacques Delors ist bekannt, dass er sich als Kommissionspräsident vor allem auf ein informelles Netzwerk innerhalb der Kommission stützte und nicht auf hierarchisch-bürokratische Verwaltungsstrukturen (vgl. Grant 1994).

Insgesamt zeigt sich, dass die Organisationsstruktur internationaler Verwaltungen zahlreiche interessante Fragen für die Verwaltungsforschung aufwirft. Diese Verwaltungen sind zwar hierarchisch strukturiert, aber ihre Hierarchien sind auf typische Weise institutionell eingebettet und begrenzt. Auch wenn die formalen Strukturen deshalb wenig Neues bieten, so könnte die systematische empirische Analyse der »Realstrukturen« doch wichtige neue Einsichten in die Ausprägungen, die Funktionsweise und die Funktionsprobleme von Verwaltungen im 21. Jahrhundert liefern.

2. Die *Autonomie internationaler Organisationen* und ihrer Verwaltungsstäbe ist eines der zentralen Themengebiete der IB-Forschung und der politikwissenschaftlichen Verwaltungsforschung. Für beide gilt, dass die »Eigenständigkeit der Verwaltung« (Dreier 1992) lange Zeit als gering eingeschätzt wurde. Die Verwaltungswissenschaft nahm an, dass das Verwaltungshandeln im demokratischen Verfassungsstaat lückenlos gesetzlich determiniert ist und gerichtlich kontrolliert wird. Es sei der »Gesamtzusammenhang zwischen demokratischer Staatsform, parlamentarischem Regierungssystem, gesetzesgebundener Exekutive und weitreichendem gerichtlichen Individualrechtsschutz, der die Verwaltung nicht als eigenständige Organisation, sondern [...] als Instrument des im Gesetz authentisch interpretierten Volkswillens erscheinen läßt« (Dreier 1992: 145f.). Das Umdenken setzte ein mit der »Einsicht in die prinzipielle Begrenztheit der Fähigkeit des Gesetzgebers zur punktgenauen Vorausdetermination des Verwaltungshandels durch möglichst präzise Konditionalprogramme« (Dreier 1992: 148). Kurz gesagt: Es sind die im »arbeitenden Staat« unvermeidlichen Steuerungsschwächen des Gesetzes, aus denen die Eigenständigkeit der Verwaltung resultiert und die sie letztlich, wie Benz (in diesem Band)

argumentiert, zur eigenständig entscheidenden »politischen Verwaltung« macht.

Im Fall internationaler Organisationen sind es nicht Parlamente und Gerichte, sondern die Mitgliedstaaten, die ihre Autonomie begrenzen. Die IB-Forschung ging lange Zeit davon aus, dass internationale Organisationen nur über delegierte Autorität verfügen und folglich nur eine geringe Autonomie von ihren Mitgliedstaaten besitzen. Im Mittelpunkt des Interesses standen folglich die Motive und Interessen der Mitgliedstaaten und weniger die internen administrativen Strukturen der Organisationen. Diese Perspektive hat sich zunehmend als problematisch erwiesen, um die Aktivitäten dieser Organisationen zu verstehen. Inzwischen gibt es in den IB eine große Bandbreite von Autonomiekonzeptionen, die unterschiedliche Begründungen für die Eigenständigkeit internationaler Organisationen von ihren Mitgliedstaaten liefern (Bauer et al. 2014). Wie auch immer Autonomie begründet wird, alle diese Ansätze gehen davon aus, dass internationale Organisationen zumindest partiell eigenständige Akteure sind – »and not just servants to whom states delegate« (Barnett/ Finnemore 2004: 5).

Die Frage ist dann, wie groß diese Autonomie ist und von welchen Faktoren sie abhängt (vgl. Bauer/ Ege 2016). Mayntz (2009: 10) nimmt an, dass die Autonomie internationaler Organisationen prekär und strukturell begrenzt ist. Internationale Organisationen seien aufgrund ihrer spezifischen Mitgliederstruktur einer »hohen zentrifugale(n) Spannung« ausgesetzt. Aus diesem Grund gelten der Grad ihrer Autorität und damit auch das Ausmaß ihrer Autonomie als empirisch kontingent (vgl. Hooghe/ Marks 2015). Dagegen argumentieren Bauer et al. (2017b: 182), dass auch internationale Verwaltungen »inhärent autonom« sind. Sie behaupten sogar, dass die Autonomie internationaler Verwaltungen größer ist als die der nationalen Verwaltungen. In nationalen politischen Systemen seien die politischen »Prinzipale« weiterhin die »masters of the game«, während die Möglichkeiten zur politischen Begrenzung und Kontrolle internationaler Verwaltungen geringer sei (Bauer et al. 2017b: 183). Dieser Effekt dürfte noch verstärkt werden durch die Tatsache, dass internationale Verwaltungen in der Regel in großer Distanz vom Bürger als dem »Publikum« arbeiten und so dem für den nationalen »Wohlfahrtsstaat« charakteristischen »Machtkreislauf« von »Publikum«, »Politik« und »Verwaltung« weitgehend entzogen sind (vgl. Luhmann 1981: 44).[4]

4 Eine Ausnahme sind beispielsweise die im Rahmen von UN-Friedensoperationen eingerichteten transnationalen Verwaltungen (vgl. Seibel 2008).

Im Vergleich zeigt sich, dass die »Eigenständigkeit der Verwaltung« in beiden Fällen das empirisch kontingente Ergebnis von politischen und institutionellen Kontextfaktoren ist und weder umstandslos vorausgesetzt noch ohne weiteres bestritten werden kann. So wenig wie nationale Bürokratien sich eindeutig durch den Gesetzgeber steuern lassen, so wenig lassen sich die Verwaltungen internationaler Organisationen vollständig durch ihre Mitgliedstaaten kontrollieren. Wie im Fall der nationalen Verwaltungen dürfte die Autonomie auch bei internationalen Bürokratien von ihren Aufgaben abhängen. Je komplexer die Anforderungen an die Verwaltung sind, desto schwächer ist die Steuerungsfähigkeit durch die Mitgliedstaaten. Dabei ist davon auszugehen, dass die Aufgabenkomplexität internationaler Bürokratien tendenziell größer ist als die von großen Teilen der nationalen »Normalverwaltung«. Nimmt man beide Aspekte – die Kontrollmöglichkeiten und die Aufgabenkomplexität der Verwaltung – zusammen, dann kann vermutet werden, dass die Autonomiepotenziale – oder negativer formuliert: die Verselbständigungsgefahren – bei internationalen Bürokratien besonders groß sind (vgl. Bauer/ Ege 2016).

3. Auch im Hinblick auf ihre *Aufgaben* weisen internationale Bürokratien eine Reihe von Besonderheiten auf. Der Prozess der transnationalen Institutionenbildung folgte lange Zeit einer funktionalistischen Logik, nach der – zugespitzt formuliert – für jedes Regelungsproblem eine spezifische Organisation eingerichtet wurde – und für jedes neu auftretende Problem eine neue Organisation. Die Folge ist eine hochgradige *institutionelle Fragmentierung transnationaler Politik und Verwaltung*. Die institutionelle Realität des Regierens jenseits des Nationalstaats ist weit entfernt vom Ideal eines eng vernetzten, integrierten Mehrebenensystems, wie es die normative Global Governance-Literatur propagierte. Sie besteht »bisher aus einer Vielzahl transnationaler und weitgehend fragmentierter Regelungsstrukturen, die sich in ihren räumlichen und sachlichen Bezügen überlappen, ohne sich zu einer umfassenden, kohärenten Struktur zusammenzufügen« (Messner/ Nuscheler 2006: 74). Im Prozess transnationaler Institutionenbildung scheint es zwar eine starke Quelle zur Erzeugung institutioneller Vielfalt und Komplexität zu geben, aber keine entsprechend starke Kraft, um diese Vielfalt und Komplexität zu kanalisieren und zu reduzieren. Die Folge ist eine hochgradige funktionale Spezialisierung internationaler Verwaltungen. Der Prozess der Einrichtung neuer Regulierungsagenturen in der EU, die »agencification«, ist ein anschauliches Beispiel hierfür. In den vergangenen zwanzig Jahren wurden mehr als dreißig solcher Agenturen geschaffen und auf die Mitgliedstaaten der EU verteilt. Jede dieser Agenturen hat einen sach-

lich eng begrenzten Aufgabenbereich, der vom Fischereiwesen über die Chemikalienregulierung bis zum Schutz der Außengrenzen reicht.

Aus dieser institutionellen Fragmentierung ergibt sich eine Reihe von Folgeproblemen für das transnationale Regieren, die in der Verwaltungswissenschaft gut bekannt sind. Zum einen bewirkt die enge Spezialisierung transnationaler Institutionen vielfach eine verengte und damit problemunangemessene Sichtweise. Im Klimaschutz z. B. spielen neben der Umweltpolitik eine ganze Reihe von Politikfeldern wie die Energie-, Verkehrs- oder die Handelspolitik eine Rolle, die im bestehenden Klimaschutzregime nur begrenzt Berücksichtigung finden (vgl. Pfister 2012). Ein weiteres Folgeproblem der institutionellen Fragmentierung sind Zuständigkeits- und Regelungskonflikte zwischen den betroffenen internationalen Organisationen. Kurz gesagt: »Fragmentierung übersetzt sich in Kohärenzdefizite, inter-institutionelle Irrationalitäten und überlappende Zuständigkeiten« (Messner/ Nuscheler 2006: 74) – und all das verringert die Effektivität und Effizienz transnationalen Regierens.

Eine weitere Eigenheit der Aufgabenstruktur internationaler Verwaltungen ist ihre »funktionale Hybridität« (Grande/ McCowan 2015). Internationale Verwaltungstätigkeit ist zwar überwiegend durch eine »funktionale Ausrichtung« gekennzeichnet; aber eine prinzipielle Trennung von »technisch-unpolitischen« und »politischen Funktionen« ist in der Tätigkeit internationaler Organisationen »weder gewollt noch möglich« (Tietje 2001: 151). Die daraus resultierende funktionale Hybridität hat zwei unterschiedliche Quellen. Im einen Fall resultiert Hybridität daraus, dass diese Verwaltungen unterschiedlichen politischen Erwartungen und funktionalen »Logiken« ausgesetzt sind, wie Seibel (2008) dies im Fall von UN-Friedenseinsätzen beobachtete. Ein weiteres Beispiel für diese informelle Hybridisierung wäre die Koexistenz von bürokratischen und epistemischen Rationalitäten innerhalb der OECD (Marcussen/ Trondal 2011). Im anderen Fall resultieren hybride Aufgabenstrukturen der Verwaltungen daher, dass sie formal mehrere Aufgaben gleichzeitig wahrnehmen müssen. Das bekannteste (und interessanteste) Beispiel hierfür dürfte die Koexistenz von politischen und bürokratischen Funktionen in der EU-Kommission sein (vgl. Nugent/ Rhinhard 2015: 15ff.; Grande/ McCowan 2015). In diesem Fall geht es um die institutionelle Integration von Aufgaben, die einer ganz unterschiedlichen Funktionslogik folgen. Solche Aufgaben werden üblicherweise gesonderten, darauf jeweils spezialisierten Organisationen übertragen. Werden sie in einer einzigen Organisation gebündelt, so resultieren daraus typische Spannungen, Konflikte und Ineffizienzen, wie dies für die EU-Kommission inzwischen vielfach gezeigt wurde (Grande/ McCowan 2015 mit zahlreichen weiteren Nachweisen.)

4. Institutionelle Fragmentierung und funktionale Hybridität sind nur zwei Gründe, weshalb in internationalen Verwaltungen immer wieder Funktionsprobleme festgestellt werden und Organisationsreformen zu den Dauerthemen zählen (Bauer/ Knill 2007). Dies gilt für die Verwaltung der UN genauso wie für die Bretton-Woods-Organisationen oder die EU-Kommission. Und die Reformergebnisse bleiben vielfach hinter den Erwartungen zurück. Die Bemühungen zur Reform der EU-Kommission in den frühen 2000er Jahren (die sog. »Kinnock-Reformen«) sind ein gutes Beispiel dafür (Ellinas/ Suleiman 2008, 2012). Dies dürfte Verwaltungswissenschaftler, die sich mit Verwaltungsreformen beschäftigen, nicht überraschen. Diese kennen die »Grenzen institutioneller Reformen« (Scharpf 1987) zur Genüge.

Im Fall internationaler Verwaltungen ist die Lage freilich noch komplizierter. Wie wir gesehen haben, besitzen internationale Verwaltungen eine eigentümliche Aufgabenstruktur; und sie müssen ihre Aufgaben unter Bedingungen wahrnehmen, die sich vielfach unterscheiden von nationalen Verwaltungen. Im Fall internationaler Verwaltungen liegen die Grenzen von Organisationsreformen weniger in der Widerspenstigkeit der Verwaltungsmitarbeiter, sondern vor allem in den Eigeninteressen und der Widerstandskraft der Mitgliedstaaten. Verwaltungsreformen zur Verbesserung der bürokratischen Effizienz geraten vielfach in Konflikt mit den Kontrollansprüchen und Beteiligungsrechten der Mitgliedstaaten. Dadurch ist die Fähigkeit internationaler Organisationen, sich an veränderte Aufgaben, Mitgliederstrukturen und Umweltbedingungen institutionell anzupassen, begrenzt. Ob dies durch eine größere Flexibilität ihrer Verwaltungen kompensiert werden kann, dürfte eine offene empirische Frage sein. Es scheint, als ob sich auch hier wieder die Effekte der institutionellen Hybridität internationaler Organisationen zeigen. Ihre Eigenschaft als multilaterale Institution wirkt sich nicht nur auf die Struktur ihrer bürokratischen Organisation aus, sie erschwert auch Veränderungen dieser Organisation (vgl. Geri 2001).

4. Transnationale Vernetzungen der Verwaltung

Ein zweiter Arbeitsschwerpunkt einer Verwaltungswissenschaft, die sich mit der Transnationalisierung von Verwaltungen beschäftigt, ist ihre transnationale Vernetzung. Die Zusammenarbeit selbständiger Behörden und Verwaltungseinheiten ist seit jeher ein unverzichtbarer Aspekt von Verwaltungstätigkeit und mit der Expansion des »arbeitenden Staates« hat ihre Notwendigkeit zugenommen. Nicht von ungefähr sind «inter-organizational relations" ein klassisches Thema der Verwaltungswissenschaft und der Organisationstheorie (für viele: Hanf/ Scharpf 1978). Auch in der IB sind sie ein bekanntes Phänomen. Keohane und Nye (1974: 43) thematisierten bereits in den frühen 1970er Jahren «transgouvernementale Beziehungen« als eine spezifische Form der transnationalen Beziehungen und definierten sie als »set of direct interactions among sub-units of different governments that are not controlled or closely guided by the policies of the cabinets or chief executives of those governments«. Und schließlich sind «administrative Beziehungsgeflechte zwischen der nationalen Exekutive und dem Exekutivorgan einer internationalen Organisation oder sonstigen Institutionen sowie auf zwischenstaatlicher exekutiver Ebene« (Tietje 2001: 278f.) auch in der Verwaltungsrechtswissenschaft ein bekanntes Phänomen.

Diese transnationalen Beziehungen von Verwaltungen haben nun im Zuge der Globalisierung der Politik eine immer größere Bedeutung gewonnen: »Government networks pop up everywhere« (Slaughter 2004: 13). Das Ergebnis sind neue transnationale Verwaltungsnetzwerke, die eine wichtige Rolle im Regieren jenseits des Nationalstaats spielen und für Slaughter (2004) sogar die Grundbausteine einer neuen Weltordnung bilden. Die neuen transnationalen Verwaltungsnetzwerke nehmen insbesondere drei Funktionen wahr: den Informationsaustausch zwischen Verwaltungen, die Harmonisierung von Regeln und die Zusammenarbeit bei der Regeldurchsetzung (vgl. Slaughter 2004: 19f).

Die zunehmende transnationale Interaktion und Vernetzung von Verwaltungstätigkeit speist sich aus zwei Quellen. Die erste Quelle ist die *Einrichtung neuer internationaler Organisationen*. Dadurch wurden nicht nur internationale Bürokratien geschaffen, sondern auch die Notwendigkeit, diese Bürokratien administrativ zu vernetzen. Diese Vernetzung erfolgt sowohl horizontal als auch vertikal. *Horizontal* geht es um die Vernetzung zwischen den verschiedenen internationalen Organisationen und Regimen, um die bereits erwähnten negativen Nebenfolgen der institutionellen Fragmentierung transnationaler Politik zu verringern. Beim Management dieser Interdependenzen spielen die Sekretariate der internationalen Organisationen eine zentrale Rolle, wie Jinnah (2011) am Beispiel der WTO zeigt. In besonders ausgeprägter Form findet sich die Vernetzung internationaler Organisationen in den neuen transnationalen »Regimekomplexen« (Raustiala/ Victor 2004), den inter-organisatorischen Vernetzungen zwischen funktional überlappenden internationalen Organisationen, internationalen Regimen und supranationalen Institutionen, die sich in wichtigen Problemfeldern globaler Politik herausgebildet haben (Raustiala/ Victor 2004; Faude 2015). Beispiele hierfür sind die globale Klimapolitik oder die globale Regulierung gentechnisch veränderter Lebensmittel (vgl. Pfister 2012). Die Bildung »komplexer Regime« dient der Bearbeitung eines in der Verwaltungswissenschaft bekannten Problems: dem Auseinanderfallen von gesellschaftlichen Problemzusammenhängen und dem Kompetenzbereich einzelner Organisationen bzw. Verwaltungseinheiten (vgl. Scharpf 1973b). Mit dem Einbezug zusätzlicher Arenen, Institutionen und Ebenen soll die Problemberücksichtigungsfähigkeit der Politik erweitert und die Voraussetzungen für eine erfolgreichere Problembearbeitung geschaffen werden. Die empirischen Fallstudien von Pfister (2012) zeigen jedoch, dass die Erweiterung der Problemberücksichtigungsfähigkeit von Politik auch im transnationalen Regieren an bekannte Grenzen stößt. Dadurch nehmen einerseits die interne Komplexität und der Kooperationsbedarf zu, andererseits die aus Macht- und Domäneninteressen resultierenden Konflikte – und das Ergebnis sind dann dysfunktionale Politikergebnisse (vgl. Pfister 2012: 324).

Hinzu kommt die vertikale Vernetzung zwischen den neuen transnationalen Bürokratien und den nationalen Verwaltungen. Das Ergebnis dieser vertikalen Vernetzung von Verwaltungen sind administrative Mehrebenensysteme (Benz 2015), wie sie in der EU in besonders ausgeprägter Form entstanden sind. Die »de facto nicht revidierbare Verflechtung staatlicher Verwaltungen mehrerer Ebenen« gilt als ein, wenn nicht: das »zentrale Strukturelement in der Evolution des EU-Systems« (Wessels 2003: 354). Wessels (1990, 2003) hat die »administrative Interaktion« zwischen nationalen und europäischen Verwaltungen über einen längeren Zeitraum empirisch untersucht und dabei mehrere Trends identifiziert (vgl. Wessels 2003: 374ff.): erstens die starke Zunahme von »gemischten« Beamtengremien, in denen Mitglieder nationaler und europäischer Verwaltungen vertreten sind, in jeder Phase des Politikzyklus; zweitens einen hohen Grad an »administrativem Pluralismus«, d.h. eine Vielfalt von unterschiedlichen Typen administrativer Mehrebenensysteme; und drittens die gleichzeitige Ausweitung der Beteiligung von Regierungsmitgliedern an Entscheidungsprozessen. Das Ergebnis dieser Entwicklung ist deshalb nicht die Formierung eines neuen bürokratischen Zentrums innerhalb der EU-Kommission, wie von

Trondal (2012) behauptet, sondern die Herausbildung eines institutionell hochgradig differenzierten europäischen Verwaltungsraumes (vgl. Hofmann 2008). Dessen hervorstechendstes Merkmal ist – anders als von Olsen (2003) erwartet – auch nicht die Konvergenz nationaler Verwaltungen zu einem einheitlichen europäischen Modell, sondern gerade der Variantenreichtum administrativer Mehrebenensysteme und die Aufhebung eindeutiger Unterscheidungen zwischen nationalen und supranationalen Verwaltungssystemen in einem »network of complex relationships« (Hofmann 2008: 668).

Die *zweite Quelle* transnationaler Netzwerkbildung sind gerade die Widerstände der Staaten gegen die Einrichtung neuer internationaler Organisationen bzw. die Übertragung von Autorität an Institutionen jenseits des Nationalstaats. Wo diesen Widerständen nicht eine prinzipielle Kooperationsverweigerung zugrunde liegt, führen sie zu einer Intensivierung informeller transnationaler Verwaltungskooperation. Diese fungiert als autonomie- und souveränitätsschonende Alternative zur formalen Organisationsbildung, von der zunehmend Gebrauch gemacht wird. Die Folge ist ein Trend zur informellen Kooperation und Vernetzung. »Internationale Organisationen«, so Daase (2008: 290), »sind aus der Mode gekommen. Was sich gegenwärtig in der internationalen Politik abzeichnet, ist ein Paradigmenwechsel fort von formalen Organisationen mit kodifizierten Normen und expliziten Regeln hin zu weniger stark institutionalisierten Formen der Zusammenarbeit mit lockeren Vereinbarungen und impliziten Regeln«. Im Zentrum dieser neuen Formen des informellen Intergouvernementalismus stehen die nationalen Verwaltungen. Die transnationalen Netzwerke im Bereich der Steuer- und Fiskalpolitik beispielsweise werden »von nationalen Ministerialvertretern der nachgeordneten Hierarchieebenen beherrscht« (König 2010: 381). Sie dominieren diese Netzwerke und regulieren auch den Zugang zu ihnen. Diese »Informalisierung internationaler Politik« (Daase 2008) führt insgesamt zu einer Proliferation transnationaler Verwaltungsnetzwerke. Daase (2008) illustriert dies für den Bereich der Sicherheitspolitik und des internationalen Krisenmanagements und zeigt, dass beispielsweise in der G8 die Zahl der sicherheitsrelevanten Arbeitsgruppen gerade in den 2000er Jahren sprunghaft zugenommen hat.

Der gleichen Logik folgen die transnationalen Netzwerke nationaler Regulierungsbehörden, die seit den 1990er Jahren in der EU entstanden sind (Eberlein/ Grande 2003, 2005). Mit der informellen Vernetzung von nationalen Regulierungsbehörden soll in der EU ein folgenschweres Dilemma gelöst werden: Durch die Liberalisierung und Privatisierung öffentlicher Infrastruktursektoren (Telekommunikation, Elektrizität, Eisenbahnwesen) in einem einheitlichen Binnenmarkt erhöhte sich zwar der Bedarf an einheitlichen Regeln, die EU-Mitgliedstaaten waren aber nicht bereit, der EU die erforderlichen formalen Kompetenzen und administrativen Kapazitäten zu übertragen, um diesen europäischen Regulierungsbedarf zu decken. Um zu verhindern, dass daraus eine Regulierungslücke entsteht, die die Funktionsweise eines einheitlichen Marktes in diesen Sektoren schwächt, initiierte die EU-Kommission die Einrichtung informeller transnationaler Netzwerke, die sich insbesondere aus Vertretern nationaler Regulierungsbehörden und Experten zusammensetzen. Diese Netzwerke fungieren als »Agenten informeller Harmonisierung« (Eberlein/ Grande 2003: 433) im europäischen Binnenmarkt.

5. Rückwirkungen: Die innere Transnationalisierung der nationalen Verwaltungen

Die politische Transnationalisierung umfasst jedoch weit mehr als nur die Einrichtung neuer internationaler Verwaltungen, so wichtig diese sind. Sie betrifft auch die Kernbereiche des Verwaltungshandelns innerhalb der Nationalstaaten. Die gesellschaftliche, wirtschaftliche und politische Denationalisierung hat Einfluss auf:

- die *Problemstruktur politischer Programme*: Die Regelungsprobleme, mit denen nationale Regierungen und Verwaltungen beschäftigt sind, besitzen zunehmend einen grenzüberschreitenden Charakter. Die für den modernen Nationalstaat grundlegende Kongruenz der territorialen Reichweite eines Regelungsproblems mit dem staatlichen Hoheitsbereich löst sich auf. Im Fall »globaler Risiken« (Beck 2007) wie dem globalen Klimawandel ist dies offensichtlich, aber es gilt auch für lokale Regelungsprobleme wie die Wasserqualität des Bodensees (vgl. Blatter 1994).
- die *Regelsetzung:* Durch die Judizialisierung und Konstitutionalisierung transnationalen Regierens ändern sich die normativen Grundlagen des Verwaltungshandelns. Die Regeln, an denen sich nationale Regierungen und Verwaltungen orientieren müssen, werden zunehmend außerhalb der Nationalstaaten gemacht. Für die EU-Mitgliedstaaten gilt dies in besonderer Weise. Die EU ist nicht zuletzt eine Rechtsgemeinschaft, deren Handeln in hohem Maße rechtsgebunden ist. Dies hat zur Folge, dass ein großer Teil der nationalen Gesetzgebungstätigkeit auf

europäischen »Impulsen« beruht[5] und ein immer größerer Teil der Verwaltungstätigkeit im Vollzug von EU-Recht besteht – und dies auf allen Verwaltungsebenen. Das heißt aber auch, dass eine »politische Verwaltung« im Sinne von Benz (in diesem Band) zunehmend zwischen transnational gesetzten Regeln und lokalen Interessen vermitteln muss.

- die *Regeladressaten*: Die Transnationalisierung hat schließlich auch Auswirkungen auf die Adressaten des Verwaltungshandels. Bei diesen handelt es sich längst nicht mehr nur um nationale Bürger und nationale Unternehmen. Beide, Bürger wie Unternehmen, sind inzwischen zunehmend transnational mobil; beide weisen zunehmend transnationale (soziale, kulturelle, ökonomische) Orientierungen auf; und beide sind zunehmend transnational organisiert und vernetzt.

Kurz gesagt: Die Prozesse der Denationalisierung lassen die nationale Verwaltung nicht unberührt, auch sie wird transnationalisiert. Diese »innere Transnationalisierung« kann von den Inhalten des Verwaltungshandelns über ihre formellen und informellen Strukturen bis hin zu den Beziehungen von Verwaltung, Politik und Bürgern reichen. Davon sind sicherlich nicht alle Bereiche und Ebenen der Verwaltung in gleicher Weise betroffen, aber es ist davon auszugehen, dass diese Form der Transnationalisierung auch die »Normalverwaltung« nicht unberührt lässt. Dies zeigt alleinschon der Besuch in einem Berliner Meldeamt (sofern man denn einen Termin bekommt).

In den Mitgliedstaaten der EU sind die Folgen der Transnationalisierung besonders ausgeprägt und werden von der Europaforschung seit den frühen 2000er Jahren unter dem Begriff der »Europäisierung« empirisch untersucht (vgl. Cowles et al. 2001; Featherstone/ Radaelli 2003; Sturm/ Pehle 2012). Dabei hat sich gezeigt, dass es inzwischen kein Politikfeld und keinen Bereich der Staatstätigkeit gibt, der hiervon nicht auf die eine oder andere Weise betroffen ist. Sturm und Pehle (2012) sprechen deshalb nicht zu Unrecht von einem »neuen deutschen Regierungssystem«. Das Neuartige dieses Regierungssystems besteht jedoch nicht in der grundlegenden Umgestaltung des politischen Institutionensystems, sondern in der Anpassung der Entscheidungsprozesse in den einzelnen Politikfeldern.

Im Zuge dieser Anpassung verändert sich das Verhältnis von »Innen-« und »Außenpolitik« grundlegend; mehr noch, diese Unterscheidung selbst wird immer problematischer, um die Aufgabenbereiche von Regierung und

5 Annette E. Töller (2008: 9) hat ermittelt, dass der Anteil der Gesetzgebung des Bundes mit einem »europäischen Impuls« bis 2005 kontinuierlich angestiegen ist und in der 15. Legislaturperiode (2002-2005) bei nahezu vierzig Prozent lag.

Verwaltung voneinander abzugrenzen. Die Enquetekommission »Globalisierung der Weltwirtschaft« des Deutschen Bundestages stellte bereits zu Beginn der 2000er Jahre fest, dass »alle Fachressorts in den vergangenen zehn bis 15 Jahren als Reflex auf die Globalisierungsdynamiken ihre grenzüberschreitenden Aktivitäten stark ausgebaut haben«. Faktisch, so die Schlussfolgerung, sei dadurch inzwischen »jedes Fachministerium zum 'Außenministerium' des von ihm bearbeiteten Politikfeldes geworden« (Enquetekommission 2002: 421). Aus verwaltungswissenschaftlicher Sicht stellt sich dann die Frage, wie die Verwaltungen – im konkreten Fall: die Ministerialverwaltungen – auf die Veränderungen in ihrer Aufgabenstruktur und Umwelt reagieren. Die vorliegenden Studien lassen große Unterschiede in den nationalen Reaktionsmustern erkennen (vgl. McCowan 2015 mit weiteren Nachweisen).

Einzelne Länder wie die Niederlande, Schweden oder Dänemark haben bereits in den 1990er Jahren weitreichende organisatorische Anpassungen in ihrer Ministerialorganisation vorgenommen (Kaul/ Le Gouvlen 2003). Auf die größeren Koordinationserfordernisse von Ministerien wurde dort mit Managementansätzen reagiert, die Matrixstrukturen propagieren, bei denen territoriale mit funktionalen Aspekten kombiniert werden. So werden in den Niederlanden beispielsweise bei der Aufstellung von Haushalten ressortübergreifende Haushaltstitel gebildet (Kaul/ Le Gouvlen 2003: 381ff.). Ein anderes Beispiel ist Dänemark. Wie Hustedt (2013) und McCowan (2015) zeigen, wurde im dänischen Finanzministerium in den frühen 1990er Jahren in einer weitreichenden Reform die klassische hierarchische Organisationsstruktur durch eine flexiblere Struktur ersetzt, in der Formate der Projektorganisation oder »flüssige Abteilungsleiter« eine wichtige Rolle spielen. Flexibilität wurde zur »dominanten Organisationsnorm« (Hustedt 2013: 499). Dieser Organisationswandel erfolgte zwar nicht immer als unmittelbare Reaktion auf die neuen Anforderungen der Globalisierung und Transnationalisierung, die auf diese Weise geschaffenen Organisationsstrukturen erwiesen sich aber gerade in der globalen Finanz- und Eurokrise als aufgabengerecht.

In Deutschland dagegen hat die Transnationalisierung bislang zu keinen strukturellen Reformen der Ministerialverwaltung geführt, obwohl die Transnationalisierung für die Bundesministerien zur Folge hat, dass sie »mit weniger Ressourcen komplexere Aufgaben schneller und vielfach in höherer Qualität erbringen« müssen (Bundesministerium des Inneren 2006: 6). Am Beispiel des Auswärtigen Amtes lassen sich die Reaktionsmuster deutscher Ministerien exemplarisch beobachten (vgl. Bach 2007). Das AA hat auf die zunehmenden Herausforderungen der Transnationalisierung in den 2000er Jahren vor allem mit einer Verbesserung seines Personalmanagements reagiert. Hinzu kamen mehrere organisatorische Anpassungen. Diese umfassen: (1) neue funktionale Aufgabenzuschnitte auf Abteilungsebene; (2) eine tendenziell steigende Zahl von Arbeitseinheiten; (3) die Zunahme flexiblerer Arbeitsmuster außerhalb der Hierarchiestruktur (abteilungsübergreifende Arbeitsgruppen und -stäbe); und (4) den tendenziellen Abbau und Bedeutungsverlust der Länderreferate. Alle diese Reformen des AA gehen nicht über eine inkrementelle Optimierung der bestehenden Strukturen und Arbeitsabläufe hinaus und bleiben letztlich dem hierarchisch-bürokratischen Grundmodell verhaftet. Ein ähnliches Bild zeigt sich im Fall des Bundesfinanzministeriums. Auch dieses reagierte auf die Herausforderungen der globalen Finanz- und Eurokrise mit inkrementellen Anpassungen und nutzte die vorhandenen Anpassungsreserven (vgl. McCowan 2015). Dies entspricht dem allgemeinen Befund eines starken Strukturkonservatismus der deutschen Ministerialverwaltung (vgl. Veit in diesem Band).

Damit ist nicht gesagt, dass die Transnationalisierung und Europäisierung keinerlei Auswirkungen auf die deutsche Ministerialverwaltung hatten. Insbesondere die Rückwirkungen der europäischen Integration auf die nationalen Verwaltungen sind weitreichend (vgl. u.a. Knill 2001). Auffällig ist zunächst die starke Durchdringung der Verwaltungstätigkeit mit europapolitischen Themen. Mitte der 2000er Jahre waren mehr als die Hälfte der Referate in den deutschen Bundesministerien mit europapolitischen Themen beschäftigt (vgl. Sturm/ Pehle 2012: 53). Die Ministerien haben auf die zunehmende »Europäisierung« ihrer Aufgaben auch mit organisatorischen Anpassungen reagiert, insbesondere mit der Schaffung neuer europapolitischer Arbeitseinheiten im Kanzleramt und in den Bundesministern. Im Jahr 2010 bestanden nahezu 100 Referate und Arbeitsgruppen mit europapolitischem Aufgabenschwerpunkt in der Ministerialverwaltung des Bundes (vgl. Sturm/ Pehle 2012: 53). Diese Anpassungen folgten aber überwiegend der gängigen Logik funktionaler Spezialisierung und institutioneller Differenzierung, mit der das hierarchisch-bürokratische Verwaltungsmodell auf neue Aufgaben reagiert.

Veränderungen – oder Kontinuitäten – in der Aufgabenverteilung und Organisationsstruktur von Ministerialverwaltungen sind jedoch nur ein Aspekt der Transnationalisierung von Verwaltung. Die vorliegende Literatur lässt erkennen, dass ihre Auswirkungen sehr viel weiter reichen. Drei Entwicklungen sind in unserem Zusammenhang von besonderer Bedeutung.

Erstens wird die *Exekutive gegenüber der Legislative gestärkt.* Die Transnationalisierung des Regierens hat gravierende Auswirkungen auf den

Gesamtzusammenhang zwischen Parlament und Regierung im demokratischen Staat. Das transnationale Regieren ist stark exekutivlastig; parlamentarische Vertretungskörperschaften, sofern sie denn überhaupt bestehen, spielen außerhalb der EU nur eine untergeordnete Rolle. Das hat nicht nur zur Folge, dass das Regieren jenseits des Nationalstaats demokratisch defizitär ist, es verändert auch die Machtbalance zwischen Exekutive und Legislative innerhalb der demokratisch verfassten Staaten. Die »Entparlamentarisierung durch Außenpolitik« ist sicherlich nicht der einzige Grund für den seit langem beklagten »Niedergang der Parlamente« (von Beyme 1998), aber es ist relativ unstrittig, dass die Transnationalisierung und Europäisierung zu einem »relative power shift from national parliaments, party groups or interest organizations to the executives and administrations« (Scharpf 1999: 279) geführt haben. Dies liegt nicht zuletzt daran, dass die Exekutiven ein weitgehendes Vertretungsmonopol der Mitgliedstaaten in den effektiven Entscheidungsgremien der internationalen Organisationen besitzen und eine zu enge Bindung der Exekutive an ein parlamentarisches Verhandlungsmandat in der »two-level diplomacy« (Putnam 1988) des transnationalen Regierens bestenfalls ein zweischneidiges Schwert wäre (Evans et al. 1993), im schlimmsten Fall sogar kontraproduktiv.[6] Auch hier zeigt sich wieder das »Paradox der Schwäche« (Grande 1996), denn es sind gerade die transnationalen (Ver-) Handlungszwänge, die die Exekutiven gegenüber den nationalen Parlamenten stärken. Die EU ist keine Ausnahme hiervon. Trotz eines starken Europäischen Parlaments und mehreren Urteilen des Bundesverfassungsgerichts, in denen die Rechte des Deutschen Bundestages gestärkt wurden, wird dort ein Trend zu einem »neuen Intergouvernementalismus« (Bickerton et al. 2015) konstatiert, also ein Machtgewinn jener Entscheidungsorgane, in denen die Vertreter der nationalen Regierungen das Sagen haben, allen voran des Europäischen Rates.

Eine zweite Folge der Transnationalisierung sind *Machtverschiebungen innerhalb der Exekutive*. Die Transnationalisierung betrifft zwar alle Teile der Regierung und der Ministerialverwaltung, aber sie betrifft nicht alle in gleicher Weise. Im Gesamtzusammenhang der Regierung stärkt sie jene Akteure und Organisationen, die besonders stark in transnationale Entscheidungssysteme und Kooperationszusammenhänge eingebunden sind, die also die »Schnittstellen« zwischen der nationalen und der transnationalen Politik besetzen. Von dieser strukturellen Verschiebung der Macht in Exekutiven profitiert innerhalb der Regierung zuallererst der Regierungschef.

6 Es gibt also gute Gründe, weshalb der EU-Ausschuss des Deutschen Bundestages »die formalen Verfahren zur Beeinflussung der europapolitischen Aktivitäten der Bundesregierung in diesem Bereich so gut wie gar nicht [nutzt]« (Töller 2004: 40).

Durch die Ausweitung und Aufwertung verschiedenster intergouvernementaler Formate der internationalen Politik wie die G7 bzw. G8 und G20-Treffen sowie des Europäischen Rates in der EU, haben die Staats- und Regierungschefs und die Regierungszentralen erheblich an Bedeutung gewonnen. Dies hat zweifellos zur »Präsidentialisierung« (Poguntke/ Webb 2007) der Politik in den westlichen Demokratien beigetragen. Gleichzeitig haben Machtverschiebungen zwischen den Ministerien stattgefunden, die insgesamt zu einer Stärkung der »Kernexekutiven« innerhalb der Regierungen geführt haben (Wright/ Hayward 2000; für Deutschland u.a. Fleischer 2010). Auch wenn sich in Deutschland mit wechselnden Regierungskonstellationen auch die Machtkonstellationen innerhalb der Kernexekutive immer wieder veränderten und einzelne Ressorts wechselnde Bedeutungsgewinne und -verluste hatten (von denen im Fall der europapolitischen Kompetenzen das Wirtschafts- und Finanzministerium betroffen waren), so ist doch unstrittig, dass insgesamt jene Ministerien aufgewertet wurden, die besonders stark von der Transnationalisierung und Europäisierung des Regierens betroffen sind.

Die Transnationalisierung der Verwaltungstätigkeit wirkt sich schließlich auch auf das *Binnenverhältnis der Verwaltungen* aus, ihre formellen und informellen Organisationsstrukturen, die Rollen und Identitäten von Akteuren. Durch die Transnationalisierung werden jene Akteure und Organisationseinheiten gestärkt, die Funktionen übernehmen, die in der Organisationstheorie als »boundary roles« bekannt sind (vgl. Aldrich/ Herker 1977). Hierzu zählen unter anderem Informationsfunktionen und Repräsentationsfunktionen. Diese Akteure regulieren und kontrollieren den Transfer von Informationen zwischen den Arenen und Ebenen, sie vertreten die Organisation in den Komitees, Verhandlungsrunden und Räten von transnationalen Organisationen und sie regulieren und kontrollieren den Zugang zu anderen Politikarenen. Diese »Schnittstellenmanager« verfügen über besondere Machtressourcen, so dass ihre faktische Machtposition erheblich größer sein kann als ihre formale Position in der Organisationshierarchie. Wenn die strategische Kontrolle von Unsicherheit in Organisationen tatsächlich die wichtigste Machtressource ist (vgl. Crozier/ Friedberg 1979), und wenn die Abhängigkeit von anderen politischen Handlungsebenen und -arenen eine der größten Quellen von Unsicherheit darstellt, dann ist zu vermuten, dass die Transnationalisierung der Verwaltungstätigkeit sich auch auf die Machtstruktur innerhalb nationaler Verwaltungen auswirkt. Auch wenn in ihnen die Hierarchie nach wie vor der wichtigste Koordinationsmechanismus ist (so Behnke in diesem Band), so ist diese Hierarchie doch zunehmend eingebettet in einen Handlungskontext, in dem der Zugang zu

Expertise, Information und Entscheidungsnetzwerken eine wichtige Rolle spielt. So wie internationale Administrationen im »Schatten der Mitgliedstaaten« agieren müssen, so müssen nationale Verwaltungen zunehmend im »Schatten (transnationaler) Netzwerke« handeln – und in beiden Fällen wird die Bedeutung von Hierarchien relativiert und modifiziert, wenn sie nicht ganz außer Kraft gesetzt werden.

Die Frage ist dann, ob und wie sich diese neuen Funktionen und Handlungsbedingungen auf das Rollenverständnis und die Identität der Verwaltungsmitarbeiter auswirken. Behalten sie ihre »lokale« Orientierung, oder entwickeln sie neue »kosmopolitische« Loyalitäten und Einstellungen?[7] Sieht man von der Forschung zur EU-Kommission ab, dann hat die Verwaltungswissenschaft diesen Fragen bislang bemerkenswert wenig Beachtung geschenkt, obwohl bekannt ist, dass internationale Organisationen einen starken Sozialisationseffekt ausüben (Checkel 2005, 2007; Egeberg 1999). Dieser wirkt sowohl auf die Mitarbeiter ihrer eigenen Verwaltungen, als auch auf die Vertreter nationaler Verwaltungen, die in transnationale Verwaltungsnetzwerke eingebunden sind. Es spricht deshalb einiges dafür, solche Sozialisationseffekte bei jenen Mitarbeitern nationaler Verwaltungen zu vermuten, deren Aufgaben und Rollen besonders stark transnationalisiert sind. Interessante Hinweise darauf finden sich in McCowans vergleichender Studie der Auswirkungen der globalen Finanz- und Eurokrise auf die nationalen Finanzministerien in Deutschland und Dänemark. In beiden Fällen konnte die Herausbildung neuer »kosmopolitischer Identitäten« beobachtet werden (vgl. McCowan 2015). Damit ist jedoch nicht die Aufgabe nationaler Loyalitäten gemeint, sondern eine Perspektiverweiterung, bei der die eigene nationale Position in eine weitere europäische Perspektive integriert wurde. Dieses Beispiel zeigt, dass die systematische empirische Analyse der Auswirkungen der Transnationalisierung auf das Rollenverständnis, die Handlungsorientierung und die Identität der Verwaltungsmitarbeiter ein lohnendes Forschungsfeld für Verwaltungswissenschaft ist.

7 Zu dieser Unterscheidung siehe Gouldner (1957).

6. *Ausblick: Plädoyer für eine kosmopolitische Verwaltungswissenschaft*

Was folgt aus all dem? Ich möchte den Ertrag dieses Überblicks, der keinerlei Anspruch auf Vollständigkeit erhebt, in drei Thesen bündelt. Zunächst einmal sollte deutlich geworden sein, dass – so die *erste These* – die Transnationalisierung der Verwaltung weit mehr bedeutet als nur eine punktuelle Erweiterung des Gegenstandsbereichs der Verwaltungswissenschaft. Sie betrifft tendenziell alle Ebenen und Tätigkeitsbereiche der staatlichen Verwaltung. Es mag richtig sein, dass der Schwerpunkt der Regierungs- und Verwaltungstätigkeit nach wie vor innerhalb des nationalen Staats stattfindet (so Behnke in diesem Band), aber daraus kann nicht geschlossen werden, dass die nationale Verwaltung von der Transnationalisierung der Politik unberührt bleibt. Ganz im Gegenteil: Durch die Transnationalisierung werden die für die Verwaltung konstitutiven Grenzen relativiert, verschoben, umdefiniert, perforiert, teilweise auch entfernt (vgl. Grande 2006). Dies gilt ganz offensichtlich für die Grenze zwischen »innen« und »außen«, zwischen »national« und »international«.[8] Die Denationalisierung bewirkt eine neue räumliche Strukturierung administrativen Handelns, in deren Folge sich neuartige administrative Strukturen, Organisationsformen und Verfahren herausbilden. Das Ergebnis ist keine vollständige »Entgrenzung« der Verwaltungsorganisation und des Verwaltungshandelns, keine »administration without borders« (Koppell 2010). Aber Grenzen verlieren ihren ein- und ausschließenden Charakter, ihre Relevanz (oder Irrelevanz) wird zum Gegenstand politischer Entscheidung; und das hat Auswirkungen auf die Aufgaben von Verwaltungen, ihre formellen und informellen Strukturen und Verfahren und die Handlungsorientierungen ihrer Mitarbeiter. Seien es Kompetenzen, Funktionen, Organisationsgrenzen oder Identitäten – es ist der Verlust von Eindeutigkeiten, das Entstehen von neuen Hybriden, aber auch von neuen Handlungsanforderungen und -chancen, die die neue Welt des transnationalen Regierens und Verwaltens kennzeichnet.

Dies betrifft auch die Verwaltungsorganisation und das Verwaltungshandeln innerhalb des Nationalstaats. Es ist müßig, darüber zu diskutieren, wie stark der Einfluss der Transnationalisierung auf die nationale Verwaltung ist, solange systematische empirische Studien hierzu fehlen. Aber es wäre fahrlässig, die dadurch ausgelösten Veränderungen als irrelevant abzutun, solange diese Irrelevanz nicht empirisch nachgewiesen wurde. Schließlich

8 Es gilt auch für die Grenze zwischen Politik und Verwaltung, die im Zuge der Denationalisierung zu Lasten der Politik neu gezogen wird.

hat der »historische Institutionalismus« (Streeck/ Thelen 2005) gezeigt, dass auch inkrementelle Veränderungen auf verschiedenste Weise weitreichende strukturelle Folgen haben können. Die empirische Verwaltungswissenschaft wäre daher in der Tat »gut beraten, sich intensiver und systematischer als bisher der administrativen Denationalisierung zu widmen« (Bauer 2015: 665). Dies gilt gerade für eine Verwaltungswissenschaft, die sich für die Handlungs- und Problemlösungsfähigkeit des »arbeitenden Staates« unter »modernen Bedingungen« interessiert. Denn durch die wirtschaftliche, gesellschaftliche und politische Globalisierung haben sich eben diese Bedingungen grundlegend geändert – und dem muss eine empirisch orientierte Verwaltungswissenschaft Rechnung tragen.

Mit der stärkeren Berücksichtigung der transnationalen Aspekte des Verwaltens durch die Verwaltungswissenschaft alleine ist es jedoch nicht getan. Wenn die Verwaltungswissenschaft die Herausbildung und Funktionsweise neuartiger administrativer Strukturen, Organisationsformen und Verfahren sowohl innerhalb als auch jenseits des Nationalstaats wirklich verstehen will, dann – so meine *zweite These* – erfordert dies auch einen konzeptionellen Wandel, einen neuen »kosmopolitischen Blick« (Beck 2004; Beck/ Grande 2010) auf die öffentliche Verwaltung. Die Verwaltungswissenschaft muss ihren »methodologischen Nationalismus« (Zürn 2001) überwinden und eine neue »kosmopolitische« Forschungsperspektive entwickeln. Ein »methodologischer Kosmopolitismus«, wie er in den Sozialwissenschaften im Zuge der Globalisierungsforschung entstanden ist (vgl. Beck/ Grande 2010 mit zahlreichen Beispielen und weiteren Nachweisen), bricht die in den Staatswissenschaften vorausgesetzte Gleichsetzung von »Gesellschaft/ Nation/ Staat«, in deren Mittelpunkt nationale Staaten, nationale Verwaltungen, etc. stehen, auf. Der »Container des Nationalstaats« wird ersetzt durch neue Konzepte und Untersuchungseinheiten, in denen das »Nationale« nicht gänzlich verschwindet, aber zu einer *Variable* wird, die in einem weiter gefassten Forschungskontext *empirisch* untersucht wird.

Dies ist auch für eine empirische Verwaltungswissenschaft, die sich für neue Formen der formellen und informellen transnationalen Strukturbildung interessiert, von größter Bedeutung. Verwaltungstätigkeit erfolgt immer weniger innerhalb des »nationalen Containers« und zunehmend in neuen transnationalen »Räumen«, »Ordnungen«, »Strukturen« und »Systemen«. Die Vielfalt der Begriffe, die sich dazu in der Literatur findet, mag damit zu tun haben, dass der neue Gegenstandsbereich der Forschung noch nicht vollständig erschlossen ist, sie könnte aber auch andere Gründe haben. Zum einen könnte sie in Variationen der Transnationalisierung selbst begründet liegen. Für die empirische Analyse der transnationalen Vernetzung von Verwaltungen dürften der Grad der räumlichen Ausdehnung, die Stärke der Formalisierung, die Art der internen Strukturierung und die Stärke der Integration von Organisationen und Organisationsebenen Schlüsselvariablen darstellen. Vor diesem Hintergrund wäre es dann eine empirische Frage, ob die EU (nur) einen »Europäischen Verwaltungs*raum*« bildet, wie das in der Verwaltungswissenschaft überwiegend angenommen wird, oder ob sie sich bereits zu einem stärker integrierten »Europäischen Verwaltungs*system*« (Bauer/ Trondal 2015) entwickelt hat. Für die Vielfalt der Begriffe und Konzepte dürfte es aber noch einen weiteren Grund geben. Wenn die sozialwissenschaftliche Forschung die territoriale Rahmung ihrer Untersuchungseinheiten aufgibt, dann eröffnet sich ihr die Möglichkeit, ihre Untersuchungseinheiten abhängig von ihrer je spezifischen Problemstellung nach sozialen, funktionalen, historischen oder institutionellen Kriterien zu bilden – und dies kann zu ganz unterschiedlichen Untersuchungseinheiten führen.

Eine solche konzeptionelle Öffnung ist der Verwaltungswissenschaft nicht völlig fremd. Eines der in der politikwissenschaftlichen Verwaltungsforschung bekanntesten und gebräuchlichsten Konzepte dürfte das des »Mehrebenensystems« (Hooghe/ Marks 2003; Benz 2009, 2015; Benz et al. 2016; Enderlein et al. 2011) sein. Dieses Konzept ist sowohl territorial als auch funktional variabel und lässt sich auf ganz unterschiedliche politisch-administrative Handlungszusammenhänge vom regionalen Zweckverband über den Föderalismus und die die Europäische Union bis hin zur Interaktion zwischen internationalen Organisationen und nationalen Verwaltungen anwenden (Benz 2015; siehe auch Benz in diesem Band).[9]

Bei all dem ist entscheidend, dass sich die Verwaltungswissenschaft konzeptionell öffnet für die Analyse von neuen (formellen und informellen) Organisationsformen, neuen Prozessen und Verfahren, neuen Handlungsorientierungen sowohl innerhalb als auch jenseits eines Nationalstaats, dessen Grenzen im »Zeitalter der Globalisierung« politisch kontingent geworden sind. Erst dann ist sie in der Lage, ein »kohärentes, auf Theorieentwicklung abzielendes Forschungsprogramm zur Analyse der Internationalisierungsbedingungen oder den Internationalisierungseffekten der nationalen Verwaltungen« (Bauer 2015: 661) zu formulieren.

Mit einer *kosmopolitischen Öffnung* würde sich die politikwissenschaftliche Verwaltungsforschung nicht nur neue Forschungsperspektiven von erheblicher praktischer Relevanz erschließen, auf diese Weise könnten auch – so meine *dritte These* – die Integrationsprobleme des Faches verringert

---

9 Auch das Konzept des »Verfahrens«, das Nullmeier (in diesem Band) vorschlägt, könnte wohl auf eine solche »kosmopolitische« Weise genutzt werden.

werden. Zum einen würde sich die politikwissenschaftliche Verwaltungsforschung durch die stärkere Berücksichtigung der transnationalen Aspekte der Verwaltung neue Kooperationsmöglichkeiten mit der politikwissenschaftlichen IB- und Europaforschung erschließen. Die Voraussetzungen hierfür sind günstig: Je mehr sich diese Teilgebiete der Politikwissenschaft dafür interessieren, wie »Regieren« jenseits des Staates tatsächlich funktioniert (sei es in internationalen Organisationen, transnationalen Regimen und Politiknetzwerken oder im Mehrebenensystem der EU), desto wichtiger werden verwaltungswissenschaftliche Kompetenzen.[10] Denn auch dort gilt, dass »Herrschaft im Alltag primär: Verwaltung [ist]« (Weber 1972: 126). Auf diese Weise könnte sich die politikwissenschaftliche Verwaltungsforschung aus ihrer (zu) einseitigen Bindung an die Policy-Forschung lösen und (wieder) stärker in das Zentrum des Faches rücken. Zum anderen könnten daraus neue Integrationspotentiale für die Verwaltungswissenschaft insgesamt entstehen. Denn die politikwissenschaftliche Verwaltungsforschung ist nicht die einzige Teildisziplin der Verwaltungswissenschaft, die begonnen hat, sich stärker für Fragen der Transnationalisierung zu interessieren. Auch für die Rechtswissenschaft wird festgestellt, dass diese sich aus ihrer »Beschränkung auf das nationale Recht zu lösen [beginnt]« (Sommermann 2016: 71). Das Ergebnis ist eine »zunehmende Transnationalisierung der rechtswissenschaftlichen Diskurse« und eine »stetige Zunahme an Publikationen […], die den nationalen Rechtsrahmen überschreitende Themen und Analysen zum Gegenstand haben« (Sommermann 2016: 71). Kurz gesagt: Die systematische Hinwendung zu Fragen der Transnationalisierung der Verwaltung bietet der Verwaltungswissenschaft die Chance, ihrer drohenden Marginalisierung innerhalb ihrer jeweiligen Fächer zu begegnen, und gleichzeitig könnte sie ihrer zunehmenden Fragmentierung entgegenwirken.

10 In der Europaforschung ist sogar schon von einem »public administration turn« (Trondal 2007) die Rede.

7. Literaturverzeichnis

Abbott, Kenneth W., Snidal, Duncan (1998): Why states act through formal international or-ganizations. In: Journal of Conflict Resolution, 42 (1), 3-32.

Abbott, Kenneth W., Snidal, Duncan (2000): Hard and Soft Law in International Governance. In: International Organization, 54 (3), 412-456.

Ahrne, Göran, Brunsson, Nils (2008): Meta-organizations. Cheltenham: Edward Elgar.

Aldrich, Howard, Herker, Diane (1977): Boundary Spanning Roles and Organization Structure. In: The Academy of Management Review, 2 (2), 217 - 230.

Bach, Kathrin (2007): Rückwirkung der Transnationalisierung auf die Organisation des Auswärtigen Amtes. Unv. Magisterarbeit: Ludwig-Maximilians-Universität München.

Barnett, Michael, Finnemore, Martha (2004): Rules for the World. International Organizations in Global Politics. Ithaca: Cornell University Press.

Bauer, Michael W. (2015): Die Verwaltungswissenschaft und die Herausforderung der Denationalisierung. In: Politische Vierteljahresschrift, 56 (4), 648-671.

Bauer, Michael W., da Conceição-Heldt, Eugénia, Ege, Jörn (2014): Autonomiekonzeptionen internationaler Organisationen im Vergleich. In: Eugénia da Conceição-Heldt, Martin Koch, Andrea Liese (Hrsg.): Internationale Organisationen. PVS-Sonderheft 49. Baden-Baden: Nomos, 28-53.

Bauer, Michael W., Ege, Jörn (2016): Bureaucratic autonomy of international organizations' secretariats. In: Journal of European Public Policy, 23 (7), 1019-1037.

Bauer, Michael W., Knill, Christoph (Hrsg.) (2007): Management Reforms in International Organizations. Baden-Baden: Nomos.

Bauer, Michael W., Knill, Christoph, Eckert, Steffen (Hrsg.) (2017a): International Bureaucracy. Challenges and Lessons for Public Administration Research. London: Palgrave.

Bauer, Michael W., Knill, Christoph, Eckert, Steffen (2017b): International Public Administration. A New Type of Bureaucracy? Lessons and Challenges for Public Administration Research. In: dies. (Hrsg.): International Bureaucracy. London: Palgrave, 179-198.

Bauer, Michael W., Trondal, Jarle (Hrsg.) (2015): The Palgrave Handbook of the European Administrative System. Basingstoke: Palgrave Macmillan.

Beck, Ulrich (2004): Der kosmopolitische Blick oder Krieg ist Frieden. Frankfurt am Main: Suhrkamp.

Beck, Ulrich (2007): Weltrisikogesellschaft. Auf der Suche nach der verlorenen Sicherheit. Frankfurt am Main: Suhrkamp.

Beck, Ulrich, Grande, Edgar (2010): Jenseits des methodologischen Nationalismus. In: Soziale Welt, 61 (3-4), 187-216.

Benz, Arthur (2009): Politik in Mehrebenensystemen. Wiesbaden: VS Verlag.

Benz, Arthur (2015): European Public Administration as a Multilevel Administration: A Conceptual Framework. In: Michael W. Bauer, Jarle Trondal (Hrsg.): The Palgrave Handbook of the European Administrative System. Basingstoke: Palgrave Macmillan, 31-47.

Benz, Arthur, Detemple, Jessica, Heinz, Dominic (2016): Varianten und Dynamiken der Politikverflechtung im deutschen Föderalismus. Baden-Baden: Nomos.

Beyme, Klaus von (1998): Niedergang der Parlamente. In: Internationale Politik, 53 (4), 21-30.

Bickerton, Christopher J., Hodson, Durmot, Puetter, Uwe (Hrsg.) (2015): The New Intergovernmentalism. States and Supranational Actors in the Post-Maastricht Era. Oxford: Oxford University Press.

Blatter, Joachim (1994): Grenzüberschreitender Gewässerschutz am Bodensee. Freiburg: EURES.

Bogumil, Jörg, Jann, Werner, Nullmeier, Frank (2006): Politik und Verwaltung. Perspektiven der politikwissenschaftlichen Verwaltungsforschung. In: dies. (Hrsg.): Politik und Verwaltung. PVS-Sonderheft 37. Wiesbaden: VS Verlag, 9-26.

Bohne, Eberhard (2010): The World Trade Organization. Institutional Development and Reform. London: Palgrave.

Bundesministerium des Inneren (2006): Zukunftsorientierte Verwaltung durch Innovationen. Berlin: Bundesministerium des Inneren.

Checkel, Jeffrey (2005): International Institutions and Socialization in Europe. Introduction and Framework. In: International Organizations, 59 (4), 801-826.

Checkel, Jeffrey (Hrsg.) (2007): International Institutions and Socialization in Europe. Cambridge: Cambridge University Press.

Coombes, David L. (1970): Politics and Bureaucracy in the European Community. A Portrait of the Commission of the EEC. London: Allen & Unwin.

Cowles, Maria Green, Caporaso, James, Risse, Thomas (Hrsg.) (2001): Transforming Europe: Europeanization and Domestic Change. Ithaca: Cornell University Press.

Crozier, Michel, Friedberg, Erhard (1979): Macht und Organisation. Die Zwänge kollektiven Handelns. Königstein im Taunus: Athenäum.

Daase, Christopher (2008): Die Informalisierung internationaler Politik. Beobachtungen zum Stand der internationalen Organisation. In: Klaus Dingwerth, Dieter Kerwer, Andreas Nölke (Hrsg.): Die Organisierte Welt. Internationale Beziehungen und Organisationsforschung. Baden-Baden: Nomos, 290-308.

Dreier, Horst (1992): Zur »Eigenständigkeit« der Verwaltung. In: Die Verwaltung, 25 (2), 137-156.

Eberlei, Walter, Weller, Christoph (2001): Deutsche Ministerien als Akteure von Global Governance. Eine Bestandsaufnahme der auswärtigen Beziehungen der Bundesministerien. Duisburg: Institut für Entwicklung und Frieden.

Eberlein, Burkart, Grande, Edgar (2003): Die Europäische Union als Regulierungsstaat. Transnationale Regulierungsnetzwerke und die Informalisierung des Regierens in Europa. In: Markus Jachtenfuchs, Beate Kohler-Koch (Hrsg.): Europäische Integration. 2. Auflage. Opladen: Leske + Budrich, 417-447.

Eberlein, Burkart, Grande, Edgar (2005): Beyond delegation. Transnational regulatory regimes and the EU regulatory state. In: European Journal of Public Policy, 12 (1), 89-112.

Egeberg, Morten (1999): Transcending intergovernmentalism. Identity and role perceptions of national officials in EU decision-making. In: Journal of European Public Policy, 6 (3), 456-474.

Ellinas, Antonis, Suleiman, Ezra (2008): Reforming the Commission. Between Modernization and Bureaucratization. In: Journal of European Public Policy, 15 (5), 708-725.

Ellinas, Antonis, Suleiman, Ezra (2012): The European Commission and Bureaucratic Autonomy. Cambridge: Cambridge University Press.

Enderlein, Hendrik, Wälti, Sonja, Zürn, Michael (Hrsg.) (2011): Handbook on Multilevel Governance. London: Edward Elgar.

Enquetekommission »Globalisierung der Weltwirtschaft« (2002): Schlussbericht der Enquete-Kommission Globalisierung der Weltwirtschaft. Deutscher Bundestag, 14. Wahlperiode, Drucksache 14/9200, 12.06.2012.

Evans, Peter B., Jacobson, Harold K., Putnam, Robert B. (Hrsg.) (1993): Double-Edged Diplomacy. International Bargaining and Domestic Politics. Berkeley: University of California Press.

Faude, Benjamin (2015): Von Konkurrenz zur Arbeitsteilung. Komplexität und Dynamik im Zusammenspiel internationaler Organisationen. Frankfurt am Main: Campus.

Featherstone, Kevin, Radaelli, Claudio M. (Hrsg.) (2003): The Politics of Europeanization. Oxford: Oxford University Press.

Fleischer, Julia (2010): A Dual Centre. Executive Politics Under the Second Grand Coalition in Germany. In: German Politics, 19 (3), 353-368.

Geri, Laurance R. (2001): New public management and the reform of international organizations. In: International Review of Administrative Sciences, 67 (3), 445-460.

Gouldner, Alvin (1957): Cosmopolitans and Locals. Toward an Analysis of Latent Social Roles. In: Administrative Science Quarterly, 2 (3), 281-306.

Grande, Edgar (1996): Das Paradox der Schwäche. Forschungspolitik und die Einflußlogik europäischer Politikverflechtung. In: Markus Jachtenfuchs, Beate Kohler-Koch (Hrsg.): Europäische Integration. 1. Auflage. Opladen: Leske + Budrich, 373-399.

Grande, Edgar (2006): Cosmopolitan Political Science. In: British Journal of Sociology, 57 (1), 87-111.

Grande, Edgar, McCowan, Martina (2015): The Two Logics of Multilevel Administration in the EU. In: Michael W. Bauer, Jarle Trondal (Hrsg.): The Palgrave Handbook of the European Administrative System. Basingstoke: Palgrave Macmillan, 48-65.

Grant, Charles (1994): Delors. Inside the house that Jacques built. London: Nicholas Brealey Publishing.

Hanf, Kenneth, Scharpf, Fritz W. (Hrsg.) (1978): Interorganizational Policy Making. Limits to Coordination and Central Control. Beverly Hills: Sage.

Hale, Thomas, Held, David (Hrsg.) (2011): Handbook of Transnational Governance. Cambridge: Polity Press.

Held, David, McGrew, Anthony, Goldblatt, David, Perraton, Jonathan (1999): Global Transformations. Politics, Economics, Culture. Cambridge: Polity Press.

Hofmann, Herwig C.H. (2008): Mapping the European Administrative Space. In: West European Politics, 31 (4), 662-676.

Hooghe, Lisbet, Marks, Gary (2003): Unravelling the Central State, But How. Types of Multi-Level Governance. In: American Political Science Review, 97 (2), 233-243.

Hooghe, Lisbet, Marks, Gary (2015): Delegation and pooling in international organizations. In: The Review of International Organizations, 10 (3), 305-328.

Hustedt, Thurid (2013): Verwaltung im Wandel. Struktur und Rolle der Leitungsbereiche im deutsch-dänischen Vergleich. Baden-Baden: Nomos.

Jinnah, Sikina (2011): Overlap management in the World Trade Organization. Secretariat influence on trade-environment politics. In: Global Environmental Politics, 10 (2), 54-79.

Kaul, Inge, Le Gouvlen, Katell (2003): Institutional Options for Producing Global Public Goods. In: Inge Kaul, Pedro Conceição, Katell Le Goulven, Ronald U. Mendoza (Hrsg.): Providing Global Public Goods. Managing Globalization. Oxford: Oxford University Press, 371-409.

Keohane, Robert O., Nye, Joseph S. (1974): Transgovernmental relations and International Organizations. In: World Politics, 27 (1), 39-62.

Kment, Martin (2010): Grenzüberschreitendes Verwaltungshandeln. Transnationale Elemente deutschen Verwaltungsrechts. Tübingen: Mohr Siebeck.

Knill, Christoph (2001): The Europeanization of National Administrations. Cambridge: Cambridge University Press.

König, Markus (2010): Transnationale Steuer- und Fiskalpolitik. Regelungsprobleme, Strukturen und Entscheidungsprozesse. Baden-Baden: Nomos.

Koppell, Jonathan GS (2010): Administrations without Borders. In: Public Administration Review, 70 (1), 46-55.

Leibfried, Stephan, Zürn, Michael (Hrsg.) (2006): Transformationen des Staates. Frankfurt am Main: Suhrkamp.

Leibfried, Stephan, Stevens, Evelyne, Lange, Mathew, Levy, Jonah D., Nullmeier, Frank, Stephens, John (Hrsg.) (2015): The Oxford Handbook of Transformations of the State. Oxford: Oxford University Press.

Liese, Andrea, Weinlich, Silke (2006): Die Rolle von Verwaltungsstäben internationaler Organisationen. Lücken, Tücken und Konturen eines (neuen) Forschungsfeldes. In: Jörg Bogumil, Werner Jann, Frank Nullmeier (Hrsg.): Politik und Verwaltung. PVS-Sonderheft 37. Wiesbaden: VS Verlag, 491-534.

Luhmann, Niklas (1981): Politische Theorie im Wohlfahrtsstaat. München: Olzog.

Marcussen, Martin, Trondal, Jarle (2011): The OECD civil servant. Caught between Scylla and Charybdis. In: Review of International Political Economy, 18 (5), 592-621.

Mayntz, Renate (2009): Prolog. In: Klaus Dingwerth, Dieter Kerwer, Andreas Nölke (Hrsg.): Die Organisierte Welt. Internationale Beziehungen und Organisationsforschung. Baden-Baden: Nomos, 9-11.

McCowan, Martina (2015): Transnationalization, Crisis and Organizational Change in Ministerial Bureaucracies. A Comparative Analysis of the German and Danish Ministries of Finance. Unv. Dissertation: Ludwig-Maximilians-Universität München.

Messner, Dirk, Nuscheler, Franz (2006): Das Konzept Global Governance. Stand und Perspektiven. In: Stiftung Entwicklung und Frieden (Hrsg.): Global Governance für Entwicklung und Frieden. Bonn: Stiftung Entwicklung und Frieden, 9-79.

Meyer, John (2005): Weltkultur. Frankfurt am Main: Suhrkamp.

Nugent, Neil, Rhinhard, Mark (2015): The European Commission. 2. Auflage. London: Palgrave.

Olsen, Johan P. (2003): Towards a European Administrative Space. In: Journal of European Public Policy, 10 (4), 506-531.

Peters, B. Guy (2005): Governance. A Garbage Can Perspective. In: Edgar Grande, Louis W. Pauly (Hrsg.): Complex Sovereignty. Toronto: Toronto University Press, 68-92.

Peters, Tom (1986): Thriving on Chaos. Handbook for a Management Revolution. Harper: New York.

Pfister, Patrick (2012): Regimekomplexe. Neue Kooperationsformen zur Regulierung globaler Risiken. Frankfurt am Main: Campus.

Poguntke, Thomas, Webb, Paul (Hrsg.) (2007): The Presidentialization of Politics. 2. Auflage. Oxford: Oxford University Press.

Pries, Ludger (2007): Die Transnationalisierung der sozialen Welt. Frankfurt am Main: Suhrkamp.

Putnam, Robert B. (1988): Diplomacy and Domestic Politics. The Logic of Two-Level Games. In: International Organization, 42 (3), 427-460.

Raustiala, Kal, Victor, David G. (2004): The Regime Complex for Plant Genetic Resources. In: International Organization, 58 (2), 277-309.

Rittberger, Volker, Zangl, Bernhard, Kruck, Andreas (2012): Internationale Organisationen. Wiesbaden: VS Verlag.

Sassen, Saskia (2003): Globalization or denationalization. In: Review of International Political Economy, 10 (1), 1-22.

Scharpf, Fritz W. (1973a): Verwaltungswissenschaft als Teil der Politikwissenschaft. In: ders.: Planung als politischer Prozess. Frankfurt am Main: Suhrkamp, 9-32.

Scharpf, Fritz W. (1973b): Komplexität als Schranke politischer Planung. In: ders.: Planung als politischer Prozess. Frankfurt am Main: Suhrkamp, 73-113.

Scharpf, Fritz W. (1987): Grenzen der institutionellen Reform. In: Thomas Ellwein, Jens Joachim Hesse, Renate Mayntz, Fritz W. Scharpf (Hrsg.): Jahrbuch zur Staats- und Verwaltungswissenschaft. Band 1. Baden-Baden: Nomos, 111-151.

Scharpf, Fritz W. (1999): Governing in Europe. Effective and Democratic. Oxford: Oxford University Press.

Seibel, Wolfgang (2008): Transnationale Verwaltung zwischen bürokratischer und politischer Logik. UN Friedensoperationen als erfolgreich scheiternde Unternehmungen. In: Klaus Dingwerth, Dieter Kerwer, Andreas Nölke (Hrsg.): Die Organisierte Welt. Internationale Beziehungen und Organisationsforschung. Baden-Baden: Nomos, 117-136.

Seibel, Wolfgang (2016): Verwaltung verstehen. Eine theoriegeschichtliche Einführung. Berlin: Suhrkamp.

Slaughter, Anne-Marie (2004): A new world order. Princeton: Princeton University Press.

Sommermann, Karl-Peter (2016): Ziele und Methoden einer transnationalen Verwaltungsrechtswissenschaft. In: ders. (Hrsg.): Öffentliche Angelegenheiten – interdisziplinär betrachtet. Berlin: Duncker & Humblot, 71-87.

Streeck, Wolfgang, Thelen, Kathleen (Hrsg.) (2005): Beyond Continuity: Institutional Change in Advanced Political Economies. Oxford: Oxford University Press.

Sturm, Roland, Pehle, Heinrich (2012): Das neue deutsche Regierungssystem. 3. Auflage. Wiesbaden: VS Verlag.

Tietje, Christian (2001): Internationalisiertes Verwaltungshandeln. Berlin: Duncker & Humblot.

Töller, Annette Elisabeth (2004): Dimensionen der Europäisierung. Das Beispiel des Deutschen Bundestages. In: Zeitschrift für Parlamentsfragen, 35 (1), 25-50.

Töller, Annette Elisabeth (2008): Mythen und Methoden. Zur Messung der Europäisierung der Gesetzgebung des Deutschen Bundestages jenseits des 80%-Mythos. In: Zeitschrift für Parlamentsfragen, 39 (1), 3-17.

Trondal, Jarle (2007): The public administration turn in integration research. In: Journal of European Public Policy, 14, 960-972.

Trondal, Jarle (2012): On bureaucratic centre formation in government institutions. Lessons from the European Commission. In: International Review of Administrative Science, 78 (3), 425-446.

Weber, Max (1972): Wirtschaft und Gesellschaft. Studienausgabe. 5. Auflage. Tübingen: Mohr Siebeck.

Wessels, Wolfgang (1990): Administrative interaction. In: William Wallace (Hrsg.): The Dynamics of European Integration. London: Pinter, 229-242.

Wessels, Wolfgang (2003): Beamtengremien im EU-Mehrebenensystem. Fusion von Administrationen. In: Markus Jachtenfuchs, Beate Kohler-Koch (Hrsg.): Europäische Integration. 2. Auflage. Opladen: Leske + Budrich, 353-383.

Wright, Vincent, Hayward, Jack (2000): Governing from the centre. Policy co-ordination in six European core executives. In: Rod A. W. Rhodes (Hrsg.): Transforming British Government. London: Palgrave Macmillan, 27-46.

Zürn, Michael (1998): Regieren jenseits des Nationalstaats. Frankfurt am Main: Suhrkamp.

Zürn, Michael (2001): Politik in der postnationalen Konstellation. Über das Elend des methodologischen Nationalismus. In: Christine Landfried (Hrsg.): Politik in einer entgrenzten Welt. Köln: Verlag Wissenschaft und Politik, 181-203.

Kurzbiografien der Autoren

Christian Adam ist Akademischer Rat am Geschwister-Scholl Institut für Politikwissenschaft der Ludwig-Maximilians Universität München. Er beschäftigt sich mit institutionellem (Fehl-)Verhalten und institutionellem Wandel. Er veröffentlicht in international renommierten Zeitschriften, wie Public Administration Review, Policy Sciences oder dem Policy Studies Journal. Für seine vergleichende Analyse von Regelwachstum in modernen Demokratien erhielt er 2017 den Wissenschaftspreis Bürokratie des Instituts der deutschen Wirtschaft Köln.

Michael W. Bauer ist Jean Monnet Professor und hat den Lehrstuhl für vergleichende Verwaltungswissenschaft und Policy-Analyse an der Deutschen Universität für Verwaltungswissenschaften Speyer inne. Seine Forschungsinteressen umfassen internationale und internationalisierte Verwaltungen, Multilevel Governance und europäische Integration, Policy Implementation sowie Managementreformen in öffentlichen Verwaltungen.

Stefan Becker ist wissenschaftlicher Mitarbeiter am Lehrstuhl für vergleichende Verwaltungswissenschaft und Policy-Analyse an der Deutschen Universität für Verwaltungswissenschaften Speyer. Er forscht zu europäischen Institutionen sowie politischen Dimensionen nationaler und internationaler Verwaltungen.

Nathalie Behnke ist Professorin und Leiterin der Arbeitsgruppe Verwaltungswissenschaft an der Universität Konstanz, Fachbereich Politik- und Verwaltungswissenschaft. Ihre Forschungsschwerpunkte bewegen sich an der Schnittstelle von empirischer Verwaltungsforschung, vergleichender Föderalismusforschung und Multilevel Governance. Aktuell forscht sie über exekutive Koordination im Mehrebenensystem, über Finanzföderalismus und das Personal des öffentlichen Dienstes.

Arthur Benz ist Professor für Politikwissenschaft an der Technischen Universität Darmstadt, wo er zum Regierungssystem der Bundesrepublik sowie zum Vergleich politischer Systeme lehrt. Seine Forschung zum Regieren in Mehrebenensystemen ist in zahlreichen Publikationen dokumentiert. Darüber hinaus hat er immer wieder Beiträge zur Staats- und Verwaltungswissenschaft publiziert, darunter das Buch »Der moderne Staat« (2. Auflage 2008). Ein Schwerpunkt seiner neueren Arbeiten betrifft Verwaltungsstrukturen in nationalen und internationalen Mehrebenensystemen.

Jörg Bogumil hat seit 2005 einen Lehrstuhl für Öffentliche Verwaltung, Stadt- und Regionalpolitik an der Ruhr-Universität Bochum (vorher Professur für Verwaltungswissenschaft an der Universität Konstanz) inne. Prof. Bogumil hat an der Ruhr-Universität Bochum Sozialwissenschaft studiert und an der FernUniversität in Hagen im Bereich Politikwissenschaft promoviert. Seine ebenfalls an der FernUniversität Hagen erworbene Lehrbefugnis erstreckt sich auf die Gebiete Politik- und Verwaltungswissenschaft.

Edgar Grande ist seit 2017 Gründungsdirektor des Zentrums für Zivilgesellschaftsforschung am Wissenschaftszentrum für Sozialforschung Berlin. Von 2004 bis 2017 war er Professor für Vergleichende Politikwissenschaft am Geschwister-Scholl-Institut der Ludwig-Maximilians-Universität München. In seiner Forschung beschäftigt er sich insbesondere mit Problemen der politischen Folgen der Globalisierung und Europäisierung, der Governance und dem Wandel von Staatlichkeit.

Christoph Knill ist Professor für Empirische Theorien der Politik am Geschwister-Scholl Institut für Politikwissenschaft der Ludwig-Maximilians Universität München. Inhaltlich beschäftigt er sich mit Themen aus den Bereichen der Vergleichenden Policy-Analyse und Verwaltungswissenschaft. Christoph Knill veröffentlicht regelmäßig in international renommierten Fachzeitschriften und Verlagen. Er erhielt einen ERC Advanced Grant für seine Arbeit zu moralpolitischem Wandel in entwickelten Demokratien sowie zahlreiche weitere Förderungen von nationalen und internationalen Einrichtungen.

Frank Nullmeier ist Professor für Politikwissenschaft an der Universität Bremen und Leiter der Abteilung »Theoretische und normative Grundlagen« des SOCIUM Forschungsinstituts Ungleichheit und Sozialpolitik. Seine Forschungsschwerpunkte liegen in den Gebieten der Sozialpolitikanalyse, der interpretativen Policyforschung, der Staats- und Legitimationsforschung sowie der Politischen Theorie. Er ist Mitherausgeber des »Oxford Handbook of Transformations of the State« (2015).

Wolfgang Seibel ist Professor für Politik- und Verwaltungswissenschaft an der Universität Konstanz und Adjunct Professor an der Hertie School of Governance, Berlin. Seine letzten Buchveröffentlichungen sind »Persecution and Rescue. The Politics of the »Final Solution« in France, 1940-1944« (Ann Arbor: University of Michigan Press, 2016), »Verwaltung verstehen. Eine theoriegeschichtliche Einführung« (2. Aufl., Berlin: Suhrkamp 2017) und, zusammen mit Kevin Klamann und Hannah Treis, »Verwaltungsdesaster. Von der Loveparade bis zu den NSU-Ermittlungen« (Frankfurt/ New York: Campus Verlag 2017).

Annette Elisabeth Töller ist Professorin für Politikwissenschaft mit dem Schwerpunkt Politikfeldanalyse an der FernUniversität in Hagen. Ihre Forschungsschwerpunkte sind u.a. Umweltpolitik; freiwillige Regulierung, Theorien politischer Prozesse, Europäisierung der Gesetzgebung. Sie ist Redakteurin der Politischen Vierteljahresschrift (PVS) sowie der Zeitschrift für Vergleichende Politikwissenschaft (ZfVP) und Mitherausgeberin der Reihe Staatslehre und politische Verwaltung.

Sylvia Veit ist Professorin an der Universität Kassel und leitet dort das Fachgebiet Public Management. Sie ist zugleich akademische Leiterin des berufsbegleitenden Masterstudiengangs Öffentliches Management/ Public Administration der Universität Kassel, Direktorin des International Centre for Higher Education Research (INCHER-Kassel) und Sprecherin der Sektion »Policy-Analyse und Verwaltungswissenschaft« in der Deutschen Vereinigung für Politikwissenschaft (DVPW). Ihre Forschungsschwerpunkte liegen in den Bereichen Verwaltungseliten/ öffentlicher Dienst, Ministerialverwaltung und Verwaltungsreformen/ Bürokratieabbau.